Lehr- und Handbücher der Politikwissenschaft
Herausgegeben von Dr. Arno Mohr

Bisher erschienene Titel:

Barrios, Stefes: Einführung in die Comparative Politics
Bellers, Benner, Gerke: Handbuch der Außenpolitik
Bellers, Frey, Rosenthal: Einführung in die Kommunalpolitik
Bellers, Kipke: Einführung in die Politikwissenschaft
Bellers: Politische Kultur und Außenpolitik im Vergleich
Benz: Der moderne Staat
Bierling: Die Außenpolitik der Bundesrepublik Deutschland
Braun, Fuchs, Lemke, Toens: Feministische Perspektiven der Politikwissenschaft
Croissant, Kühn: Militär und zivile Politik
Czerwick: Politik als System
Deichmann: Lehrbuch Politikdidaktik
Detjen: Politische Bildung
Detterbeck, Renzsch, Schieren: Föderalismus in Deutschland
Freistein, Leininger: Handbuch Internationale Organisationen
Gabriel, Holtmann: Handbuch Politisches System der Bundesrepublik Deutschland
Glöckler-Fuchs: Institutionalisierung der europäischen Außenpolitik
Gu: Theorien der internationalen Beziehungen
Jäger, Haas, Welz: Regierungssystem der USA
Kempf: Chinas Außenpolitik
Krumm, Noetzel: Das Regierungssystem Großbritanniens
Lehmkuhl: Theorien internationaler Politik
Lemke: Internationale Beziehungen
Lenz, Ruchlak: Kleines Politik-Lexikon
Lietzmann, Bleek: Politikwissenschaft
Llanque: Politische Ideengeschichte – Ein Gewebe politischer Diskurse
Maier, Rattinger: Methoden der sozialwissenschaftlichen Datenanalyse
Mohr: Grundzüge der Politikwissenschaft
Naßmacher: Politikwissenschaft
Pilz, Ortwein: Das politische System Deutschlands
Rattinger: Einführung in die Politische Soziologie
Reese-Schäfer: Klassiker der politischen Ideengeschichte
Reese-Schäfer: Politisches Denken heute
Reese-Schäfer: Politische Theorie der Gegenwart in fünfzehn Modellen
Riescher, Ruß, Haas: Zweite Kammern
Rupp: Politische Geschichte der Bundesrepublik Deutschland
Schmid: Verbände – Interessensvermittlung und Interessensorganisation
Schubert, Bandelow: Lehrbuch der Politikfeldanalyse 2.0
Schumann: Persönlichkeitsbedingte Einstellungen zu Parteien
Schumann: Repräsentative Umfrage
Schwinger: Angewandte Ethik
Sommer: Institutionelle Verantwortung
Stockmann, Menzel, Nuscheler: Entwicklungspolitik
Tömmel: Das politische System der EU
Waschkuhn: Demokratietheorien
Waschkuhn: Kritischer Rationalismus

Handbuch Internationale Organisationen

Theoretische Grundlagen und Akteure

herausgegeben von

Katja Freistein

Universität Bielefeld

und

Julia Leininger

Deutsches Institut für Entwicklungspolitik

Oldenbourg Verlag München

Bibliografische Information der Deutschen Nationalbibliothek

Die Deutsche Nationalbibliothek verzeichnet diese Publikation in der Deutschen Nationalbibliografie; detaillierte bibliografische Daten sind im Internet über http://dnb.d-nb.de abrufbar.

Rosenheimer Straße 145, D-81671 München
Telefon: (089) 45051-0
www.oldenbourg-verlag.de

Lektorat: Christiane Engel-Haas/Lea Ruschmeyer
Herstellung: Constanze Müller
Titelbild: thinkstockphotos.de
Einbandgestaltung: hauser lacour
Gesamtherstellung: Grafik + Druck GmbH, München

Dieses Papier ist alterungsbeständig nach DIN/ISO 9706.

ISBN 978-3-486-58310-6

Inhaltsverzeichnis

I. EINFÜHRENDER TEIL 1

Theoretische Grundlagen zur Analyse internationaler Organisationen 3
Dirk Peters, Katja Freistein und Julia Leininger

II. LEXIKALISCHER TEIL 29

ADB – Asiatische Entwicklungsbank 31
Peter Wolff

AfDB – Afrikanische Entwicklungsbank 38
Kathrin Berensmann

Andengemeinschaft 44
Claudia Zilla

Arabische Liga – Liga der Arabischen Staaten 51
Jens Kutscher

ASEAN – Vereinigung Südostasiatischer Staaten 60
Katja Freistein

AU – Afrikanische Union 69
Julia Leininger

EBRD – Europäische Bank für Wiederaufbau und Entwicklung 80
Kathrin Berensmann

ECOWAS – Wirtschaftliche Gemeinschaft Westafrikas 85
Christof Hartmann

EU – Europäische Union 94
Sandra Eckert

Europarat 106
Olaf Melzer

FAO – Ernährungs- und Landwirtschaftsorganisation der Vereinten Nationen 113
Andrea Liese

IAEO – Internationale Atomenergieorganisation 119
Giorgio Franceschini

IDB – Interamerikanische Entwicklungsbank 128
Milena Breisinger

ILO – Internationale Arbeitsorganisation 135
Andrea Liese und Philip Schleifer

IMF – Internationaler Währungsfond ... 145
Ulrich Volz

Mercosur – Gemeinsamer Markt des Südens ... 156
Claudia Zilla

NATO – Nordatlantikpakt-Organisation ... 165
Matthias Dembinski

OAS – Organisation Amerikanischer Staaten ... 175
Brigitte Weiffen

OECD – Organisation für wirtschaftliche Zusammenarbeit und Entwicklung ... 184
Kerstin Martens und Gesa Schulze

OHCHR – Amt des VN-Hohen Kommissars für Menschenrechte ... 192
Benjamin Stachursky

OSZE – Organisation für Sicherheit und Zusammenarbeit in Europa ... 199
Pamela Jawad

SAARC – Südasiatische Vereinigung für Regionale Kooperation ... 209
Christian Wagner

SADC – Entwicklungsgemeinschaft des Südlichen Afrika ... 217
Henning Melber

SCO – Shanghai-Kooperationsorganisation ... 226
Hans J. Gießmann und Jakob Haardt

UNDP – Entwicklungsprogramm der Vereinten Nationen ... 233
Julia Leininger und Silke Weinlich

UNEP – Umweltprogramm der Vereinten Nationen ... 241
Steffen Bauer

VN – Vereinte Nationen ... 248
Johannes Varwick

Weltbank ... 261
Rainer Tetzlaff

WHO – Weltgesundheitsorganisation ... 274
Tine Hanrieder

WTO – Welthandelsorganisation ... 283
Achim Helmedach

III. ANHANG ... 297

Abkürzungsverzeichnis ... 299

Übersicht: Internationale Organisationen und ihre Mitgliedsstaaten ... 300

Verzeichnis der Autorinnen und Autoren ... 310

Abbildungsverzeichnis

Abbildung 1: Zahl internationaler Organisationen, 1815-2000 5
Abbildung 2: Definition internationaler Organisationen 8
Abbildung 3: Ausgewählte internationale Organisationen 19
Abbildung 4: Regionale Entwicklungsbanken 37

I. EINFÜHRENDER TEIL

Theoretische Grundlagen zur Analyse internationaler Organisationen

Dirk Peters, Katja Freistein und Julia Leininger

Internationale Organisationen spielen, neben Staaten und nichtstaatlichen Akteuren, eine wichtige Rolle in der internationalen Politik. Schon seit langem sind in der internationalen Politik die zunehmende Formulierung von Regeln und die Einrichtung von zwischenstaatlichen Institutionen und Organisationen zu beobachten. Bei der Analyse dieser internationalen Organisationen und Institutionen, kann die Disziplin der Internationalen Beziehungen (IB) auf eine Vielzahl institutionalistischer Forschungstraditionen in benachbarten Disziplinen, wie Ökonomie, Völkerrecht oder Soziologie, zurückgreifen. Daraus haben die IB ein differenziertes Instrumentarium entwickelt, mit dem sich die Entstehung, Funktionsweise und Bedeutung sowohl von internationalen Institutionen im Allgemeinen als auch von konkreten internationalen Organisationen, wie sie im Mittelpunkt dieses Handbuchs stehen, analysieren lässt.

Dieses einleitende Kapitel zielt zum einen auf einen theoretischen Überblick der Analyseansätze ab, mit denen internationale Organisationen in den IB untersucht wurden und werden. Zum anderen führt es auf einer empirischen Ebene in den Gegenstand des Handbuchs, internationale Organisationen, ein. Im ersten Abschnitt befassen wir uns dabei mit der Frage, was internationale Organisationen überhaupt sind und welchen Stellenwert sie heute in der internationalen Politik haben. Der zweite Abschnitt beschäftigt sich dann mit den Ansätzen, die in den IB entwickelt wurden, um die Entstehung und Wirkung von internationalen Institutionen im Allgemeinen und von konkreten internationalen Organisationen zu analysieren. Der letzte Abschnitt schließlich leitet zum lexikalisch organisierten Hauptteil dieses Lehr- und Handbuchs über, in dem die Kriterien für die Auswahl der internationalen Organisationen dargestellt werden, mit denen sich die folgenden Kapitel im zweiten Teil des Bandes im Detail befassen. Die alphabetische Reihenfolge in diesem Teil folgt den gängigen Bezeichnungen oder, meist aus dem Englischen abgeleiteten, Abkürzungen der jeweiligen Organisation.

1. Der Stellenwert internationaler Organisationen in der globalen Politik

Internationale Organisationen sind besondere Formen zwischenstaatlicher Kooperation. Allgemein kann eine internationale Organisation definiert werden „als ein auf völkerrechtlichem Vertrag beruhender mitgliedschaftlich strukturierter Zusammenschluss von zwei oder mehreren Völkerrechtssubjekten (meist Staaten), der mit eigenen Organen Angelegenheiten von gemeinsamem Interesse besorgt“ (Klein/Schmahl 2010: Rn. 12). Die Hoffnung, internationale Politik mit Hilfe solcher Kooperationsformen steuern und verbessern zu können, hat eine lange Tradition. Schon der Attische Seebund aus dem 5. Jahrhundert vor Christus oder die Hanse (ab dem 12. Jahrhundert nach Christus) können als Vorformen internationaler Organisationen angesehen werden. Als Vorläufer heutiger internationaler Organisationen gilt der Wiener Kongress von 1814/1815, aus dem u.a. die Zentralkommission für die Rheinschifffahrt hervorging, die erste moderne internationale Organisation (Hawdon 1996: 3 f.).

Auch in der Gründung des Völkerbunds (1919-1946) nach Ende des Ersten Weltkriegs drückte sich der Wunsch nach einer Koordinierung zwischenstaatlicher Politik aus. Ziel war in erster Linie die weltweite Friedenssicherung, die durch bindende Selbstverpflichtungen der Staaten zur Zusammenarbeit untereinander erreicht werden sollte. In seinem Mandat wurde dem Völkerbund aufgegeben, die Einhaltung von Friedensverträgen zu überwachen, als vermittelnde Instanz in Konflikten tätig zu werden und ganz allgemein die Kooperation zwischen den Staaten zu fördern (Schlesinger 2003: 22). Bereits im Falle des Völkerbunds, der als eine der ersten großen internationalen Organisationen mit nahezu universellem Geltungsanspruch gesehen werden kann, wurden jedoch die Möglichkeiten und Grenzen internationaler Organisationen offenkundig: Zwar konnte der Völkerbund einige Erfolge in der Beilegung von Krisen und in der Sicherung von Regelbefolgungen seiner Mitglieder verbuchen. Doch letztlich scheiterte er an den sehr verschiedenen Interessen seiner Mitglieder und seiner Unfähigkeit, deren Politik nachhaltig zu beeinflussen. Auch das Fehlen der Vereinigten Staaten (die trotz Woodrow Wilsons herausragender Rolle bei der Gründung des Völkerbunds nie Mitglied geworden waren), die auf Konsens beruhenden Abstimmungsprinzipien und seine eingeschränkten Kompetenzen, durch die sein Handeln immer dem politischen Willen seiner Mitglieder unterworfen war, grenzten die Leistungsfähigkeit des Völkerbunds erheblich. Der Ausbruch des Zweiten Weltkriegs belegte für viele Skeptiker schließlich die Unfähigkeit des Völkerbunds, den dominanten staatlichen Interessen etwas entgegen zu setzen.

Diese Skepsis gegenüber der Reichweite und Leistungsfähigkeit internationaler Organisationen bestimmt einerseits die Politik einiger Staaten bis heute. Andererseits ist die Zahl internationaler Organisationen vor allem seit dem Ende des Zweiten Weltkriegs sprunghaft gestiegen, so dass es heute weit mehr internationale Organisationen als Staaten gibt (vgl. Grafik 1). Während die Zahl internationaler Organisationen zwischen 1920 und 1940 fast konstant bei knapp 70 lag, stieg sie schon 1945 auf 99. 1971 gab es erstmals mehr als 200 internationale Organisationen und bereits 1986 mehr als 300. Dies spricht dafür, dass eine Mehrheit der Staaten erstens einen gemeinsamen Regelungsbedarf für bestimmte politische Probleme auf internationaler Ebene sieht und zweitens internationale Organisationen nicht mehr grundsätzlich als geeignete Mittel zur Bearbeitung dieser Probleme hinterfragt werden.

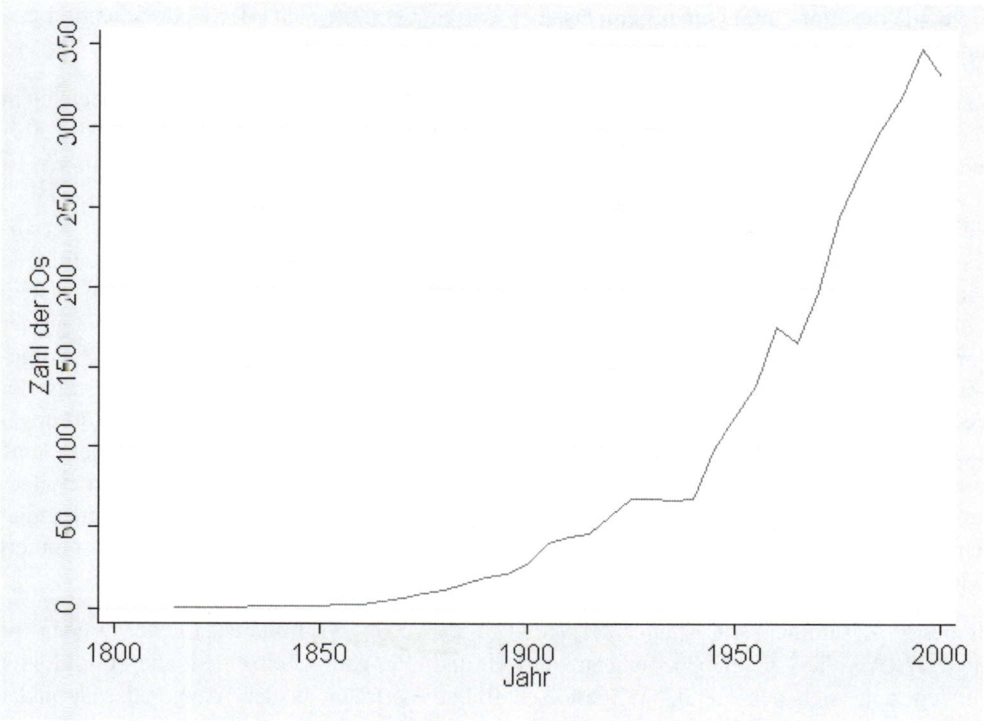

Quelle: Correlates of War IGO Dataset V2.1 (Pevehouse et al. 2004), eigene Darstellung.

Abb. 1 Zahl internationaler Organisationen, 1815-2000.

Die heute existierenden internationalen Organisationen lassen sich vor allem in zwei Dimensionen unterscheiden, hinsichtlich ihres Aufgabenbereichs und ihrer Reichweite. Die Aufgabenbereiche von internationalen Organisationen sind vielfältig und folgen den funktionalen Ausdifferenzierungen der internationalen Politik. Sie können Bereiche wie Umwelt, Handel oder Gesundheit umfassen. Daneben lassen sich internationale Organisationen mit einem globalen von solchen mit einem regionalen Tätigkeitsfeld unterscheiden. Die Vereinten Nationen gelten als internationale Organisation mit dem höchsten Anspruch auf ein umfassendes Mandat, insbesondere mit ihrer Vielzahl an hoch spezialisierten Unterorganisationen (→ Vereinte Nationen). Im Rahmen des Bretton-Woods-Systems haben sich mit der Weltbankgruppe und dem Internationalen Währungsfond eine Reihe von Finanzinstitutionen herausgebildet, deren Agenda sich in den letzten Jahrzehnten immer wieder erweitert hat. Ähnlich spezialisiert sind internationale Sicherheitsorganisationen wie der Nordatlantikpakt (→ NATO) oder die Organisation für Sicherheit und Zusammenarbeit in Europa (→ OSZE), deren Aufgabenbereiche sich seit ihrer Gründung oft stark verändert haben. Eine weitere systematische Gruppe von internationalen Organisationen kann man in den Regionalorganisationen sehen, zu denen die → Europäische Union, die → Afrikanische Union, die → Vereinigung Südostasiatischer Staaten, die → Arabische Liga oder die → Organisation Amerikanischer Staaten zählen. Nahezu alle geographischen Regionen verfügen über Regionalorganisationen mit unterschiedlichem Geltungsbereich und Aufgaben; dies können engere Ziele wie die Einrichtung einer gemeinsamen Freihandelszone sein oder weitreichende Leistungen in Bereichen wie Sicherheit, Entwicklung und Menschenrechte.

Viele der genannten internationalen Organisationen treffen mit ihrer Politik jedoch nicht uneingeschränkt auf Zustimmung bei Staaten, nichtstaatlichen Gruppen oder in der Forschung. Grundlegende Kritik an der Entstehung und Praxis internationaler Organisationen ist etwa im Kontext postkolonialer Theorie geübt worden: die überwiegende Anzahl von internationalen Organisationen sei von den wirtschaftlich starken, kulturell dominanten westlichen Staaten gegründet worden, auch die Tradition der Kooperation – mit Vorstellungen über Effektivität oder Legitimität – spiegele die Machtverhältnisse im internationalen System und werde nicht den Bedürfnissen aller Staaten gerecht. Solche Kritik, die nicht nur in der Forschung geäußert, sondern auch von Vertretern bestimmter Staaten immer wieder vorgebracht wird, macht sich beispielsweise an der Zusammensetzung des Sicherheitsrats der Vereinten Nationen fest oder an den Abstimmungsregeln des → Internationalen Währungsfonds. Insbesondere Entwicklungsländer sehen sich kaum repräsentiert und fordern eine umfassende Reform dieser Organisationen (Weinlich 2011). Kritik kommt auch von zivilgesellschaftlichen Akteuren an den Partizipationsmöglichkeiten und Repräsentationsverhältnissen. So wird etwa an der Europäischen Union immer wieder ein Demokratiedefizit moniert (Moravcsik 2002; Kielmannsegg 2003).

In diesem Zusammenhang ist auch die neue Rolle internationaler nichtstaatlicher Organisationen (INGOs) hervorzuheben. Nahezu weltweit und über ganz unterschiedliche Politikfelder hinweg zeigt sich der Trend, zivilgesellschaftliche Vertreter an der Arbeit internationaler Organisationen zu beteiligen. Zum einen werden INGOs als eigenständige Akteure internationaler Politik verstanden. Als solche beteiligten sie sich in unterschiedlichem Maße an der Politikgestaltung zwischenstaatlicher internationaler Organisationen. Sie werden als Vermittler zwischen Organisation und nationalen Gesellschaften herangezogen oder in die Erarbeitung neuer Themenfelder eingebunden, beispielsweise in Regionalorganisationen wie der Europäischen Union oder in themenspezifischen wie der Organisation für Ernährung und Landwirtschaft (→ FAO) (Reimann 2006). Dies hat ihr Gewicht in der internationalen Politik in den letzten Jahrzehnten verstärkt. Zum anderen können INGOs – so wie andere zivilgesellschaftliche Gruppen – durch die Bereitstellung wichtiger (Wissens-)Ressourcen auch den nationalen Interessen von Staaten dienen. Vor allem erhoffen sich letztere gegenüber ihren Gesellschaften einen Legitimationsschub. Gerade im Kontext internationaler Organisationen sehen sie es als Vorteil, auf eigenständige, nicht von Staaten gesteuerte Positionen von (I)NGOs verweisen zu können. Über die nicht selten problematische Rolle von (I)NGOs gibt es eine ganze Reihe von Arbeiten, die hier jedoch nicht eingehend gewürdigt werden können (vgl. z.B. Arts/Noormann/Reinalda 2001).

Die Überlegungen, wie legitim es ist, im Rahmen intergouvernementaler Organisationen politische Regelungen zu treffen, weisen auf eine dynamische Debatte über internationale Organisation hin – fort von einem Fokus nur auf deren mögliche Leistungen, hin zu Fragen (demokratischer) Legitimierung und Repräsentation gesellschaftlicher Interessen (Nanz/Steffek 2004). Doch sind auch diese Fragen nicht entkoppelt von den Bemühungen um Effektivität internationalen Regierens: Von legitimierenden Verfahren erwarten sich Beobachter (und Praktiker) internationaler Organisationen auch bessere Ergebnisse institutioneller Politik (kritisch: Jaeger 2007). Denn der wichtigste Maßstab, den Erfolg von IOs zu messen, bleiben ihre jeweiligen Beiträge zu den Politikfeldern, in denen sie tätig sind.

Wie man diese Erfolge jedoch beurteilt, was als zentrale Aufgabe von internationalen Organisationen gesehen wird und welche Grenzen ihrer Politik identifiziert werden, ist abhängig von der theoretischen Perspektive, die man als Beobachter einnimmt.

2. Theorien internationaler Organisationen

Im Folgenden wollen wir daher einige der wichtigsten theoretischen Ansätze für die Analyse internationaler Organisationen darstellen. Wir folgen dabei den Grundlinien der großen Debatten und Schulen in den IB und beziehen solche Überlegungen aus den benachbarten Disziplinen ein, die in der IB-Literatur rezipiert wurden. Dabei können wir natürlich keinen Anspruch auf eine vollständige Würdigung der Forschung zu internationalen Organisationen erheben. Vielmehr wollen wir die zentralen Fragen und die grundlegend unterschiedlichen Blickwinkel auf internationale Organisationen, die sich in der IB-Forschung entwickelt haben, darstellen. Verweise auf weiterführende Literatur und illustrative Beispiele sollen dazu dienen, den Einstieg in die Beschäftigung mit internationalen Organisationen auch aus theoretischer Sicht zu erleichtern.

Als wichtigste Funktionen internationaler Organisationen werden oft *agenda-setting*, Normsetzung und Sozialisation, Regulierung, die Überwachung von Regeleinhaltung (*monitoring*) oder die Bereitstellung und Verbreitung von Informationen genannt (zum Überblick: Simmons/Martin 1997), überdies können internationale Organisationen Kooperation fördern und zur Befolgung von Normen beitragen (Barnett/Finnemore 2004). Der erwartete Beitrag internationaler Organisationen ist jedoch bereits Teil der theoretischen Annahmen, mit denen die Politik von IOs analysiert wird. Wir diskutieren im Folgenden einige zentrale Ansätze zur Analyse internationaler Organisationen. Wir folgen dabei der in der Literatur weitgehend gängigen Unterscheidung zwischen rationalistischen (einschließlich historischen) und interpretativen bzw. soziologischen (einschließlich sozialkonstruktivistischen und diskursiven) Perspektiven auf Organisationen (mehr dazu: Rittberger/Zangl 2003).

Definition internationaler Organisationen

In der IB-Forschung hat sich keine durchweg gebräuchliche Definition von internationalen Organisationen entwickelt. Insbesondere das Verhältnis zwischen internationalen Organisationen und internationalen Institutionen wird begrifflich nicht immer klar gefasst. Wir schließen uns dem am weitesten verbreiteten Sprachgebrauch an, nach dem internationale Organisationen eine besondere Form internationaler Institutionen sind. Institutionen sind, Douglass North folgend, Spielregeln in der Gesellschaft bzw. die von Menschen erdachten Beschränkungen menschlicher Interaktion (North 1990: 3). Ähnlich definiert Robert Keohane (1989: 3 f.) internationale Institutionen als beständige Mengen von (formalen und informellen) Regeln, die Verhaltensmuster vorschreiben, Handeln beschränken und Erwartungen formen. Dabei unterscheidet Keohane drei Formen internationaler Institutionen: (1) Ungeschriebene Regeln (d.h. soziale Konventionen); (2) zumindest teilweise explizite Regelsysteme, auf die sich Staaten einigen, um ein Politikfeld zu regulieren (Regime); und (3) schließlich internationale Organisationen. Sie sind die am stärksten formalisierte Form von Institutionen und verfügen über eine eigene Organisationsstruktur, d.h. zum Beispiel über ein Budget und eine Bürokratie, durch die sie auch als Akteur in der internationalen Politik auftreten können. In der Regel wurden sie von Regierungen (oder anderen internationalen Organisationen) gegründet und haben Staaten als ihre Mitglieder; daher wird auch von *intergouvernementalen*, also zwischenstaatlichen Organisationen (IGOs) gesprochen. Organisationen, in denen Mitgliedsstaaten Teile ihrer Souveränität an gemeinsame Institutionen abtreten, werden als supranational oder auch überstaatlich bezeichnet. Sie verfügen über eine eigenständige Rechtsordnung, die in bestimmten Politikbereichen Vorrang über nationales Recht der Mitgliedsstaaten hat. Die derzeit einzige supranationale Organisation im engen Sinne ist die Europäische Union.

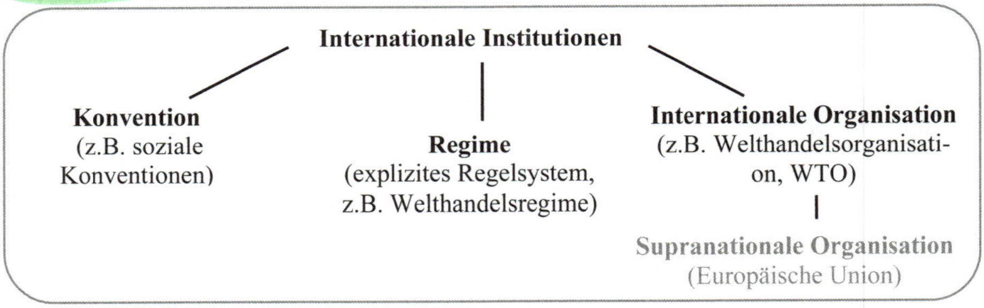

Abb. 2 : Definition internationaler Organisationen.

2.1 Rationalistische Ansätze

Im Mittelpunkt rationalistischer Analysen steht die Frage, wie internationale Organisationen das Kosten-Nutzen-Kalkül betroffener Akteure, d.h. vor allem ihrer Mitgliedsstaaten, beeinflussen. Dabei entwickelten sich drei grundlegende Sichtweisen. Eine erste Gruppe von AutorInnen gesteht internationalen Organisationen keine wirklich eigenständige Bedeutung in den internationalen Beziehungen zu und sieht sie vollständig abhängig von den Interessen mächtiger Staaten. Eine zweite Gruppe von Arbeiten teilt zwar die Auffassung, dass Organisationen im Wesentlichen strategische Instrumente von Staaten sind, nimmt aber an, dass sie zum Erreichen gemeinsamer Ziele der Staaten dienen können und dabei für ihre Wirksamkeit nicht notwendig auf einen starken Führungsstaat angewiesen sind. Drittens schließlich werden internationale Organisationen als teils autonome Akteure der internationalen Politik gesehen, deren Wirkung sich nicht vollständig auf die Interessenkonstellation unter ihren Mitgliedsstaaten zurückführen lässt.

Realistische Ansätze

Die erste Auffassung, dass internationale Organisationen allenfalls als Instrumente mächtiger Staaten Bedeutung gewinnen können, ist eng mit der realistischen Denkschule der Internationalen Beziehungen verbunden. In seiner stärksten Lesart billigt der Realismus internationalen Organisationen keine eigenständige Bedeutung für die internationale Politik zu. Angesichts der ständigen Unsicherheit im anarchischen internationalen System sind alle Staaten darauf bedacht, keine festen institutionellen Bindungen mit anderen Staaten einzugehen und nur zusammenzuarbeiten, solange sie sicher sind, dass ihre Kooperationspartner sich dadurch ihnen gegenüber keinen Vorteil verschaffen können. Kooperation zwischen Staaten kann daher immer nur kurzfristig stattfinden und Institutionen haben keine dauerhaft bindende Wirkung (z.B. Mearsheimer 1994/95).

Etwas weniger strikt fallen die Erwartungen der ebenfalls realistisch inspirierten Theorie hegemonialer Stabilität aus, die argumentiert, dass immerhin manche Institutionen und Organisationen zumindest für eine gewisse Zeit einen stabilen Rahmen für zwischenstaatliche Kooperation bieten können, nämlich dann wenn sie im Interesse mächtiger Staaten sind und von diesen gestützt werden. Diese Sichtweise hat ihren Ursprung in Ansätzen der Internationalen Beziehungen, die wesentliche Muster der internationalen Politik (zum Beispiel den Wechsel von Friedens- und Kriegsphasen) mit dem Aufstieg, der Vorherrschaft und dem Fall von hegemonialen Staaten erklären (z.B. Organski 1958; Gilpin 1981; Modelski 1987). Für die Übertragung dieser Argumente auf internationale Organisationen machten Charles Kindlebergers Studien zum internationalen Währungssystem Schule. Er argumentierte, dass die internationale Organisation des Währungssystems eine starke Führungsmacht voraussetze, die in der Lage und willens sei, die Infrastruktur für ein solches System bereitzustellen und zu stützen. Zwischen den Weltkriegen fehlte ein solcher starker Staat und folglich auch die institutionelle Basis für ein stabiles Weltwährungssystem (Kindleberger 1988). Nach dem Zweiten Weltkrieg hätten die USA die nötige Stärke besessen und die Lasten für die Errichtung des Bretton-Woods-Systems getragen (Kindleberger 1986). Das sei einerseits für den Hegemon selbst lohnend gewesen, weil die USA durch die Stabilisierung des Weltwährungssystems weitaus erfolgreicher Handel betreiben konnten und die so erzielten Gewinne die Kosten der Aufrechterhaltung des Systems überstiegen. Auch die übrigen Staaten steigerten ihren Nutzen, da sie vom stabilen Währungssystem profitieren konnten, ohne proportional an den Kosten beteiligt zu sein. In dieser Sichtweise kommt internationalen Organisationen durchaus eine wichtige Bedeutung für die internationale Politik zu, denn ohne ihre Existenz wäre das für alle Seiten profitable System nicht zu verwirklichen. Der Hegemon braucht die internationale Organisation, um seine Ziele erreichen zu können. Aber die Organisation bleibt aufs engste an die Interessen und die Fähigkeiten des mächtigen Staates gebunden und agiert nicht eigenständig. Ein Niedergang der Hegemonialmacht bedeutet auch den Niedergang der Organisation und ihrer profitablen Effekte.

Das Argument, internationale Organisationen seien von einzelnen mächtigen Staaten abhängig und letztlich immer in Bezug auf diese zu erklären, stieß allerdings auf Widerspruch, auch aus rationalistischer Sicht.

Neoliberaler Institutionalismus

Aus Sicht des neoliberalen Institutionalismus können kooperative Regelwerke auch zustande kommen – und stabil sein, ohne dass ein einzelner Staat überproportionale Lasten übernimmt. Zum einen könne die Führungsaufgabe in vielen Situationen auch erfolgreich auf mehrere Schultern verteilt werden (Snidal 1985). Zum anderen gebe es zahlreiche Institutionen die, wenn sie erst einmal zustande gekommen sind, sich selbst erhalten und nicht von einer führenden Macht abhängig seien. Der neoliberale Institutionalismus thematisierte vor allem Entstehung und Fortbestand internationaler Regime (Hasenclever et al. 1997: 23-82). Ein Regime – eine Form internationaler Institutionen – zeichnet sich aus durch Normen, Entscheidungsregeln und Prozeduren, die eine Konvergenz von Interessen unterschiedlicher Akteure in einem Politikfeld ermöglichen (Krasner 1983; kritisch hierzu: Kratochwil/Ruggie 1986). Der neoliberale Institutionalismus arbeitete heraus, dass es für Akteure unter bestimmten Umständen rational sein kann, bestehenden Institutionen treu zu bleiben, selbst wenn kein mächtiger Staat sie dazu zwingt oder ihnen die Lasten der Kooperation abnimmt. Typische Beispiele sind Standardisierungen, die zum Beispiel den Handel oder die Kommunikation erleichtern. Zwar kann es für Staaten schwierig sein, sich z.B. auf gemeinsame Produktnormen zu verständigen. Hat man sich aber geeinigt, lohnt es sich für keinen Beteiligten, die Regeln zu ignorieren. In anderen Situationen mag es zwar selbst nach der Einigung auf bestimmte Regeln für die beteiligten Staaten verlockend sein, gegen sie zu verstoßen, z.B. wenn es um die Einhaltung bestimmter Umweltstandards geht. Doch selbst in solchen Situationen müssen nicht unbedingt spezifische Sanktionen verhängt werden, um die Regeleinhaltung attraktiv genug zu machen. Es genügt oft schon, Informationen über das Verhalten aller beteiligten Akteure bereitzustellen und so Regelverstöße sichtbar zu machen (*naming, blaming and shaming*). Der Reputationsverlust, der mit offen sichtbaren Regelbrüchen einherginge, kann ausreichend abschreckend wirken, weil Staaten in der internationalen Politik immer wieder auf ihren Ruf als verlässliche Kooperationspartner angewiesen sind (z.B. Keohane 1984). Dies stabilisiert internationale Organisationen, weil es die Kooperation der Staaten innerhalb der Organisationen auf eine dauerhafte, sich selbst erhaltende Basis stellt.

Die neoliberal institutionalistische Forschung konzentrierte sich allerdings im Wesentlichen darauf, das Zustandekommen von Institutionen zu erklären. Das trug ihr den Vorwurf ein, Institutionen letztlich doch wieder zu einem Epiphänomen von staatlichen Interessenkonstellationen zu machen. Kooperative Institutionen werden demnach eingerichtet, wenn es für die Staaten rational ist. Sie bleiben damit ein Instrument strategischen Handelns der Staaten, und es sind diese Interessenkonstellationen und nicht die Institutionen, die für die Analyse der internationalen Politik ausschlaggebend sind (vgl. Keohane/Martin 2003).

Gleichwohl ist im neoliberal institutionalistischen Ansatz schon ein Argument für eine weitergehende Bedeutung internationaler Institutionen angelegt, nämlich die Tendenz der Regelwerke sich selbst zu erhalten. Geht sie so weit, dass die Regeln selbst dann noch stabil bleiben, wenn sich die ursprüngliche Situation und damit die Interessenkonstellation der beteiligten Akteure ändert, dann wären internationale Institutionen tatsächlich jenseits dieser Interessen wichtig für die internationale Politik. Genau diese Position vertreten Arbeiten aus dem historischen Institutionalismus, die argumentieren, dass Institutionen, einmal gegründet, ein erstaunliches Beharrungsvermögen besitzen und durch externe Veränderungen nur wenig berührt werden (Pierson 2004; Peters 2010: 41-54). Etablierte Institutionen sind daher oft schwer wieder zu verändern.

Historischer Institutionalismus

Aus historisch institutionalistischer Sicht tendieren Organisationen zu Stabilität, weil es schwierig ist, sie zu verändern. Dies ist in der Gründungslogik politischer Institutionen und Organisationen angelegt. Es ist aus rationalistischer Sicht gerade der Daseinszweck internationaler Institutionen und Organisationen, Erwartungssicherheit zu garantieren. Das können sie aber nur, wenn sie selbst stabil sind. Daher werden bei ihrer Gründung häufig besondere Vorkehrungen gegen schnelle Reformen getroffen. So können Veränderungen an den Regeln einer Organisation z.B. oft nur von besonders großen Mehrheiten, nicht selten sogar nur einstimmig beschlossen werden (Pierson 2000: 262).

Das Gros der Arbeiten im historischen Institutionalismus beschäftigt sich aber nicht mit solchen bewussten Design-Entscheidungen, die institutionellen Wandel erschweren. Im Zentrum stehen vielmehr Prozesse, die Veränderungen an bestehenden Institutionen für rationale Akteure unattraktiv machen, selbst wenn sich ihre ursprünglichen Interessen, die zur Einrichtung der Institution geführt hatten, inzwischen gewandelt haben. Aus dieser Sicht sind Institutionen grundsätzlich stabil, weil ihre Veränderung in der Regel teurer ist als ihre unveränderte Weiterexistenz. Regeln auszuhandeln, zu formulieren, Organisationen einzurichten oder umzustrukturieren ist teuer. Da diese Einrichtungskosten für existierende Institutionen schon in der Vergangenheit getragen wurden („sunk costs“, vgl. Stinchcombe 1968), ist der Erhalt existierender Institutionen grundsätzlich attraktiver als die Schaffung neuer Institutionen, für die man diese Kosten erst noch auf sich nehmen müsste. Douglass North (1990) hat in diesem Sinne vier Faktoren herausgearbeitet, die es für Akteure attraktiv machen, existierende Institutionen fortzuschreiben statt neue, besser an die gegenwärtige Situation angepasste Institutionen einzurichten. So ist es kostenintensiv, neue Regeln auszuhandeln und festzuschreiben; es kostet Mühe zu lernen, wie neue Regelwerke funktionieren und wie man sie zu seinem Vorteil nutzen kann; und ein etabliertes Regelwerk kann leichter zur Basis für die Kooperation vieler Akteure werden. Wenn alle Akteure um diese Effekte wissen, werden sie erwarten, dass alle Beteiligten der Fortexistenz bestehender Regeln den Vorzug vor der Aushandlung neuer Regeln geben, was die existierenden Regeln weiter stabilisiert.

Es sind nicht nur diese institutionellen Eigenschaften, die zur bemerkenswerten Stabilität internationaler Organisationen beitragen. Auch interessierte Akteure können eine bedeutende Rolle für ihren Erhalt spielen. Institutionen und Organisationen schaffen Gewinner und Verlierer und sie generieren und verteilen Macht. Gerade die rationalistisch institutionalistische Forschung wurde dafür kritisiert, dass sie diese Verteilungswirkungen von Institutionen übersah und auf den Charakter von Institutionen als Instrumente zum Erreichen gemeinsamer Ziele fixiert war (Moe 2005). Wenn aber Institutionen Ungleichheit im Hinblick auf Ressourcen und Macht schaffen, dann haben die Gewinner dieses Prozesses naturgemäß ein

Interesse daran, die Institution in ihrer existierenden Form zu erhalten. In Situationen, in denen der Fortbestand einer Organisation in Gefahr gerät, werden sich diese Akteure für ihren Erhalt einsetzen (Moe 2005: 227). Ist ihre Macht groß genug, können sie sogar verhindern, dass die Organisation überhaupt in Frage gestellt wird (Bachrach/Baratz 1962).

Einen Sonderfall unter diesen am Erhalt bestehender Organisationen interessierten Akteuren stellen internationale Bürokratien dar, deren primärer Daseinszweck gerade in der Aufrechterhaltung ihrer Organisation besteht. In jüngerer Zeit haben aus rationalistischer Sicht vor allem Prinzipal-Agent-Ansätze auf die Bedeutung bürokratischer Akteure aufmerksam gemacht (z.B. Vaubel 2006; Hawkins et al. 2006). Demnach sind die Mitgliedsstaaten von internationalen Organisationen einem grundlegenden Dilemma ausgesetzt. Auf der einen Seite gibt es Anreize für sie, bestimmte Aufgaben auf bürokratische Akteure in internationalen Organisationen auszulagern. Dazu gehört zum Beispiel der Anreiz die Überwachung der Regeleinhaltung an eine möglichst unabhängige und verlässliche Instanz zu delegieren. Damit geht aber die Gefahr einher, dass die bürokratischen Akteure (Agenten) sich von den Interessen der sie beauftragenden Staaten (Prinzipale) entfernen und ihre eigenen Interessen verfolgen. Diesen Kontrollproblemen versuchen die Staaten durch verschiedene institutionelle Mechanismen vorzubeugen. Aber schon allein aus Kostengründen können sie keine völlige Kontrolle der bürokratischen Agenten erreichen. Die daraus resultierenden bürokratischen Freiräume führen dazu, dass internationale Organisationen nicht ausschließlich als Ausdruck der mitgliedsstaatlichen Interessen gedacht werden können, sondern eigenständig agieren.

Zusammenfassend lässt sich also aus rationalistischer Sicht ein weites Spektrum von Ansätzen zur Untersuchung internationaler Organisationen identifizieren. Es reicht von Ansätzen, die internationale Organisationen im Wesentlichen als Instrumente mächtiger Staaten analysieren über solche, die sie als Instrumente von Staaten zum Erreichen gemeinsamer Ziele betrachten, bis hin zu Ansätzen, die die Stabilität organisatorischer Arrangements betonen, die dazu führen kann, dass auf längere Sicht die ursprünglichen Interessen der Gründungsstaaten einerseits und Gestalt und Handeln der internationalen Organisation andererseits auseinanderklaffen. Ihnen allen ist aber gemein, dass sie von exogen gegebenen Interessen der Akteure ausgehen und annehmen, dass Institutionen und Organisationen die Anreizstruktur für das Handeln dieser Akteure in die eine oder andere Richtung beeinflussen. Weitaus grundlegendere Bedeutung (und damit meist auch deutlich weiter reichender Einfluss) wird internationalen Organisationen dagegen in soziologischen Ansätzen zugeschrieben.

2.2 Soziologische und sozialkonstruktivistische Ansätze

Im Sinne einer soziologischen Perspektive, wie sie im Rahmen der IB etwa in der sozialkonstruktivistischen Normenforschung vorherrscht, kann man eine Institution verstehen als eine relativ stabile Sammlung von Praktiken und Regeln, die das angemessene Verhalten für spezifische Gruppen von Akteuren in spezifischen Situationen definieren (March/Olsen 1995: 94). Damit werden Interessen, Präferenzen etc. von Akteuren nicht als exogen verstanden, sondern stehen in einer Wechselbeziehung zu Institutionen. Anders als in rationalistischen Ansätzen folgen Akteure in diesem Verständnis so auch keiner Handlungslogik, die ein (rein) instrumentell-rationales Verhalten erfordert und allein durch positive wie negative

Anreize Verhalten steuert („Logik der Konsequenz“). Stattdessen wird ihr Verhalten angeleitet von einer normativen Handlungslogik („Logik der Angemessenheit“), die den Rahmen angemessener Handlungen von Akteuren vorgibt (Risse 2003). Demnach orientieren sich Akteure an den normativen Vorgaben und Rollenerwartungen, die sich aus den institutionellen Regeln ergeben (March und Olsen 1989, 1998; Peters 1999). Diese Erwartungen wiederum wirken auf die Identität und die daraus folgenden Interessen von Akteuren ein. Für den Blick auf internationale Organisationen folgt daraus, dass Akteure durch Institutionen nicht nur in ihrem Handeln beschränkt und kurzfristig zu Kooperation bewegt werden oder auf Präferenzänderungen reagieren und sich daran anpassen. Vielmehr folgen internationale Organisationen in einem soziologischen Verständnis nicht allein den Weisungen von Staaten, sondern können selbst zu (relativ) autonomen Akteuren internationaler Politik werden. Sie sozialisieren Staaten, beeinflussen deren (nationale und kollektive) Identitäten und daraus resultierend auch ihre staatlichen Interessen und Präferenzen, definieren staatliche Rollen im internationalen System und stellen Normen zur Verfügung, die staatliches Verhalten leiten (vgl. Wendt 1994).

Damit ist die intersubjektive Dimension von Institutionen angesprochen (Kratochwil/Ruggie 1986). Diesem Verständnis zufolge werden Institutionen und Identitäten als gegenseitig konstitutiv gesehen. Institutionen folgen demnach nicht den Interessen von Akteuren (als deren Instrumente), sondern sind für diese ebenso konstitutiv (Wendt 1994). Institutionen bilden in erster Linie den Rahmen für die Herstellung intersubjektiver Bedeutung, denn im sozialkonstruktivistischen Verständnis ist bedeutungsvolles Verhalten oder Handeln nur möglich in einem intersubjektiven sozialen Kontext (Hopf 1998:173). Internationale Institutionen (und Organisationen) sind demzufolge nie bloß formale Strukturen, sondern versehen soziale Praktiken mit Bedeutung (ähnlich auch Ruggie 1998:879 und Wendt 1992:937). Dementsprechend werde institutioneller Wandel nicht bewusst von Akteuren mit veränderten Präferenzen gesteuert, wie es rationalistische Perspektiven postulieren, sondern verlaufe als kontinuierlicher Prozess des Lernens, in dem nur dann nach neuen Wegen gesucht wird, wenn eine Krise bewährte Kooperationsmuster in Frage stellt. Dies wird – in Abgrenzung zum Wandel im rationalistischen Verständnis, der in Reaktion auf Veränderungen der Parameter einer Organisation erfolgt – als endogener Wandel, also Wandel von innen heraus, gedeutet (Johnston 2001; 2003).

Sozialisierung

Der Lernprozess in und durch internationale Institutionen gilt als Sozialisierung von Akteuren. Neuere Sozialisationsstudien sind daher vermehrt im Rahmen konstruktivistischer Ansätze zu finden. Institutionelles Lernen – das auch im Rationalismus von Interesse ist – und Sozialisation bezeichnen dabei ähnliche oder gar gleiche Prozesse (Haas 1990; Nye 1987); Sozialisation wird zumeist als ein Prozess verstanden, in dem gelehrt und erzogen und damit auch gelernt wird. Während einerseits jeder theoretische Ansatz seinen Studien unterschiedliche Definitionen von Sozialisation zugrunde legt, ist andererseits das Gemeinsame aller Arbeiten ihr Interesse für das Ergebnis staatlicher Interaktion, bei dem Akteure von anderen Akteuren in ihrer Umwelt hin zu Verhaltensänderungen beeinflusst werden.

Integrationstheorien in der Tradition des (Neo-)Funktionalismus, etwa in Studien über die europäische Gemeinschaftsbildung, beobachteten in der frühen Beschäftigung mit Sozialisation eine Identitätsbildung („we-feeling“) über Grenzen hinaus, die sie wiederum als Sozialisation in eine Gemeinschaft durch Transaktionen zu erklären suchten (Haas 1964; Deutsch 1957). Darauf aufbauend identifizierte die sozialkonstruktivistische Forschung Sozialisation als Konzept, um einen Normtransfer von der internationalen Ebene auf die nationale Ebene (und manchmal auch umgekehrt) zu erklären (Flockhart 2006; Checkel 2001, 1997; Finnemore/Sikkink 1998). Mit der konstruktivistischen Wende (Checkel 1998) wuchs auch das Interesse an Sozialisierungsprozessen im Rahmen von Institutionen.

Studien zur Wirkung von Institutionen im Bereich bestimmter Normen wie Menschenrechte, nukleares Tabu oder Bürgerschaft proliferieren seit den 1990ern (Risse/Jetschke/Schmitz 2002; Johnston 2001; Checkel 1999, 2001; Risse/Ropp/Sikkink 1999; Cortell/Davis 1996; Finnemore 1993, 1996b; Nadelmann 1990). Dabei werden Institutionen zumeist als Sozialisationsinstanz gesehen, die zur Verbreitung von Normen beitragen. In mehreren Studien zur Europäischen Union bezieht sich beispielsweise Jeffrey Checkel auf die Sozialisationsprozesse, in denen durch die Institution bestimmte Normen – etwa Normen im Kontext liberaler Demokratie oder marktwirtschaftlicher Organisation – in die Mitgliedsstaaten getragen und dort internalisiert werden (Checkel 2001, 2005). Dabei sind zum einen erlernte Rollen wichtig, die sich nach den Erwartungen richten, die wiederum durch die Logik der Angemessenheit im Rahmen der EU vorgegeben sind. Zum anderen geht es darum, wie sich in einem Prozess der Angleichung an bestimmte Normen auch dauerhaft Identitäten und Interessen der Staaten verändern können. Die Befolgung von Normen (in der Forschung als *compliance* bezeichnet) richte sich nicht nach äußerem Zwang – wie es rationalistische Perspektiven annehmen –, sondern werde durch Überzeugung der Akteure im Rahmen von Sozialisationsprozessen möglich. In diesen Prozessen spielen Institutionen und ihre Bedeutungsstrukturen eine zentrale Rolle.

Soziologischer Institutionalismus

In den Internationalen Beziehungen waren es zunächst vor allem die Arbeiten der *English School*, einem sehr losen Verbund von Arbeiten zur internationalen Gesellschaft (Bull 1977; Bull/Watson 1984; Wight 1977), die die Bedeutung der sozialen Umwelt für das Entstehen und die Wirkung von Institutionen in den Mittelpunkt ihrer Analyse stellten. Institutionen, so das aus soziologischen Arbeiten abgeleitete Verständnis, stellten einen Rahmen bereit, der Regeln für das angemessene Verhalten von Akteuren vorgibt (Buzan 1994). Auch Wandel – insbesondere die mögliche Veränderung des internationalen Systems hin zu einer internationalen Gesellschaft – spielt eine zentrale Rolle in der Forschung der *English School*. Die Mehrzahl der Arbeiten der *English School* wenden sich eher abstrakten Institutionen in einem soziologischen Verständnis zu; dazu können „fundamentale“ Institutionen (Reus-Smit 1997) wie Multilateralismus (Ruggie 1993) oder Diplomatie (Bull 1977) zählen. Das Verständnis von Institutionen, das sich in der losen Theorieschule entwickelte, umfasst auch historisch langfristig etablierte Praktiken wie Souveränität oder das Gleichgewicht der Mächte, die im rationalistischen Verständnis nicht als Institutionen zu fassen wären (Alderson/Hurrell 2000). In der Tradition der *English School*, die sich immer mit der Frage einer (möglichen) Weltgesellschaft auseinandergesetzt hat, hat sich so ein weiter Institutionenbegriff etabliert, der es ermöglicht, „primäre Institutionen“ (Buzan 2004) wie Souveränität, Territorialität oder Diplomatie als Institutionen in ihrem sozialen Zusammenhang zu betrachten. Institutioneller Wandel, etwa von Diplomatie, wird dementsprechend als Wandel von Praktiken und als Wandel von Ideen verstanden, der über lange Zeit historisch rekonstruiert werden kann (Suganami 2000). Als sozialer Kontext, der die Entstehung bzw. Ablösung bestimmter Institutionen begünstigt hat, wird das internationale System verstanden. In seinem Schlüsselwerk „The Anarchical Society“ (1977) vollzieht Hedley Bull nach, wie sich eine internationale Ordnung von Staaten formiert hat, und identifiziert die wichtigsten Institutionen dieser Ordnung, wie etwa Völkerrecht, die Großmächte oder das Gleichgewicht der Mächte. Diese Institutionen sind einerseits aus den staatlichen Praktiken im internationalen System hervorgegangen, andererseits strukturieren sie selbst die Politik von Staaten und formieren eine internationale Ordnung, in der sich diese bewegen. Diese Zusammenhänge zwischen Akteuren und Institutionen, wie sie Vertreter der *English School* beschreiben, widersprechen einerseits nicht einer realistischen Logik über internationale Politik. Andererseits jedoch rekurrieren sie auf soziologische Annahmen gegenseitiger Wirkung zwischen Akteuren und Institutionen.

Das Interesse an stark formalisierten Institutionen wie internationalen Organisationen ist in Arbeiten der English School allerdings eher gering. Um auch formale internationale Organisation in den Blick zu nehmen, wird heute zwischen „primären“ und „sekundären“ Institutionen unterschieden: Beispiele für primäre Institutionen sind bei Barry Buzan etwa Souveränität oder Territorialität, als sekundäre Institutionen versteht er unter anderen die Generalversammlung der Vereinten Nationen oder ganz generell intergouvernementale Organisationen (Buzan 2004: 161/162). Da der Fokus der *English School* eher auf der systemischen Ebene – dem internationalen System und der Möglichkeit einer internationalen Gesellschaft – liegt, gibt es kaum Arbeiten, die sich mit solchen intergouvernementalen Organisationen befassen. Dennoch haben auch Institutionenforscher in den IB von der *English School* dahingehend lernen können, dass sie die Einbettung von Institutionen in das internationale System (als internationale Gesellschaft) stärker berücksichtigen und Wandel als langfristigen Prozess begreifen.

Ausgehend von der empirischen Beobachtung, dass sich im internationalen System formal ähnliche Institutionen scheinbar unabhängig vom regionalen bzw. lokalen Kontext verbreiten, befassen sich Arbeiten im Rahmen neo-institutionalistischer Forschung mit der Frage dieser Isomorphismen (Formgleichen). Denn dass auch scheinbar rein technologisch geprägte und an Effizienz ausgerichtete Vorgänge, wie etwa die Einrichtung einer internationalen Organisation, durch Kontextbedingungen des internationalen Systems beeinflusst sind, wird als eine alternative Erklärung zu den funktionalistischen Annahmen rationalistischer Arbeiten präsentiert (Campbell 2004). Der Neo-Institutionalismus der *World Polity* bzw. *World Culture* Schule in Stanford (Meyer/Boli/Thomas/Ramirez 1997; Boli/Thomas 1997; Meyer 1987; Meyer/Rowan 1977) sieht als wesentliches Merkmal von Institutionen, dass sie in einen sozialen Kontext integriert sind, nämlich in den der „Weltkultur“ (dazu: DiMaggio/Powell 1991). Diese äußere sich in der weltweiten Verbreitung bestimmter Modelle; jedoch klafften die Ideen, auf denen sie basieren, und die lokalen Praktiken weit auseinander. Dieses Phänomen wird als „Entkoppelung“ bezeichnet.

Martha Finnemore zeigt im Rahmen einer Studie zur Wirkung der Weltkulturorganisation UNESCO (1993), wie sich in nationalen Bildungssystemen ganz unterschiedlich beschaffener Staaten formgleiche bürokratische Strukturen herausgebildet haben, deren Funktionen jedoch verschieden sind. In den untersuchten Fällen wurden Behörden für Wissenschaftspolitik geschaffen, die mit den lokalen Bedürfnissen in den Staaten zum Teil kaum in Verbindung gebracht werden konnten. Dies spricht dafür, dass sich staatliche Politik hier nicht an den Bedürfnissen vor Ort orientierte, sondern die Vorgaben einer internationalen Organisation, nämlich der UNESCO, umsetzte.

Als Grund für die Verbreitung formgleicher Institutionen wiederum gilt, dass diese nicht unbedingt an Effizienzerwägungen orientiert seien, sondern dass vielmehr grundsätzlich bestimmte Formen von Organisation durch die Weltkultur eine vorrangige Stellung erhielten und durch sie legitimiert würden. Und zwar auch dann, wenn sie in dem Kontext, in dem sie sich entwickelten, (zunächst) kaum den spezifischen Anforderungen entsprachen (Peters 1999:102). Der Einfluss einer externen Legitimierung (durch die Weltkultur) ließe sich dann vermuten, wenn man die Verbreitung isomorpher Institutionen finde (Meyer/Rowan 1977).

Über die sozialkonstruktivistische Institutionenforschung hinaus greifen weitere Perspektiven auf Überlegungen aus soziologischen Institutionalismen zurück. Zum einen verorten Forscher und Forscherinnen internationale Organisationen in systemtheoretisch angeleiteten Debatten, zum anderen werden Institutionen in Zusammenhang mit diskursiven Praktiken gebracht. Eine soziologisch geprägte Richtung in der Forschung zu internationalen Organisationen wendet sich stärker den formalen Prozessen zu, die IOs zu eigenständigen Akteuren im internationalen System machen. Basierend auf systemtheoretischen Arbeiten Niklas Luhmanns werden internationale Organisationen als Akteure gefasst, die immer wieder um Autonomie ringen (Koch 2009). Andere Arbeiten sehen die bürokratischen Apparate von Organisationen als eigenständige Akteursgruppe innerhalb von Organisationen – und befassen sich sowohl mit deren Routinehandlungen als auch mit möglichen Pathologien, also Abweichungen von den institutionellen Pfaden (Barnett/Finnemore 1999; 2004). Internationale Bürokratien werden zwar als Bestandteil einer IO gesehen, aber können als von ihr autonome und verbindliche Regeln setzende Einheit verstanden werden, die von internationalem Personal besetzt ist, bestimmte Ziele verfolgt, mit Staaten interagiert und eigene Entscheidungen trifft (Bauer/Weinlich 2011: 252). In jüngerer Zeit wird der soziologische Institutionalismus zunehmend mit dem rationalen Prinzipal-Agenten-Ansatz verbunden, um das Verhalten und die internen Dynamiken von internationalen Bürokratien zu untersuchen (Biermann/Siebenhüner 2009).

Wenig systematisch haben bisher über den Sozialkonstruktivismus hinaus einige neuere Arbeiten Institutionen stärker diskursiv verortet. Iver Neumann beispielsweise untersucht den diskursiven Wandel institutioneller Praktiken am Beispiel des Feldes der Diplomatie und den Hindernissen, die einem solchen Wandel entgegenstehen (2002). Neumanns Arbeiten demonstrieren die Bedeutung von bürokratisierten Routinen und etablierten, insbesondere auf Textproduktion basierenden Praktiken in Institutionen, die nur schwer zu überwinden sind. Wandel stellt sich hier durch Veränderungen bestimmter Narrative ein, die Teil der Institution sind, und lässt sich an veränderten Praktiken der Mitglieder dieser Institution feststellen. Die Bedeutung institutionalisierter Diskurse und einiger hervorgehobener Sprecher in diesen Diskursen sind eng mit der Möglichkeit institutionellen Wandels verbunden. Institutionen beruhen hier vor allem auf der ständigen Reproduktion bereits etablierter Praktiken und verändern sich auch über lange Zeiträume kaum.

Trotz einiger weiterer Studien, die diskurstheoretische und institutionalistische Forschung mit einem noch dezidierteren Fokus auf Phänomene internationaler Politik, wie die Praktiken der Europäischen Union oder der NATO, zusammenbringen (Diez 1999; Klein 1990; Rumelili 2003), gibt es in den Internationalen Beziehungen bislang keine eigene Forschungsrichtung, in der Institutionen diskursiv gewendet werden. Ein explizit „diskursiver Institutionalismus", wie Vivien A. Schmidt (2010) ihn postuliert, hat sich im Feld der Internationalen Beziehungen (noch) nicht herausgebildet. In Schmidts Perspektive werden Institutionen durch Diskurse (als Ideen und Vorstellungen von Akteuren) beeinflusst und verändert. Im weiteren Feld der Politikwissenschaft haben einige Arbeiten zu Institutionen diese Gemeinsamkeiten, die Schmidt als „diskursiver Institutionalismus (DI)" identifiziert (Campbell/Pedersen 2001; Hay 2001, 2006). Sie bleiben allerdings vorerst unverbunden.

In der Forschung zu internationalen Organisationen spielen solche und andere soziologische Ansätze mittlerweile eine wichtige Rolle und können als wichtige Ergänzung der lange Zeit rationalistisch dominierten Forschung gelten. Zum einen berufen sich ForscherInnen auf diese Perspektiven, um Wandel über lange Zeiträume hinweg erfassbar zu machen, und zum anderen sind sie zentral in der sozialkonstruktivistischen Normenforschung. Dabei gehen Studien zu so unterschiedlichen empirischen Feldern wie Sicherheitsgemeinschaften (Adler/Barnett 1998; Bellamy 2004), europäische Integration (Checkel 1997) oder Normgenese (Finnemore/Sikkink 1998) von ähnlichen Grundannahmen aus, nämlich dass Institutionen und ihre soziale Bedeutung als gegenseitig konstitutiv verstanden werden können. Das bedeutet, dass nicht Akteure allein bestimmen, wie Institutionen gestaltet werden und sich entwickeln oder welchen Einfluss auf die Politik von Staaten sie ihnen zugestehen wollen, sondern dass auch die Institutionen selbst eine eigenständige Wirkung entfalten. Damit werden sie als Akteure internationaler Politik gesehen. Deren Wirkungen zu erkennen, steht im Mittelpunkt soziologisch geprägter Institutionenforschung in den Internationalen Beziehungen.

2.3 Verhältnis zwischen rationalistischen und soziologischen Ansätzen

Das Spektrum soziologischer Ansätze in der Forschung über internationale Organisationen ist ähnlich breit wie das rationalistischer und historischer Institutionenforschung. Gemein ist dieser Gruppe von Arbeiten, dass sie Institutionen bzw. Organisationen nicht als bloße Instrumente ihrer Mitglieder ansehen, sondern sie zum einen eingebettet in ihrem sozialen Kontext betrachten und zum anderen Institutionen selbst als Instanzen begreifen, die Einfluss sowohl auf ihre Mitglieder als auch auf deren gesellschaftliches Umfeld nehmen. In Lern- und Sozialisationsstudien der internationalen Beziehungen, die die Verbreitung von Normen oder Ideen untersuchen, geht es im Wesentlichen um die Bedingungen für erfolgreiche (seltener nicht erfolgreiche) Prozesse von Norminternalisierung (z.B. Acharya 2004; Checkel 1997; Johnston 2005, 2003) bzw. institutionellen Wandel durch die Verbreitung von bestimmten (neuen) Ideen und Normen. Sowohl institutionelles Lernen als auch Sozialisation sind Konzepte (institutionellen) politischen Wandels, die zunächst keiner bestimmten theoretischen Richtung zuzuordnen sind; vielmehr umfassen Arbeiten dazu wiederum das gesamte Spektrum rationalistischer bis sozialkonstruktivistischer Ansätze. Eher rationalistischen Prämissen verhaftete Ansätze (Axelrod 1984; Goldstein/Keohane 1993; Ikenberry/Kupchan 1990; Schimmelfennig 1994, 1997) behandeln Sozialisation zwar auch als Prozess zur Verbreitung von Normen, allerdings eher durch materielle Anreize und Druck oder durch den Einfluss einer Hegemonialmacht und damit weniger als Identität bildenden Lernprozess. Die Mechanismen, die zu einer erfolgreichen Sozialisation führen, werden also unterschiedlich bewertet: Imitation, sozialer Druck und *bargaining* (Verhandeln) zählen zu einem rationalistischen Verständnis und stehen Mechanismen gegenüber, die man eher im sozialkonstruktivistischen Verständnis verortet. Hierzu gehören insbesondere Überzeugung (Deitelhoff 2006; Payne 2001; Checkel 2001) sowie sozialer Einfluss (Flockhart 2006). Diese Mechanismen können in unterschiedlichen Fällen und unter verschiedenen Bedingungen auftreten (vgl. Johnston 2001; Schimmelfennig 2003).

Die soziologisch/sozialkonstruktivistisch geprägte Institutionenforschung in den IB folgt im Großen und Ganzen zwei Pfaden: zum einen jenen soziologischer Institutionalismen (zu unterschiedlichen Formen des soziologischen/Neuen Institutionalismus siehe Campbell (2004) und Peters (1999), zum anderen dem einer an der Sozialisierung von Akteuren und der Entstehung/Verbreitung von Normen interessierten Forschungsrichtung. Während rationalistische Perspektiven auf internationale Institutionen im Wesentlichen mit der Einrichtung und dem Fortbestand konkreter internationaler Regime oder Organisationen befasst sind, nehmen soziologische Perspektiven vor allem deren möglichen Wandel in den Blick. Welche Umstände dazu führen, dass sich internationale Institutionen verändern, in welchem Verhältnis dabei Akteure und Strukturen zueinander stehen und wie dies mit dem sozialen Kontext der Institutionen zusammenhängt, sind zentrale Fragen, denen nachgegangen wird. Der rationalistischen Annahme, dass Institutionen bewusst von Akteuren gegründet werden, steht hier die Beobachtung gegenüber, dass Institutionen eher spontan entstehen und sich durch wiederholende Praxis letztlich verstetigen. Damit wird dem funktionalistischen Grundverständnis rationalistischer Autoren ein Begriff von Wandel entgegengesetzt, der aus den Institutionen selbst kommt, also endogen entsteht, und nicht allein in Reaktion auf äußere (exogene) Veränderungen zustande kommt.

3. Das empirische Feld internationaler Organisationen

Die hier vorgestellten theoretischen Grundlagen dienen zur Analyse konkreter internationaler Organisationen. So wird beispielsweise nach den Entstehungsbedingungen einer Organisation gefragt und deren Wirken untersucht. Im zweiten, empirischen Teil dieses Handbuchs sollen beide Fragerichtungen verfolgt und in der Analyse von 30 internationalen Organisationen beantwortet werden: Wie und zu welchem Zweck wurde die internationale Organisation gegründet? Was für eine Bedeutung und Wirkkraft hat sie in der globalen und regionalen Politik? Damit soll ein Verständnis für die Struktur, inneren Dynamiken, die Beziehungen zu ihren Mitgliedsstaaten und die Bedeutung einer Organisation vermittelt werden.

Auswahl internationaler Organisationen

Die Auswahl der 30 Organisationen folgt zwei Dimensionen: Zum einen handelt es sich dabei um die geographische Reichweite der Mitgliedsstaaten. Internationale Organisationen sind entweder auf einen bestimmten regionalen Raum (Region oder Subregion) festgelegt oder ihre Mitgliedschaft unterliegt keiner räumlichen Einschränkung (global). Zum anderen unterscheiden sich internationale Organisationen durch ihre Aufgabenfelder, die von universellen, umfassenden bis zu speziellen Mandaten reichen. Die Auswahl internationaler Organisationen im zweiten Teil dieses Bandes soll repräsentativ für eine Schnittmenge aus diesen beiden Dimensionen sein, kann bei einer Mindestzahl von weltweit mehr als hundert existierenden internationalen Organisationen jedoch kaum umfassend sein (vgl. Tabelle 1). Dennoch sollen einige der wichtigsten internationalen Organisationen der Weltpolitik vorgestellt und greifbarer gemacht werden.

GEOGRAPHISCHE REICHWEITE	AUFGABENFELDER	
	Universell	**Speziell**
global	Vereinte Nationen	FAO IAEO ILO IMF OECD OHCHR UNDP UNEP Weltbank WHO WTO
regional	AU Arabische Liga ASEAN EU Europarat OAS	ADB AFDB EBRD IDB NATO OSZE
subregional	Andengemeinschaft ECOWAS Mercosur SAARC SADC SCO	

Quelle: Eigene Zusammenstellung

Abb. 3: Ausgewählte internationale Organisationen.

Aus der Schnittmenge geographischer Reichweite und den Aufgabenfeldern ergeben sich verschiedene Gruppen internationaler Organisationen, die im zweiten Teil dieses Bandes untersucht werden:

- **Global** und zugleich **universell** agierend, existiert weltweit nur eine internationale Organisation, nämlich die Vereinten Nationen. Sie dient als Forum für internationale Diskussionen und ist in vielen Aufgabenfeldern stark von den Interessen ihrer Mitgliedsstaaten abhängig. In einzelnen Bereichen treten VN-Organe-, Programme und Sonderorganisationen jedoch als Akteure globaler Politik auf.
- **Global** – also offen für jeden Staat, der die Aufnahmekriterien der jeweiligen Organisation erfüllt – und zugleich in **speziellen Aufgabenfeldern** tätig, ergibt in diesem Band und auch im Allgemeinen die größte Gruppe internationaler Organisationen. Gegenstand dieses Bandes sind Organisationen aus den Bereichen Ernährung (FAO), Sicherheit (IAEO), Arbeit (ILO), Finanzen und Handel (IMF, Weltbank, WTO), Entwicklung (OECD, UNDP, Weltbank), Menschenrechte (OHCHR), Umwelt (UNEP) und Gesundheit (WHO).
- **Regionale** Organisationen mit **umfassenden Aufgabenfeldern**, die je nach Region unterschiedliche Schwerpunkte haben, entsprechen den fünf Weltregionen. Ihr Integrationsgrad ist sehr unterschiedlich ausgeprägt und damit ihre Akteursqualitäten verschieden. Den größten verbindlichen Einfluss auf die nationalstaatliche Politik ihrer Mitglieder übt die Europäische Union (EU) aus. Eine weitere europäische IO, der Europarat, spricht im Bereich der Einhaltung von Menschenrechten zwar verbindliches Recht, kann sein Mandat aber keineswegs so eigenständig umsetzen. Eine Mischung aus regionalem Forum und Akteursqualitäten in spezifischen Arbeitsbereichen bieten die Regionalorganisationen in Afrika (AU), im arabischen Raum (Arabische Liga), Asien (ASEAN) und Nord-, Mittel- und Südamerika (OAS).
- **Regionalorganisationen**, die allen Staaten einer Region offen stehen und zugleich sehr **spezifische Tätigkeitsfelder** haben, existieren in unterschiedlichen Bereichen wie Wirtschaftskooperation oder Sicherheitspolitik (NATO, OSZE). Insbesondere sind hier die regionalen Entwicklungsbanken zu nennen (ADB, AfDB, EBRD, IDB; vgl. Abb. 4), die mit zu den ältesten internationalen Organisationen gehören.
- Auf **subregionaler Ebene** bildeten sich in Anlehnung an Regionalorganisationen Organisationen, die zumeist in mehr als einem begrenzten Politikfeld Kooperation ermöglichen (Afrika: ECOWAS, SADC; Asien: SAARC; Lateinamerika: Andengemeinschaft, Mercosur). Die Aufgabenfelder sind zwar **umfassend**, häufig sind sie aufgrund eingeschränkter Leistungsfähigkeit auf bestimmte Schwerpunktbereiche begrenzt. Exemplarisch kann man hier die *Shanghai Cooperation Organisation* (SCO) nennen, mit der ihre Mitglieder vor allem sicherheitspolitische Kooperationen anstreben. Mitglieder von subregionalen Organisationen gehören gleichzeitig Regionalorganisationen an. Wenngleich die Gefahr besteht, dass sich auf der subregionalen Ebene Aufgaben doppeln und Konkurrenzen zur regionalen Ebene entstehen, verstehen sich diese Organisationen komplementär zu den Regionalorganisationen und zielen darauf ab, Integrationsprozesse zu beschleunigen.

Die Anordnung der in Abb. 3 aufgeführten internationalen Organisationen erfolgt alphabetisch, um den Zugang zu einzelnen Institutionen für die Leserin und den Leser zu erleichtern sowie den Vergleich zwischen ihren Zielen, Mandaten und Rollen in der globalen Politik einfach zu ermöglichen.

Struktur der Einzelbeiträge über internationale Organisationen

Ziel der Einzelbeiträge ist es, die Bedeutung der jeweiligen internationalen Organisation zu analysieren und diese kompakt abzubilden. Dies soll durch einen systematischen und vergleichend angelegten Überblick der jeweiligen Organisation gewährleistet werden. Das Gesamtbild, das sich aus den Einzelanalysen ergibt, reflektiert die wichtigsten Entwicklungslinien der Organisationen selbst, lässt aber auch Schlüsse darüber zu, wie sich die Bedeutung von internationalen Organisationen in der globalen Politik selbst gestaltet und immer wieder den veränderten Kontextbedingungen angepasst hat. Die Untersuchung jeder Organisation ist in vier identischen Teilen organisiert:

(1) **Entstehung, Ziele und Aufgaben**: Im Zentrum des Anfangskapitels steht der historische Entstehungszusammenhang der Organisation, dann werden das Mandat und die wichtigsten Aufgabenbereiche der internationalen Organisation vorgestellt. Diese historische Perspektive ermöglicht die Identifizierung von möglichen Pfadabhängigkeiten einer Organisation.

(2) **Aufbau**: Das zweite Kapitel bietet eine Einführung in die zentralen Organe der jeweiligen Organisation und stellt deren Zusammensetzung, Funktionen und Bedeutung dar. Die Untersuchung der Kompetenzbereiche und Aktivitäten dieser Organe sind aufschlussreich für den Handlungsspielraum der Organisation und deren Grad der (Un)Abhängigkeit von den Mitgliedsstaaten.

(3) **Wandel, Reform und Bedeutung in der globalen Politik**: Im dritten Kapitel werden die wichtigsten internen Reformen sowie durch äußeren Anpassungsdruck erzeugten Veränderungen einer internationalen Organisation untersucht. Dies umfasst die Darstellung ihrer wichtigsten Herausforderungen sowie die Politikformulierung und -umsetzung der Organisation in ihrem regionalen und globalen Umfeld.

(4) **Stand der Forschung**: Das letzte Kapitel bettet die internationale Organisation in die (politik)wissenschaftliche Forschung ein und benennt die wichtigsten theoretischen Ansätze, die zu ihrer Untersuchung in den IB dienen. Insgesamt gibt es einen komprimierten Überblick zu einigen der zentralen wissenschaftlichen Arbeiten, die sich mit der internationalen Organisation befassen.

Die Einzelbeiträge schließen mit einer Auswahl qualifizierter Literaturangaben. Diese beinhalten die wichtigsten Primärdokumente der internationalen Organisation (Gründungsakten, wichtige Verträge und Abkommen etc.); Standardwerke, die für das Studium der internationalen Organisation unverzichtbar sind, weil sie zum Literaturkanon im jeweiligen Forschungsfeld gehören; und aktuelle Sekundärliteratur, die zur vertiefenden Beschäftigung mit der untersuchten internationalen Organisation einlädt.

Eine Übersicht der hier untersuchten internationalen Organisationen mit ihren jeweiligen Mitgliedsstaaten findet sich im Anhang dieses Bandes. Der Überblick bietet die Möglichkeit, die Zugehörigkeit einzelner Staaten zu internationalen Organisationen historisch nachzuvollziehen. Schließlich können weiterführende Materialien zur Analyse internationaler Organisationen auf der folgenden Internetseite des Oldenbourg Verlags abgerufen werden: http://www.oldenbourg-verlag.de/wissenschaftsverlag/handbuch-internationale-organisationen /9783486583106.

Literatur

Acharya, Amitav 2004: How Ideas Spread: Whose Norms Matter? Norm Localization and Institutional Change in Asian Regionalism, in: International Organization, 58:2, S. 239-276.

Adler, Emanuel/Michael Barnett 1998 (Hg.): Security Communities. Cambridge: Cambridge University Press.

Alderson, Kai/Andrew Hurrell 2000: Hedley Bull on International Society. Houndsmill, Basingstoke: MacMillan.

Arts, Bas/M. Noortmann/B. Reinalda (Hg.) 2001: Non-State Actors in International Relations. Aldershot u.a.: Ashgate.

Axelrod, Robert 1984: The Evolution of Cooperation. New York: Basic Books.

Bachrach, Peter/Morton S. Baratz 1962: Two Faces of Power, in: American Political Science Review 56:4, S. 947-952.

Barnett, Michael/Martha Finnemore 1999: The Politics, Power, and Pathologies of International Organizations, in: International Organization 53:4, S. 699-732.

Barnett, Michael/Martha Finnemore 2004: Rules for the World: International Organizations in Global Politics. Ithaca: Cornell University Press.

Bellamy, Alex 2004: Security Communities and their Neighbours. Regional Fortresses or Global Integrators?. Basingstoke: Palgrave Macmillan.

Bauer, Steffen/Silke Weinlich 2011: International Bureaucracies: Organizing World Politics, in: Bob Reinalda (Hg.): The Ashgate Research Companion on Non-State Actors. Farnham/Burlington: Ashgate, S. 251-263.

Biermann, Frank/Bernd Siebenhüner 2009: The Influence of International Bureaucracies in World Politics: Findings from the MANUS Research Program, in: Dies. (Hg.): Managers of Global Change. Cambridge, MA: MIT Press, S. 37-74.

Boli, John/George M. Thomas 1997: World Culture in the World Polity: A Century of International Non-Governmental Organization, in: American Sociological Review 62:2, S. 171-190.

Bull, Hedley 1977: The Anarchical Society. London: Macmillan.

Bull, Hedley/Adam Watson 1984: The Expansion of International Society. Oxford: Clarendon Press.

Buzan, Barry 2004: From International to World Society? English School Theory and the Social Structure of Globalisation. Cambridge: Cambridge University Press.

Campbell, John L/Ove Pedersen 2001: Introduction, in: Dies. (Hg.): The Rise of NeoLiberalism and Institutional Analysis. Princeton: Princeton University Press, S. 1-24.

Campbell, John L. 2004: Institutional Change and Globalization. Princeton: Princeton University Press.

Checkel, Jeffrey T. 1997: International Norms and Domestic Politics: Briding the Rationalist-Constructivist Divide, in: European Journal of International Relations 3:4, S. 473-495.

Checkel, Jeffrey T. 1998: The Constructivist Turn in International Relations, in: World Politics 50:2, S. 324-348.

Checkel, Jeffrey T. 1999b: Norms, Institutions, and National Identity in Contemporary Europe, in: International Studies Quarterly 43:1, S. 83-114.

Checkel, Jeffrey T. 2001: Why Comply? Social Norms Learning and European Identity Change, in: International Organization 55:3, S. 553-588.

Checkel, Jeffrey T. 2005: International Institutions and Socialization in Europe: Introduction and Framework, in: International Organization 59:4, S. 801-26.

Cortell, Andrew/James Davis 1996: How do International Institutions Matter? The Domestic Impact of International Rules and Norms, in: International Studies Quarterly 40:3, S. 451-478.

Deitelhoff, Nicole 2006: Überzeugung in der Politik. Grundzüge einer Diskurstheorie internationalen Regierens. Frankfurt/M.: Suhrkamp.

Deutsch, Karl W. et al. 1957: Political Community and the North Atlantic Area: International Organization in the Light of Historical Experience. Princeton: Princeton University Press.

Diez, Thomas 1999: Die EU lesen: diskursive Knotenpunkte in der britischen Europadebatte. Opladen: Leske und Budrich.

Di Maggio, Paul/Walter Powell (Hg.) 1991: The New Institutionalism in Organizational Analysis. Chicago: University of Chicago Press.

Finnemore, Martha 1993: International Organizations as Teachers of Norms: the United Nations Educational, Scientific, and Cultural Organization and Science Policy, in: International Organization, 47:4, S. 565-597.

Finnemore, Martha 1996: Norms, Culture, and World Politics: Insights from Sociology's Institutionalism, in: International Organization 50:2, S. 325-347.

Finnemore, Martha/Kathryn Sikkink 1998: International Norm Dynamics and Political Change, in: International Organization 52:4, S. 887-917.

Flockhart, Trine 2006: Complex Socialization: A Framework for the Study of State Socialization, in: European Journal of International Relations 12:1, S. 89-118.

Gilpin, Robert 1981: War and Change in World Politics. Cambridge: Cambridge University Press.

Goldstein, Judith/Robert O. Keohane 1993: Ideas and Foreign Policy: An Analytical Framework, in: Dies. (Hg.): Ideas and Foreign Policy: Beliefs, Institutions, and Political Change. Ithaca: Cornell University Press, S. 3-30.

Haas, Ernst B. 1964: Beyond the Nation-State: Functionalism and International Organization, Stanford: Stanford University Press.

Haas, Ernst B. 1990: When Knowledge is Power. Three Models of Change in International Organizations. Berkeley: University of California Press.

Hasenclever, Andreas/Peter Mayer/Volker Rittberger 1997: Theories of International Regimes. Cambridge: Cambridge University Press, S. 23-82.

Hawdon, James 1996: Emerging Organizational Forms: The Proliferation of Regional Intergovernmental Organizations in the Modern World-System. Westport, CT: Greenwood Press.

Hawkins, Darren/David Lake/Daniel Nielson/Michael Tierney 2006: Delegation and Agency in International Organizations. Cambridge: Cambridge University Press.

Hay, Colin 2001: The 'Crisis' of Keynesianism and the Rise of Neoliberalism in Britain: an Ideational Institutionalist Approach, in: Campbell, John/Ove Pedersen (Hg.): The Rise of NeoLiberalism and Institutional Analysis. Princeton: Princeton University Press, S. 193-218.

Hay, Colin 2006: Constructivist institutionalism, in: Rhodes, R.A.W./Sarah Binder/BertRockman (Hg.): Oxford Handbook of Political Institutions. Oxford: Oxford University Press, S. 56-74.

Hopf, Ted 1998: The Promise of Constructivism in International Relations Theory, in: International Security 23:1, S. 171-200.

Ikenberry, G. John/Charles A. Kupchan 1990: Socialization and Hegemonic Power, in: International Organization 44:3, S. 283-315.

Jaeger, Hans-Martin 2007: "Global Civil Society" and the Political. Depoliticization of Global Governance, in: International Political Sociology 1:1, S. 257-277.

Johnston, Alastair Iain 2001: Treating International Institutions as Social Environments, in: International Studies Quarterly 45:4, S. 487-515.

Johnston, Alastair 2003: Socialization in International Institutions: The ASEAN Way and International Relations Theory, in Ikenberry, G.John/Michael Mastanduno (Hg.): International Relations Theory and the Asia-Pacific. New York: Columbia University Press, S. 107-162.

Johnston, Alastair 2005: Conclusions and Extensions: Toward Mid-Range Theorizing and Beyond Europe, in: International Organization 59:4, S. 1013-1044.

Keohane, Robert 1984: After Hegemony: Cooperation and Discord in the World Political Economy. Princeton: Princeton University Press.

Keohane, Robert O. 1989: International Institutions and State Power: Essays in International Relations Theory. Boulder, CO: Westview Press.

Keohane, Robert O./Lisa L. Martin 2003: Institutional Theory as a Research Program, in: Colin Elman/Miriam Fendius Elman (Hg.): Progress in International Relations Theory: Appraising the Field. Cambridge, Mass.: MIT Press, S. 71-108.

Kielmannsegg, Peter Graf 2003: Integration und Demokratie, in: Markus Jachtenfuchs/Beate Kohler-Koch (Hg.): Europäische Integration. 2. Auflage. Opladen: Leske+Budrich, S. 49-83.

Kindleberger, Charles P. 1986: The World in Depression, 1929-1939, überarbeite und erweiterte Auflage. Berkeley: University of California Press.

Kindleberger, Charles 1988: Dominance and Leadership in the International Economy: Exploitation, Public Goods, and Free Riders, in Kindleberger, Charles P.): The International Economic Order: Essays on Financial Crisis and International Public Goods. New York: Harvester Wheatsheaf, S. 185-195.

Klein, Eckart/Stefanie Schmahl 2010: Die Internationalen und die Supranationalen Organisationen, in: Graf Vitzthum, Wolfgang (Hg.): Völkerrecht. 5. neu bearbeitete Auflage. Berlin: de Gruyter, S. 263-387.

Klein, Bradley S. 1990: How the West was One: Representational Politics of NATO, in: International Studies Quarterly 34:3, S. 311-25.

Koch Martin 2009: Autonomization of IGOs, in: International Political Sociology 3:4, S. 431-48.

Krasner Stephen 1983: Structural Cases and Regime Consequences: Regimes as Intervening Variables. In: Krasner, Stephen (Hg.): International Regimes. Ithaca: Cornell University Press, S. 1-23.

Kratochwil, Friedrich/John G. Ruggie 1986: International Organizations: A State of the Art on an Art of the State, in: International Organization 40:4, S. 753-775.

March, James/Johan Olsen 1989: Rediscovering Institutions. The Organizational Basis of Politics. New York u.a.: Free Press.

March, James/Johan Olsen 1998: The Institutional Dynamics of International Political Orders, in: International Organization 52:4, S. 943-969.

March, James G./Johan P. Olsen 1995: Democratic Governance. New York, NY: Free Press.

Mearsheimer, John 1994/95: The False Promise of International Institutions, in: International Security 19:3, S. 5-49.

Meyer John W./Brian Rowan 1977: Institutionalized Organizations: Formal Structure as Myth and Ceremony, in: American Journal of Sociology 83:2, S. 340-363.

Meyer, John 1987: The World Polity and the Authority of the Nation-State, in: George, Thomas/John W. Meyer/Franciso O. Ramirez (Hg.): Instititutional Structure: Constituting State, Society, and the Individual. Beverly Hill: Sage, S. 109-137.

Meyer, John W./John Boli/George Thomas/Francisco O. Ramirez 1997: World Society and the Nation State, in: American Journal of Sociology 103:1, S. 144-181.

Modelski, George 1987: Long Cycles in World Politics. Seattle: University of Washington Press.

Moe, Terry 2005: Power and Political Institutions, in: Perspectives on Politics 3:2, S. 215-233.

Moravcsik, Andrew 2002: In Defence of the Democratic Deficit: Reassessing Legitimacy in the European Union, in: Journal of Common Market Studies 40:4, S. 603-624.

Nadelmann, Ethan 1990: Global Prohibition Regimes: the Evolution of Norms in International Society, in: International Organization 44:4, S. 479-526.

Nanz, Patrizia/Jens Steffek 2004: Global Governance, Participation and the Public Sphere, in: Government and Opposition 39:2, S. 314-335.

Neumann, Iver 2002: Returning Practice to the Linguistic Turn: The Case of Diplomacy, in: Millennium 31:3, S. 627-651.

North, Douglass C. 1990: Institutions, Institutional Change and Economic Performance, Cambridge: Cambridge University Press.

Nye, Joseph S. 1987: Nuclear Learning and U.S.-Soviet Security Regimes; in: International Organization 41:2, S. 371-402.

Organski, A.F.K. 1958: World Politics, New York: Knopf.

Payne, Rodger A. 2001: Persuasion, Frames and Norm Construction, in: European Journal of International Relations 7: 1, S. 37-61.

Pevehouse, Jon C./Timothy Nordstrom/Kevin Warnke 2004: The COW-2 International Organizations Dataset Version 2.0, in: Conflict Management and Peace Science 21:2, S. 101-119.

Peters, B. Guy 1999: Institutional Theory in Political Science: The "New Institutionalism". London: Continuum.

Peters, Dirk 2010: Constrained Balancing: The EU's Security Policy. Basingstoke: Palgrave.

Pierson, Paul 2000: Increasing Returns, Path Dependence and the Study of Politics, in: American Political Science Review 94:2, S. 251-168.

Pierson, Paul 2004: Politics in Time: History, Institutions and Social Analysis, Princeton, NJ: Princeton University Press.

Reus-Smit, Christian 1997: The Constitutional Structure of International Society and the Nature of Fundamental Institutions, in: International Organization 51:4, S. 555-590.

Risse, Thomas 2003: Konstruktivismus, Rationalismus und Theorien Internationaler Beziehungen – warum empirisch nichts so heiß gegessen wird, wie es theoretisch gekocht wurde, in: Hellmann, Gunther/Klaus Dieter Wolf/Michael Zürn (Hg.): Die neuen Internationalen Beziehungen. Forschungsstand und Perspektiven in Deutschland. Baden Baden: Nomos, S. 99-132.

Risse, Thomas/Stephen Ropp/Kathryn Sikkink 1998: The Power of Human Rights. International Norms and Domestic Change. Cambridge: Cambridge University Press.

Risse, Thomas /Anja Jetschke/Hans Peter Schmitz (Hg.) 2002: Die Macht der Menschenrechte. Internationale Normen, kommunikatives Handeln und politischer Wandel in den Ländern des Südens. Baden-Baden: Nomos.

Rittberger, Volker/Bernhard Zangl 2003: Internationale Organisationen: Politik und Geschichte. 3. überarb. Auflage. Wiesbaden: VS Verlag.

Ruggie, John Gerard 1993: Territoriality and Beyond: Problematizing Modernity in International Relations, in: International Organization 47:1, S. 139-174.

Ruggie, John Gerard 1998: What makes the World Hang Together? Neo-utilitarianism and the Social Constructivist Challenge, in: International Organization, 52:4, S. 855-885.

Rumelili, Bahar 2003: Liminality and Perpetuation of Conflicts: Turkish-Greek Relations in the Context of Community-Building by the EU, in: European Journal of International Relations 9:2, S. 213-248.

Schimmelfennig, Frank 1994: Internationale Sozialisation neuer Staaten. Heuristische Überlegungen zu einem Forschungsdesiderat, in: Zeitschrift für Internationale Beziehungen 1:2, S. 335-355.

Schimmelfennig, Frank 1997: Rhetorisches Handeln in der internationalen Politik, in: Zeitschrift für Internationale Beziehungen 4:2, S. 219-254.

Schimmelfennig, Frank 2003: Internationale Sozialisation: Von einem „erschöpften" zu einem produktiven Forschungsprogramm?, in: Hellmann, Gunther/Klaus Dieter Wolf/Michael Zürn (Hg.): Die neuen internationalen Beziehungen. Baden-Baden: Nomos, S. 401-428.

Schlesinger, Stephen 2003: Act of Creation. The Founding of the United Nations. Boulder: Westview Press.

Schmidt, Vivien A. 2010. Taking Ideas and Discourses Seriously: Explaining Change Through Discursive Institutionalism as the Forth "New Institutionalism", in: European Political Science Review 2:1, S.1-25.

Simmons, Beth A./Lisa L. Martin 1997: International Organisations and International Institutions, in: Walter Carlsnaes/Thomas Risse/Beth A. Simmons: Handbook of International Relations. London: Sage, S. 192-211.

Snidal, Duncan 1985: Coordination versus Prisoners' Dilemma: Implications for International Cooperation and Regimes, in: American Political Science Review 79:4, S. 923-942.

Stinchcombe, Arthur L. 1968: Constructing Social Theories. New York: Hartcourt, Brace and World.

Suganami, Hidemi 2000: Agents, Structures and Narratives, in: European Journal of International Relations 5:3, S. 365-386.

Vaubel, Roland 2006: Principal-Agent Problems in International Organizations, in: Review of International Organizations 1:2, S. 125-138.

Weinlich, Silke 2011: Reforming Development Cooperation at the United Nations: an Analysis of Policy position and Actions of Key States on Reform Options, Studies 59, Bonn: Deutsches Institut für Entwicklungspolitik.

Wendt, Alexander 1992: Anarchy is What States Make of it: The Social Construction of Power Politics, in: International Organization 46:2, S. 391-425.

Wendt, Alexander 1994: Collective Identity Formation and the International State, in: American Political Science Review 88:2, S. 384-396.

Wight, Martin 1977: Systems of States. Leicester: Leicester University Press.

II. LEXIKALISCHER TEIL

ADB

Peter Wolff

Vollständige Bezeichnung:

Asiatische Entwicklungsbank (*Asian Development Bank*, ADB/AsDB)

1. Entstehung, Ziele und Aufgaben

Die regionalen Entwicklungsbanken sind neben der Weltbank auf der multilateralen Ebene und den bilateralen Entwicklungsbanken auf der nationalen Ebene (z.B. Kreditanstalt für Wiederaufbau, KfW; *Japan Bank for International Cooperation*, JBIC; *China Development Bank*, CDB) Institutionen im internationalen System der Entwicklungsfinanzierung, welche sowohl von ihrer *governance* als auch von ihrer Kreditvergabe auf eine bestimmte Region orientiert sind (→ Abb. 4). Die Funktion öffentlicher Entwicklungsbanken leitet sich von dem öffentlichen Auftrag ab, entwicklungspolitische Vorhaben zu finanzieren, die von privaten Banken nicht finanziert werden (subsidiäre Aufgabe), entweder weil das Länderrisiko oder weil die Risiken des Vorhabens von privaten Banken als zu hoch eingeschätzt werden.

Die Asiatische Entwicklungsbank wurde 1966 zunächst von 19 asiatischen und 12 nicht-regionalen Staaten, darunter Deutschland, als Entwicklungs-Finanzierungsinstitut für den asiatisch-pazifischen Raum gegründet. Die Bank hat heute 67 Mitgliedsländer (Stand 2010), davon 48 asiatische und 19 nicht-regionale Staaten. Die multilaterale Entwicklungsbank hat ihren Sitz in Manila, Philippinen, und verfügt über 27 Repräsentanzbüros in ihren Mitgliedsländern

Die Gründungsidee der AsDB entstand zu Beginn der 1960er Jahre. Nach Gründung der → Afrikanischen Entwicklungsbank entstand die Vision, auch ein asiatisches Finanzierungsinstitut zur Förderung des wirtschaftlichen Wachstums und der Kooperation in dieser Region zu schaffen. Asien zählte bis zu diesem Zeitpunkt noch zu den ärmsten Regionen der Welt.

Dass nicht-regionale Staaten bei der Gründung der AsDB eine wichtige Rolle spielten, hatte mit der außen- und sicherheitspolitischen Situation in Asien in den 1960er Jahren zu tun: Die USA legten als militärische Garantiemacht mehrerer asiatischer Länder Wert darauf, auch ihren wirtschaftlichen Einfluss zu wahren. Die Verbündeten der USA beteiligten sich an der

Eindämmung des Kommunismus in Asien, dem auch die Gründung des ASEAN-Staatenbundes 1967 geschuldet war.

Die größten Anteilseigner der AsDB sind Japan und die USA mit einem Stimmenanteil von jeweils 12,76%. Der relative hohe Stimmenanteil der USA rechtfertigt sich auch heute noch aus ihrer sicherheitspolitischen Rolle in Asien. Japan stellt traditionell die Geschäftsführung der AsDB und übt dadurch einen starken Einfluss auf die Geschäftspolitik der Bank aus. Auch China, Indien, Australien, Kanada, Korea und Indonesien haben mit einem Stimmenanteil zwischen 4% und 5% einen relativ starken Einfluss. Die asiatischen Mitglieder verfügen über ca. 65% der Stimmrechte. Die letzten Neuzugänge sind Armenien (2005), Brunei Darussalam (2006), Irland (2006) und Georgien (2007). Insbesondere im Zusammenhang mit der Neugewinnung zentralasiatischer Länder nach dem Zusammenbruch der Sowjetuntion ist die Zahl der Mitglieder stark angestiegen.

Ziele

Die asiatische Entwicklungsbank verfolgt das Ziel, ihre Mitgliedsländer bei der Armutsbekämpfung und der nachhaltigen Verbesserung der Lebensqualität zu unterstützen. Zur Verwirklichung ihrer Ziele vergibt sie Kredite und Zuschüsse und tätigt Kapitalbeteiligungen, wobei die meisten Mittel in den öffentlichen Sektor fließen. Komplementär dazu gewährt sie technische Unterstützung bei der Implementierung von Projekten und leistet Hilfestellung bei der Verwirklichung wirtschaftspolitischer Ziele im Rahmen von *policy loans*. Letztere sind nicht an Projekte gebundene Kredite an Staaten, welche an die Durchführung wirtschaftspolitischer Programme geknüpft sind; ein Instrument, welches die → Weltbank 1980 als erste Entwicklungsbank eingeführt hat („Strukturanpassungskredite"). So erhält z.B. Indonesien regelmäßig *policy loans* im Umfang von mehreren 100 Millionen US $ jährlich zur Unterstützung von Reformprogrammen im Bereich der Staatsunternehmen, der Kapitalmärkte und der Infrastrukturversorgung. Diese Mittel sind an die Erfüllung vereinbarter Politikmaßnahmen gebunden, nicht aber an eine bestimmte Verwendung der Mittel.

Ebenso wie die Weltbank und die anderen regionalen Entwicklungsbanken verfügt die AsDB über zwei unterschiedliche Finanzierungsinstrumente: (1) Die *ordinary resources*, d.h. Mittel, die sie auf Grundlage ihres Eigenkapitals auf den Kapitalmärkten aufnimmt, indem Anleihen begeben werden. Wegen der hohen Bonität ihrer Anteilseigner aus den Industrieländern, und hier vor allem der westlichen Industrieländer, verfügt die AsDB über eine erstklassige Bonität (AAA-Rating) und kann deshalb die Mittel zu sehr günstigen Konditionen auf den Kapitalmärkten aufnehmen und mit einem Aufschlag zur Deckung ihrer Verwaltungskosten an die Kreditnehmer weiterleiten. Und dies zu Konditionen, die günstiger sind als bei Krediten von privaten Geschäftsbanken. Die Kredite aus den *ordinary resources* kommen vor allem den Mitgliedsländern mit mittlerem Einkommensniveau zugute. (2) Der Asiatische Entwicklungsfonds (AsDF), der aus Zuschüssen der „reichen", insbesondere auch der nichtregionalen Anteilseigner gespeist wird. Über den Asiatischen Entwicklungsfonds können den ärmeren Mitgliedsstaaten mit niedrigem Bruttonationaleinkommen und geringen Rückzahlungskapazitäten Zuschüsse und zinsgünstige Finanzierungen mit Laufzeiten von bis zu 40 Jahren ermöglicht werden.

Die Schwerpunktbereiche der AsDB unterlagen mit der Ausweitung der Zahl der Mitgliedsländer und den weitreichenden Entwicklungen in der Region in den letzten Jahrzehnten einer stetigen Veränderung. Zum Zeitpunkt der Gründung der AsDB war der asiatisch-pazifische Raum hauptsächlich landwirtschaftlich geprägt und somit lag das Augenmerk zunächst vor allem auf Projekten zur Förderung der Entwicklung im Rohstoff- und Agrarsektor. In den 1970er Jahren erweiterte die AsDB ihr Engagement im Bildungs- und Gesundheitssektor und zunehmend auch in der Infrastruktur sowie der Industrie. Mit dem wirtschaftlichen Aufstieg der asiatischen Volkswirtschaften Ende der 1970er Jahre legte die AsDB ihren Schwerpunkt verstärkt auf den Ausbau von Straßen und die Bereitstellung von Energie, um den Wirtschaftsaufschwung in der Region zu unterstützen. Während der 1980er Jahre stieg innerhalb der ADB das Bewusstsein für die Bedeutung des privaten Sektors als Antriebskraft für wirtschaftliches Wachstum. Seither stellt die AsDB auch Kapital für Investitionen im Privatsektor bereit. Schwerpunkte bleiben aber weiterhin die Infrastrukturentwicklung, insbesondere Energieprojekte. Zunehmend steht in ihren Projekten auch die soziale Entwicklung im Vordergrund. Hier arbeitet die ADB mit NRO bei der Durchführung von Vorhaben in den sozialen Sektoren zusammen. Zu Beginn der 1990er Jahre begann die AsDB mit der Förderung der regionalen Kooperation, insbesondere im Großraum der unteren Mekong-Region (*Greater Mekong Subregion*). Im neuen Jahrtausend machte sich die AsDB vor allem die Erfüllung der Millenniumsentwicklungsziele (*Millennium Development Goals*, MDG) in Asien zur Aufgabe. Sie legte den Fokus noch stärker auf die Armutsreduzierung. Allerdings schwankt das Verständnis von Armutsreduzierung in der AsDB zwischen einem mehr „asiatischen" Fokus auf Industrialisierung durch staatlichen Infrastrukturausbau, einem „amerikanischen" Fokus auf Privatsektorentwicklung und einem „europäischen" Fokus auf Sozialpolitik. Aufgrund dieser unterschiedlichen Orientierung ihrer Anteilseigner hat die AsDB ihr Portfolio auf alle relevanten Sektoren ausgeweitet, um den Wünschen von Anteilseignern und Kreditnehmern entgegenzukommen.

Im Jahr 2008 verabschiedete die AsDB ihren Rahmenplan „Strategy 2020". Damit setzte sie ihre strategischen Schwerpunkte auf die regionale Integration und das nachhaltige und breitenwirksame Wachstum in der Region (*inclusive and sustainable growth*). In ihrer aktuellen Agenda identifiziert die AsDB als maßgebliche Entwicklungsfaktoren den privaten Sektor, eine verantwortungsvolle Regierungsführung (*good governance*), die Gleichberechtigung von Frauen und die Vermittlung von Wissen. Zudem orientiert sie sich auf einen verstärkten Ausbau von Partnerschaften zu anderen Entwicklungsorganisationen, zum Privatsektor und – stärker als bisher – zu zivilgesellschaftlichen Organisationen. Im Rahmen der neuen Strategie will die AsDB 80% ihrer Ausgaben auf die Sektoren Infrastruktur, Umwelt, regionale Kooperation und Integration, Finanzsektorentwicklung und Bildung konzentrieren. Ansteigend bis 2020 sollen 50% der jährlichen Kredite und Zuschüsse für privatwirtschaftliche Projekte und die Privatsektorentwicklung verwendet werden. Darüber hinaus will die AsDB eine wichtige Rolle bei der Reduzierung von Treibhausgas-Emissionen und der Bekämpfung des Klimawandels in der Region spielen.

Aufgaben

Zur Erreichung ihrer Ziele umfasst die Arbeit der AsDB die folgenden Aufgabenbereiche:

(1) Privatsektorentwicklung: Die AsDB fördert Investitionen im privaten Sektor durch die Förderung von öffentlich-privaten Partnerschaften, durch die Unterstützung von Reformen zur Schaffung eines investitionsfreundlichen Klimas und durch die Bereitstellung von Finanzierungen für Unternehmen und Finanzinstitute.
(2) Stärkung der sozialen Entwicklung: Zur Verbesserung der Lebensqualität der ärmeren Bevölkerungsschichten fördert die AsDB den Ausbau des Bildungs- und Gesundheitswesens sowie die soziale Absicherung von Individuen, Haushalten und Gemeinschaften. Darüber hinaus stehen die Verbesserung der sozialen Integration von Randgruppen und die Gleichstellung von Mann und Frau im Vordergrund.
(3) Regionale Kooperation und Integration: Die Stärkung des regionalen Handels und die Bereitstellung von regionalen öffentlichen Gütern (z.B. von grenzüberschreitender Infrastruktur) sollen zu Wachstum und Armutsreduzierung betragen. Kooperationsprogramme der AsDB sollen darüber hinaus den regionalen Wissensaustausch fördern.
(4) Effektives Umweltmanagement: Neben der Reaktion auf die unmittelbaren Bedürfnisse der direkt durch Umweltprobleme Betroffenen werden auch langfristige Umweltvorhaben, z.B. zu erneuerbaren Energien und zum öffentlicher Nahverkehr, verfolgt. Durch eine Verbesserung des Umweltmanagements soll Vorsorge getroffen und die Bevölkerung bei der Bewältigung von Naturkatastrophen unterstützt werden.
(5) Förderung verantwortungsbewusster Regierungsführung und die Bekämpfung von Korruption: Zur Schaffung einer leistungsfähigen Regierungsführung wird die Rechenschaftspflicht als maßgeblich angesehen, weshalb sich die AsDB um die Stärkung des Rechtssystems und von Institutionen wie z.B. Rechnungsprüfungsbehörden (*audit agencies*) und Antikorruptionskommissionen bemüht. Mit dem *Governance and Anticorruption Action Plan* (GACAP II) soll z.B. das Verfahren der Auftragsvergabe geregelt, die Verwaltung der öffentlichen Mittel verbessert und die Korruption bekämpft werden.

Neben der Finanzierungs- gewinnt die Beratungsfunktion und die Rolle der AsDB als „Wissensbank" an Gewicht. Denn die meisten asiatischen Entwicklungsländer haben Zugang zu den Kapitalmärkten und sind auf die Finanzierungen der AsDB nicht angewiesen bzw. nutzen sie nur dann, wenn ihnen dadurch Zugang zu Wissen ermöglicht wird, das private Finanzinstitute nicht anbieten können. Darüber hinaus verfügt die AsDB über eine regionale *convening power*. Das heißt, sie kann angesichts ihrer breiten regionalen Mitgliedschaft und ihrer fachlichen Kapazitäten über verschiedene Formate der Politikberatung – auch eigene Studien und Veröffentlichungen oder die Arbeit des *Asian Development Bank Institute* (ADBI) in Tokio – für die Region wichtige Themen bearbeiten und die Mitgliedsländer zu Konferenzen, Workshops usw. zusammenbringen. So hat sie beispielsweise in den vergangenen Jahren – auf japanische Initiative – eine wichtige Rolle bei der Entwicklung der regionalen Finanz- und Währungskooperation gespielt. Das ist eine Aufgabe, die nicht unmittelbar zu ihren Entwicklungsbanken-Tätigkeiten gehört, für die sie aber mangels anderer starker Regionalorganisationen genutzt werden konnte.

2. Aufbau

Der Gouverneursrat, in welchen jeder Mitgliedsstaat einen Vertreter entsendet, ist das höchste Beschlussorgan der AsDB. Die Stimmengewichtung eines Landes hängt von der jeweiligen Kapitalbeteiligung ab. Der Rat tagt einmal jährlich in einem der Mitgliedsländer und überträgt seine Kompetenzen an ein Direktorium, welches für die laufende Geschäftsführung, die Finanzplanung und die Genehmigung der Kreditvergabe zuständig ist. Acht der Direktoren werden von den regionalen Mitgliedern und vier von den nicht-regionalen Mitgliedsländern gewählt. Ihre Amtszeit beträgt in der Regel zwei Jahre.

Der Präsident der AsDB ist der Vorsitzende des Direktoriums, muss asiatischer Herkunft sein und wird vom Gouverneursrat für eine Amtszeit von fünf Jahren gewählt. Seine Wiederwahl ist möglich. Er ist bei der Geschäftsführung der Bank stets an die Weisungen des Direktoriums gebunden. Der Präsident leitet die Geschäftsführung welche sich aus den vier Vizepräsidenten und dem Geschäftsführer (*managing director general*) zusammensetzt.

Die AsDB hat mehr als 2500 Mitarbeiter aus ca. 50 Ländern. Neben Regionalbüros im asiatisch-pazifischen Raum unterhält die ADB auch drei Repräsentanzbüros in Frankfurt, Tokio, und Washington, D.C.

3. Wandel, Reform und Bedeutung in der globalen Politik

Angesichts der weltwirtschaftlichen Veränderungen und der wachsenden Bedeutung Asiens unterliegt die Rolle der AsDB einem beständigen Wandel. In Bezug auf ihre *governance* zeigt sich dies in einer tendenziellen Stärkung Chinas, Indiens und anderer regionaler Mitgliedsländer gegenüber der traditionellen Dominanz Japans sowie in einer tendenziellen Abnahme des Einflusses der nicht-regionalen Mitgliedsländer. Das Verhältnis zwischen Japan, China und Indien ist von politischer Rivalität und begrenzter, im Wesentlichen wirtschaftlicher Kooperation gekennzeichnet. Die AsDB wird von diesen Ländern als Instrument der wirtschaftlichen Entwicklung der Region gesehen. Politische Fragen, wie etwa Grenzkonflikte, werden ausgeklammert. Die Bedeutung der AsDB als regionale Organisation wird davon abhängen, inwieweit die politischen Prozesse der regionalen Integration von den großen Ländern in Asien tatsächlich vorangetrieben werden und in welchem Maße sie bereit sind, supranationalen Institutionen politisches Gewicht zu geben. Die Rolle der AsDB als Finanzinstitution wird, trotz einer substanziellen Kapitalerhöhung als Reaktion auf die globale Finanz- und Wirtschaftskrise, weiter relativ abnehmen, da im Zuge der wirtschaftlichen Entwicklung Asiens zunehmend andere Finanzierungsquellen zur Verfügung stehen. Dennoch werden sich auch weiterhin Spielräume für öffentliche Entwicklungsbanken wie die AsDB, vor allem im Bereich der regionalen öffentlichen Güter (grenzüberschreitender Transport, regionale Umwelt- und Klimaschutzpolitik, Währungs- und Finanzkooperation) ergeben, in denen sie als regionale Institutionen politische Vorteile gegenüber global operierenden Institutionen wie der Weltbank haben.

4. Stand der Forschung

Die Asiatische Entwicklungsbank (AsDB) hat – entsprechend den drei anderen großen regionalen Entwicklungsbanken (→AfDB; →IDB; →EBRD) – geringe Aufmerksamkeit in der sozialwissenschaftlichen Auseinandersetzung mit internationalen Finanz- und Entwicklungsinstitutionen erhalten. Wissenschaftliche Beiträge sind rar und befassen sich entweder mit einzelnen Mitgliedsstaaten innerhalb der AsDB (Wan Ming 1995; Dutt 2001) oder mit allgemeineren Fragen regionaler Entwicklung in der (ost)asiatischen Region (Dent 2008).

Literatur

Wichtige Primärquellen:

Internetseite der AsDB (www.adb.org, Zugriff am 31.10.2010).

Basislektüre zur AsDB:

Kappagoda, Nihal 1995: The Asian Development Bank. Boulder, CO: Lynne Rienner.

Aktuelle Beiträge:

Dent, Christopher 2008: The ADB and Developmental Regionalism in East Asia, in: Third World Quarterly 29:4, S. 767-786.

Dutt, Nitish 2001: The US and the Asian Development Bank: Origins, Structures and Lending Operations, in: Journal of Contemporary Asia 31:2, S. 241-261.

Kilby, Christopher 2005: Donor Influence in MDBs: the Case of the Asian Development Bank. Vassar College Department of Economics Working Paper Series 70. Vassar College Department of Economics (http://ideas.repec.org/p/vas/papers/70.html, Zugriff am 31.10.2010).

Wan, Ming 1995. Japan and the Asian Development Bank, in: Pacific Affairs 68:4, S. 509-528.

Regionale Entwicklungsbanken

Die regionalen Entwicklungsbanken (REB) operieren neben der → Weltbank auf der multilateralen Ebene und den bilateralen Entwicklungsbanken auf der nationalen Ebene im internationalen System der Entwicklungsfinanzierung. Sie sind im Bereich Kreditvergabe jeweils in einer bestimmten Region tätig. Ihr Auftrag ist es, entwicklungspolitische Vorhaben zu finanzieren, die von privaten Banken nicht finanziert werden, entweder weil das Länderrisiko oder weil die Risiken des Vorhabens von privaten Banken als zu hoch eingeschätzt werden. Zu den wichtigsten REB gehören die → ADB, AfDB, EBRD und IDB. Im Konzert multilateraler Entwicklungsbanken sind die REB (2009: US$ 48 Mrd.) gemessen am Finanzierungsvolumen nach der Weltbankgruppe (2009: US$ 55 Mrd.) der zweitgrößte Akteur.

Die REB finanzieren mit langfristigen Krediten Programme und Projekte, um Armut zu reduzieren und nachhaltiges Wachstum in den Regionen zu fördern. Darüber hinaus schließen diese Banken Finanzierungslücken, wenn sich der Zugang zu den privaten Kapitalmärkten zum Beispiel infolge von exogenen Schocks (globale Finanzkrise) verschlechtert. Als „Wissensbank" stellen sie angepasste Lösungen für komplexe Entwicklungsprobleme bereit. In ihrer regionalen Koordinierungsfunktion fördern sie länderübergreifende Investitionen (regionale öffentliche Güter), die häufig aufgrund von Koordinationsproblemen zwischen den Ländern vernachlässigt werden. Die Legitimation der REB speziell für diese Aufgabe ergibt sich insbesondere aus dem hohen Gewicht regionaler Anteilseigner in den REB.

Die REB haben eine hybride Struktur. Auf der einen Seite haben die regionalen Anteilseigner zwar die (knappe) Mehrheit des eingesetzten Kapitals und damit formal auch die Mehrheit der Stimmrechte. Aber auf der anderen Seite haben die nicht-regionalen Anteilseigner aus zwei Gründen einen bedeutenden Einfluss. Erstens stufen die internationalen *Rating*-Agenturen das Kapital der nicht-regionalen Mitglieder höher ein als das der regionalen Mitglieder. So wird die Bonität (AAA-*Rating*) und damit die günstigen Re-Finanzierungskosten der REB ermöglicht. Zweitens ist der Anteil der nicht-regionalen Anteilseigner an den konzessionären Kreditfonds der Banken, die durch freiwillige Beiträge aus den Haushalten der „reichen" Mitgliedsländer gespeist werden, überproportional hoch.

Der Aufbau der REB entspricht etwa dem Muster der Weltbank, d.h. alle REB stellen eine Bankengruppe dar, die über Fonds sowohl für nicht-konzessionäre Bankgeschäfte als auch für konzessionäre, d.h. subventionierte Kredite und Zuschüsse (*grants*) verfügt. Die EBRD ist eine Ausnahme, weil sie keine konzessionäre Fenster hat. Während nur eine limitierte Zahl an regionalen Niedrigeinkommensländern berechtigt ist, Mittel aus den Fonds zu bekommen, können alle anderen (ausleihenden) regionalen Mitgliedsländer Kredite zu Marktbedingungen erhalten. Zu diesen Kreditnehmern gehören Nationalstaaten, subnationale Einheiten wie z.B. Provinzen, Kommunen und private Unternehmen.

Die REB beschaffen die Mittel für nicht-konzessionäre Kredite, indem sie sich auf den internationalen Kapitalmärkten refinanzieren. Da die REB bei den Rating-Agenturen in der Regel ein AAA-*Rating* haben, erhalten sie zu relativ niedrigen Zinsen Kapital, das sie dann mit geringem Aufschlag an ihre Mitglieder weitergeben können. Die Fonds für die konzessionären Kredite und Zuschüsse werden aus *Official Development Assistance* (ODA)-Mitteln von den Anteilseignern oder über eigene Erträge periodisch wieder aufgefüllt. Konzessionäre Fonds nehmen in den jeweiligen REB eine unterschiedlich bedeutende Rolle ein. Während diese Finanzierungsform in der AfDB im Vergleich zu den nicht-konzessionären Krediten einen wesentlichen Anteil an der gesamten Finanzierung ausmacht, spielen die Fonds in der ADB eine weniger bedeutende und der IDB eine untergeordnete Rolle. In der Finanzkrise 2008/2009 haben die REB mit einer antizyklischen Kreditvergabe dazu beigetragen, ihre jeweiligen Regionen zu stabilisieren, weil die REB kurzfristige Liquiditätslücken schließen konnten.

Kathrin Berensmann/Peter Wolf

Abb. 4: Regionale Entwicklungsbanken.

AfDB

Kathrin Berensmann

Vollständige Bezeichnung:

Afrikanische Entwicklungsbank, auch Entwicklungsbankengruppe (*African Development Bank,* AfDB)

1. Entstehung, Ziele und Aufgaben

Die Afrikanische Entwicklungsbank stellt, wie die ADB, die IDB und die EBRD, eine multilaterale regionale öffentliche Entwicklungsbank dar. Im Gegensatz dazu ist die Weltbankgruppe eine multilaterale Entwicklungsbank, die für alle Regionen der Welt zuständig ist. Die AfDB bietet finanzielle Ressourcen an, die der private Sektor wegen zu hoher Länder- oder Projektrisiken nicht oder zu weniger günstigen Finanzierungskonditionen bereitstellt. Außerdem bietet die AfDB Kredite an, wenn sich der Zugang zu den privaten Kapitalmärkten zum Beispiel infolge von exogenen Schocks verschlechtert, wie zum Beispiel während der globalen Finanzkrise.

Die Gründungsidee für eine regionale afrikanische Entwicklungsbank mit ausschließlich afrikanischen Mitgliedern hatten die afrikanischen Staaten bereits 1960. Zeitlich fiel diese Idee mit der Erlangung politischer Unabhängigkeit von einer Reihe afrikanischer Staaten zusammen. Hinter dieser Idee stand vor allem die Absicht, von den Industrieländern politisch und wirtschaftlich unabhängig zu werden und dies mit der Gründung einer regionalen Entwicklungsbank mit ausschließlich afrikanischen Mitgliedern zu unterstreichen. Eine wichtige Aufgabe der afrikanischen Entwicklungsbank sollte die Stärkung der Kooperation unter den afrikanischen Staaten sein.

Tatsächlich gründeten 30 afrikanische Staaten 1964 die AfDB, und es waren zunächst nur afrikanische Staaten als Mitgliedsländer zugelassen. Im Vergleich zu anderen multilateralen regionalen Entwicklungsbanken, wie zum Beispiel der IDB oder der ADB, war dies einzigartig. Allerdings war diese Entscheidung im Wesentlichen mit zwei Problemen verbunden. Erstens verfügten die afrikanischen Staaten über zu wenig gut ausgebildete Personen, um die AfDB aufzubauen. Da nichtregionale Staaten als Mitglieder anfangs nicht zugelassen waren, leisteten diese kaum technische Hilfe zum Aufbau der AfDB. Zweitens war die Kapitalbasis aufgrund der geringen finanziellen Möglichkeiten der afrikanischen Staaten sehr niedrig.

Aus diesen Gründen ließ die AfDB 1979 auch nichtregionale Staaten als Mitglieder zu. Inzwischen hat die AfDB 77 Mitglieder, davon sind 53 afrikanische und 24 nicht-afrikanische Staaten (AfDB 2010a; English/Mule 1996: 19-20). Die regionalen Anteilseigner verfügen derzeit (Mai 2011) über die Mehrheit der Stimmrechte mit rund 54 %, und die nichtregionalen Anbieter haben einen Anteil von rund 46 % der Stimmrechte. Zu den größten regionalen Anteilseignern gemessen an den Stimmrechten zählen Nigeria (7,4 %), Ägypten (4,3 %), Südafrika (3,8 %), Algerien (3,3 %), Libyen (3,2 %), Elfenbeinküste (3,1 %) sowie Marokko (2,8 %). Zu den größten nichtregionalen Anteilseignern gehören Kanada (9,1), die USA (5,5 %), Japan (4,6 %), Deutschland (3,4 %) und Frankreich (3,1 %) (AfDB 2011b). Der Hauptsitz der Bank wurde wegen politischer Instabilitäten im Jahr 2003 von Abidjan, Elfenbeinküste, bis auf Weiteres nach Tunis in Tunesien verlegt.

Die AfDB wurde mit dem Ziel gegründet, die wirtschaftliche und soziale Entwicklung in den (afrikanischen) Mitgliedsländern zu fördern. Diese Zielsetzungen versucht die AfDB durch die Vergabe von langfristigen Krediten zu erreichen. Hiermit finanziert sie Programme und Projekte, die die Armut reduzieren und nachhaltiges Wachstum in den Regionen fördern sollen. Weiterhin hat die AfDB die Aufgabe, als Wissens- und Informationszentrum zu fungieren. Zum Entwicklungsprozess in Afrika gehört auch die Analyse der sozioökonomischen Prozesse und der Herausforderungen in der Region. Die AfDB agiert besonders auf drei Gebieten als Wissensintermediär: (1) Politikkoordination durch Politikdialoge in den Ländern und die Formulierung von sektoralen Politiken, (2) Entwicklungsforschung, wie zum Beispiel im Rahmen des *African Development Reports*, der Herausgabe des *African Development Review* oder *Economic Research Paper Series* und (3) Unterstützung von Forschungseinrichtungen und Kapazitätsbildung in Form von Training (AfDB 2001).

Auf der Länderebene liegen die Schwerpunkte in drei Bereichen – Agrar- und ländliche Entwicklung, Entwicklung von Humanressourcen und des Privatsektors – sowie im Querschnittsthema *governance*. In ihrer regionalen Koordinierungsfunktion fördert die AfDB länderübergreifende Investitionen (regionale öffentliche Güter), die häufig aufgrund von Koordinationsproblemen zwischen den Ländern vernachlässigt werden. Auf der regionalen Ebene fokussiert die AfDB wirtschaftliche Integration und Kooperation sowie die zwei länderübergreifenden Themen nachhaltige Umweltentwicklung und Genderangelegenheiten (AfDB 2011a: 5-6).

2. Aufbau

Die *African Development Bank Group* besteht aus drei Einheiten: Die Afrikanische Entwicklungsbank und zwei Tochterorganisationen, nämlich der Afrikanische Entwicklungsfonds (*African Development Fund*, ADF) und der Nigeria-Sonderfonds (*Nigeria Trust Fund*, NTF) Der NFT wurde 1976 mit dem Zweck gegründet, besonders arme afrikanische Mitgliedsländer zu unterstützen.

Der ADF wurde 1972 mit dem Ziel ins Leben gerufen, um ebenfalls besonders armen afrikanischen Ländern finanzielle Hilfen in Form von Zuschüssen und konzessionären Krediten bereit zu stellen, d.h. Kredite mit besonders günstigen Konditionen. Bei den Kriterien für den Zugang zu diesen konzessionären Mitteln orientiert sich der AFD an der *International Development Association* (IDA) der → Weltbankgruppe. Der Krediterhalt hängt daher von der Höhe des Pro-Kopf Einkommens, das niedriger als US$ 1135 (fiskalisches Jahr 2010) sein muss und der Kreditwürdigkeit ab, d.h. berechtigt sind Länder, die kaum oder keinen Zugang zu internationalen Finanzmärkten haben. Derzeit haben im Wesentlichen 38 Niedrigeinkommensländer in Afrika (Mai 2011) Zugang zu diesen konzessionären Krediten und Zuschüssen. Die Anteilseigner finanzieren diesen Fonds, indem sie diesen in der Regel alle drei Jahre wieder auffüllen. Dabei zahlen die nichtregionalen Mitglieder einen überproportional hohen Anteil ein. Das Finanzierungsvolumen für den elften ADF (2008-2010) beträgt US$ 8,9 Mrd. Regionale Kreditnehmer, die die oben genannten Kriterien für den Zugang zum AFD nicht erfüllen, bekommen nichtkonzessionäre Kredite von der Afrikanischen Entwicklungsbank. Diese werden auf den internationalen Kapitalmärkten refinanziert (AfDB 2011a).

Im Vergleich zu den drei anderen großen REB machen die konzessionären im Verhältnis zu den nichtkonzessionären Finanzmitten bei der AfDB einen bedeutenden Anteil aus, da der wirtschaftliche Entwicklungsstand Afrikas im Vergleich zu anderen Kontinenten niedriger ist. Allerdings sind die absoluten Zahlen konzessionärer AfDB-Mittel gegenüber denjenigen der Weltbank und bilateraler Geber in Afrika relativ klein.

Der Gouverneursrat ist das bedeutendste Entscheidungsgremium der Bankengruppe. Jedes Mitglied stellt einen Gouverneur, der in der Regel vom Finanz- oder Wirtschaftsministerium des jeweiligen Landes kommt. Dieses Gremium wählt dann das Direktorium, das aus 18 Exekutivdirektoren besteht, von denen zwölf aus Afrika und sechs aus nicht-afrikanischen Ländern kommen. Das Direktorium wählt für fünf Jahre einen Präsidenten, der auch den Vorsitz des Direktoriums übernimmt. Das Exekutivdirektorium leitet das operative Geschäft. Die Mitgliedsländer der AfDB sind in Form von Stimmrechtsgruppen über ihre Exekutivdirektoren im Exekutivdirektorium vertreten (AfDB 2011a: 8-9).

3. Wandel, Reform und Bedeutung in der globalen Politik

In den 1980er und zu Beginn der 1990er Jahren durchlief die AfDB eine schwerwiegende Krise. Durch eine Reihe von Reformen gelang es mittlerweile, das Vertrauen der Anteilseigner, der Empfängerländer und der Finanzmärkte zum großen Teil wieder zurück zu gewinnen. Dies spiegelt sich unter anderem im zurück erlangten AAA-Rating wider, das ein Erkennungszeichen für Anleihen mit besonders hoher Qualität darstellt, d.h. der Schuldner ist sehr zuverlässig und zahlungsfähig. Die AfDB hatte nicht nur interne *governance*-Probleme, sondern sie litt besonders auch unter einer geringen Akzeptanz bei den Empfängerländern, die die Schwächen der Bank zum Teil ausnutzten und ihre Kredite nicht fristgerecht zurückzahlten. Dies führte zu hohen offenen Außenständen der AfDB gegenüber ihren Empfängerländern (Netherlands Ministry of Finance 2006: 81). Zu den Reformen, die seit Mitte der 1990er Jahre unter dem damals neu gewählten Präsidenten Omar Kabbaj aus Marroko umgesetzt wurden, gehören vor allem strenge Finanzkontrollen und eine Reduzierung der Mitarbeiterzahl (Center for Global Development 2006: 1).

Auch wenn die finanzielle Stabilität wieder hergestellt werden konnte, so muss die operationale Glaubwürdigkeit immer noch aufgebaut werden (Center for Global Development 2006: V). Gleichermaßen konnten das Vertrauen und die Identifikation mit der AfDB der meisten Anteilseigner zwar wieder zurück gewonnen werden, aber besonders die afrikanischen Anteilseigner mit mittlerem Einkommen verhalten sich immer noch zögerlich gegenüber den Reformen und Programmen der AfDB (Netherlands Ministry of Finance 2006: 81).

Die AfDB wird zur Entwicklung Afrikas in Zukunft nur einen zentralen Beitrag leisten können, wenn der organisatorische und strukturelle Umbau der Bank weiterhin forciert wird. Dies gilt, obwohl in den letzten Jahren mehrerer Reorganisationen bereits wichtige Schritte zum Aufbau einer effektiveren Organisation getan wurden. Erstens gehört hierzu eine weitergehende Dezentralisierung der Bank durch den Aufbau einer arbeitsfähigen und effektiven Außenstruktur. Zu diesem Zweck wurden bis Ende 2006 25 Außenbüros in den Mitgliedsländern aufgebaut. So wurde bereits im Rahmen des AfDF X entschieden, die Dezentralisierung des operativen Geschäftes voranzutreiben, um die Kundennähe der Bank zu verbessern und ihre Sichtbarkeit zu erhöhen.

Zweitens bestehen beim Wissensmanagement und in der anwendungsorientierten Forschung noch Reformdefizite. Dies wird im AfDF X gespiegelt, der vorsieht, die Einstellung von Ökonomen und Sektorspezialisten zu erhöhen und Forschungskapazitäten aufzubauen (BMZ 2007: 14-16). Unter den multilateralen Entwicklungsbanken gilt die AfDB hinsichtlich ihrer fachlichen Expertise und Leistungsfähigkeit, z. B. für die Vorbereitung und weitere Durchführung operativer Projekte sowie die Überprüfung ihrer Nachhaltigkeit immer noch als die schwächste Institution (Netherlands Ministry of Finance 2006: 81). Drittens kann die Effizienz der Organisation nur erhöht werden, wenn ihre Managementstrukturen verschlankt werden (BMZ 2007: 17).

Im Rahmen ihrer mittelfristigen Strategie für 2008-2012 beabsichtigt die Bankengruppe, sich auf wenige Bereiche zu konzentrieren: Infrastrukturentwicklung, *governance*, Privatsektorentwicklung und höhere Bildung. Durch Tätigkeiten in diesen Bereichen trägt die Bankengruppe dazu bei, regionale Integration zu fördern, die Hilfe in fragilen Staaten zu erhöhen sowie die menschliche und landwirtschaftliche Entwicklung zu fördern (AfDB 2011a: 14).

Die AfDB hat seit 2005 eine Reihe von Neuerungen eingeführt und weiterentwickelt. Dazu zählen vor allem die folgenden Instrumente, die an die Weltbank angelehnt sind: Einführung eines leistungsorientierten Länderallokationsmechanismus (*performance-based allocation*), nach dem die Zuschüsse und Kredite auch entsprechend der wirtschaftlichen und politischen Reformen verteilt werden sowie die Ausweitung der Zuschussfinanzierung im Rahmen eines neuen multilateralen Schuldnertragfähigkeitskonzeptes (*Debt Sustainability Framework*), das ein Rahmenwerk für die Beobachtung und Analyse der Entwicklung der Auslandsschulden von Entwicklungsländern darstellt (BMZ 2007: 17-18).

Auf die globale Finanzkrise 2008/09 hat die Bank flexibel und schnell reagiert. Damit hat sie gezeigt, dass sie in der Lage ist, kurzfristig auf veränderte globale Umstände zu reagieren. Erstens hat sie mit Etablierung eines neuen Finanzierungsinstruments – der *Emergency Liquidity Facility* – schnell gehandelt, um Ländern mit mittlerem Einkommen beim Auftreten exogener Schocks kurzfristig Kredite bereitstellen zu können. Zweitens hat die AfDB zur Abfederung von Krisenfolgen auf den Handel US$ 1 Mrd. für die Handelsfinanzierung bereitgestellt. Zu diesem Zweck wurde etwa die Hälfte (US$ 500 Mio.) in das *Global Trade Liquidity Program* einbezahlt, das von bilateralen und multilateralen Gebern finanziert wird. Drittens hat die AfDB Auszahlungen früher als vorgesehen getätigt und ihre Kredite an Niedrigeinkommensländer erhöht (Center for Global Development 2010, 2; Kasekende et al. 2010: 14). Die angestrebte Kapitalerhöhung der AfDB um 200%, die Ende Mai 2010 beschlossen wurde, ist ein weiterer Hinweis darauf, dass die AfDB einen wichtigen Platz im System der Entwicklungsfinanzierung einnehmen kann.

4. Stand der Forschung

Die Afrikanische Entwicklungsbank (*African Development Bank*, AfDB) hat – entsprechend den drei anderen großen regionalen Entwicklungsbanken (→ ADB; → IDB; → EBRD; → Abb. 4) – geringe Aufmerksamkeit in der sozialwissenschaftlichen Auseinandersetzung mit internationalen Finanz- und Entwicklungsinstitutionen erhalten. Die wenigen vorliegenden und zum Teil relativ alten Grundlagenbeiträge beziehen sich vorwiegend auf die Umstrukturierungsphase der Bank zu Beginn der 1980er Jahre oder behandeln interne Macht- und Entscheidungsstrukturen (Fordwor 1981; English/Mule 1996; Strand 2001). Jüngere Arbeiten aus den 2000er Jahren umfassen zum einen *policy*-Analysen, die eine Evaluierung bestimmter Aufgabenfelder und Programme der AfDB vornehmen (z.B. im Bildungsbereich, vgl. Gakusi 2010), und behandeln zum anderen die Frage wie die Rolle der AfDB als Entwicklungsmotor auf dem afrikanischen Kontinent gestärkt werden kann (Center for Global Development 2006; 2010).

Literatur

Wichtige Primärquellen:

AfDB 2001: A Note on the Contribution of the African Development Bank to Economic Knowledge and Policy in Africa, the Research Division, Strategic Planning and Research Department. Oxford: Blackwell Publishers, S. 145-171.

2011a: AfDB in Brief (http://www.afdb.org/fileadmin/uploads/afdb/Documents/Publications/BAD%20en%20BREF%20anglais%20ok_1.pdf, Zugriff am 21.07.11)

2011b: Distribution of Voting Power by Executive Director. African Development Bank Statement of Voting Power as at: 31 May 2011 (http://www.afdb.org/fileadmin/uploads/afdb/Documents/Boards-Documents/2011-vp-eng-may.pdf, Zugriff am 21.07.11)

Basislektüre zur AfDB:

Fordwor, Kwame Donkoh 1981: African Development Bank: Problems of International Cooperation. New York: Pergamon Press.

English, Philip/ Harris Mule 1996: The African Development Bank. Boulder: Lynne Rienner.

Bundesministerium für wirtschaftliche Zusammenarbeit und Entwicklung (BMZ) 2007: Zur Bekämpfung der Armut. Unsere Ziele in den Regionalen Entwicklungsbanken, BMZ Konzepte 147, Bonn und Berlin, http://www.bmz.de/de/service/infothek/fach/konzepte/Konzept147.pdf, Zugriff am 21.7.2011).

Aktuelle Beiträge:

Center for Global Development 2006: Building Africa's Development Bank: Six Recommendations for the AfDB and its Shareholders, Report of the AfDB Working Group. Washington D.C.

Gakusi, Albert-Enéas 2010: African Education Challenges and Policy Responses: Evaluation of the Effectiveness of the African Development Bank's Assistance, in: African Development Review 22:1, S. 208-264.

Kasekende, Luis/Zuzana Brixova/Noikumana, Leonce 2010: Africa: Africa's Countercyclical Policy Responses to the Crisis, in: Journal of Globalizaition and Development, 1:1, S. 1-20.

Moss, Todd 2010: A New and Improved African Development Bank: An Update on Recommendations from the CGD Working Group. Washington D.C. (http://www.cgdev.org/content/publications/detail/1424146, Zugriff am 30.10.2010).

Netherlands Ministry of Finance 2006: Adding Value to the IFI-system. Report on the Role of the International Financial Institutions in Middle-Income Countries. Den Haag.

Strand, Jonathan R. 2001: Institutional Design and Power Relations in the African Development Bank, in: Journal of Asian & African Studies, 36:2, S. 203-23.

Andengemeinschaft

Claudia Zilla

Vollständige Bezeichnung:

Andengemeinschaft (*Comunidad Andina de Naciones*, CAN)

1. Entstehung, Ziele und Aufgaben

Die Andengemeinschaft, span. *Comunidad Andina de Naciones* (CAN), wurde am 10.3.1996 mit dem Protokoll von Trujillo (*Protocolo de Trujillo*) als Nachfolgeorganisation des am 26.5.1969 mit dem Abkommen von Cartagena (*Acuerdo de Cartagena*) ins Leben gerufenen Andenpaktes gegründet. Dieser stellte eine gemeinsame Anstrengung zur Ausweitung von Binnenmärkten im Kontext einer protegierten Strategie der Importsubstituierenden Industrialisierung (ISI) dar. Als dieses Entwicklungsmodell in den 1980er Jahren in die Krise geriet, wendeten sich die Regierungen der Region gegen Ende des Jahrzehnts dem „offenen Regionalismus" zu. Nachdem Handelsliberalisierungsmaßnahmen ergriffen wurden, entstand 1993 eine Freihandelszone. Der Handel und der Markt lösten die Industrialisierung und den Staat als Antriebskräfte von Entwicklung ab. Diese neue Handelsorientierung der 1990er Jahre, die einen starken Anstieg des intraregionalen Austauschs generierte, verlor im neuen Jahrtausend an Gewicht. Zunehmende Bedeutung bekamen nun sozialpolitische Themen wie Armut, Marginalisierung und Ungleichheit.

Als Ziele definiert die Andengemeinschaft heute die Förderung einer ausgewogenen, harmonischen und gerechten Entwicklung der Mitgliedsstaaten durch wirtschaftliche und soziale Integration und Kooperation; die Beschleunigung des Wachstums und die Schaffung von Arbeitsplätzen, die allmähliche Errichtung eines gemeinsamen lateinamerikanischen Marktes, die Milderung von externer Verwundbarkeit und die Verbesserung der Positionierung der Mitgliedsländer im internationalen ökonomischen Kontext, die Stärkung der subregionalen Solidarität und den Abbau zwischenstaatlicher Asymmetrien sowie die Steigerung des Lebensstandards der Bürgerinnen und Bürger der Subregion.

Der Andenpakt wurde von Bolivien, Chile, Ecuador, Kolumbien und Peru gegründet. Diese Länder sind bis auf Chile, das 1976 aus dem Andenpakt austrat, auch 2010 Mitglieder der

Andengemeinschaft. Assoziierte Mitglieder sind seit 2005 die Mercosur-Länder Argentinien, Brasilien, Paraguay und Uruguay sowie seit 2006 Chile (→ Mercosur). Venezuela trat 1973 dem Andenpakt bei, verließ die Andengemeinschaft im April 2006 aber wieder. Präsident Hugo Chávez begründete den Rückzug damit, dass zwei ihrer Mitglieder (Kolumbien und Peru) Freihandelsabkommen mit den USA unterzeichnet haben. Insgesamt sind die Beziehungen zwischen Venezuela und Ecuador auf der einen und Kolumbien auf der anderen Seite besonders angespannt. Die Konfliktivität entstammt nicht nur Handelsfragen, sondern auch Divergenzen zwischen den Regierungen in ihrer ideologischen Politikausrichtung, ihrem Gesellschaftsmodell und ihrer Strategie zur Bekämpfung von Gewaltakteuren (z.B. Guerilla). Auseinandersetzungen hierzu haben bisweilen die Unterbrechung diplomatischer Beziehungen und von Handelsströmen zur Folge gehabt.

2. Aufbau

Das 1996 verabschiedete und 1997 in Kraft getretene Protokoll von Trujillo, mit dem die Andengemeinschaft formell gegründet wurde, führte durch das Änderungsprotokoll des Cartagena-Abkommens (*Protocolo Modificatorio del Acuerdo de Cartagena*) eine Reihe institutioneller Reformen ein. Der institutionelle Aufbau orientiert sich an der damals bestehenden Struktur der → EU.

Durch das Protokoll von Trujillo wurde der 1990 geschaffene Andine Präsidentenrat (*Consejo Presidencial Andino*) höchstes Organ des Andinen Integrationssystems (*Sistema Andino de Integración*, SAI). Er wird von den Staats- und Regierungschefs der CAN-Mitgliedsstaaten gebildet und tritt regelmäßig einmal jährlich zusammen, zumeist in dem Land, das turnusgemäß die Präsidentschaft der CAN innehat. Der Präsident des Rates ist der oberste Repräsentant der Andengemeinschaft, und seine Amtszeit beträgt ein Jahr. Aufgabe des Präsidentenrates ist es, die Leitlinien der subregionalen Integrationspolitik festzulegen und ihre Implementierung zu überwachen. Seine Lenkungsfunktion nimmt er dadurch wahr, dass er sich zu den Berichten, Initiativen und Empfehlungen der anderen CAN-Organe ausspricht und Richtlinien an sie erlässt (*Mandatos* und *Directrices*).

Der Andine Rat der Außenminister (*Consejo Andino de Ministros de Relaciones Exteriores*), gegründet 1979 und durch das Protokoll von Trujillo in seiner Rolle (nun mit gesetzgeberischer Kompetenz) aufgewertet, wird durch die Außenminister der Mitgliedsstaaten gebildet und hat die Aufgabe, die Umsetzung der vereinbarten subregionalen Integrationsziele sicherzustellen und die entsprechende Außenpolitik der Andengemeinschaft zu formulieren. Er drückt seinen politischen Willen durch nicht-bindende Erklärungen (*Declaraciones*) und bindende Entscheidungen (*Decisiones*) aus. Den Vorsitz des Außenministerrates hat für ein Jahr der Außenminister jenes Landes inne, das dem Präsidentenrat vorsteht.

Die Kommission der Andengemeinschaft (*Comisión de la Comunidad Andina*) wurde bereits 1969 geschaffen und besteht aus jeweils einem bevollmächtigten Vertreter bzw. einer bevollmächtigten Vertreterin der Mitgliedsstaaten. Sie bildet das normsetzende Organ des SAI und besitzt – ebenso wie der Außenministerrat – gesetzgeberische Kompetenzen, die durch

Entscheidungen (*Decisiones*) umgesetzt werden. Die Kommission formuliert, prüft und führt die subregionale Integrationspolitik in den Bereichen Handel und Investitionen durch, und sie trifft die notwendigen Maßnahmen zur Erfüllung der im *Acuerdo de Cartagena* festgelegten Ziele und zur Umsetzung der *Directrices* des Andinen Präsidentenrates. Ihr obliegt zudem die Koordinierung einer gemeinsamen Position der Mitgliedsstaaten in internationalen Foren und im Rahmen internationaler Verhandlungen in den Politikfeldern ihrer Zuständigkeit.

Das Generalsekretariat (*Secretaría General de la Comunidad Andina*) ist das Exekutivorgan der CAN mit ständigem Sitz in Lima, Peru. Es wird durch einen Generalsekretär geleitet, welcher im Konsensverfahren vom Andinen Rat der Außenminister und der Kommission gemeinsam gewählt wird. Das Generalsekretariat übernahm mit dem Protokoll von Trujillo die Aufgaben der früheren Junta des *Acuerdo de Cartagena.* Es besitzt Vorschlagsrecht, d.h. es ist mandatiert, Empfehlungen für Entscheidungen des Ministerrates und der Kommission zu machen. Das Generalsekretariat ist zudem für die Verwaltung des Integrationsprozesses, die Überwachung der Umsetzung von Beschlüssen und die Entwicklung von Problemlösungsansätzen zuständig.

Der Gerichtshof der Andengemeinschaft (*Tribunal de Justicia de la Comunidad Andina*) wurde 1979 gegründet und besteht aus vier Richtern, einem pro Mitgliedsstaat. Das Hoheitsgebiet des Gerichtshofs erstreckt sich über die vier CAN-Mitgliedsländer und sein ständiger Sitz befindet sich in Quito, Ecuador. Der Gerichtshof hat zum einen zur Aufgabe (mittels der Nichtigkeitsaktion), die Legalität der gemeinschaftlichen Normen zu kontrollieren und diese auszulegen, damit sie in den Mitgliedsstaaten einheitlich umgesetzt werden. Durch das Veränderungsprotokoll von 1996 (in Kraft seit 1999) wurden dem Gerichtshof zusätzliche Kompetenzen zugewiesen: die Untätigkeitsklage, Schlichtungsfunktion und Arbeitsgerichtsbarkeit. Zahlreich sind die Klagen und Beschwerden, die beim Gerichtshof eingereicht werden. Sie betreffen überwiegend handelsrechtliche und -politische Fragen.

Das Andine Parlament (*Parlamento Andino,* auch Parlandino genannt) wurde 1979 gegründet und stellt das gemeinschaftliche Beratungsorgan des SAI dar, das die Völker der Andengemeinschaft repräsentiert. Seine Vertreter und Vertreterinnen (fünf pro Land) werden nun, nach einer ersten Phase der mittelbaren Wahl durch die Nationalparlamente, von den Bürgerinnen und Bürgern der Mitgliedsstaaten (und Chiles als assoziiertes Mitglied) für vier Jahre direkt gewählt. Der Parlandino besitzt keine Gesetzgebungskompetenz, er bringt vielmehr Vorschläge bei den anderen SAI-Organen ein und fördert die legislative Harmonisierung zwischen den Mitgliedsstaaten sowie die Zusammenarbeit und Koordinierung zwischen den Nationalparlamenten. Entsprechend bleibt sein politisches Gewicht bzw. sein Einfluss auf den Integrationsprozess extrem begrenzt. Das Generalsekretariat des *Parlamento Andino* hat seinen Sitz in Bogotá, Kolumbien.

Die Andine Förderungskörperschaft (*Corporación Andina de Fomento,* CAF) wurde 1968 geschaffen und nahm ihre Geschäfte 1970 auf. Sie ist eine multilaterale Finanzinstitution zur Förderung nachhaltiger Entwicklung der Aktionärsstaaten und der regionalen Integration. Sie stellt Finanzprodukte und -dienstleistungen für den öffentlichen und den privaten Sektor zur Verfügung, wobei Nachhaltigkeit, soziale Verträglichkeit und Umweltschutz zentrale Kriterien bilden sollen. Großaktionäre der CAF sind Bolivien, Ecuador, Kolumbien, Peru und

Venezuela. Weitere lateinamerikanische (assoziierte, nicht CAN-)Staaten sowie private Banken der Region verfügen über geringere Kapitalanteile. Ihr Hauptsitz ist Caracas, Venezuela. Der Lateinamerikanische Reservefonds (*Fondo Latinoamericano de Reservas*, FLAR,) ist die Nachfolgefinanzinstitution des 1976 errichteten Andinen Reservefonds (*Fondo Andino de Reservas*, FAR). Er wurde 1988 dahingehend reformiert, dass ihm Drittländer beitreten können. Heute nehmen Bolivien, Costa Rica, Ecuador, Kolumbien, Peru und Venezuela an dem Fond teil. Dieser hat zur Aufgabe, zum Gleichgewicht der Zahlungsbilanzen der CAN-Mitgliedsländer beizutragen. Zu diesem Zwecke gewährt er Kredite an diese oder an Drittländer. Zudem trägt er zur Harmonisierung der Wechselkurs-, Währungs- und Finanzpolitik zwischen den Staaten bei. Sitz des FLAR ist Bogotá, Kolumbien.

Sektorale Beratungsorgane der Andengemeinschaft sind der Andine Unternehmerische Beratungsrat (*Consejo Consultivo Empresarial Andino*) und der Andiner Arbeitsberatungsrat (*Consejo Consultivo Laboral Andino*), die aus Delegierten bestehen, die von den Unternehmer- bzw. Arbeitsnehmerverbänden und Gewerkschaften der Mitgliedsstaaten gewählt werden, sowie der Beratungsrat der indigenen Völker der Andengemeinschaft (*Consejo Consultivo de Pueblos Indígenas de la Comunidad Andina*), für den pro Mitgliedsland ein Delegierter bzw. eine Delegierte der Indigenen Organisationen entsandt wird. Alle drei Organe beraten den Ministerrat, die Kommission und das Generalsekretariat des CAN auf Anfrage oder Eigeninitiative.

Schließlich wurde mit dem Abkommen Hipólito Unanue 1970 die Andine Gesundheitsorganisation (*Organismo Andino de Salud, Convenio Hipólito Unanue*) gegründet. Ihre Hauptaufgabe ist die Koordinierung und Unterstützung der Gesundheitspolitik der CAN-Mitgliedsstaaten. Das Abkommen wurde 1998 in das CAN-Institutionensystem integriert. Hauptsitz ist Lima, Peru. Das Abkommen Simón Rodríguez (*Convenio Simón Rodríguez*), 2001 unterzeichnet, bildet das Forum zur Debatte, Partizipation und Koordinierung sozialer und arbeitsrechtlicher Themen der CAN. An den in seinem Rahmen stattfindenden Arbeitstreffen nehmen Vertreter und Vertreterinnen der verschiedenen Beratungsräte teil.

3. Wandel, Reform und Bedeutung in der globalen Politik

Aus einer ökonomischen und handelspolitischen Perspektive ist der Integrationsprozess in der Andenregion, der über eine Freihandelszone zu einer Zollunion führen sollte, weit hinter seinen Zielen geblieben. Beide Formate weisen noch heute zahlreiche Defizite auf. Die zentrifugalen Kräfte, welche die Umsetzung eines gemeinsamem Außenzolltarifs traditionell behinderten, erreichten ihren Höhenpunkt im Jahr 2004, als die CAN-Mitglieder sich für eine Flexibilisierung des Regimes entschieden, um bilaterale Freienhandelsabkommen mit Drittländern zu ermöglichen. In einem Teufelskreis haben diese wiederum die Auflösungstendenzen des Integrationssystems verstärkt, wie der Austritt Venezuelas zeigt. Insgesamt findet eine Bilateralisierung der Außenhandelspolitik statt: Peru verhandelte mit den USA ein Freihandelsabkommen, das in beiden Nationalparlamenten bereits ratifiziert wurde. Das Freihandelsabkommen zwischen Kolumbien und den USA stößt noch auf eine Blockade durch die demokratische Mehrheit im US-Kongress. Ecuador, Kolumbien und Peru nahmen im Februar 2009 Verhandlungen mit der EU über ein Freienhandelsabkommen auf. Im März 2010 konnten diese im Falle Kolumbiens und Perus erfolgreich abgeschlossen werden, während Ecuador bereits im Juli 2009 seine Teilnahme aufkündigte.

Dieser Prozess ist Ausdruck der zunehmenden internen Heterogenität. Die geringe ökonomische Bedeutung der Andengemeinschaft war durch die niedrige Interdependenz ihrer Volkswirtschaften (z.B. Intrahandel), die fehlende Konvergenz der Wirtschaftspolitik zwischen den beteiligten Regierungen, den ausbleibenden Abbau der subregionalen Asymmetrien sowie die Abwesenheit einer Führungsmacht im Integrationsprozess bedingt. Dem gesellte sich im neuen Jahrtausend die politisch-programmatische Divergenz zwischen den andinen Nationalregierungen hinzu.

Nationalstaatliche Interessen und ein enges Souveränitätsverständnis haben zudem die Herausbildung supranationaler Institutionen verhindert. Der ausgeprägte Intergouvernementalismus, der die Andengemeinschaft charakterisiert, hat die Entwicklung von Akteursqualitäten, d.h. erkennbaren gemeinsamen Positionen und koordinierter Handlungsfähigkeit im regionalen und internationalen Kontext gebremst. So bleibt die politische Relevanz des Staatenblocks sehr begrenzt und lediglich auf die Region bezogen.

4. Stand der Forschung

In der Auseinandersetzung mit der Andengemeinschaft besteht eine enge Verflechtung zwischen Wissenschaft und politischer Praxis. Einerseits haben entwicklungstheoretische Modelle die Entstehung und Genese der Organisation beeinflusst, andererseits wurde die Theoriebildung von empirischen Entwicklungen befruchtet. Der Andenpakt wurde vor allem aus der Perspektive der Entwicklungstheorien (an der Schnittstelle zwischen Politik- und Wirtschaftswissenschaft) behandelt. In diesem Kontext spielte ein – überwiegend vom argentinischen Ökonom Raúl Prebisch entwickeltes – theoretisches Konzept der VN-Kommission für Lateinamerika und die Karibik (*Economic Commission for Latin America and the Caribbean*, ECLAC) eine entscheidende Rolle (→ VN). Das zwischen den 1950er und 1980er Jahren in Lateinamerika vorherrschende Entwicklungsmodell der Import substituierenden Industrialisierung (ISI-Strategie) betraf vor allem kurzlebige Konsumgüter und war an die Grenzen der nationalen Binnenmärkte gestoßen. Der Ausbau der Märkte galt als entscheidende Voraussetzung für eine komplexere, in wirtschaftlicher Abschottung stattfindenden Industrialisierung, die zur einheimischen Produktion von Kapital- und langlebigen Konsumgütern führen sollte.

Diese Expansion sollte auf dem Weg der regionalen Integration erreicht werden, die zum einen Größenvorteile für die Produktion und zum anderen einen Erfahrungsraum für den Export (zunächst an Nachbarländer und später an den Weltmarkt) erzeugen würde. Dieses ECLAC-Gedankengut, das in den 1960er und 1970er Jahren die entwicklungspolitische Debatte in der Region stark beeinflusste, konnte jedoch nicht umfassend umgesetzt werden. In den 1990er Jahren wurde diese theoretische Perspektive durch das auch im Kontext der ECLAC entstandene Konzept des „offenen Regionalismus“ abgelöst, welches die Entwicklung der Andengemeinschaft prägte. Nicht so sehr eine zunehmende Industrialisierung, sondern die Steigerung der Exporte wurde nun als Motor für Wirtschaftswachstum begriffen. Diese sollten zunächst für die integrierten Märkte der Region, dann aber für den Weltmarkt bestimmt sein. Integrationsräume wurden also als Plattform zur Förderung der Wettbewerbsfähigkeit einheimischer Unternehmen und der Weltmarkteinbindung angesehen. Der „offene Regionalismus" stand im Einklang mit einer neoliberalen Wirtschaftspolitik zu der die Privatisierung staatlicher Unternehmen und Handelsliberalisierung gehörten.

Durch diese Entwicklung rückte die Andengemeinschaft als Untersuchungsgegenstand in den Fokus der Theorien regionaler Integration (vor allem neofunktionalistischer Prägung in der Tradition von Ernst B. Haas und Robert Keohane u.a.), die im engen Zusammenhang mit der europäischen Erfahrung mit dem Vergemeinschaftungsprozess standen. Überhaupt orientierten sich Andenpakt und Andengemeinschaft in ihrem institutionellen Aufbau am Modell der Europäischen Union. Von den Ansprüchen dieser theoretischen Ansätze weicht die Wirklichkeit der Andengemeinschaft jedoch stark ab.

Literatur

Wichtige Primärquellen:

Comunidad Andina de Naciones (http://www.comunidadandina.org, Zugriff am 30.10.2010).

EU-CAN-Beziehungen (http://www.eeas.europa.eu/andean/index_en.htm, Zugriff am 30.10.2010).

INTAL (Instituto para la Integración de América Latina y el Caribe) des Banco Interamericano de Desarrollo (http://www.iadb.org/intal/detalle_instrumento.asp?idioma=esp&aid=1512&cid=800, Zugriff am 30.10.2010).

Basislektüre zur Andengemeinschaft:

Bellers, Jürgen/Erwin Häckel 1990: Theorien internationaler Integration und internationaler Organisationen, in: Volker Rittberger (Hg.): Theorien der internationalen Beziehungen, PVS-Sonderheft 21, S. 286-310.

Bouzas, Roberto/Jaime Ros (Hg.) 1994: Economic Integration in the Western Hemisphere. Notre Dame, Ind: Notre Dame University Press.

Bouzas, Roberto et al. 2007: Crisis y perspectivas de la integración sudamericana, in: Foreign Affairs en Español (México/D.F.), 7 (octubre-diciembre 2007) 4, S. 61-68.

Grabendorff, Wolf/ Reimund Seidelmann (Hg.) 2005: Relations between the European Union and Latin America. Biregionalism in a Changing Global System. Baden-Baden: Nomos.

Aktuelle Beiträge:

Guarnizo, Tatiana (2008): La crisis de la CAN: nuevos desafíos para la cooperación en la Región Andina, in: Grace Jaramillo (Hg.): Los nuevos enfoques de la integración: más allá del regionalismo. Quito: Flacso.

Husar, Jörg (2007): Neue Formen der Integration in Lateinamerika: Vom offenen Regionalismus zur Binnenorientierung? Lateinamerika Analysen 17:2. Hamburg: ILAS, S. 83-99.

Porta, Fernando (2008): La integración sudamericana en perspectiva. Problemas y dilemas. Santiago de Chile: ECLAC.

Rojas Aravena, Francisco (2009): Integración en America Latina: acciones y omisiones; conflictos y cooperación, IV Informe del Secreatrio General de FLACSO, San José.

Arabische Liga

Jens Kutscher

Vollständige Bezeichnung:

Liga der Arabischen Staaten (*League of Arab States/Jami'a al-Duwal al-'Arabiyya*)

1. Entstehung, Ziele und Aufgaben

Die Liga der Arabischen Staaten erscheint auf den ersten Blick geradezu fortschrittlich. Sie kann als älteste fortbestehende internationale Organisation gelten (→ OAS). Zu Beginn stand das Alexandria-Protokoll vom Oktober 1944, welches den Gedanken des Panarabismus aufgriff, ohne gleichwohl die politische Einheit des arabischen Sprachgebiets zu institutionalisieren. Während die Vertreter der Gründerstaaten der Arabischen Liga am 22. März 1945 in Kairo die Charta der Liga unterzeichneten, tobte in Europa und Ostasien noch der Zweite Weltkrieg. Bei ihrer Gründung gehörten der Arabischen Liga sieben Staaten an; bis heute (Stand 2011) ist sie auf 22 Mitglieder angewachsen. Beide Male konnte sie für sich in Anspruch nehmen, alle jeweils unabhängigen oder quasi-unabhängigen arabischen Staaten – also jene, in denen Arabisch eine der Amtssprachen ist – zu umfassen. 1945 zählten dazu die sieben Länder Ägypten, Irak, Jemen, (Trans-) Jordanien, Libanon, Saudi-Arabien und Syrien. Heute gehören der Arabischen Liga daneben Algerien, Bahrain, Dschibuti, Katar, die Komoren, Kuwait, Libyen, Marokko, Mauretanien, Oman, die Palästinensischen Autonomiegebiete (zuvor PLO), Somalia, Sudan, Syrien, Tunesien und die Vereinigten Arabischen Emirate an. Sitz der Liga ist Kairo. Lediglich während eines Zeitraums von zehn Jahren (1979-1989) zog sie nach Tunis um, da Ägyptens Mitgliedschaft auf Grund von Präsident Sadats eigenmächtigem Friedensschluss mit Israel suspendiert wurde.

Wie sonst nur die VN-Charta spiegelt die Charta der Liga noch immer die Lage der Anfangszeit wider (→ VN). Bis zum Zeitpunkt ihrer Gründung war nicht einmal klar, dass die Arabische Liga sich zu einer Organisation entwickeln würde, welche die Souveränität ihrer Mitgliedsstaaten formalrechtlich festschreibt. Lange hegten arabische Nationalisten, die „Idealisten", den Traum von der *einen* arabischen Nation. Demgegenüber verfolgten die Herrscher der in die Unabhängigkeit entlassenen Mandatsgebiete und Kolonien, die „Realisten", eigene Machtansprüche in ihren jeweiligen Gebieten – ohne sie sogleich an eine übergeordnete Einheit abgeben zu wollen. Dies zeigt schon die Bezeichnung „Liga“, die eben keine „Union“ oder „Allianz“ ist (Schmolinsky 2000). Selbst wenn die arabischen Juristen und Beamten gleichzeitig an der Ausarbeitung der VN-Charta mitwirkten, hatten sie keinerlei Vorbild, an dem sie die Liga ausrichten konnten. Erschwerend hinzu kamen die auseinandergehenden Vorstellungen einiger der Verhandlungsparteien bezüglich Form und Funktion der zu gründenden Körperschaft. Während etwa der irakische König ähnlich wie Syrien eine enge Föderation arabischer Staaten (unter ihrer jeweiligen Führung) anstrebte, pochte Libanon auf seine gerade erst erlangte Unabhängigkeit (Gomaa 1977).

Am Ende der Gründungsverhandlungen wurden die Unabhängigkeit, Souveränität und territoriale Unversehrtheit eines jeden Mitgliedsstaates festgeschrieben (z.B. Art. 2, 5 und 8 der Charta). Dementsprechend unterstützte die Liga die Unabhängigkeitsbewegungen und Freiheitsanstrengungen in der arabischen Welt (z.B. in Algerien). Schon während der Verhandlungen über die Gründung der VN waren die Abgesandten der arabischen Staaten bestrebt, die vom Völkerbund übernommene Treuhandschaft für arabische Gebiete wie Trans-Jordanien zu beenden und sie stattdessen in die Unabhängigkeit zu entlassen. Nicht zuletzt sind auch die Unterstützung der palästinensischen Sache und die Betonung der besonderen Bedeutung Jerusalems für Araber und Muslime seit Jahrzehnten Bestandteil arabischer Gipfelresolutionen. Die Charta lässt sich am besten als Kompromiss zwischen „Idealisten“ und „Realisten“, zwischen Anspruch und Wirklichkeit beschreiben (vgl. Foda 1957; Gomaa 1977; Emig 2004).

Ziele und Aufgaben der Arabischen Liga

Die Ziele der Liga gemäß ihrer Charta umfassen die politische, wirtschaftliche und soziale sowie kulturelle Zusammenarbeit der Mitgliedsstaaten. Art. 2 stellt einleitend die gegenseitige Stärkung der Beziehungen untereinander und die Sicherung der jeweiligen Souveränität und Unabhängigkeit der Mitgliedsstaaten in den Vordergrund – eine klare Absage an eine politische Einheit, wenn auch die irakische Regierung erfolgreich auf einem Passus zu Gunsten subregionaler Zusammenschlüsse (Art. 9) beharrte. Art. 2 der Charta hebt sechs Gebiete der Zusammenarbeit hervor: (1) Wirtschafts- und Finanzangelegenheiten, (2) Kommunikation und Infrastruktur, (3) Kultur, (4) Konsular- und Justizfragen, (5) Soziales und (6) Gesundheit. Art. 2 ist demnach zum einen ein Tribut an die funktionale Rolle internationaler Organisationen, wie man sie in den 1940er Jahren sah, und zum andern an die Wirklichkeit, da eine darüber hinausgehende arabische Einheit nicht möglich war (MacDonald 1965). Vor diesem Hintergrund kann zum Beispiel die Gründung der regionalen Organisation für Erziehung, Kultur und Wissenschaften (ALECSO, 1970), des Arabischen Wirtschafts- und Sozialentwicklungsfonds (1971), der Arabischen Arbeitsorganisation (ALO, 1972), der Arabischen Bank für Wirtschaftswachstum in Afrika (1975) und des Arabischen Währungsfonds (AMF, 1976) verstanden werden. Sicherheitspolitik bleibt in Art. 2 jedoch auffällig ausgeklammert.

Schließlich waren den Abgesandten der arabischen Staaten bei der Gründung der VN regionale Abmachungen (vgl. Kapitel VIII der VN-Charta) ein Ansinnen. Sie strebten sogar einen eigenen Sitz für die Liga im Sicherheitsrat an. In der Abschlusserklärung des Arabischen Gipfels von Sirte (Libyen, 2010) wurde diese Forderung erneut bekräftigt.

2. Aufbau

Der Rat der Arabischen Liga ist die höchste Instanz der Organisation. Sein Bestehen gründet sich auf Art. 3 der Gründungscharta der Liga. An dieser Stelle ist auch der Abstimmungsmodus verankert: Ein Staat, eine Stimme. Entscheidungen werden seit der Änderung der Charta auf dem Gipfel von Algier (2005) nach Art. 7 II mit der „Übereinstimmung der Meinungen" (*tawafuq al-ara'*) getroffen. Kommt diese nicht zu Stande, gilt abweichend hiervon eine Zweidrittelmehrheit der anwesenden Mitgliedsstaaten für die Annahme von Beschlüssen in materiell-rechtlichen Angelegenheiten (Art. 7 III c). Dazu zählen u.a. politische und Sicherheitsfragen (Abwehr externer Aggressoren, wirtschaftliche Integration) sowie institutionelle Fragen (Resolution 18/330 vom 29. März 2006). In der Praxis kann „Konsens" neben aktiver Einstimmigkeit auch die simple Abwesenheit von Gegenstimmen bedeuten. Die Charta ist hier flexibel interpretierbar.

Außerdem ist es Aufgabe des Rates der Arabischen Liga, mit den übrigen internationalen Organisationen zusammenzuarbeiten, den Generalsekretär zu ernennen sowie den Beitrag zum Haushalt der Liga für die Mitgliedsstaaten anteilig zu bemessen. Er entscheidet über die Ausführung internationaler Abkommen, die Mittel zum Abbau von Aggression und die friedliche Konfliktlösung. Ihm kommt dabei eine Vermittler- oder Schiedsrichterrolle zu.

Seit 2000 finden gemäß einem Sonderanhang zur Charta jedes Jahr ordentliche Gipfeltreffen statt, die anders als bei einem ähnlichen Beschluss aus den 1960er Jahren auch tatsächlich abgehalten werden. Wenn auch stets alle Mitgliedsstaaten vertreten sind, sind in der Regel aber nur knapp über die Hälfte der arabischen Staats- und Regierungschefs anwesend, weil sie untereinander persönliche Animositäten pflegen oder ihre Staaten in bilaterale Streitigkeiten verwickelt sind (Samoleit/Mattes 2008). Jedoch wurde angesichts des politischen Umbruchs in vielen arabischen Staaten (Arabischer Frühling) das für März 2011 vereinbarte Gipfeltreffen in Bagdad um ein Jahr verschoben. Unabhängig davon sind Fachministerkonferenzen und Sitzungen der Botschafter oder anderer Gesandter ebenso möglich.

Ein ständiger Ausschuss (*lajna fanniyya da'ima*), wie er in Art. 4 der Charta genannt wird, ist ein spezialisiertes Organ der Arabischen Liga, das eindeutig mit den Aufgaben des Art. 2 der Charta betraut ist. Damit gibt es mindestens sechs ständige Ausschüsse. In der Praxis haben sich darüber hinaus weitere spezialisierte Ausschüsse gebildet, u.a. der Politische Ausschuss. Die in den Ausschüssen vertretenen Fachleute aller Mitgliedsstaaten bringen vorgefertigte Beschlüsse in den Rat der Arabischen Liga ein, der diese nochmals prüfen kann, bevor darüber abgestimmt wird (Emig 2004).

Das Generalsekretariat ist das letzte der drei in der Gründungscharta verankerten Organe (Art. 12). Der Generalsekretär, welcher vom Rat der Liga mit einer Zweidrittelmehrheit für eine fünfjährige, einmalig wiederholbare Amtszeit gewählt wird, führt die Verwaltungsgeschäfte. Gemeinsam mit dem Rat obliegt ihm daraufhin die Ernennung der stellvertretenden Generalsekretäre sowie der höchsten Beamten der Liga. Sie alle genießen diplomatische Immunität, der Generalsekretär im Range eines Botschafters. Seine Stellvertreter stehen jeweils einer Abteilung vor, die in etwa ein Spiegelbild der ständigen Ausschüsse aus Charta-Art. 2 und 4 darstellen (vgl. Emig 2004).

Der Aufgabenbereich des Generalsekretärs umfasst zwei Gebiete. Zum einen nimmt er administrative Aufgaben wahr. U.a. beruft er die Sitzungen des Rates ein und arbeitet gemäß Art. 13 der Charta den Etat der Arabischen Liga aus, den er vor Beginn des Haushaltsjahres dem Rat zur Abstimmung vorlegt. Zum andern ist der Generalsekretär der politische Repräsentant der Arabischen Liga gegenüber den übrigen internationalen Organisationen und weist auf Probleme hin, die für den Rat von Bedeutung sein könnten.

Bisher hatte die Arabische Liga sieben Generalsekretäre – zumeist ehemalige ägyptische (Außen-) Minister. Nur während der Suspendierung der Mitgliedschaft Ägyptens übernahm mit Chedli Klibi ein Tunesier das Amt. Die Einführung eines Rotationsmodells, nach dem der Generalsekretär abwechselnd aus einer anderen Subregion kommen sollte, wurde zwar ins Gespräch gebracht, ohne jedoch weiter verfolgt zu werden. Bei der turnusgemäßen Neuwahl im Mai 2011 kam es beinahe zu einer ungewöhnlichen Kampfabstimmung zwischen dem vormaligen Generalsekretär des Golfkooperationsrats (GCC), Abd al-Rahman al-Atiyya aus Katar, und dem ehemaligen Vorsitzenden des Auswärtigen Ausschusses im ägyptischen Parlament, Mustafa al-Fikki, der jedoch als zu nah am gestürzten Präsidenten Hosni Mubarak angesehen wurde. Nach einer diplomatischen Lösung zu Gunsten des innerarabischen Konsenses wurde dann stattdessen der erste ägyptische Außenminister der Post-Mubarak-Ära und einstige Richter am Internationalen Gerichtshof (IGH), Nabil al-Arabi, als Nachfolger des populären ehemaligen ägyptischen Außenministers Amr Moussa zum Generalsekretär gewählt. Als Verwalter und Moderator, Politiker und Diplomat kann der Generalsekretär zudem je nach Persönlichkeit erheblichen Einfluss auf die Mitgliedsstaaten geltend machen.

Der Gemeinsame Verteidigungsrat wurde insbesondere als Reaktion auf die als Bedrohung empfundene Gründung des Staates Israel durch einen Zusatzvertrag zur Charta, den Pakt für Gemeinsame Verteidigung und Wirtschaftliche Zusammenarbeit, ins Leben gerufen. Dieser wurde am 13. April 1950 von den damals sieben Mitgliedsstaaten der Arabischen Liga angenommen. Art. 6 des Paktes verfügt die Bildung des Gemeinsamen Verteidigungsrates (*majlis li-l-difa' al-mushtarak*) unter der Aufsicht des Rates der Arabischen Liga. Der Gemeinsame Verteidigungsrat setzt sich dementsprechend aus den Außen- und Verteidigungsministern der Vertragsparteien oder deren Vertretern zusammen. Der Vertragstext lässt Beschlüsse mit Zweidrittelmehrheit zu, die für *alle* Vertragsparteien bindend sind.

Aufgaben des Rates gemäß Art. 2 bis 5 des Paktes betreffen die Herstellung kollektiver Sicherheit der Unterzeichnerstaaten. Ein Akt bewaffneter Aggression gegen einen von ihnen wird als Angriff gegen alle betrachtet. Darum sollen alle Maßnahmen ergriffen werden, welche Frieden und Sicherheit wiederherstellen. Um dieses Ziel zu erreichen, ist die gemeinschaftliche Abstimmung der Verteidigungsmaßnahmen und Streitkräfte der Vertragsstaaten vorgesehen.

In der Vergangenheit stellte die Arabische Liga dreimal eine eigene Truppe zur Friedenswahrung auf: in Kuwait 1961 (Salem 2008) und zweimal in Libanon 1976 (Schmolinsky 2000). Darüber hinaus konnte die Liga Konflikte häufiger und erfolgreicher auf friedlichem Wege lösen (so z.B. Westjordanland-Krise 1950, Beendigung des Bürgerkriegs im Jemen 1967, Beendigung der Kämpfe zwischen PLO und Jordanien 1970), weil sie als versöhnend und unparteiisch galt. Kompromisslösungen hinderten die Mitgliedsstaaten in der Vergangenheit gleichwohl nicht daran, mutwillig gegen Art. 8 der Charta (Nichteinmischungsprinzip) und Art. 1 des Paktes (friedliche Streitbeilegung) zu verstoßen.

Seine Wurzeln hat der Wirtschafts- und Sozialrat (*al-majlis al-iqtisadi wa-l-ijtima'i*) in Art. 8 des Paktes (Fassung vom 23. Mai 2004). Dem Rat gehören die Wirtschafts- und Finanzminister der Vertragsstaaten an. Seine Pflichten werden in Art. 7 des Paktes präzisiert. Die Schaffung von Sicherheit und Wohlstand durch die Erhöhung des Lebensstandards in den arabischen Ländern steht an erster Stelle. Zur Erreichung dieses Ziels verpflichten sich die Länder bei der Entwicklung ihrer Volkswirtschaften und der Nutzung ihrer Rohstoffvorkommen zusammenzuarbeiten sowie Industrie- und Landwirtschaftsgüter auszutauschen. Mit der Einrichtung der Großen Arabischen Freihandelszone (GAFTA), die der Wirtschafts- und Sozialrat 1997 beschloss, beabsichtigt die Liga eine weitergehende wirtschaftliche Integration und Entwicklung der beteiligten Mitgliedsstaaten.

Auf dem Gipfel von Algier (2005) beschlossen die Staats- und Regierungschefs die Einführung eines Arabischen Parlaments (*al-barlaman al-'arabi*). Zu diesem Zweck wurde der neue Art. 19 in die Charta der Liga aufgenommen. Nach dem Vorbild so genannter Schura-Räte (dem islamischen Recht entstammende Gremien mit beratender Stimme, die den Herrscher unterstützen, ohne dass er ihren Rat anzunehmen verpflichtet wäre), die in einigen Mitgliedsstaaten bestehen, soll das Arabische Parlament den Rat der Liga, den Generalsekretär und die arabischen Sonderorganisationen bei der Ausübung ihrer Tätigkeiten beraten, indem es die ihm vorgebrachten Fragen diskutiert, selbst schriftliche Anfragen stellt und die Etatentwürfe prüft (Art. 5 des Entwurfs des Parlamentsstatuts vom 28. März 2010). Nach Ende der Übergangsphase 2012 sollen weiterhin vier Abgeordnete aus jedem Mitgliedsstaat vertreten sein, wobei weibliche Abgeordnete ausdrücklich berücksichtigt werden sollen (Art. 3). Die Abgeordneten sollen in geheimer und direkter Abstimmung oder von den mitgliedsstaatlichen Parlamenten bzw. parlamentsähnlichen Versammlungen auf vier Jahre gewählt werden (Art. 4 und 14). Inwiefern in der politischen Praxis mitgliedsstaatliche Regierungen Einfluss auf die Auswahl nehmen, bleibt abzuwarten. Seinen Sitz hat das Parlament in Damaskus (Art. 6). Das Parlament soll dann ferner über einen unabhängigen Haushalt verfügen, zu dem die Mitgliedsstaaten entsprechend ihren Quoten im Haushalt der Liga beitragen (Art. 21 und 22).

Seit dem Gipfel von Khartum (2006) besteht der Arabische Friedens- und Sicherheitsrat (*majlis al-silm wa-l-amn al-'arabi*). Ihm gehören der Generalsekretär und die Außenminister von fünf Mitgliedsstaaten an. Er verfügt satzungsgemäß über ein Frühwarnsystem zur Konfliktprävention und ein „Gremium der Weisen" (*hay'a al-hukama'*) zur Mediation sowie Leistung und Anbietung „guter Dienste" (*al-masa'i al-hamida*, Art. 7). Damit wird eine Praxis institutionalisiert, die sich in der Vergangenheit mit der Intervention respektierter Persönlichkeiten in Konflikten bewährte (Schmolinsky 2000).

Art. 20 (vormals 19) der Charta lässt schließlich Raum für Ergänzungen und Zusätze zum Gründungsvertrag. Vor allem wird ausdrücklich die Schaffung eines arabischen (Schieds-) Gerichtshofs (*mahkama 'adl 'arabiyya*) als Ziel genannt. Entsprechende Vorschläge fanden bislang allerdings kein Gehör.

3. Wandel, Reform und Bedeutung in der globalen Politik

Die Reform der Liga im ersten Jahrzehnt des 21. Jahrhunderts ist im Kontext der politischen, sozialen und wirtschaftlichen Reformen und Reformbestrebungen in den einzelnen arabischen Staaten zu sehen. Daneben ist das gestiegene Interesse der nichtarabischen Welt – insbesondere der USA und Europas – an der politischen Lage in der arabischen Region ein weiterer entscheidender Faktor. Nach dem Krieg zwischen Kuwait und dem Irak 1990/1991, der die Liga spaltete, und dem Ende des Ost-West-Gegensatzes mit dem Zusammenbruch der Sowjetunion kam es Mitte der 1990er Jahre zum jordanisch-palästinensischen Friedensschluss mit Israel.

Eine einheitliche arabische Haltung im Umgang mit Israel fehlt in der Praxis jedoch bislang. Lediglich die Arabische Friedensinitiative, die auf dem Gipfel von Beirut (2002) angenommen und in Riad (2007) erneuert wurde, demonstrierte wie so oft zumindest auf dem Papier Einigkeit. Sie sieht die Normalisierung der arabischen Beziehungen zu Israel im Austausch für seinen Rückzug auf die Grenzen von 1967 und die Lösung der palästinensischen Flüchtlingsfrage vor und führte 2007 zum ersten Besuch einer Delegation der Arabischen Liga – bestehend aus den Außenministern Ägyptens und Jordaniens – in Jerusalem. Entscheidend für die Annahme der Initiative war und ist die Unterstützung der syrischen Regierung. Die mutmaßliche Verstrickung des syrischen Geheimdienstes in die Ermordung des damaligen libanesischen Ministerpräsidenten Rafiq al-Hariri Anfang 2005 und die gewalttätige Reaktion auf den Volksaufstand im Land im Frühjahr 2011 führten jedoch zur internationalen Isolierung Syriens. In der Folge des israelischen Angriffs auf den Gazastreifen zum Jahreswechsel 2008/2009 wurde die Verknüpfung innen- und außenpolitischer Interessen erneut deutlich. Ägypten und Saudi-Arabien lehnten einen Sondergipfel der Liga als Zeichen der Solidarität mit den Palästinensern ab. Damit widersprachen sie nicht nur dem Wunsch Katars, von wo aus der arabische Satellitensender Al-Jazeera sein Programm ausstrahlt, das beide Regierungen misstrauisch beäugen. Als Verbündete der USA reagierten sie zudem reserviert auf Sondergipfel in Krisenzeiten, um emotionalisierte und populistische Resolutionen zu vermeiden, die zwar wütende arabische Demonstranten zufrieden stellen, die Regierungen aber zum Spagat zwischen deren Befriedigung und freundlichen Beziehungen zu den USA zwingen (vgl. Birk/Badawi 2010).

Uneinigkeit hinsichtlich einer gemeinsamen arabischen Position zum Einmarsch US-geführter Truppen in den Irak Anfang 2003 spaltete die Mitgliedsstaaten der Liga weiter. Viele unterstützten den Krieg offen oder insgeheim; alle verurteilten ihn jedoch in der Gipfelerklärung von Scharm el-Scheich (2003) (Samoleit/Mattes 2008). Die arabischen Regierungen versuchen sowohl mit Reformen in ihren Ländern – schon vor dem Irak-Krieg – als auch mit der Reform der sie einenden Organisation, jegliche Einmischung von außen zu verhindern, ihr zuvorzukommen oder diese für ihre eigenen Zwecke zu instrumentalisieren. Zudem dienten Projekte der Arabischen Liga in der Vergangenheit mehrfach der Ablenkung von innenpolitischen Problemen der Regierungen einzelner Mitgliedsstaaten (Gomaa 1977).

Ein weiteres Beispiel für das Spannungsverhältnis zwischen Innen- und Außenpolitik ist die Verabschiedung der Arabischen Menschenrechtscharta 2004. Bis Ende 2009 wurde sie von zehn Mitgliedsstaaten der Liga ratifiziert. Sie listet in 53 Art. u.a. individuelle bürgerliche

Freiheitsrechte sowie ökonomische Rechte auf, die im Gegensatz zur Kairoer Erklärung der Menschenrechte im Islam (1990) nicht von vornherein unter einem Scharia-Vorbehalt stehen. Die Vertragsparteien müssen der neu geschaffenen Arabischen Menschenrechtskommission (Art. 45) alle drei Jahre Berichte zur Situation der Menschenrechte vorlegen (Art. 48). Es sind allerdings keine Sanktionsmechanismen beim Verstoß gegen diese Charta vorgesehen. Die Einhaltung einzelner Menschenrechte in den Vertragsstaaten, etwa hinsichtlich politischer Partizipation (Art. 24) oder des Schutzes religiöser Minderheiten (Art. 25), bleibt somit fraglich. Im Übrigen wendet sich die Charta bereits in der Präambel deutlich gegen „alle Formen von Rassismus und Zionismus" und erscheint somit als Instrument im Kampf gegen Israel (Chase/Hamzawy 2006).

Überraschend einig und aktiv zeigte sich die Liga im März 2011 – anders als im Fall Syrien zur gleichen Zeit – bei der Unterstützung der international (→ AU) geforderten Flugverbotszone über Libyen zum Schutz der dortigen Zivilbevölkerung vor den Kampfeinheiten Muammar al-Gaddafis, zu dem insbesondere die ägyptische und saudi-arabische Staatsführung ein schlechtes Verhältnis hatten (vgl. Resolution 7360 vom 12. März 2011). Libyens Mitgliedschaft in der Liga wurde daraufhin vorübergehend suspendiert. Gleichwohl konnten sich die Mitgliedsstaaten der Liga aus innenpolitischen Überlegungen heraus (z.B. Sorge vor der Schaffung eines Präzedenzfalls) nicht völlig vom Nichteinmischungsgebot lösen und standen der vom VN-Sicherheitsrat gestützten Militäraktion der NATO zur Durchsetzung der Flugverbotszone hinterher zumindest skeptisch gegenüber.

Als gelungen – wenn auch auf niedrigem Niveau – kann die wirtschaftliche Entwicklungszusammenarbeit gelten. Der Arabische Wirtschafts- und Sozialentwicklungsfonds hat laut seinem Jahresbericht 2009 zwischen 1974 und 2009 rund US$ 22 Mrd. in über 470 Projekte in siebzehn Ländern investiert – knapp die Hälfte davon seit 2000. Besonders stark ist die Zusammenarbeit im Energie- und Elektrizitätssektor, in den etwa US$ 7,2 Mrd. geflossen sind, davon etwas mehr als 10% in grenzüberschreitende Projekte. Die Verbindung der Stromnetze mehrerer Länder hat u.a. den Vorteil, dass vorhandene Kapazitäten effizienter genutzt und Betriebskosten gesenkt werden. Neue Kraftwerke können an wirtschaftlich attraktiven Standorten – etwa nahe den Rohstoffquellen – errichtet werden. Im Einzelnen zählen zu den erfolgreichen Projekten das *Eight Country Interconnection Project* im östlichen Nordafrika und der Levante, das *Maghreb Countries Interconnection Project* und das *Gulf Cooperation Council* (GCC) *Power Grid Interconnection Project*. Stärker integriert ist nur der Kommunikationssektor mit Satelliten- und Kabelverlegungsprojekten. Die Darlehen des Fonds wurden außerdem hauptsächlich im Transportsektor (ca. US$ 5,1 Mrd.) sowie in der Landwirtschaft und Bewässerungstechnik (ca. US$ 3,4 Mrd.) vergeben.

Seit 2000, als der Rat der Liga jährliche Gipfelkonferenzen beschloss, ist eine kontinuierliche Stärkung der Institutionen zu beobachten. Dank der langen Vorlauf- und Bedenkzeit können alle Beteiligten einen Kompromiss finden und damit zur nötigen wechselseitigen Vertrauensbildung zwischen ihren Ländern beitragen. Immerhin hatten sich die Staats- und Regierungschefs auch nach dem missglückten ersten Anlauf zum Gipfel von Tunis im März 2004 auf seine Ausrichtung im Mai 2004 geeinigt und sich damit an die Regeln aus der Charta gehalten (Samoleit/Mattes 2008).

Zwar lässt eine gewisse Unverbindlichkeit der Resolutionen die Glaubwürdigkeit der Gipfelkonferenzen sinken (Samoleit/Mattes 2008). Umgekehrt gilt: So wie sie nicht vor einem Boykott eines Mitgliedsstaates gefeit sind, so ist der freiwillige Austritt eines Mitglieds bisher ausgeblieben. Dennoch ist die Institutionalisierung der arabischen Gipfeltreffen überlebens- und legitimationswichtig für die Organisation als ganze. Sie haben sich, seit sie abgehalten werden, als ungeahnt dauerhaft erwiesen und verleihen der Arbeit der Liga Kontinuität anstatt der mitunter konstatierten Diskontinuität.

Das Bewusstsein in der arabischen Welt im Hinblick auf neue weltpolitische Gegebenheiten verändert sich. Unter diesen Vorzeichen muss auch die Arabische Liga agieren. Der politische Wille und die Umsetzung von Resolutionen der Liga sind bisher aber gering. Die Reform hat die Liga vermutlich vor dem Fall in die weltpolitische Bedeutungslosigkeit bewahrt. Ob sie bloße Kosmetik ist, wird die Zukunft zeigen.

4. Stand der Forschung

Ein Blick auf die Literatur zur Liga der Arabischen Staaten zeigt sogleich zwei Auffälligkeiten. Erstens wird die Arabische Liga in Standardwerken bzw. Übersichten zu internationalen Organisationen und Regionalisierung häufig ausgelassen. Das mag mit Unwissen über die Liga und ihrer vermeintlichen Erfolglosigkeit zusammenhängen. Zweitens sind die bisherigen Untersuchungen zum Thema meist älteren Datums und nicht selten vom idealistischen Gedanken der arabischen Einheit geprägt – erst recht diejenigen der arabischstämmigen Autoren.

Das realistische Paradigma internationaler Beziehungen erklärt die Sicherheitspolitik der Arabischen Liga sinnvoll (Salem 2008); funktionalistische Ansätze decken hingegen andere Politikfelder besser ab (MacDonald 1965). Auch historisch ist der Realismus eher vorherrschend als heute, da Neoinstitutionalismus und Interdependenz-Analyse die Prozesse in der Arabischen Liga am getreulichsten abbilden. Als Standardwerk zur Arabischen Liga kann noch immer MacDonalds „The League of Arab States“ (1965) gelten.

Fallstudien neueren Datums zur Arabischen Liga und regionaler Sicherheit stammen von Schmolinsky (2000) und Salem (2008). Von der Konzentration auf Sicherheitspolitik hebt sich Emigs Dissertation über die Liga der arabischen Staaten (2004) ab. Ausführliche Informationen zum Entstehungsprozess beinhaltet Gomaas Analyse von 1977.

Literatur

Wichtige Primärquellen:

Internetseite der Arabischen Liga (http://www.arableagueonline.org/las/picture_gallery/covenant2009.pdf, Zugriff am 23.07.2011).

Alexandria-Protokoll (1944).

Charta der Liga der Arabischen Staaten (1945, Fassung vom 23. März 2005)

Sonderanhang zur ordentlichen Einberufung des Rats der Arabischen Liga auf Gipfelebene (2000).

Pakt für Gemeinsame Verteidigung und Wirtschaftliche Zusammenarbeit zwischen den Staaten der Arabischen Liga (1950, Fassung vom 23. Mai 2004).

Interne Satzungen des Rats der Arabischen Liga (1973, Fassung vom 5. März 2008), der Ständigen Fachausschüsse (1976) und der beratenden Ausschüsse (1976).

Basislektüre zur Arabischen Liga:

Chase, Anthony/Amr Hamzawy 2006: Human Rights in the Arab World. Independent Voices. Philadelphia: University of Pennsylvania Press.

Emig, Julia 2004: Die Liga der arabischen Staaten. Eine Bilanz unter besonderer Berücksichtigung der arabischen Kultur. Dissertation (Heidelberg 2000). Edingen-Neckarhausen: deux mondes.

Foda, Ezzeldin 1957: The Projected Arab Court of Justice. A Study in Regional Jurisdiction with Specific Reference to the Muslim Law of Nations. Den Haag: Martinus Nijhoff.

Gomaa, Ahmed M. 1977: The Foundation of the League of Arab States. Wartime Diplomacy and Inter-Arab Politics 1941 to 1945. London, New York: Longman.

MacDonald, Robert W. 1965: The League of Arab States. A Study in the Dynamics of Regional Organization. Princeton: Princeton University Press.

Salem, Ahmed Ali 2008: International Relations Theories and Organizations. Realism, Constructivism, and Collective Security in the League of Arab States. Saarbrücken: VDM.

Schmolinsky, Cornelia 2000: Friedenssicherung durch regionale Systeme kollektiver Sicherheit. Voraussetzungen und Hindernisse am Beispiel der Liga der Arabischen Staaten. Dissertation (Bochum). Berlin: Arno Spitz.

Aktuelle Beiträge:

Birk, Michaela/Ahmed Badawi 2010: Bedeutung und Wandel der Arabischen Friedensinitiative, in: APuZ 9, S. 35-41.

Samolent, Alexandra/Hanspeter Mattes 2008: Die blockierte Reform der Arabischen Liga, in: GIGA Focus Nahost 2. (http://www.giga-hamburg.de/dl/download.php?d=/content/publikationen/pdf/gf_nahost_0802.pdf, Zugriff am 23.7.2011).

ASEAN

Katja Freistein

Vollständige Bezeichnung:

Vereinigung Südostasiatischer Staaten (*Association of Southeast Asian Nations*, ASEAN)

1. Entstehung, Ziele und Aufgaben

Die ASEAN wurde am 8. August 1967 in Bangkok gegründet. Vor dem Hintergrund des Vietnamkriegs und den Auswirkungen des Kalten Kriegs auf die Region fanden sich Indonesien, Malaysia, die Philippinen, Singapur und Thailand zusammen, um sich der als akut wahrgenommenen kommunistischen Bedrohung und den Interventionen westlicher Mächte vereint entgegenzusetzen. Alle fünf Staaten waren Mitglieder der Bewegung der Blockfreien, auch wenn einige von ihnen enge Allianzen mit westlichen Mächten eingingen (Acharya 2009: Kap.2). Was die Gründungsstaaten einte, war ihr Streben nach staatlichem Überleben und die Absicherung gegen gemeinsame Bedrohungen in einer unsicheren Region.

Auch innerregionale Konflikte sollten mit Hilfe der ASEAN künftig vermieden werden. Der Gründung war ein bewaffneter Konflikt zwischen Indonesien und Malaysia (*konfrontasi*-Krise) vorangegangen, in dem es um territoriale Fragen und vor allem um die Machtverteilung in der Region ging. Die Kämpfe wurden mit der Intervention von Malaysias Verbündeten (Großbritannien, Australien, Neuseeland) beendet. Da auch zwischen anderen südostasiatischen Staaten Potenzial für ähnliche Konflikte bestand (Leifer 1989), führte die Krise ihnen die Gefahr möglicher Auseinandersetzungen untereinander und einer Einmischung westlicher Staaten deutlich vor Augen. Das gemeinsame Interesse aller fünf Staaten an der Wahrung ihrer Autonomie und an „Frieden, Fortschritt und Wohlstand in der Region“ Bangkok Erklärung von 1967) ebnete der Etablierung der ASEAN den Weg.

Das wichtigste Ziel der Gründungsmitglieder der ASEAN war es, ihre nationale wirtschaftliche Entwicklung voranzutreiben. Indem die Mitgliedsstaaten sich gegenseitig die Bewahrung ihrer territorialen Integrität und die Nichteinmischung in innere Angelegenheiten zusicherten, sollten ihre politischen Regime stabilisiert und friedliche zwischenstaatliche Beziehungen ermöglicht werden. Während der ersten Jahrzehnte ihres Bestehens erfüllte die ASEAN so vor allem die sicherheitspolitische Aufgabe, die Eskalation latenter Konflikte wie schwelende Territorialdispute (z.B. um die Inseln Ligitan und Sipadan zwischen Indonesien und Malaysia oder um die Provinz Sabah zwischen Malaysia und den Philippinen) zu unterdrücken und auf diese Weise regionale Stabilität zu garantieren.

Die ASEAN wurde bereits unter der Maßgabe gegründet, allen südostasiatischen Staaten die Möglichkeit zur Mitgliedschaft zu gewähren. Nach dem Beitritt Bruneis (1984) wurden schrittweise erst Vietnam (1995), dann Laos (1997), Myanmar (1997) und zuletzt Kambodscha (1999) aufgenommen. Die Beitritte Myanmars, das wegen massiver Menschenrechtsverletzungen unter starker öffentlicher Kritik stand und steht, und Kambodschas, in dem zum Zeitpunkt des Beitrittgesuchs Regierungschef Hun Sen einen *Coup d'État* gegen seinen Koalitionspartner durchführte, waren umstritten. Da es außer der geographischen Lage der Staaten keine Kriterien für die Mitgliedschaft gibt, durften beide Staaten dennoch Mitglieder der ASEAN werden. Ein zukünftiger Beitritt Osttimors wird von einigen ASEAN-Staaten befürwortet, ist jedoch noch nicht beschlossen. Die Loslösung Osttimors aus indonesischer Herrschaft war in der ASEAN politisch umstritten, und eine Aufnahme ist daher trotz der geographischen Nähe keineswegs sicher.

Die Erweiterung auf die heute zehn Mitglieder (die ASEAN-10) hat zu einer weiteren Heterogenisierung der ASEAN geführt. Die ohnehin großen Unterschiede zwischen den Mitgliedern haben in allen möglichen Bereichen noch zugenommen. Insbesondere die neuen Mitglieder sind gegenüber den älteren Mitgliedsstaaten wirtschaftlich wenig entwickelt. Auch die politischen Systeme der Staaten, von denen sich einige im Prozess demokratischer Transformation befinden, während andere autokratisch organisiert sind, unterscheiden sich sehr, ebenso der kulturelle und religiöse Kontext nationaler Politik. Eine Vertiefung von Kooperation in Kernbereichen wie Handel, Investitionen oder Sicherheitspolitik wird damit extrem erschwert. Die Folgen der Erweiterung bleiben eine der größten Herausforderungen in der Politik der ASEAN.

Ziele und Aufgaben der ASEAN

Durch eine enge Verknüpfung von Sicherheit und Entwicklung war die Hauptaufgabe der ASEAN lange vor allem die Herstellung von regionaler Stabilität und die Sicherung eines friedlichen Umfeldes, in dem staatliche Entwicklung möglich wurde. Dabei fungiert die ASEAN traditionell nicht als übergeordnete Instanz zur Schlichtung von zwischenstaatlichen Konflikten. Vielmehr bietet sie ein Forum für kontinuierliche Kommunikation zwischen den staatlichen Vertretern und verpflichtet die ASEAN-Mitglieder auf eine Reihe eher symbolischer Mechanismen (den sogenannten „ASEAN Way“), die auf eine Vermeidung von Konflikten zielen.

Sicherheit wird im Diskurs der ASEAN traditionell weit definiert: Zum einen vertreten die südostasiatischen Staaten ein Konzept umfassender Sicherheit, das die Herstellung politischer, wirtschaftlicher und sozialer Stabilität als zentrale Aufgabe staatlicher Sicherheitspolitik versteht. Zum anderen stützen sie sich auf das Konzept nationaler und regionaler Widerstandsfähigkeit (*resilience*), das Sicherheit durch Entwicklung – auf nationaler Ebene, aber auch eng verknüpft mit der regionalen Ebene – verwirklicht sieht. In der weiten Sicherheitsdefinition der *resilience* und umfassenden Sicherheit ist damit Entwicklung integraler Teil der Überlebensstrategien der Staaten.

Entwicklung wird in der ASEAN in erster Linie als Aufgabe der Staaten verstanden, wirtschaftlichen Fortschritt voranzutreiben, um den Lebensstandard der Bevölkerungen zu erhöhen. Im weiteren Verständnis sind auch regionale Programme zu Investitionen und Handelsliberalisierung in Südostasien, insbesondere die Maßnahmen zu einer ASEAN Freihandelszone (*Asian Free Trade Area*, AFTA), Bestandteil dieser regionalen Entwicklungs- und Sicherheitsstrategie. Die ASEAN leistet Beiträge zur regionalen Entwicklung, indem sie einen Rahmen für Kooperation in bestimmten Bereichen herstellt. Dazu gehört mit den jüngeren Reformen mittlerweile etwa die Koordination der Zusammenarbeit im Energiesektor, in Wissenschaft und Technologie sowie in der Entwicklung der Mekong-Region. Dies sind alles Bestandteile der ASEAN Wirtschaftsgemeinschaft.

Im soziokulturellen Bereich der ASEAN Gemeinschaft sind ebenfalls Schritte hin zu einer Verbesserung der Lebensumstände der Bevölkerungen geplant, vor allem im Bereich Armutsbekämpfung. Ländliche Entwicklung, Gesundheit und Wohlfahrt sind Ziele dieser Bemühungen, die allerdings bislang nicht als Kernaufgaben der ASEAN definiert worden sind und auch nicht systematisch im Kollektiv betrieben werden. Denn unter diesem Politikfeld sind so viele unterschiedliche Aufgaben definiert worden, dass es keine klare Linie und keine konkreten Programme gibt, diese auch tatsächlich umzusetzen. Zwar wird hier ein erster Ansatz verfolgt, auf regionaler Ebene langfristige Strategien zu entwickeln, gemeinsam dringende entwicklungspolitische Probleme anzugehen. Doch die ASEAN verfügt aktuell weder über die Infrastruktur noch das Mandat, hier mehr zu tun, als das Bewusstsein für solche Themen zu erhöhen.

2. Aufbau

Die ASEAN ist im Wesentlichen intergouvernemental organisiert. Bis auf die Erweiterung des Sekretariats 1976 hat es bis in die 1990er Jahre keine nennenswerten institutionellen Reformen gegeben. Der Prozess institutioneller Ausdifferenzierung, der nach der Asienkrise 1997/98 eingesetzt hat, ist daher noch in einem frühen Stadium. Erst langsam werden Strukturen geschaffen, um dem Ziel einer Gemeinschaftsbildung auf drei Ebenen (Sicherheit und Politik, Wirtschaft, Soziokulturelles) gerecht zu werden. Mit der Charta (2007) sollen neue Organe etabliert werden, die die Kommunikationsstrukturen der ASEAN verbessern und eine stärkere Verbindlichkeit der Abkommen, etwa im Rahmen einer ASEAN-Freihandelszone oder in der Verpflichtung zu *good governance*, garantieren sollen. Instanzen zur Überwachung von Implementation oder zur Streitschlichtung in Konfliktfällen gibt es jedoch nicht. Denn zu den wichtigsten (informellen) Mechanismen in der ASEAN zählten bisher die Prinzipien der Nichteinmischung in innere Angelegenheiten und der friedlichen Konfliktlösung. Dies hat stark personalisierte Strukturen gestärkt und formale Übereinkünfte weitgehend ausgeschlossen. Das Beharren auf Nichteinmischung ist daher oft kritisiert worden, da es öffentliche Kritik an der Innenpolitik anderer Staaten und eine Stärkung der regionalen Kooperation verhindert hat (Haacke 2005).

Wichtigstes Organ sind die (bislang) jährlichen Gipfeltreffen der Staatschefs (Art. 7 Charta), die vom ASEAN Koordinationsrat vorbereitet werden sowie Treffen auf Ministerebene und die nach den Gipfeln stattfindenden Treffen der *Senior Officials* (SOM) mit Vertretern externer Staaten. Lange Zeit waren Treffen auf Ebene der Außen- und Wirtschaftsminister die zentralen Foren für eine Koordination von Sicherheits- und Entwicklungszusammenarbeit. Weitere ministeriale Treffen zu sicherheitsrelevanten Politikbereichen finden unter anderem im Rahmen der Kommission für eine südostasiatische nuklearwaffenfreie Zone statt.

Das Sekretariat der ASEAN hat seinen Sitz in Jakarta. Im Sekretariat sind der Generalsekretär (für jeweils fünf Jahre ernannt) und seine vier Stellvertreter (für die Bereiche Sicherheit, Wirtschaft, Soziokulturelles und Gemeinschaftsangelegenheiten) angesiedelt. Die Befugnisse des Generalsekretärs und seiner Mitarbeiter sind seit 2007 in der Charta geregelt (Art. 11). Das Sekretariat und die Mitarbeiter erfüllen weitgehend administrative Aufgaben und sind nicht entscheidungsberechtigt, sondern können den Vertretern der Staaten lediglich Vorschläge unterbreiten. Das (geringe) Budget für das Sekretariat setzt sich aus den jährlichen Beiträgen der Mitglieder und finanzieller Unterstützung durch externe Geldgeber zusammen. Viele der ASEAN-Staaten können sich keine hohen Beiträge leisten, aber auch die wohlhabenden Mitglieder haben es bislang abgelehnt, mehr Ressourcen in die Arbeit des Sekretariats zu investieren. Dieses bleibt daher mit wenigen Kompetenzen ausgestattet.

Seit 2009 kann jeder Mitgliedsstaat ständige Vertreter entsenden, die mit dem Rang von Botschaftern ausgestattet und in Jakarta stationiert sind (Art. 12 Charta); mittlerweile haben alle zehn Mitgliedsstaaten Vertreter ernannt. Diese ständigen Vertreter stellen eine Verbindung zwischen Sekretariat und Staaten her und übernehmen Koordinierungsaufgaben. Überdies unterhält jeder ASEAN-Staat ein eigenes nationales Sekretariat, das den Informationsfluss mit den anderen Mitgliedern verbessern und zur Koordination zwischen Generalsekretär und nationaler Verwaltung beitragen soll (Emmerson 2008: Kap.3).

Die grundlegenden Regeln und Organe der ASEAN sind in den Verträgen der letzten Jahrzehnte festgehalten worden. Die Bangkok Erklärung (1967) ist das Gründungsdokument der ASEAN. Weitere wichtige, sicherheitspolitisch relevante Erklärungen der ersten Jahrzehnte sind die Erklärung zu einer Zone des Friedens, der Freundschaft und Neutralität (ZOPFAN, 1971), der Vertrag über Freundschaft und Kooperation (TAC, 1976), die Bali Erklärung (1976) und der Vertrag über eine südostasiatische nuklearwaffenfreie Zone (SEANWFZ, 1995). Zu den aktuelleren Schlüsseldokumenten zählen die ASEAN Vision 2020 (1997), die Zweite Bali Erklärung (2003) mit dem Ziel einer Gemeinschaftsbildung und die ASEAN Charta (2007).

Die Verträge der ASEAN sind rechtlich nicht bindend. Der TAC mit seinen Normen, die Souveränität und friedliche Konfliktlösungen stärken, bleibt das wichtigste Instrument der Konfliktregelung in der regionalen Sicherheitspolitik und ist von vielen externen Partnern der ASEAN (u.a. China, Indien, Japan und den USA) unterzeichnet worden. Seine Wirkung wird eher in der Bereitstellung bestimmter Verhaltensnormen und in der Sozialisation der Staaten gesehen. Allein die ASEAN Charta, die mit der Unterzeichnung aller Mitglieder Ende 2008 in Kraft getreten ist, hat einen stärker verpflichtenden Charakter und ist Ausdruck eines Bestrebens nach Institutionalisierung und Verrechtlichung der regionalen Zusammenarbeit.

Mit den Folgedokumenten zum sicherheitspolitischen Bereich der ASEAN-Gemeinschaft (Zweite Bali Erklärung) sind konkretere Ziele und Schritte in der sicherheitspolitischen Kooperation ausformuliert worden, die aber erst langsam umgesetzt werden. Zu den neueren Kooperationsfeldern gehört beispielsweise die Koordination zwischen den Justiz- und Verteidigungsministern in der Bekämpfung von Piraterie, etwa in der Frage von Nacheile in fremde Gewässer oder in der Abgleichung polizeilicher Daten. Ähnliches wird auch versucht, um zu gemeinsamen Maßnahmen gegen illegalen Holzeinschlag oder illegale Migration zu kommen. Solche transnationalen Sicherheitsprobleme stehen besonders im Fokus der neueren Kooperationsbemühungen.

Der Prozess institutioneller Ausdifferenzierung schließt auch eine vorsichtige Erweiterung der kommunikativen Arena über die staatlichen Vertreter hinaus mit ein. Ein Zusammenschluss von Parlamentariern in einer interparlamentarischen Versammlung (AIPA) besteht zwar bereits seit 1977, spielt aber, auch wegen der sehr unterschiedlichen Bedeutung nationaler Parlamente in den Mitgliedsstaaten, keine Rolle in der ASEAN. Die Zusammenarbeit mit nichtstaatlichen Gruppen im Rahmen der ASEAN steckt noch in den Kinderschuhen. Alternative Diskussionsebenen im (sicherheits)politischen Bereich der ASEAN gibt es mit den NRO-Netzwerken ASEAN *People's Assembly* (APA) und *Solidarity for the Asian Peoples Advocacy* (SAPA) sowie dem ASEAN-ISIS Verbund regionaler Forschungsinstitute. Dort werden Themen diskutiert, die an gesellschaftliche Diskurse anschließen, und innerhalb der Region in Umlauf gebracht. Die Stärkung von Minderheitenrechten oder ein Bewusstsein für Umweltschutz sind Forderungen, die zunächst in solchen Foren artikuliert werden und es nicht immer auch in die offiziellen Verhandlungen im Rahmen der ASEAN schaffen.

Zwar wird seit längerem die Absicht bekundet, NRO, transnationale Netzwerke und andere nichtstaatliche Akteure in die Politik der ASEAN einzubeziehen, doch eine systematische Anbindung an das Sekretariat oder an die regelmäßigen Treffen steht noch aus. 2006 erließ die ASEAN neue Richtlinien für eine Kooperation mit NRO die allerdings erst noch greifen müssen. Immerhin wurden im Entwicklungsprozess der ASEAN-Charta nichtstaatliche Akteure konsultiert. Von den Forderungen und Vorschlägen dieser Gruppen finden sich aber nur wenige Spuren im offiziellen Text der Charta.

3. Wandel, Reform und Bedeutung in der globalen Politik

Die ASEAN wird als wichtigste regionale Organisation in (Ost)Asien gesehen. Die wichtigsten Wirkungsbereiche der ASEAN über die südostasiatische Region hinaus liegen in der weiteren asiatisch-pazifischen Region. Zu ihren Leistungen dort zählt in erster Linie die Koordination des ASEAN Plus Drei Treffens (mit China, Japan und Südkorea), des *ASEAN Regional Forums* (in dem über die ostasiatischen Nachbarn hinaus auch Russland, Indien, die USA und weitere Staaten versammelt sind) und die Gründung des Ostasiengipfels (*East Asia Summit*), in dem die Mitglieder der ASEAN Plus Drei sowie Australien, Indien und Neuseeland versammelt sind. Keines dieser drei Foren hat bisher jedoch zu vertiefter Kooperation im wirtschaftlichen oder sicherheitspolitischen Bereich geführt.

Mit der Charta erhält die ASEAN erstmalig eine völkerrechtlich anerkannte Rechtspersönlichkeit. Im Rahmen des Asien-Europa-Treffens (ASEM) kooperiert die ASEAN als Vertreterin der südostasiatischen Staaten mit der → EU. Die Bündelung außenpolitischer Interessen der südostasiatischen Staaten im Rahmen der ASEAN hat es ihnen immerhin erlaubt, auf Augenhöhe mit großen Staaten wie China und den USA zusammenzutreffen, was den einzelnen, zum Teil eher kleinen Staaten sonst möglicherweise verwehrt geblieben wäre.

Reformen sind vor allem nach der Wirtschaftskrise Ende der 1990er Jahre angestoßen worden (Rüland/Jetschke 2008). Die Finanz- und Währungskrise führte nicht nur zu einem Zusammenbruch der regionalen Finanzmärkte, sondern in der Folge auch zu extremer Armut und politischen Instabilität in einigen der südostasiatischen Staaten, besonders in Indonesien und Thailand, aber auch Malaysia und den Philippinen. Die Auswirkungen der Krise waren so gravierend, dass der Fortbestand der ASEAN grundlegend in Frage gestellt wurde. Auf dem Gipfel auf Bali 2003 wurde das Ziel einer Gemeinschaftsbildung beschlossen, die in drei Bereiche Sicherheit, Wirtschaft und Soziokulturelles unterteilt ist. Wichtigstes Ziel der Reformen ist es, verbesserte institutionelle Strukturen zu schaffen und die Kooperation zwischen den Staaten in vielen, auch neuen Bereichen zu vertiefen. Denn mit der Umsetzung der ASEAN Gemeinschaft geht auch eine schrittweise Erweiterung der regional organisierten Aufgabenbereiche einher, darunter einige, die zuvor ausgeklammert waren, wie etwa die Koordination von polizeilichen Maßnahmen gegen grenzüberschreitende Sicherheitsrisiken. Damit haben sich auch die Schwerpunkte der Zusammenarbeit der Staaten verändert.

Organisationsinterne Herausforderungen

Als größte interne Herausforderungen an die Sicherheits- und Entwicklungszusammenarbeit der ASEAN kann man die Folgen der Erweiterung und die Nachwirkungen der Wirtschafts- und Finanzkrise sehen. Auch Regimetransformationen und Liberalisierungsprozesse in einigen der Mitgliedsstaaten führen seit einiger Zeit dazu, dass neue Anforderungen an die regionale Zusammenarbeit gestellt werden, die Reformen notwendig bzw. möglich machen.

Einige dieser Reformen im politischen Bereich sollen Forderungen nach neuen politischen Zielen und Normen Rechnung tragen. Aus den zivilgesellschaftlichen Foren und vor allem aus den liberaleren Mitgliedsstaaten sind zunehmend Stimmen zu hören, die von der Nichteinmischung abweichen wollen und die Einhaltung politischer Grundrechte und die Ermöglichung weitergehender Partizipation fordern. Gerade in der politischen Dimension der ASEAN Gemeinschaft haben sich neue Möglichkeiten eröffnet, zuvor tabuisierte Themen wie die Rechte von Migranten und Kindern nun als regionale Aufgaben einzustufen und damit zu einer Regelung an die ASEAN zu verweisen. Dies könnte bedeutende Eingriffe in die bisher geschützte innenpolitische Sphäre der Staaten ermöglichen und wird dementsprechend von vielen Mitgliedern abgelehnt.

Doch in der Charta sind bereits einige dieser neuen Normen kodifiziert. So sollen Anstrengungen unternommen werden, *good governance*, das Bekenntnis zur Demokratieförderung und Rechtstaatlichkeit zu etablieren. In der Charta sind auch weitergehende politische Projekte wie eine regionale Menschenrechtskommission und Anfänge einer juristischen Kooperation zwischen den Mitgliedern auf den Weg gebracht worden. Der Fall der Menschenrechtskommission (ASEAN intergouvernementale Kommission für Menschenrechte) verdeutlicht die Schwierigkeiten von Reformen innerhalb der ASEAN: Die Aufgabenbereiche der Kommission sind recht unscharf definiert, und ihre Kompetenzen gegenüber den Mitgliedsstaaten beschränken sich zunächst auf Beobachtung und Feststellung von Menschenrechtsverletzungen. Ihr Einfluss wird auch davon abhängen, wer von den Staaten als Vertreter in die Kommission geschickt wird, und welcher Fälle sie sich annimmt. Dennoch ist mit der Verankerung eines Menschenrechtsmechanismus ein Schritt gemacht, der auch heute noch von einigen Staaten als Tabubruch gewertet wird.

Die Menschenrechtskommission wird einerseits als zu starker Eingriff in die Souveränität der ASEAN-Staaten insbesondere von den neueren Mitgliedsstaaten abgelehnt, andererseits aber wegen ihrer geringen politischen Reichweite von zivilgesellschaftlichen Gruppen und einigen der ASEAN-Staaten heftig kritisiert.

Externe Herausforderungen

Transnationale Sicherheitsrisiken in der Region stellen ein weiteres wesentliches Problem dar, mit dem sich die ASEAN auseinandersetzen muss. Während die ASEAN lange vor allem zwischenstaatliche Konflikte zu vermeiden suchte und es den Staaten ermöglichte, ihre nationalen Sicherheitsprobleme ohne Einmischung von außen anzugehen, hat sich die Wahrnehmung von Sicherheitsproblemen gewandelt. Das veränderte und erweiterte Sicherheitsverständnis geht in einigen wichtigen Punkten über die Konzepte umfassende Sicherheit bzw. die nationale/regionale *resilience* hinaus. Eine zentrale neue Kategorie ist hier die Idee menschlichen Sicherheit; damit wird an einen globalen, vor allem im Rahmen der → VN geführten Diskurs angeknüpft.

Vor dem Hintergrund der menschlichen Sicherheit kann auch über Bereiche wie Menschenrechte oder Demokratieförderung diskutiert werden. Der Staat mit seinem Anspruch auf territoriale Integrität und Souveränität ist dann nicht länger alleiniges Subjekt von Sicherheit, sondern auch Einzelne und Gruppen von Menschen haben einen Anspruch auf grundlegende Existenzsicherung. Entsprechend werden auch Bereiche wie Armutsbekämpfung oder Menschenrechte als mögliche Anknüpfungspunkte für menschliche Sicherheit verstanden und damit die Staaten noch stärker in die Pflicht gegenüber ihren Bevölkerungen genommen. Das Paradigma der menschlichen Sicherheit löst das Konzept der umfassenden Sicherheit nicht ab, ergänzt es jedoch bereits in einigen Feldern und hat die Debatte um Sicherheit erweitert.

Mit dem Prozess der ASEAN Gemeinschaftsbildung (seit dem Gipfel 2003) sind Treffen der Verteidigungsminister, der Justizminister, Finanzminister sowie der Gesundheits- und Arbeitsminister dazu gekommen. Neu ist auch die Zusammenarbeit der nationalen Polizeibehörden unter der Federführung des regionalen Zusammenschlusses ASEANAPOL. Ein Beispiel für die Bearbeitung solcher transnationaler Probleme im Rahmen der ASEAN ist die Koordination von Hilfe nach Naturkatastrophen. Nach den Erfahrungen mit dem Tsunami-Unglück von 2004 gibt es regelmäßige Treffen auf Ministerebene, um für den Ernstfall weiterer Naturkatastrophen schnell und konzertiert Soforthilfe im Rahmen der ASEAN zu organisieren. Diese Plattform befindet sich noch im Aufbaustadium und stellt bislang keinen institutionalisierten Mechanismus zur Verfügung, der konkrete Maßnahmen vorgibt.

Darüber hinaus geht es in neueren Diskussionen verstärkt um transnationale Sicherheitsrisiken wie Menschenschmuggel, epidemische Krankheiten oder Umweltbedrohungen (Caballero-Anthony 2005: Kap.8). Im Rahmen der ASEAN Sicherheitsgemeinschaft soll in Fragen wie in der Terrorismusbekämpfung und transnationalen Verbrechen enger kooperiert werden. Dazu gehören bekannte Bedrohungen wie maritime Piraterie, Menschen- oder Kleinwaffenschmuggel. Zum anderen zählen aber Umweltkatastrophen oder epidemische Krankheiten wie SARS und die Vogelgrippe (→ WHO) auch zu den Sicherheitsrisiken, die vor keiner Grenze halt machen. Das macht sie zu Problemen, die nur im Verbund gelöst werden können. Hier werden für die ASEAN neue Aufgaben definiert, die weit über ihre bisherige Praxis der souveränitätsschonenden Zusammenarbeit hinausgehen. Dennoch scheint die Zusammenarbeit bislang dort am besten zu funktionieren, wo nicht direkt staatliche Autorität betroffen ist und Eingriffe in nationale Autonomie nötig wären, oder in akuten Krisen.

Wie in der Praxis der ASEAN schon oft beobachtet, fehlen in den Bereichen Sicherheit und Entwicklung noch Schritte zur Implementation von neuen Abkommen und Absichtserklärungen in den Nationalstaaten und die nötigen Ressourcen, um eine solche Umsetzung zu realisieren und zu überwachen.

4. Stand der Forschung

Die politikwissenschaftliche Literatur zur ASEAN stammt hauptsächlich aus den Feldern Internationale Beziehungen, Integrations- und Regionalforschung sowie Sicherheitsforschung. Der Großteil dieser Forschungsliteratur zur ASEAN konzentrierte sich über Jahrzehnte auf Themen wie regionalen Handel, Rüstungsfragen oder regionale Konflikte, ohne jedoch in theoretischen Debatten verortet zu sein. In sicherheitspolitische Fragen waren eher realistisch geprägte Arbeiten in der Mehrzahl (Leifer 1989); in ökonomischen Fragen dominierten Arbeiten aus Integrationstheorie und Regionalismusforschung. Neuere Studien zur ASEAN sind aber stärker theoretisch orientiert. Insbesondere sozialkonstruktivistische Ansätze sind zunehmend zu finden (Caballero-Anthony 2005; Haacke 2005; Acharya 2009), darüber hinaus gibt es eine Vielzahl von Arbeiten im Rahmen realistischer und institutionalistischer Perspektiven (Narine 2002; Rüland/Jetschke 2008). Kritische theoretische Ansätze (z.T. in Emmerson 2008; Nesadurai 2009) bleiben Ausnahmeerscheinungen.

Literatur

Wichtige Primärquellen:

Bangkok Declaration (1967) (http://www.aseansec.org/1212.htm, Zugriff am 11.9.2011)

Declaration of ASEAN Concord II (2003) (http://www.aseansec.org/15159.htm, Zugriff am 11.9.2011).

ASEAN Charta (2007) (http://www.aseansec.org/15159.htm, Zugriff am 11.9.2011).

Basislektüre zur ASEAN:

Acharya, Amitav 2009: Constructing a Security Community in Southeast Asia. ASEAN and the Problem of Regional Order. Zweite Ausgabe. London/New York: Routledge.
Caballero-Anthony, Mely 2005: Regional Security in Southeast Asia. Beyond the ASEAN Way. Singapur: ISEAS.
Haacke, Jürgen 2005: ASEAN's Diplomatic and Security Culture. Origins, Development and Prospects. London/New York: Routledge Curzon.
Leifer, Michael 1989: ASEAN and the Security of South-East Asia. London: Routledge.
Narine, Shaun 2002: Explaining ASEAN: Regionalism in Southeast Asia. Boulder/ London: Lynne Rienner.

Aktuelle Beiträge:

Emmerson, Donald K. (Hg.) 2008: Hard Choices: Security, Democracy, and Regionalism in Southeast Asia. Stanford: Walter H. Shorenstein Asia-Pacific Research Center.
Nesadurai, Helen E. S. 2009: ASEAN and regional governance after the Cold War: From Regional Order to Regional Community?, in: The Pacific Review, 22:1, S. 91-118.
Rüland, Jürgen/Anja Jetschke 2008: 40 Years of ASEAN: Perspectives, Performance and Lessons for Change, in: The Pacific Review, 21:4, S. 397-409.

AU

Julia Leininger

Vollständige Bezeichnung:

Afrikanische Union (*African Union*, AU)

1. Entstehung, Ziele und Aufgaben

Die Afrikanische Union (AU) wurde 2001 gegründet und hat ihr Hauptquartier in Addis Abeba, Äthiopien. Sie ist ein Ausdruck des wiedererstarkten Panafrikanismus und stellt die Nachfolgeorganisation der Ende der 1990er Jahre als ineffektiv und überkommen angesehenen Organisation Afrikanischer Einheit (*Organisation of African Unity*, OAU) dar. Mit der AU-Gründung zielten die Mitgliedsstaaten auf eine Intensivierung der wirtschaftlichen und politischen Integration Afrikas ab. Die AU verfügt über ein umfassendes Mandat, mit dem der Frieden in der Region gesichert, sozioökonomische Entwicklung und die Integration afrikanischer Märkte in die Weltwirtschaft befördert werde sollen. 54 afrikanische Staaten – alle afrikanischen außer Marokko – sind Mitglieder der universalen Regionalorganisation.

Die Gründungsidee der AU ist im Gedankengut der panafrikanischen Bewegung verwurzelt und mit diesem eng verwoben. Der Panafrikanismus entstand bereits zu Beginn des 20. Jahrhunderts und gewann 1958 in Reaktion auf die Dekolonialisierung des ersten afrikanischen Staates mit mehrheitlich indigener Bevölkerung (Ghana) an Rückhalt. Seitdem haben sich aus dieser Bewegung heraus unterschiedliche theoretische Stränge entwickelt, die von der gleichen Grundidee zusammengehalten werden. Demnach stellt der Panafrikanismus darauf ab, die Emanzipation von internationalen Abhängigkeiten, die Souveränität und Eigenständigkeit sowie die gegenseitige Solidarität afrikanischer Staaten zu fördern (Murithi 2005: 8). Er ist eine Voraussetzung, um die Handlungslogik zu verstehen, die der regionalen Zusammenarbeit und Gründung internationaler Organisationen in Sub-Sahara Afrika zugrundeliegt.

In ihrer ersten postkolonialen Phase (1958-1963) legte die panafrikanische Bewegung 1958, bestehend aus den ehemaligen Freiheitskämpfern und nun Staatsoberhäuptern, auf der Konferenz der afrikanischen Völker (*All African Peoples' Conference*) von Accra (Ghana) den Grundstein für die Institutionalisierung eines gesamtafrikanischen Integrationsprozesses. Die teilnehmenden Staaten dieser Bewegung vereinte der Widerstand gegen den Kolonialismus und die Hegemonialansprüche des Westens. Denn mit der Unabhängigkeitswelle der 1960er Jahre mussten die Beziehungen zwischen den jungen afrikanischen Staaten aus einer kontinentalen Perspektive neu verhandelt und konstituiert werden. Bislang war die Zusammenarbeit zwischen den Kolonialstaaten unter dem Dach der jeweiligen Kolonialmacht organisiert gewesen. Denn die Freiheitsbewegungen hatten im Verborgenen agiert und sich transnational gegenseitig in ihrem Kampf gegen die Kolonialmächte unterstützt. Mit der Transformation in unabhängige Staaten propagierten Vordenker der panafrikanischen Bewegung wie Kwame Nkrumah die „Einheit aller afrikanischen Staaten" als großes Potenzial, um einerseits die wirtschaftliche und soziale Entwicklung nach innen voranzutreiben und andererseits internationale Einflüsse von ehemaligen Kolonialmächten nach außen abzuwehren. Demgegenüber hatten mächtige Vertreter der Freiheitsbewegungen wie Julius Nyerere die Ansicht, dass *nation-building* und nationale Wirtschaftsreformen der Schlüssel zur sozioökonomischen Entwicklung der jungen Staaten sei. So scheiterte der Vorschlag Nkrumahs für einen engen politischen Zusammenschluss in Form der *African United States*. Stattdessen einigten sich 30 der insgesamt 32 jungen Staaten Afrikas nach mehreren Verhandlungsrunden am 25. Mai 1963 auf eine Institutionalisierung des Panafrikanismus in Form der OAU.

In der zweiten postkolonialen Phase (1963-1999) entwickelte sich die OAU zur kontinentalen Regionalorganisation mit dem umfassendem Mandat und einer weitreichenden Mitgliedschaft. Bis zum Austritt Marokkos im Jahr 1986 – aufgrund der Aufnahme von Westsahara als OAU-Mitglied – beherbergte die OAU jeden der 53 afrikanischen Staaten als Mitglied unter ihrem Dach. Den Organisationszweck richteten die Gründungsstaaten vor allem auf zwischenstaatliche Zusammenarbeit aus. Die Regionalorganisation sollte die Solidarität und Kooperation zwischen den Staaten stärken, zur Verbesserung der Lebensbedingungen der afrikanischen Bevölkerung beitragen und die regionale Integration voranbringen (Art. 2, OAU Charta). Doch die OAU erfüllte die Erwartungen ihrer Mitgliedsstaaten und die in der *OAU Charta* festgelegten Zielvorgaben nicht. Die geringe institutionelle Verankerung und die daraus resultierende mangelhafte Leistungsfähigkeit der Organisation sowie unterschiedliche politische Agenden ihrer Staaten erschwerten die Willensbildung in der weltweit mitgliedsstärksten Regionalorganisation. Die OAU konnte, nicht zuletzt wegen des Prinzips der Nichteinmischung in innere Angelegenheiten, Bürgerkriege wie in Angola, Mosambik oder Nigeria und Terrorregime wie in Uganda unter Idi Amin oder Jean-Bedel Bokassas Zentralafrikanische Republik nicht verhindern. Die Umsetzung der anspruchsvollen und umfassenden Organisationsziele war so bereits in den 1990er Jahren gescheitert (Tieku 2004). Bedingt durch das Ende des Kalten Krieges kam ein Reformdruck von außen hinzu, der 1994 auch zur Gründung der *African Economic Community* (Abuja Vertrag, AEC) führte und die wirtschaftliche Integration beschleunigen sollte. Doch die Etablierung einer Parallelinstitution half nicht, den globalen und organisationsinternen Herausforderungen effektiv zu begegnen.

Die dritte postkoloniale Phase begann 1999 mit den Reformdebatten zur Erneuerung der OAU beim Sondergipfel der Staatsoberhäupter in Sirte, Libyen. Der libysche Staatschef Muammer el-Khadafi nahm die Ideen Nkrumahs aus den 1960er Jahren auf und überraschte die OAU-Mitglieder mit einem Vorschlag zur Gründung eines gesamtafrikanischen Staates. Doch die libysche Initiative fand keinen Rückhalt im Kreise der Mitglieder, zumal sich Libyen bis dahin kaum für Sub-Sahara Afrika interessiert und sein internationales Engagement auf den arabischen Raum konzentriert hatte (→ Arabische Liga). Der Verlust politischen Rückhalts in der arabischen Welt bewegte Khadafi 1998 zu einer „Afrika-Initiative", die seine internationale Position stärken und das panafrikanische Projekt voranbringen sollte. In Sirte musste jedoch zunächst ein diplomatischer Eklat verhindert werden. In einer nächtlichen Sitzung verfasste eine Arbeitsgruppe aus Algerien, Libyen, Nigeria und Südafrika die „Sirte Deklaration" vom 9. September 1999. Sie beinhaltete den Beschluss, die kontinentale Organisation zu revitalisieren und den globalen Herausforderungen gerecht zu werden. Zudem wurde ein Zeitplan vorgestellt, der die Vorlage einer Gründungsakte (*Constitutive Act*) für die OAU-Gipfelkonferenz 2000 vorsah. Damit war die Gründung der AU und die damit verbundene Integration des Abuja-Vertrags in sehr kurzer Zeit beschlossen, aber noch nicht vollzogen worden, weil die erforderliche Zweidrittelmehrheit bei der Ratifizierung noch nicht zustande gekommen war (Maluwa 2003). Am 9. Juli 2002 wurde mit der Verabschiedung des Gründungsakts die AU in Durban, Südafrika, ins Leben gerufen. Die OAU wurde damit aufgelöst und ihre Aufgaben teilweise an die AU überführt (*AU Constitutive Act*, Art. 33).

Parallel zur Debatte über die Revitalisierung der OAU und Neugründung einer afrikanischen Regionalorganisation entwickelte sich eine einflussreiche Gruppe von 15 Staaten, die am 23. Oktober 2001 die Neue Partnerschaft für Afrikas Entwicklung (*New Partnership for Africa's Development*, NEPAD) ins Leben rief. Die Gruppe wurde von den politischen „Schwergewichten", den Präsidenten Südafrikas (Thabo Mbeki), Nigerias (Olusegun Obasanjo), Algeriens (Abdelasis Bouteflika), Ägyptens (Hosni Mubarak) und Senegals (Abdoulaye Wade), angeführt. Es war auch diese Gruppe, die Khadafis Vorschlag und den *United States of Africa* in den Verhandlungen von Sirte 1999 kritisch gegenüberstand (Tieku 2004). NEPAD zielt auf die Förderung sozioökonomischer und landwirtschaftlicher Entwicklung, guter Regierungsführung, Korruptionsbekämpfung und Frieden ab (Gudz 2011). Das Programm basiert auf der panafrikanischen Idee, dass afrikanische Probleme afrikanischer Lösungen bedürfen (*African solutions for African problems*). Es dient auch zur Positionierung der NEPAD-Teilnehmer gegenüber der Gruppe der 8 Industriestaaten (G8), die seit ihrem Gipfel im Jahr 2000 einen Fokus auf die Unterstützung afrikanischer Staaten richtet. Dadurch konnte NEPAD internationalen und finanziellen Rückhalt finden und hat sich im Laufe der 2000er Jahre zu einer wichtigen Institution entwickelt. Seit 2005 sind alle AU-Mitglieder auch Teil der NEPAD, die 2011 institutionell in die AU eingegliedert worden ist.

Ziele und Aufgaben der AU

Der *Constitutive Act* der AU baut auf die Tradition ihrer Vorgängerorganisation auf. Das Mandat der AU ist ähnlich umfangreich wie das der OAU, enthält aber eine deutliche Aufgabenerweiterung. Die neuen Organisationsziele stehen nicht mehr allein im Zeichen der Souveränität und Solidarität, sondern heben auch auf die innere Ordnung der Mitgliedsstaaten ab, vor allem auf Demokratie, Menschenrechtsschutz, Gleichberechtigung der Geschlechter und Partizipation der Bevölkerung. Damit wird vor allem das in der OAU Charta festgelegte und für das Selbstverständnis der Regionalorganisation höchst relevante Prinzip des Interventionsverbots in innere Angelegenheiten anderer Mitgliedsstaaten relativiert (OAU Charta, Art. 2). Die Abkehr vom absoluten Nichteinmischungsprinzip, wie es etwa in der → ASEAN Bestand hat, gilt als eine der wesentlichen Neuerungen der AU gegenüber der OAU. Der *Constitutive Act* sieht in Artikel 4 (h) vor, dass die AU im Falle internationaler schwerster Verbrechen wie Genozid oder Verbrechen gegen die Menschlichkeit eine Intervention beschließen kann. Zudem wurde die bereits 1999 in der Erklärung von Algier (*Algiers Declaration on Unconstitutional Changes of Government*) festgelegte Entscheidung, nichtverfassungsmäßige Regierungswechsel zu verurteilen und diese Staaten gegebenenfalls zu sanktionieren, in Art. 4 (p) in die Gründungsakte aufgenommen. Die Abkehr vom Prinzip der Nichtintervention wird international als einer der wichtigsten und weitreichendsten Fortschritte in der Weiterentwicklung afrikanischer Integration angesehen (Maluwa 2003). Ebenso wurde die Verabschiedung der Afrikanischen Charta über Demokratie, Wahlen und *governance* (*African Charter on Democracy, Elections and Governance*) vom 30. Januar 2007 bewertet, wenngleich sie bis 2011 (Stand: September) erst von acht Staaten ratifiziert worden ist.

In Artikel 3 der Gründungsakte der AU wird der weitreichende Aufgabenkatalog der Organisation festgelegt. Dieser hat sechs Zielrichtungen: Erstens hält die AU daran fest, die Einheit, Solidarität, territoriale Integrität und Unabhängigkeit ihrer Mitglieder zu respektieren und zu schützen. Zweitens soll die politische und sozioökonomische Integration durch die AU beschleunigt werden. Zu diesem Zweck erhält die AU die Aufgabe, die existierenden und zukünftigen regionalen wirtschaftlichen Integrationsblöcke (*Regional Economic Communities*, RECs) zu koordinieren und zu harmonisieren. Drittens stärken die Mitgliedsstaaten die Bedeutung der AU für die Ausrichtung afrikanischer Staaten in der globalen Politik, indem gemeinsame Positionen gefördert, internationale Zusammenarbeit vorangebracht und die ökonomischen Bedingungen für eine Integration in die Weltwirtschaft in Zeiten der Globalisierung geschaffen werden sollen. Viertens sollen die sozioökonomische Entwicklung und das friedliche Zusammenleben durch die Förderung nationaler Prozesse und kontinentaler Integration erreicht werden. Dies beinhaltet auch Technologiekooperation. Fünftens hat sich die AU der Förderung innerstaatlicher Ordnungen verschrieben und strebt nach der Schaffung und den Erhalt demokratischer Prinzipien und Institutionen sowie den Menschenrechtsschutz im Sinne der afrikanischen Charta der Menschen- und Gruppenrechte (*Charter on Human and Peoples' Rights*) von 1979. Sechstens sieht die Gründungsakte ausdrücklich vor, dass die AU zur Erfüllung ihrer Aufgaben die Zusammenarbeit mit internationalen Partnern suchen soll. Letzteres ist insbesondere im Lichte der bereits bestehenden Kooperationen zwischen afrikanischen und OECD-Geberstaaten – jüngst auch China, Indien und Brasilien – zu interpretieren. Einige Mitgliedsstaaten gehen davon aus, dass die AU mangels ausreichender finanzieller Grundlagen ihre Ziele nicht ohne internationale Unterstützung werden erreichen können.

2. Aufbau

Die Afrikanische Union ist eine regionale Organisation im Sinne des Kapitels VIII der VN-Charta. Sie bildet das Dach verschiedener subregionaler „*building blocks*“. Demgemäß soll die gesamtafrikanische Integration, ausgehend von subregionalen Zusammenschlüssen, den regionalen wirtschaftlichen Kooperationen (RECs: → ECOWAS, → SADC), koordiniert und vorangetrieben werden. Integrationstheoretisch entspricht dies einem funktionalistischen Ansatz, der in Europa zum Erfolg geführt hat. Dies spiegelt zwar nicht die Idee eines gesamtafrikanischen Staates, folgt aber den panafrikanischen Denkern, die eine politische Einheit als voreilig erachten und den Panafrikanismus sukzessive verwirklichen möchten.

Die Gründungsväter der AU orientierten sich beim Aufbau der Organisation am institutionellen Modell der Europäischen Union (→ EU). Dahingegen wurden zwei alternative Vorschläge für einen gesamtafrikanischen Staat nach Vorbild des föderalen Systems der USA oder der Sowjetunion abgelehnt (Adejumobi/Olukoshi 2003). Die Staatschefs versprachen sich vom europäischen Ordnungsmodell eine geringere Einflussnahme der AU in die nationale Souveränität der Mitgliedsstaaten. 2001 wurde der Generalsekretär der OAU bei regulären Gipfeltreffen in Lusaka, Sambia, mit der institutionellen Neuordnung der AU beauftragt. Die Aufgabenerweiterung, Integration der AEC und die Orientierung an der EU im Kontrast zur OAU brachten einen Zuwachs an Organen und ein komplexes institutionelles Beziehungsgefüge innerhalb der AU mit sich. Die Gründungsakte sieht neun Hauptorgane der AU vor (Art. 5). Weitere Organe wie der 2003 beschlossene Friedens- und Sicherheitsrat kamen hinzu. Die Organe übernehmen exekutive, legislative, judikative, beratende sowie finanzielle Aufgaben (Akokpari et al. 2008). Allerdings gestaltet sich die Implementierung dieser Organe im Laufe der 2000er Jahre insgesamt schleppend.

An der Spitze der Exekutive steht die Versammlung der AU (*Assembly of the Union*). Sie ist das zentrale und oberste Organ in der politischen Entscheidungsfindung der AU. Als Folgeinstitution der Gipfeltreffen setzt sie sich aus allen Staatsoberhäuptern der Mitgliedsstaaten zusammen und tagt mindestens einmal jährlich. Seit Januar 2011 sitzt ihr der äquatorialguineische Staatsmann Teodoro Mbasogo vor. Die Wahl dieses Diktators hat zu einem Aufschrei in der internationalen Berichterstattung geführt, da darin einen Angriff auf die Demokratieprinzipien der AU gesehen wird. Resolutionen und Erklärungen, die in der Versammlung abgestimmt und verabschiedet werden, werden in der Regel vom geschäftsführenden Rat (*Executive Council*) politisch vorbereitet. Kann keine konsensuale Entscheidung herbeigeführt werden, gilt die Mehrheitsentscheidung nach dem Prinzip *one-country-one-vote*. Aufgrund des vielfältigen und breiten Themenspektrums, das der Rat abdecken muss, arbeitet ihm das Komitee der ständigen Vertreter (*Permanent Representatives Committee*) inhaltlich zu und hilft bei der Erstellung der Tagesordnung. Die Umsetzung politischer Entscheidungen obliegt der Kommission der Afrikanischen Union (*Commission*). Die in Addis Abeba sitzende Kommission wird derweilen auch als Verwaltung der AU bezeichnet. Ihr sitzt ein von der Versammlung im Konsensprinzip ernannter Kommissar vor; derzeit der gabunische Karrierediplomat Jean Ping. Die Kommission ist derzeit (Stand: September 2011) in acht thematisch relevanten Themenbereichen wie politische Angelegenheiten, Frieden und Sicherheit oder wirtschaftliche Angelegenheiten organisiert.

Die Legislative der AU ist das 2004 ins Leben gerufene Panafrikanische Parlament (*Pan-African Parliament*) mit Sitz in Midrand, Südafrika. Die Grundidee dieser Institution, ein Bindeglied zwischen der AU und der Bevölkerung zu schaffen, scheitert bislang an der fehlenden direkten Repräsentation und Übertragung von Rechten an das Parlament. Denn bislang werden die 230 Parlamentarier (Stand: September 2011) von den Legislativen der Mitgliedsstaaten gewählt oder ernannt, und das Parlament übernimmt in der AU nur eine beratende Funktion. Jeder Mitgliedsstaat hat fünf Sitze. Inhaltlich wird die Arbeit des Parlaments von zehn ständigen Komitees unterstützt.

Die Judikative der AU ist der afrikanische Gerichtshof für Menschenrechte (*African Court of Justice and Human Rights*). Seine Gründung wurde bei der Versammlung 2008 in Sharm el Sheik, Ägypten, beschlossen (*Protocol on the Statute of the African Court of Justice and Human Rights*). In ihm wurden der afrikanische Gerichtshof (*Court of Justice*), und der Gerichtshof für Menschen- und Gruppenrechte (*African Court on Human and Peoples' Rights*) zusammengeführt, da ersterer zwar beschlossen, aber nie umgesetzt wurde. Der Gerichtshof wird zwei Kammern – eine für Menschenrechte und eine für allgemeine Angelegenheiten – haben und in Arusha, Tansania, sitzen. Er schlichtet und richtet interne Streitigkeiten der AU und ist für die Einhaltung der in der Afrikanischen Charta für Menschen- und Gruppenrechte vorgesehenen Normen zuständig. Anders als der Europäische Gerichtshofs für Menschenrechte (→ Europarat) sieht er keine Individualklagen vor, sondern erlaubt nur Mitgliedsstaaten, Klage zu erheben.

Beratungsorgane wurden in drei Bereichen etabliert. Das zentrale und in der Außenwahrnehmung wichtigste Organ ist der Friedens- und Sicherheitsrat (*Peace and Security Council*, PSC), der das Kernstück der afrikanischen Friedens- und Sicherheitsarchitektur (*African Peace and Security Architecture*, APSA) darstellt. Pro Subregion (Ost- West, Zentral-, Nord- und Südliches Afrika) werden drei Vertreter von den Außenministern gewählt. Für die Auswahl kommen nur die Staaten in Frage, die einen Beitrag zu jüngeren Friedensmissionen, ihren finanziellen Beitrag zur AU und zum Friedensfonds geleistet haben (*Peace Fund*). Der PSC hat weitreichende Aufgaben bei der Vorbeugung, dem Management und der Lösung afrikanischer Konflikte (*Protocol Relating to the Establishment of the Peace and Security Council of the African Union*). In Zusammenarbeit mit der Kommission autorisiert er *Peacekeeping*-Missionen, empfiehlt die Intervention in Mitgliedsstaaten (gemäß Artikel 4 der Gründungsakte), initiiert Sanktionen und unterstützt humanitäre Hilfe. Weniger sichtbar für die Öffentlichkeit erarbeiten die technischen Komitees (*Specialized Technical Committees*) auf Anfrage des Komitees der ständigen Vertreter Vorlagen zu bestimmten Problemstellungen.

Zu den Beratungsorganen gehört auch der wirtschaftliche, soziale und kulturelle Rat (*Economic, Social and Cultural Council*). Im Gegensatz zu den anderen AU-Institutionen zielt er darauf ab, zivilgesellschaftliche Teilhabe an kontinentalen Entscheidungsfindungsprozessen zu gewährleisten. Der eigentlich 150 zivilgesellschaftliche Mitglieder starke Rat trat erstmals 2008 in Dar es Salaam, Tansania, zusammen, obwohl zu dem Zeitpunkt erst in 27 Mitgliedsstaaten Wahlen zum Rat abgehalten worden waren. Gewählte Mitglieder können an allen, auch geschlossenen Sitzungen der AU-Organe teilnehmen. Der Rat bietet Innovationspotenzial, konnte aufgrund seines kurzen Bestands bislang aber noch keine nennenswerten Erfolge verzeichnen.

Die Finanzinstitutionen (*Financial Institutions*), die in der AU-Gründungsakte vorgesehen sind, wurden bis auf die afrikanische Investitionsbank (*African Investment Bank*) noch nicht etabliert. Eine afrikanische Zentralbank (*African Central Bank*) wurde bereits im Abuja-Vertrag von 1991 beschlossen und soll bis 2028 umgesetzt werden. Der Bank würde die Verantwortung für die bis 2023 zu schaffende Währungsunion obliegen. Angesichts der geringen Integrationsfortschritte auf dem Kontinent ist die Errichtung einer Währungsunion unwahrscheinlich, zumal bislang auch der afrikanische Währungsfonds (*African Monetary Fonds*) noch nicht existiert.

3. Wandel, Reform und Bedeutung in der globalen Politik

Die Afrikanische Union hat im Laufe ihrer Existenz und im Vergleich zu ihrer Vorgängerorganisation OAU einen Bedeutungszuwachs als Forum für regionale Verhandlungen und als Akteur, insbesondere in der kontinentalen Friedens- und Sicherheitspolitik, erfahren. Dennoch bleibt sie hinter den anfänglichen Erwartungen afrikanischer und internationaler Beobachter zurück und kann die umfassenden Zielvorgaben des AU *Constitutive Act* nicht erfüllen. Die Hauptgründe, die in der Literatur hierfür identifiziert werden, sind interne Blockaden in der Organisation und massive externe Herausforderungen. Bürokratische Schranken als auch staatliche Interessengruppen verhindern innovative interne Reformen, prodemokratische politische Entscheidungen und hemmen die AU in ihrer Rolle als friedens- und stabilitätsstiftender Akteur in der Region. Dabei zieht sich eine Konfliktlinie zwischen reformorientierten NEPAD-Akteuren wie Algerien, Nigeria, Senegal und Südafrika einerseits und reformverhindernden Akteuren wie Burkina Faso, Libyen, Guinea oder Zimbabwe anderseits durch die Organisation. Während erstere Gruppe für demokratischen Wandel in Afrika steht, zielt die zweite Gruppe auf die Stabilisierung ihrer nichtdemokratischen Regime ab. Diese Beobachtung wird durch die Theorie liberaler Außenpolitik bestätigt, in der davon ausgegangen wird, dass der Regimetyp das außenpolitische Handeln eines Staates beeinflusst. Allerdings spielen auch weitere Interessen eine Rolle wie internationaler Glaubwürdigkeitsgewinn oder möglicher Druck von externen Gebern.

Institutioneller Wandel in der Endlosschleife

Die AU-Mitglieder haben die Regionalorganisation bei ihrer Gründung mit einem umfangreichen und komplexen Institutionengefüge ausgestattet. Die Etablierung und Implementierung der vorgesehenen Institutionen dauerte bis weit in die erste Dekade der 2000er Jahre hinein, wie beispielsweise die Einrichtung des afrikanischen Gerichtshofs für Menschenrechte oder des ECOSOCC zeigt (Okumu 2009). Die langsame und teils ineffiziente Institutionalisierung der AU ist auf vier Schlüsselfaktoren zurückzuführen. Erstens dauert die bürokratische Kultur der OAU fort. Ein Großteil der AU-Funktionäre hatte bereits für die OAU gearbeitet und entwickelten sich zu Blockadekräften wenn es darum ging, neue Verfahren zu etablieren. Zweitens sind die AU-Organe chronisch unterfinanziert, beispielsweise hat der gesamte institutionelle Apparat im Jahr 2007 nur US$ 34 Mill. für seine Arbeit erhalten (Akokpari 2008). Drittens haben sich gleichzeitig oder im Nachklang zur AU-Gründung weitere regionale Initiativen etabliert. Dadurch wurden teilweise Parallelprozesse institutionalisiert, Doppelaufgaben geschaffen und damit die Implementierung der AU-Institutionen unterminiert. Besonders prominent ist hier das Beispiel der NEPAD in Midrand, Südafrika. So hat NEPAD beispielsweise ein Friedensprogramm, das Aufgaben des PSC doppelt. Dem wurde formal mit der offiziellen Integration von NEPAD in die organisatorischen Strukturen der AU begegnet. Allerdings wurde das NEPAD-Sekretariat erst im Januar 2011 in eine Implementierungsagentur sozioökonomischer Entwicklungsprogramme der AU umgewandelt und mit einem Budget (US$ 3 Mill.) für die Eingliederung in die AU-Struktur ausgestattet. Viertens wird die AU-Architektur mit Ideen für neue Institutionen überladen, bevor sich die alten festigen und bewähren können. So haben einige Vertreter der panafrikanischen Idee – in Anlehnung an die Debatten während der Gründungsphase – auf den Gipfeln von 2006 und 2007 für eine afrikanische Regierung (*African government*) eingesetzt. Die Etablierung einer solchen soll die afrikanische Integration beschleunigen und die Positionierung Afrikas auf der Weltbühne verbessern. Der Reformvorschlag wurde ernsthaft abgewogen und soll weiter erörtert werden. Allerdings legte die Versammlung keinen Zeitplan vor, so dass von einer anhaltenden bzw. gegebenenfalls verebbenden Debatte auszugehen ist.

Finanzieller Ressourcenmangel als Dauerproblem

Finanzieller Ressourcenmangel blieb auch nach der Neugründung der AU ein Hauptproblem für die Funktionsfähigkeit und Wirkung der afrikanischen Regionalorganisation (Okumu 2009: 105). Bereits die OAU kämpfte mit dem geringen Mittelzufluss durch die Mitgliedsstaaten und hinterließ der AU eine finanzielle Belastung, die sich damals auf ca. US$ 40 Mill. belief und seitdem erhöhte (Muriti 2005: 33). Zum einen kommen wirtschaftliche starke Mitglieder wie Angola oder die Demokratische Republik Kongo ihren Zahlungsverpflichtungen nicht nach oder die geleisteten Beiträge liegen unter ihren Möglichkeiten. Zum anderen verfügt ein Großteil der Mitgliedsstaaten nicht über die notwendigen Mittel, um einen signifikanten Beitrag zur Finanzierung der AU zu leisten. 39 der Mitgliedsstaaten gehören zur Gruppe der Länder mit den weltweit ärmsten Bevölkerungen (*Least Developed Countries*, LDC). Dies sollte jedoch nicht über das Potenzial wachsender und vermögender Staaten wie Angola hinwegtäuschen, die makroökonomisch zu den größten Volkswirtschaften Afrikas zählen, aber durch extreme Ungleichverteilung geprägt sind. So wird die finanzielle Last der AU von wenigen Mitgliedern (vor allem Algerien, Ägypten, Libyen, Nigeria und Südafrika) und von internationalen Gebern (insbesondere VN, EU, USA, Großbritannien, Deutschland, Frankreich, Kanada, China und die Gruppe skandinavische Länder) getragen. Obwohl die Haushaltsdaten schwer zugänglich sind, kann auf der Grundlage von Pressemitteilungen und Primärdokumenten davon ausgegangen werden, dass Libyen durch die Bereitstellung eines Drittels des gesamten Haushalts der größte Beitragszahler der AU ist, gefolgt von internationalen Gebern. Derzeit (Stand: September 2011) ist offen, welche Konsequenzen der bevorstehende Regimewechsel in Libyen für die Funktionsfähigkeit und Bedeutung der AU haben wird. Sollte sich ein neues Regime für eine Mittelstreichung entscheiden, stünde die Organisation vor einem ernstzunehmenden finanziellen Problem. Dies zeigt, dass die AU-Finanzierung seit 2002 zwar stetig angestiegen (2010: US$ 250 Mill.; 2009: US$ 164 Mill.), aber nach wie vor volatil ist.

Mehr Demokratie und Frieden – Fortschritte und Blockaden bei der Umsetzung

Die AU steht für einen Neubeginn des afrikanischen Kontinents. Demokratie und Frieden sind zentrale Ziele der „neuen“ afrikanischen Regionalorganisation. Die Einschränkung des Interventionsverbots, wie es die OAU kannte, und die Möglichkeit der Suspendierung von

Mitgliedsstaaten bei Nichterfüllung regimeinterner Konditionen stehen in enger Verbindung zur Demokratieunterstützung und Friedensschaffung. Demgemäß kann das Funktionieren und der Erfolg der AU fast eine Dekade nach ihrer Gründung anhand dieser zwei Politikfelder beurteilt werden. In beiden Bereichen ist festzustellen, dass die Tragweite von Entscheidungen vor allem vom politischen Willen der Mitglieder abhängt und die effektive Implementierung teilweise durch schwache Organisationsstrukturen gehemmt wird.

Demokratie

Die Demokratieagenda der AU ist von den Staatsoberhäuptern der Versammlung selektiv aufgenommen worden. Je nach politischem Rückhalt und wirtschaftlichem Gewicht der Mitglieder variieren die Maßstäbe für den Einsatz sanktionierender Maßnahmen durch die AU (Okumu 2009; Gudz 2011). Beispielsweise hat die Generalversammlung im Falle Mauretaniens und Guineas im Jahr 2008 von ihrem in Art. 4 der Gründungsakte festgelegten Suspendierungsrecht vorübergehend Gebrauch gemacht, weil die Regierungen dieser Länder durch Coups d'État gestürzt worden waren. Im Folgejahr wurden Madagaskar nach einer illegalen Machtergreifung und Niger 2010 nach einem Militärputsch ebenfalls zeitweise suspendiert. Im Falle der Elfenbeinküste ging die AU einen Schritt weiter und verurteilte die Nichtanerkennung der Wahlergebnisse durch den Machthaber Laurent Gagbo mit einer weiteren Suspendierung. Der Ausschluss dieser wirtschaftlich kleinen Staaten steht im Gegensatz zur Positionierung gegenüber Libyen oder Zimbabwe. So verhallte die gewaltsame Niederschlagung von Protesten der libyschen Bevölkerung durch Khadafis Regime in der AU, die maßgeblich von dem nordafrikanischen Staat finanziert wird. Die Mitgliedstaaten beschränkten sich auf einen Aufruf zur friedlichen Beilegung des Konflikts.

Über die öffentlichkeitswirksamen und politischen Maßnahmen hinaus liegt eines der erfolgreichsten Demokratieförderungsinstrumente der AU im operativen Bereich. Der *African Peer Review Mechanism* (APRM), der im Rahmen der NEPAD vorangetrieben worden war, zielt auf die gegenseitige Kontrolle und Evaluierung in vier Bereichen, unter anderem der Demokratieentwicklung, der Mitgliedsstaaten ab. Bis Januar 2011 haben sich 30 afrikanische Staaten zum APRM verpflichtet, 14 davon wurden bereits begutachtet. In den APRM-Berichten werden Erfolge und Herausforderungen für die Demokratisierung identifiziert. Dies hat, wie im Falle Mosambiks oder Äthiopiens, zu Debatten über die demokratische Ordnung im Land geführt. Auf der Grundlage der Berichte werden Aktionspläne erstellt. Für den nachhaltigen Erfolg des APRM wird es von großer Bedeutung sein, ob die Mitgliedsstaaten diese Pläne in Zukunft umsetzen.

Frieden

Die Friedens- und Sicherheitsarchitektur der AU basiert im Wesentlichen auf dem *Protocol Relating to the Establishment of the Peace and Security Council of the African Union* von 2002 und dem Beschluss zu einer gemeinsamen Verteidigungs- und Sicherheitspolitik (*Common African Defense and Security Policy*, CADSP) von 2004. Die APSA hat sich zu einem komplexen Gefüge entwickelt, das sich im Vergleich zu anderen AU-Institutionen rasch etabliert hat. Allerdings geht die Institutionalisierung sehr unterschiedlich voran. Beispielsweise muss sich das Frühwarnsystem noch etablieren, während der rasch einsetzbare

„Panel der Weisen" häufiger um Rat gebeten wird. Die meiste Kritik hat die Afrikanische Streitkraft (*African Standby Force*) erfahren, die aus fünf subregionalen Einheiten besteht, aber weder finanziell noch operativ ausreichend ausgestattet ist, um in Konfliktsituationen jedenfalls effektiv aktiv zu sein. Insbesondere der Mangel an polizeilichen Kräften wird hier in der Regel beklagt.

Die *Peacekeeping*-Missionen der AU sind das Aushängeschild der APSA. Während die meisten Autoren zum Schluss kommen, dass die erste AU-Mission 2003 in Burundi (AMIB) erfolgreich zur Implementierung des von der AU vermittelten Friedensschlusses beigetragen hat, fällt die Bilanz der anderen Missionen nach Somalia (AMISOM), und Sudan (AMIS) negativer aus (Okumu 2009: 97). Zum Beispiel erschwerten im Falle der AMISOM gravierende Planungs- und Organisationsdefizite sowie die notwendige Rekrutierung von 8000 Soldaten den Erfolg der Mission. Bis 2011 konnte die geplante Truppengröße mangels Bereitstellung durch AU-Mitgliedsstaaten nicht erreicht werden.

Die Wirkungskraft der APSA ist durch finanzielle Grenzen eingeschränkt. Zwar sollten die in den Gründungsdokumenten und der CADSP festgelegten Aktivitäten durch finanzielle Beiträge der Mitglieder an den afrikanischen Friedensfonds (*Peace Fund*) ermöglicht werden. Doch wird der Großteil der sicherheits- und friedenspolitischen Maßnahmen der AU durch internationale Unterstützung getragen (Engel/Gomes 2010: 3). So droht die Abhängigkeit der AU-Mitglieder von internationaler Finanzierung, den panafrikanischen Ansatz der *African solutions for African problems* zu unterminieren.

4. Stand der Forschung

Die Afrikanische Union hat seit ihrer Gründung 2001 hohe Aufmerksamkeit in der sozialwissenschaftlichen Afrikaforschung erfahren. Hingegen wurde in der politikwissenschaftlichen Teildisziplin der Internationalen Beziehungen wenig Augenmerk auf sie gerichtet. Entsprechend gering stellt sich die theoretisch angeleitete Auseinandersetzung mit der afrikanischen Regionalorganisation dar. Vielmehr überwiegen empirische *policy*-Analysen. Zum einen bewerten Autoren/innen aus einer gesamtorganisatorischen Perspektive die Leistungen und Defizite der jungen AU-Institutionen, ihre Wirkungskraft sowie allgemeine aktuelle und zukünftige Herausforderungen (Okumu 2009). Zum anderen werden einzelne Politikbereiche analysiert, in denen die AU besonders aktiv ist. Hier sind vor allem Studien zur Sicherheits- und Friedensarchitektur (Ulf/Porto 2010), dem APRM (Gudz 2011), und dem Schutz der Menschenrechte (Murray 2004), auch durch den jungen Menschenrechtsgerichtshof der AU, zu finden. Darüber hinaus stehen in den Rechtswissenschaften völkerrechtliche und rechtsvergleichende Studien im Zentrum, die die Veränderungen rechtlicher Grundlagen der AU untersuchen (Maluwa 2003), insbesondere die Abkehr vom Nichtinterventionsprinzip (Akonor 2010). Ergänzt wird diese im Allgemeinen überwiegend sachorientierte Annäherung an die AU durch einführende Grundlagenarbeiten (Akokpari et al. 2008).

Literatur

Wichtige Primärquellen:

OAU Charter vom 23. Mai 1963 (http://www.au.int/en/sites/default/files/OAU_Charter_1963_0.pdf, Zugriff am 11.9.2011).

AU Constitutive Act vom (http://www.africa-union.org/About_AU/Constitutive_Act.htm, Zugriff am 11.9.2011).

Basislektüre zur AU:

Akokpari, John/Angela Ndinga-Muvumba/Tim Murithi 2008: The African Union and its Institutions. Cape Town: CTP.

Muriti, Timothy 2005: The African Union. Pan-Africanism, Peace and Development. Burlington: Ashgate.

Aktuelle Beiträge:

Adejumobi, Said/Adebayo Olukoshi (Hg.) 2008: The African Union and New Strategies for Development in Africa. Amherst: Cambria Press.

Akonor, Kwame 2010: Assessing the African Union's Right of Humanitarian Intervention, in: Criminal Justice Ethics 29:2, S. 157-173.

Engel, Ulf/João Gomes Porto 2010: Africa's New Peace and Security Architecture: Promoting Norms, Instiutionalizing Solutions. Burlington: Ashgate.

Gudz, Stephen 2011: Grappling with Governance: Perspectives on the African Peer Review Mechanism. Johannesburg: South African Institute of International Affairs.

Maluwa, Tiyanjana 2003: The Constitutive Act of the African Union and Institution-Building in Postcolonial Africa, in: Leiden Journal of International Law, 16, S. 157-70.

Murray, Rachel 2004: Human Rights in Africa: From the OAU to the African Union. Cambridge: Cambridge University Press.

Okumu, Wafula 2009: The African Union: Pitfalls and Prospects for Uniting Africa, in: Journal of International Affairs 62:2, S. 93-111.

Tieku, Thomas Kwasi 2004: Explaining the Clash and Accommodation of Interests of Major Actors in the Creation of the African Union, in: African Affairs 103:411, S. 249-267.

EBRD

Kathrin Berensmann

Vollständige Bezeichnung:

Europäische Bank für Wiederaufbau und Entwicklung (*European Bank for Reconstruction and Development*, EBRD)

1. Entstehung, Ziele und Aufgaben

Die EBRD wurde 1991 nach der politischen und marktwirtschaftlichen Öffnung in Mittel- und Osteuropa gegründet und hat ihren Sitz in London. Treibende Kräfte waren hier zunächst der damalige französische Staatspräsident, Francois Mitterand, und dann die Europäische Kommission (Menkveld 1991; Jacobeit 1992). Die spezifische Aufgabe der EBRD besteht in der Unterstützung der Länder in Ost- und Mitteleuropa sowie Süd-Osteuropa und in der Gemeinschaft Unabhängiger Staaten (GUS) beim Übergang zur offenen Marktwirtschaft und zu demokratischen Strukturen.

Bei ihrer Tätigkeit berücksichtigt die EBRD die spezifischen Interessen der Staaten in der politischen und wirtschaftlichen Transformation bei der Umsetzung struktureller und sektorgebundener Reformen. Darüber hinaus fördert die EBRD die Tätigkeit des Privatsektors und unterstützt die Entwicklung von Finanz- und Rechtssystemen sowie der Infrastruktur. Im Jahr 2009 erhielten die folgenden Sektoren einen beträchtlichen Anteil des Jahresgeschäftsvolumens: Finanzsektor (34%), Infrastruktur (20%), Unternehmens- (25%) und Energiesektor (21%) (EBRD 2011: 14).

Insgesamt ist die EBRD derzeit (2011) in 30 Ländern tätig und stellt den größten Einzelinvestor in Mittel- und Osteuropa sowie der GUS dar. Während die EBRD Großprojekte direkt finanziert, werden kleinere Projekte fast immer über Finanzinstitutionen finanziert, zum Beispiel durch lokale Geschäftsbanken, Mikro-Geschäftsbanken, Beteiligungsfonds und/oder *Leasing*-Einrichtungen. Die Zusammenarbeit mit diesen Finanzinstitutionen ermöglicht die Förderung von Hunderttausenden kleinerer Projekte. Zu den wichtigsten Instrumenten zählen Darlehens- und Beteiligungsfinanzierungen, Garantien, *Leasing*-Fazilitäten und Handelsfinanzierungen. Mit Hilfe von Förderprogrammen finanziert die Bank außerdem die Entwicklung von unternehmerischen und betriebswirtschaftlichen Fachkenntnissen in ihren Mitgliedsstaaten.

Weiterhin übernimmt die EBRD eine katalytische Funktion, indem sie Projekte und Programme kofinanziert und direkte Auslandsinvestitionen des privaten und öffentlichen Sektors unterstützt. Auf diese Weise trägt sie zur Mobilisierung von einheimischem Inlandskapital bei. Zudem stellt die EBRD ihren Mitgliedsstaaten technische Hilfe in den wichtigsten Bereichen bereit. Bei diesen Aufgaben arbeitet die EBRD eng mit anderen internationalen Finanzinstitutionen wie zum Beispiel der → Weltbank, der Europäischen Investitionsbank (EIB), der islamischen Entwicklungsbank oder der *International Finance Corporation* (IFC) sowie mit weiteren nationalen und internationalen Akteuren, zum Beispiel bilateralen Gebern wie Deutschland, Italien, Schweden oder der Schweiz zusammen (EBRD 2010: 87-89).

Im Vergleich zu anderen internationalen Finanzinstitutionen darf die EBRD gemäß Art. 1 des Gründungsabkommens der Bank nur Mitgliedsländer unterstützen, die sich zu den Grundsätzen der Mehrparteiendemokratie und Pluralismus bekennen. Der Grund für diese Anbindung an demokratische Grundsätze ist die Annahme, dass demokratische und marktwirtschaftliche Reformen sich gegenseitig befördern. Die EBRD vertritt zwanzig Jahre nach Beginn der politischen und wirtschaftlichen Transformation in Mittel- und Osteuropa sowie der GUS die Auffassung, dass die Länder mit den größten Erfolgen in der demokratischen Entwicklung auch die größten Fortschritte in der wirtschaftlichen Transformation vorzuweisen haben (EBRD 2010: 35-36).

Das spezielle Mandat der EBRD im Vergleich zu den anderen REB wird zudem in den drei im Gründungsabkommen festgesetzten Grundprinzipien der EBRD deutlich, wonach jedes Projekt bewertet wird. Das erste Prinzip ist die Transformationswirksamkeit. Anhand derer wird bewertet, ob die Projekte der EBRD zur Förderung privater Initiativen, zur Verbesserung der wirtschaftlichen Bedingungen und der guten Unternehmensführung beigesteuert haben. Die Additionalität stellt das zweite Prinzip dar und soll sicherstellen, dass die EBRD keine vorhandenen oder neuen privaten Investoren verdrängt. Das dritte Kriterium des soliden Bankgeschäfts soll die finanzielle Robustheit der Investitionen gewährleisten (Seco 2006: 6-7).

2. Aufbau

Die Anteilseigner der EBRD sind seit ihrer Gründung von 39 auf 61 Länder und zwei zwischenstaatliche Institutionen (öffentliche Träger) – die Europäische Kommission und die Europäische Investitionsbank – angestiegen. Zu den wichtigsten Anteilseignern zählen die USA (10% des Gesamtkapitals) sowie Deutschland, Frankreich, Großbritannien, Italien und Japan mit jeweils rund 8% des Gesamtkapitals. Obwohl ihre Anteilseigner aus dem öffentlichen Sektor kommen, investiert sie vorwiegend und meistens gemeinsam mit Geschäftspartnern in Privatunternehmen. Dabei sind viele Projekte *Public-Private-Partnerships* (PPP), wie zum Beispiel im Transportsektor. Die EBRD finanziert sich wie die anderen Regionalen Entwicklungsbanken (→ Abb. 4) über die internationalen Kapitalmärkte selbst.

Der Gouverneursrat der EBRD, in dem eine Person (in der Regel der Finanzminister oder eine Person von vergleichbarem Rang) pro Mitgliedsland vertreten ist, hat das Mandat, alle Grundlagenentscheidungen zu treffen, zum Beispiel die Aufnahme neuer Mitglieder, die Wahl des Direktoriums und des Präsidenten oder die Veränderung des Kapitals. Die Gouverneure wählen den Präsidenten – und rechtlichen Vertreter der EBRD – für vier Jahre und das Exekutivdirektorium mit 23 Mitgliedern für drei Jahre. Letzteres setzt sich aus qualifizierten Wirtschafts- und Finanzexperten zusammen, die nicht zugleich Mitglieder des Gouverneursrats sein dürfen. Die meisten Befugnisse überlässt der Gouverneursrat dem Direktorium, dessen einzelne Mitglieder jeweils entweder ein großes Land oder einige kleinere Länder repräsentieren. Das Direktorium übernimmt die Verantwortung für die politische und inhaltliche Richtung der allgemeinen Geschäftstätigkeit sowie für die Einhaltung der EBRD-Grundsätze (Menkveld 1991).

Im Gegensatz zu den anderen REB hat die EBRD nicht die Möglichkeit, subventionierte Finanzressourcen an die Empfängerländer zu vergeben. Daher müssen ihre Instrumente hohe Flexibilität und Innovation aufweisen, um gegenüber anderen Akteuren auf den Finanzmärkten sowie multilateralen und bilateralen Gebern konkurrenzfähig zu sein (Seco 2006: 8).

3. Wandel, Reform und Bedeutung in der globalen Politik

Die EBRD gilt unter den REB als diejenige Bank, die in der Arbeitsteilung mit der → Weltbank und dem Internationalen Währungsfonds (→ IWF) den offensichtlichsten zusätzlichen Wert einbringt, weil sie eine wichtige Nische – Transformationsländer in einer spezifischen Region – gefunden hat, die weder die beiden großen Internationalen Finanzinstitutionen noch andere multilaterale Entwicklungsbanken oder Akteure auf den internationalen Finanzmärkten hätten abdecken können. In den vergangenen zwei Jahrzehnten hat die EBRD so einen wichtigen Beitrag zur erfolgreichen Wirtschaftstransformation in dieser Region geleistet. Die EBRD ist zum einen der größte Einzelinvestor in dieser Region, und zum anderen hat sie auch maßgeblich als Katalysator für andere private und öffentliche Investoren fungiert.

Die komparativen Vorteile der EBRD gegenüber anderen Internationalen Finanzinstitutionen liegen zum einen in der hohen Expertise ihrer Mitarbeiter im Bereich der Wirtschaftstransformation in dieser Region. Dies spiegelt sich auch in den Publikationen, wie zum Beispiel dem jährlich erscheinenden *Transition Report*, wider. Darüber hinaus hat die EBRD in der Region ein Netzwerk errichtet, das von lokalen Büros unterstützt wird und damit die Nähe zu den Kunden gewährleistet.

Weiterhin gilt die EBRD auch hinsichtlich ihrer Beratungsaktivitäten als sehr innovativ. Die EBRD ist beispielsweise die erste Bank gewesen, die subnationalen Gebietskörperschaften Kredite (*sub-sovereign lending*) ohne Garantien gewährte. Außerdem stellt sie die einzige regionale Entwicklungsbank dar, die in Atomkraft und ihre Sicherheit eingebunden ist. Die EBRD verwaltet sechs Fonds für nukleare Sicherheit und Stilllegungen, wie zum Beispiel in Tschernobyl. Mit ihren internationalen Stilllegungsfonds trägt sie dazu bei, die Standorte nach der Stilllegung der Reaktoren in einen für die Umwelt sicheren Zustand zu bringen (Netherlands Ministry of Finance 2006: 80; Seco 2006: 7-8; EBRD 2010: 97-99).

Seit der Gründung de EBRD haben sich die politischen und wirtschaftlichen Gegebenheiten in den Mitgliedsstaaten erheblich verändert. Aus diesem Grund steht die EBRD neuen Herausforderungen gegenüber. Die EBRD ist eine Art Opfer ihres eigenen Erfolges geworden, weil viele Transformationsländer besonders in Mittel- und Osteuropa eine Wirtschaftstransformation erfolgreich durchgeführt haben und damit nicht mehr auf die Kredite und die Expertise der EBRD angewiesen sind. Eine Reihe von Einsatzländern ist inzwischen der Europäischen Union (EU) beigetreten und/oder hat einen guten Zugang zu den internationalen Finanzmärkten und sind daher nicht mehr auf Finanzmittel der EBRD angewiesen. Außerdem haben diese neuen EU-Mitgliedsstaaten Zugang zu den Struktur- und Kohäsionsfonds der EU. Gleichermaßen besteht in vielen Ländern, die die Wirtschaftstransformation erfolgreich umgesetzt haben, kaum weiterer Bedarf für technische Hilfe durch die EBRD.

Aus diesen Gründen hat die EBRD ihren regionalen Schwerpunkt immer mehr von Mittel- und Osteuropa auf Russland, Süd-Osteuropa, den Kaukasus und Zentralasien verlegt. Allerdings steht die EBRD hier der Herausforderung gegenüber, ein ausgewogenes Kredit-Portfolio zu wahren, da der Einsatz der finanziellen Ressourcen in diesen Regionen mit einem höheren Risiko verbunden ist. In diesem Zusammenhang ist auch fraglich, ob in diesen Ländern andere Finanzinstrumente und technische Hilfe benötigt werden als in Mittel- und Osteuropa (SECO 2006: 8).

Kritisiert wird der starke Fokus auf Russland: 2008 und 2009 erhielt Russland etwa ein Drittel der Finanzressourcen der EBRD. Durch diese mangelnde regionale Diversifizierung geht die EBRD ein finanzielles Risiko ein. Außerdem ist fraglich, ob nicht andere Transformationsländer diese finanziellen Ressourcen stärker benötigen, da ihre Wirtschaftstransformation weniger weit fortgeschritten ist als in Russland, sie ein geringes Pro-Kopfeinkommen haben und über weniger Ressourcen verfügen. Ein weiterer Kritikpunkt ist, dass die EBRD zwar auf der einen Seite Bedingungen hinsichtlich der politischen Transformation auferlegt. Auf der anderen Seite verfügt die EBRD aber nicht über entsprechende Instrumente, um Demokratisierung und Rechtsstaatlichkeit zu unterstützen (Netherlands Ministry of Finance 2006: 80; Seco 2006: 8; EBRD 2010: 13; US-Congress 2010: 36ff.).

4. Stand der Forschung

Die Europäische Bank für Wiederaufbau und Entwicklung (*European Bank for Reconstruction and Development*, EBRD) hat – entsprechend den drei anderen großen regionalen Entwicklungsbanken (→ AfDB; → ADB; → IDB) – geringe Aufmerksamkeit in der sozialwissenschaftlichen Auseinandersetzung mit internationalen Finanz- und Entwicklungsinstitutionen erhalten. Über die EBRD liegen einige, aber zum Teil relativ alte Grundlagenbeiträge vor. Diese beziehen sich vorwiegend auf die Entstehungsphase, die Aufgaben der EBRD, interne Entscheidungsstrukturen und Vergabepolitik sowie die Organisationsentwicklung in der ersten Dekade ihres Bestehens (Menkveld 1991; Jacobeit 1992; Vuylsteke

1995; Lavigne 1996; Stern/Stiglitz 1996; Bronstone 1999). Allerdings gibt es kaum jüngere Arbeiten aus den 2000er Jahren. Die wenigen Beiträge befassen sich weniger ausführlich mit der EBRD, sondern vielmehr allgemein mit Internationalen Finanzinstitutionen und Multilateralen Entwicklungsbanken (Netherlands Ministry of Finance 2006; Seco 2006; U.S. Congress 2010).

Literatur

Wichtige Primärquellen:

Internetseite der EBRD (http://www.ebrd.com/, Zugriff am 29.10.2010).

EBRD 2010 und 2011: Annual Report, London.

Basislektüre zur EBRD:

Bronstone, Adam 1999: The European Bank for Reconstruction and Development. The Building of a Bank for East Central Europe. Manchester/New York: Manchester University Press.

Lavigne, Marie 1996: The EBRD in Eastern Europe, in: Schönfeld, Roland et al. (Hg.): The Role of International Financial Institutions in Central and Eastern Europe. Südosteuropa-Studien, 56, S. 97-109.

Jacobeit, Cord 1992: The EBRD: Redundant, or an Important Actor in the Transformation of Eastern Europe, in: Intereconomics, Mai/Juni, S. 119-123.

Menkveld, Paul A. 1991: Origin and Role of the European Bank for Reconstruction and Development. London and Boston: Graham & Trotman.

Seco Staatssekretariat für Wirtschaft 2006: Die Schweiz und die Europäische Bank für Wiederaufbau und Entwicklung, Leitlinie. Bern (http://www.seco-cooperation.admin.ch/shop/00008/00020/index.html?lang=de, Zugriff am 19.07. 2011).

Stern, Nicolas/Joseph Stiglitz 1996: A Framework for a Development Strategy in a Market Economy: Objectives, Scope, Institutions and Instruments, EBRD, Working Paper 20. London.

Vuylsteke, Charles 1995: The EBRD: Its Mandate, Instruments Challenges and Responses, in: Moct-Most: Economic Policy in Transitional Economics 2, S. 129-155.

Aktuelle Beiträge:

Netherlands Ministry of Finance 2006: Adding Value to the IFI-system. Report on the Role of the International Financial Institutions in Middle-Income Countries. Den Haag (http://www.minfin.nl/dsresource?objectid=29300&type=pdf, Zugriff am 29.10. 2010).

U.S. Congress 2010: Senate Committee on Foreign Relations. The International Financial Institutions: A call for change. http://foreign.senate.gov/imo/media/doc/55285.pdf, (Zugriff am 29.10.2010).

ECOWAS

Christof Hartmann

Vollständige Bezeichnung:

Wirtschaftliche Gemeinschaft Westafrikas (*Economic Community of West African States*, ECOWAS)

1. Entstehung, Ziele und Aufgaben

Die Gründung der ECOWAS erfolgte 1975 aus wirtschaftlichen Gründen. Seit der politischen Unabhängigkeit der meisten westafrikanischen Staaten Anfang der 1960er Jahre hatte es eine mehr oder weniger offen ausgetragene Konkurrenz zwischen den wichtigsten anglophonen Staaten der Region, Nigeria (und Ghana) einerseits und den frankophonen Staaten unter Führung von Senegal und der Côte d'Ivoire andererseits gegeben. Die sich Mitte der 1960er Jahre verstärkenden Versuche der UN-Kommission für die wirtschaftliche Entwicklung in Afrika (UNECA → VN) die westafrikanischen Staaten für die Idee eines starken wirtschaftlichen Regionalverbunds zu begeistern, blieben zunächst erfolglos. Frankreich sah seinen Einfluss in der Region durch den Aufbau einer stärker institutionalisierten Organisation gefährdet; zugleich waren die vormaligen französischen Kolonien mit Ausnahme Guineas in einer Währungsunion mit Frankreich verbunden.

Mit dem Aufstieg Nigerias zur Ölmacht gab es für die meisten westafrikanischen Staaten aus einer engeren Kooperation jedoch scheinbar mehr zu gewinnen; die Verhandlungen des ersten Lomé-Abkommens (1975), mit dem die früheren französischen und britischen Kolonien handels- und entwicklungspolitisch an die Europäische Gemeinschaft (→ Europäische Union) gebunden wurden, brachte die Ländergruppe schließlich weiter zusammen, so dass der Gründung der *Economic Community of West African States* (ECOWAS) am 27.5.1975 in Lagos schließlich nichts mehr im Wege stand. Mit der Gründung der ECOWAS war folglich weniger die Idee eines regionalen Wirtschaftsraums oder das Ziel eines Abbaus von Handelshemmnissen verbunden, sondern zum einen die Aussicht auf wirtschaftliche Vorteile durch verbilligte Öllieferungen aus Nigeria und andere materielle Vergünstigungen, und zum zweiten die Möglichkeit für viele sehr arme und politisch marginale Staaten, ihre wirtschaftlichen Anliegen in internationalen Verhandlungen und Organisationen besser artikulieren zu können. Nigeria, das aus einer verstärkten ökonomischen Kooperation mit den westafrikanischen Staaten ökonomisch wenig zu gewinnen hatte, ging es primär um eine formelle Absicherung seiner Machtansprüche in der Region sowie um die Eindämmung des Einflusses von Frankreich.

Trotz (oder gerade wegen) erheblicher innenpolitischer Turbulenzen in zahlreichen Mitgliedsstaaten erhielt die ECOWAS kein Mandat zur Einmischung in die inneren Angelegenheiten der Mitgliedsstaaten. Zwar hatten die ECOWAS-Staaten mit dem *Protocol of Non-Agression* bereits 1978 ihre Kooperation auf den sicherheitspolitischen Bereich ausgedehnt. Darin hatten sie sich unter anderem dazu verpflichtet, andere Mitgliedsstaaten nicht anzugreifen, und keine Aggressionen gegenüber anderen Mitgliedsstaaten zu unterstützen, sowie Konflikte untereinander friedlich zu lösen. Das Protokoll bezog sich jedoch nur auf zwischenstaatliche Konflikte, und seine Bestimmungen wurden nie umgesetzt.

Alle 15 unabhängigen Staaten Westafrikas (Benin, Burkina Faso, Côte d'Ivoire, Gambia, Ghana, Guinea, Guinea-Bissau, Liberia, Mali, Mauretanien, Niger, Nigeria, Senegal, Sierra Leone, Togo) mit Ausnahme der Kapverden traten 1975 der ECOWAS bei, die Kapverden folgten 1977. Als bisher einziges Gründungsmitglied verließ Mauretanien zum Jahresende 1999 die ECOWAS, um sich stärker im Rahmen der Maghrebunion und der → Arabischen Liga zu engagieren. Die Möglichkeit des Beitritts für ‚weitere westafrikanische Staaten' ist vertragsrechtlich nicht ausgeschlossen, hiermit sollte Mitte der 1970er Jahre ein möglicher Beitritt von Kamerun, Tschad oder Gabun ermöglicht werden. Diese frankophonen Staaten wurden aber zwischenzeitlich Mitglied zentralafrikanischer Regionalorganisationen und ihr Beitritt ist politisch nie mehr thematisiert worden, so dass die ECOWAS ihre ‚endgültige' Gestalt angenommen haben dürfte.

Umstrittener als die geografische Ausdehnung war das Verhältnis zwischen der ECOWAS und regionalen Organisationen der frankophonen ECOWAS-Mitgliedsstaaten, aus dem die ECOWAS in den letzten 35 Jahren keinen Ausweg gefunden hat. Einerseits gibt es eine numerische Mehrheit (frankophoner) Mitgliedsstaaten, die (unter französischem Einfluss) sich auf stärkere Formen wirtschaftlicher Integration eingelassen haben; andererseits konnten diese Staaten nicht zu einer Lokomotive der Wirtschaftsintegration werden, weil die mit Abstand größte Wirtschaft Westafrikas, Nigeria, außen vor blieb, bzw. mindestens anfänglich bleiben sollte. Bis zum Beitritt der DR Kongo zur SADC 1997 blieb die ECOWAS die einzige regionale Organisation in Afrika mit frankophonen und anglophonen Mitgliedsstaaten.

Ziele und Aufgaben der ECOWAS

Art. 2 des Gründungsvertrags (sog. Lagos-Vertrag) definiert als Ziel der Organisation die beschleunigte und nachhaltige wirtschaftliche Entwicklung Westafrikas. Dieses Ziel soll durch Kooperation und Harmonisierung in den unterschiedlichsten Bereichen wirtschaftlicher Aktivität erreicht werden. Ausdrücklich nennt der Vertrag Industrie, Transport, Telekommunikation, Energie, Landwirtschaft, Rohstoffe, Handel, Währungs- und Finanzfragen sowie soziale und kulturelle Angelegenheiten. Die Präambel des Lagos-Vertrags machte zugleich deutlich, dass die Gewinne aus wirtschaftlicher Zusammenarbeit gerecht verteilt werden müssen, d.h. eine ausgewogene wirtschaftliche Entwicklung der Region angestrebt wird. Diese Zielformulierung führte zur Ausprägung von drei wesentlichen Aufgabenfeldern, der Handelsliberalisierung, der Harmonisierung von Politiken sowie der Entwicklung gemeinsamer Programme und Projekte.

Die ECOWAS entwarf eine ehrgeizige Agenda der Handelsliberalisierung, die in mehreren Schritten von der Freihandelszone über die Zollunion bis hin zu einem Gemeinsamen Markt und einer Währungsunion führen sollte. 1981 war erstmals die Einführung einer Freihandelszone beschlossen worden, auch traten Protokolle über die Reisefreiheit von ECOWAS-Bürgern Mitte der 1980er Jahre in Kraft. Ohne dass erkennbare Fortschritte in der Durchsetzung der Freihandelszone erzielt oder notwendige institutionelle Reformen eingeleitet worden waren, beschloss man 1987 erstmals die Einrichtung einer Währungsunion. Die Großartigkeit dieser Pläne stand in krassem Widerspruch zu den tatsächlichen Funktionsbedingungen der dafür notwendigen gemeinschaftlichen Organe und der vorhandenen institutionellen Kapazitäten. Die meisten ECOWAS-Mitgliedsstaaten hatten von Beginn an eine schlechte Zahlungsmoral bewiesen. Einige Staaten wie Liberia oder Mauretanien bezahlten über Jahrzehnte hinweg überhaupt keine Beiträge. Der Anteil des intraregionalen Handels (also des Handels mit den anderen ECOWAS-Mitgliedsstaaten) an den Gesamtimporten und –exporten der ECOWAS-Staaten war zwar in der Dekade 1970-1980 von 3,1% auf 10,6% gestiegen, aber es zeichnete sich bereits ab, dass selbst ein mit mehr Entschlossenheit angepacktes Programm der regionalen Wirtschaftsintegration nichts an der starken Ausrichtung der Exporte auf die Industrieländer würde ändern können.

Da es weder bei der Harmonisierung von Wirtschafts- oder Sektorpolitiken noch bei der Währungskoordination zu nennenswerten Fortschritten kam, bestand das zweite tatsächliche Aufgabenfeld der ECOWAS in der Entwicklung gemeinsamer Infrastrukturvorhaben, die allerdings zu einem sehr großen Teil durch Zuwendungen externer Akteure wie der Weltbank, der African Development Bank oder der EU finanziert wurden. Diese Programme wurden ab Mitte der 1980er Jahre intensiviert, und beziehen sich insbesondere auf die Sektoren Verkehr und Transport. So wurde seit Beginn der 1980er Jahre mit dem Ausbau der regionalen Verkehrswege in Ost-West, sowie Nord-Süd-Richtung begonnen. Daneben initiierte die ECOWAS den Bau einer westafrikanischen Gas-Pipeline von Nigeria nach Ghana. Die Schwierigkeiten in der Umsetzung der regionalen Integrations- und Harmonisierungsagenda hat die ECOWAS damit faktisch in eine „multisektorielle Entwicklungsagentur“ (Bach 2004) verwandelt. Im Januar 2006 trat zwar die ECOWAS-Zollunion mit vier nach Produktgruppen ausdifferenzierten gemeinsamen Außenzöllen (darunter z.B. soziale Güter und Rohöl mit 0% und Fertigwaren und Konsumgütern mit dem Höchstsatz von 20%) offiziell in Kraft, in dieser greifen aber zum einen zahlreiche Ausnahmeregelungen, zum anderen wurden die entsprechenden Protokolle von den meisten Mitgliedsstaaten noch nicht ratifiziert. Der Anteil des intraregionalen Handels stagnierte über alle Jahre hinweg bei ungefähr 10%; jenseits einiger länderübergreifender Infrastrukturprojekte hat die ECOWAS kaum effektive Auswirkungen auf die wirtschaftliche Verflechtung der Mitgliedsstaaten gehabt, also kaum zusätzlichen Handel oder Direktinvestitionen geschaffen. Eine Währungsunion unter Einschluss aller ECOWAS-Mitgliedsstaaten wird nach den Beschlüssen der ECOWAS-Gipfelkonferenz 2009 in Abuja nun für das Jahr 2020 angepeilt.

Die Reform der ECOWAS, die mit der Revision des Vertrags 1993 (sog. Cotonou-Vertrag) auf den Weg gebracht wurde, führte auch zu einer Anpassung der Ziele. Verantwortlich hierfür war, anders als z.B. in Ostasien, nicht die Eigendynamik wirtschaftlicher Regionalisierungsprozesse, sondern die Notwendigkeit, vor dem Hintergrund wirtschaftlicher Globalisierung und dem Ende des Ost-West-Konflikts politische und sicherheitspolitische Antworten auf die politische Instabilität in der Region zu formulieren. Neben die wirtschaftliche Integration und Harmonisierung in weiteren Sektoren (z.B. Tourismus oder Umwelt) trat nun das Bemühen um intensivere Zusammenarbeit auf dem Gebiet der Justiz. Nach Art. 58 des Cotonou-Vertrags verpflichteten sich die Mitgliedsstaaten aber auch, sich für Frieden, Stabilität und Sicherheit in der Region einzusetzen, sowie geeignete Mechanismen für die Prävention und Lösung grenzüberschreitender und innerstaatlicher Konflikte zu entwickeln.

Diese Erweiterung der vertraglichen Ziele und Aufgaben bedeutete letztlich einen Nachvollzug der tatsächlichen Entwicklungen. Mit der von Nigeria initiierten Militärintervention in Liberia (1990-1999) hatte die ECOWAS faktisch ein Mandat für humanitäre Interventionen beansprucht. Auf der Grundlage des Cotonou-Vertrags, und vor dem Hintergrund einer weiteren ECOWAS-Militärintervention in Sierra Leone (1998-2002) kam es 1999 zur Verabschiedung des Zusatzprotokolls über die Schaffung eines *Mechanism for Conflict Prevention, Management, Resolution, Peacekeeping and Security*. Die hier getroffenen Regelungen sind ungewöhnlich, insofern sie der ECOWAS nicht nur weit reichende Interventionsrechte einräumen, d.h. Militärinterventionen in Mitgliedsstaaten ausdrücklich autorisieren, sondern auch eine ganze Reihe von möglichen Interventionsgründen ausweisen. Hierzu gehören neben schweren humanitären Notlagen und gravierenden Menschenrechtsverletzungen, auch grenzüberschreitende und interne Gewaltkonflikte, die Verhinderung von Umstürzen der verfassungsmäßigen Ordnung in Mitgliedsstaaten, sowie jedes andere Ereignis, das von den ECOWAS-Organen als Gefährdung von Frieden und Sicherheit definiert wird. Neben weiteren Militärinterventionen in Guinea-Bissau (1998-1999), der Côte d'Ivoire (2002-2004), und erneut Liberia (2003) ist es zu einer stetigen Erweiterung des Aufgabenspektrums im sicherheitspolitischen Bereich gekommen, etwa durch die Aufstellung einer ECOWAS-Brigade (ECOBRIG) und die Verabschiedung eines Protokolls über die Eindämmung von Kleinwaffen in der ECOWAS.

2. Aufbau

Der Aufbau der ECOWAS folgt einer intergouvernementalen Logik. Zwar hat der Cotonou-Vertrag (1993) die gemeinschaftlichen Kompetenzen etwas verstärkt, aber die Staats- und Regierungschefs behalten aufgrund unterschiedlicher Mechanismen das letzte Wort in allen ECOWAS-Angelegenheiten.

Wichtigstes Organ war und ist die Hohe Behörde der Staats- und Regierungschefs, die inzwischen zweimal im Jahr zusammenkommt, und deren Vorsitz im Jahreswechsel unter den Mitgliedsländern rotiert. Nur die Hohe Behörde kann Entscheidungen fällen, die die Mitgliedsstaaten binden. Diese Entscheidungen der Hohen Behörde ergingen zunächst stets per

Konsens; mit dem Cotonou-Vertrag wurde die Möglichkeit eingeräumt, in bestimmten Bereichen im Rahmen eines Zusatzprotokolls eine Entscheidungsfindung mit Zwei-Drittel-Mehrheit zu ermöglichen. Diese Möglichkeit wurde jedoch in der Praxis kaum genutzt, mit Ausnahme der sicherheitspolitischen Mechanismen (s.u.). Der Ministerrat ist der Hohen Behörde untergeordnet und mit Koordination, Vorbereitung und Ausführung der von den Staatschefs getroffenen Entscheidungen betraut.

Bis 2007 hatte die ECOWAS ein Generalsekretariat, das ab 2007 in Kommission umbenannt wurde: Dieser gehören insgesamt neun Kommissare an, darunter ein Präsident und ein Vizepräsident. Die Kommission ist im Lauf der Jahre zwar in ihren Aufgaben und Kompetenzen aufgewertet worden, sie führt aber immer noch primär die Entscheidungen der Hohen Behörde und des Ministerrats aus, bzw. koordiniert die sektorpolitischen Aktivitäten. Faktisch fungiert sie als Fundraiser für die Mitgliedsstaaten, da die ECOWAS eher in der Lage ist, private Investoren oder internationale Geberorganisationen für umfangreiche Verkehrs- oder Telekommunikationsprojekte zu mobilisieren als die einzelnen Mitgliedsstaaten. Die Bedeutung der Kommission wird zusätzlich dadurch eingeschränkt, dass viele ECOWAS-Beschlüsse in Form von Zusatzprotokollen und Konventionen erfolgen, die zunächst auf der nationalen Ebene ratifiziert werden müssen, d.h. nicht unmittelbar in den Mitgliedsstaaten Geltung erlangen. Auf diese Art und Weise können die Regierungen von Mitgliedsstaaten unliebsame Entscheidungen, die sie zunächst mit beschlossen haben, in einem zweiten Schritt jahrelang blockieren.

Als institutionelle Gegengewichte gedacht waren das ECOWAS-Parlament und der Gerichtshof. Beide Organe sind aber (noch) nicht in der Lage, eine Kontrollfunktion gegenüber den Staats- und Regierungschefs oder der Kommission zu erfüllen. Das 2000 eingerichtete Parlament hat nur beratende Funktionen und seine Mitglieder werden durch die nationalen Parlamente entsandt. Der Wirtschafts- und Sozialrat, der zivilgesellschaftliche und private Interessen einbinden sollte, steht nur auf dem Papier. Gesellschaftliche Akteure und selbst die Parlamente haben auf die Ratifikation und spätere Umsetzung von ECOWAS-Beschlüssen und Richtlinien kaum, in vielen Ländern gar keinen Einfluss. Aufgrund mangelnder Transparenz und Information über die ECOWAS und aufgrund der faktischen Einschränkungen der Reisefreiheiten erschließt sich den nationalen Eliten oder Bevölkerungen die Relevanz regionaler Kooperation nicht. Ohne gesellschaftliche Unterstützung kann aber z.B. die ökonomische Integrationsagenda nicht vollendet werden.

Der Gerichtshof war zunächst primär für Streitigkeiten über die Auslegung der Verträge zuständig, seit 2004 sind auch Individualbeschwerden möglich. Obwohl vor dem Gerichtshof einige Klagen gegen Beschränkungen der Personenfreizügigkeit und gegen Menschenrechtsverletzungen durch nationale Sicherheitsbehörden anhängig sind, hat sich dieser bisher hauptsächlich mit Klagen von ECOWAS-Angestellten befassen müssen. Im Prinzip verkörpert der Gerichtshof den supranationalen Kern der ECOWAS. Da seine Beschlüsse aber durch die Behörden und Gerichtshöfe der Mitgliedsstaaten durchgesetzt werden müssen, ändert seine bloße Existenz nichts am intergouvernementalen Charakter der ECOWAS.

In der Sicherheitspolitik gibt es eine eigene institutionelle Säule. Das Protokoll von 1999 etablierte auch neue Entscheidungsmechanismen, und fügt an die Stelle der Hohen Behörde der Staats- und Regierungschefs und dem Ministerrat als neue Organe einen *Mediation and*

Security Council (MSC) und einen *Defence Council* ein, in dem die Verteidigungs- und Außenminister der ECOWAS repräsentiert sind. Der MSC setzt sich offiziell aus Vertretern von neun Mitgliedsstaaten zusammen, und handelt im Namen der Hohen Behörde. Seine Zuständigkeit bezieht sich auf die Umsetzung des Protokolls, und damit auch auf die Autorisierung und Koordinierung von Militärinterventionen. Seine Entscheidungen sind bindend für alle Mitgliedsstaaten, also auch diejenigen, die nicht im MSC repräsentiert sind. Faktisch hat sich in der Vergangenheit jedoch die Hohe Behörde, in der alle Mitgliedsstaaten repräsentiert sind, als MSC konstituiert, und der *Defence Council* hat sich nicht vom regulären Ministerrat unterschieden, in dem ohnehin alle Außenminister zusammenkommen. Die Kommission spielt in der Sicherheitspolitik eine eindeutig untergeordnete Rolle.

2001 wurde ein zweites Zusatzprotokoll zum Cotonou-Vertrag beschlossen, das *Protocol on Democracy and Good Governance*. Es schreibt zentrale Verfassungsprinzipien fest, die von allen Mitgliedsstaaten eingehalten werden müssen: Hierzu gehören Gewaltenteilung, Wahlen als einzig legitimer Weg zur Macht, Garantien politischer Freiheiten, inklusive politische Partizipation, Garantie für die freie Betätigung von politischen Parteien; eine säkulare Verfassungsordnung und eine der Regierung untergeordnete Armee (Art.1). Art.2 verbietet Mitgliedsstaaten auch, ihre Wahlgesetze ohne Zustimmung aller wichtigen politischen Akteure im letzten halben Jahr vor Neuwahlen zu ändern. Schließlich autorisiert das Protokoll in Art.45 die ECOWAS einzugreifen, wenn die demokratische Ordnung gestürzt wird, oder Menschenrechte auf fundamentale Art und Weise missachtet werden. Mit der Verabschiedung des Protokolls machte die ECOWAS deutlich, dass sie sich dem Aufbau einer regionalen Sicherheitsordnung verpflichtet fühlte, die nicht nur den Schutz von bestehenden, wie auch immer an die Macht gekommenen, Regierungen dienen sollte. Dies unterstreicht auch das 2008 verabschiedete ECOWAS *Conflict Prevention Framework* (ECPF), in dem erstmals alle bisherigen Aktivitäten im Bereich der Friedenssicherung mit den unterschiedlichen Instrumenten der Krisenprävention (wie dem Schutz der Demokratie) konzeptuell verbunden und als wesentliche politische Aufgabe der ECOWAS herausgestellt werden.

3. Wandel, Reform und Bedeutung in der globalen Politik

Die in den 1990er Jahren eingeleiteten institutionellen Reformen und die Transformation zum sicherheitspolitischen Akteur weckten viele Erwartungen, weniger in der Region, als im internationalen Umfeld. In der letzten Dekade sind die Grenzen dieser Reformprozesse wieder deutlicher zu Tage getreten. Die institutionellen Kapazitäten der ECOWAS, zur wirtschaftlichen Entwicklung der Region und zur Sicherheit ihrer Bürger beizutragen, bleiben in mehrerlei Hinsicht beschränkt.

Organisationsinterne Herausforderungen

Eine zentrale Herausforderung bleibt die hegemoniale Position Nigerias innerhalb der Organisation und die enormen Unterschiede in Bevölkerungszahl, Größe der Binnenmärkte, oder wirtschaftlichem Gewicht. Einerseits werden Versuche Nigerias, die Agenda nach seinen nationalen Interessen zu bestimmen, blockiert; andererseits wird die ECOWAS ohne nigerianische Führung und ohne die militärischen Ressourcen des Landes handlungsunfähig. Die ECOWAS bleibt eine Organisation, in der sich eine Vielzahl besonders armer Staaten zusammenfinden, denen die Kapazitäten für eine Beteiligung an Militäreinsätzen mehr als der politische Willen fehlen. Die Reformphase der ECOWAS fällt folglich stark mit einer aktiven Rolle Nigerias zusammen. Die Interventionen in Liberia und Sierra Leone waren für Nigeria äußerst kostspielig und unpopulär, und seit der Wiederherstellung demokratischer Herrschaft in Nigeria 1999 hat die Regierung größte Zurückhaltung gezeigt, wenn es um militärische Einsätze im Ausland geht. Seitdem Nigeria die sicherheitspolitische Führungsrolle nicht mehr wahrnehmen will, dies aus Gründen der Legitimitätsbeschaffung nicht mehr benötigt (Coleman 2007) oder jedenfalls nicht die innerhalb der ECOWAS vorgesehenen Verfahren zur Verfolgung seiner hegemonialen Interessen nützt, kann die ECOWAS ihre in den Vertragstexten vorgesehene Rolle als regionale Ordnungsmacht nicht ausfüllen.

Im politischen Bereich muss die Frage nach dem Gewicht gemeinschaftlicher Institutionen und Normen ebenfalls skeptisch bewertet werden. Die ECOWAS ist noch nicht zu einer regionalen Organisation geworden, die die demokratischen Ordnungen ihrer Mitgliedsstaaten effektiv abstützt. Das Protokoll von 2001 mit seinen strikten Vorgaben an demokratische Herrschaftspraxis stellt in einer Region von fragilen Demokratien und einigen zweifellos autoritär regierten Staaten eine kühne Vision dar. In der Folgezeit wurde deutlich, z.B. beim Umgang mit Verfassungskrisen und Militärputschen in Togo (2005), Guinea (2008) und Niger (2009-2010), wie schwierig es der ECOWAS fällt, die Einhaltung dieser Verfassungsprinzipien in allen Mitgliedsländern tatsächlich einzufordern (Hartmann 2010). Dass es überhaupt zu Militärputschen in der ECOWAS kommt, spricht nicht für eine starke Geltung der Prinzipien des Zusatzprotokolls. Das ECOWAS-Protokoll hat aber sicherlich wesentlich dazu beigetragen, das Prinzip der Militärherrschaft zu diskreditieren. Andererseits haben der Bürgerkrieg in der Côte d'Ivoire und die dort seit Ende der 1990er Jahre einsetzenden Massenvertreibungen der aus Burkina Faso und Mali zugewanderten Bevölkerungsgruppen noch einmal klargemacht, wie wenig es zur Ausprägung einer gemeinsamen ECOWAS-Bürgerschaft gekommen ist.

Im wirtschaftlichen Bereich bleibt die Währungsunion zwischen den frankophonen Mitgliedsstaaten der ECOWAS und die daraus resultierende stärker fortgeschrittene Integration dieser UEMOA-Staaten ein großes Hindernis für den Weg zum Gemeinsamen Markt und einer möglichen Währungsunion. Es ist sicherlich im Lauf der letzten 15 Jahre zu einer Anpassung der makroökonomischen Politiken der ECOWAS-Staaten gekommen. Auch die schrittweise Einführung der Zollunion war nur möglich aufgrund der Übernahme entsprechender bereits bestehender Regelungen innerhalb der UEMOA. Die dauerhafte Übernahme einer faktischen Führungsrolle der UEMOA für die wirtschaftliche Integration der ECOWAS wird jedoch durch die zentrale Rolle Frankreichs innerhalb der Franc-Zone und durch das geringe Interesse Nigerias an einer solchen Lösung verhindert. Die makroökonomische Angleichung scheint schließlich zu einem großen Teil stärker auf externen Druck durch internationale Geberinstitutionen zurückzugehen, als auf eine tatsächliche Konvergenz wirtschaftspolitischer Entscheidungen und Überzeugungen in den ECOWAS-Mitgliedsstaaten (Bach 2004).

Externe Herausforderungen

Vor dem Hintergrund der Weigerung Nigerias, länger die finanzielle Last von regionalen Friedensmissionen zu übernehmen, ist es zu einer allmählichen Rückkehr der VN (und der ständigen Sicherheitsratsmitglieder USA, Großbritannien und Frankreich) nach Westafrika gekommen. Sowohl in Sierra Leone, als auch in der Côte d'Ivoire und bei der zweiten ECOMOG-Intervention in Liberia 2003 fungierte die ECOWAS nur noch als Feuerwehr, ehe VN-Operationen die Kontrolle übernahmen, wobei die USA in Liberia, Großbritannien in Sierra Leone und Frankreich in der Côte d'Ivoire im Hintergrund die politischen Mehrheiten für diese Missionen suchten, einen großen Teil der finanziellen Verantwortung schulterten, aber auch einen starken Einfluss auf die Durchführung der Operationen nahmen. Die ambitionierte Erweiterung der Sicherheitsagenda hat folglich zu massiver Unterstützung durch das Ausland geführt, zugleich aber die Abhängigkeit von externen Gebern in ähnlicher Weise verstärkt, wie dies bereits im entwicklungspolitischen Bereich der Fall war. Frankreich verbleibt weiterhin mit einer dauerhaften Militärpräsenz in der Region, und in den frankophonen Ländern hat die ECOWAS jedenfalls im sicherheitspolitischen Bereich ein *low profile* bezogen.

Im ökonomischen Bereich stellen die von der EU geforderten Partnerschaftsabkommen (*Economic Partnership Agreements*, EPA) die ECOWAS vor zahlreiche Probleme. Durch die EPAs sollen die bisherigen Abkommen der EU mit den AKP-Staaten durch neue WTO-konforme regionale Handelsvereinbarungen ersetzt werden. Der potenzielle wirtschaftliche Nutzen für die ECOWAS-Staaten aus dieser Form weitgehender reziproker Handelsliberalisierung ist eher mit Skepsis zu betrachten. Die Mehrheit der ECOWAS-Staaten gehört zur Gruppe der *Least Developed Countries*, hat daher aufgrund des „everything-but-arms"-Programms bereits einen zoll- und quotenfreien Zugang zu den Märkten der EU, und folglich keinen wirklichen Grund, sich auf das EPA-Abkommen einzulassen. Der Abschluss getrennter EPAs zwischen der Côte d'Ivoire und Ghana mit der EU (also jenen Staaten, die nicht vom „everything-but-arms"-Programm profitieren) und die Entscheidung Nigerias, gar kein Abkommen zu unterzeichnen, hat zu einer Situation geführt, in der die Einführung eines gemeinsamen Außenzolls für alle ECOWAS-Staaten zur Illusion wird. Die Partnerschaftsabkommen haben damit die Bemühungen um eine Vertiefung der regionalen Wirtschaftsintegration in der ECOWAS weit zurückgeworfen.

4. Stand der Forschung

Die politikwissenschaftliche Literatur zur ECOWAS ist rar gesät und insgesamt wenig theoretisch fundiert. Die Forschung konzentrierte sich zunächst auf die ökonomischen Perspektiven oder rechtlichen Probleme. Erst die Vertragsreformen und Militärinterventionen führten dann seit Anfang der 1990er Jahre auch zu einem stärkeren politikwissenschaftlichen Interesse. Die verdienstvollen deutschsprachigen Überblicksdarstellungen zur ECOWAS durch van den Boom (1996), Mair (2001) und Cernicky (2008) thematisierten den intergouvernementalen Charakter der Organisation, ohne dabei einer spezifischen theoretischen Perspektive zu folgen. Eine kritisch-konstruktivistische Interpretation der ECOWAS erfolgte durch

Bach (2004, mit Blick auf informelle Regionalisierung) sowie Haacke und Williams (2008, mit Blick auf die Bearbeitung von Sicherheitsproblemen). Eher neorealistische, bzw. institutionalistische Perspektiven haben demgegenüber Herbst (2007) sowie Coleman (2007) eingenommen.

Literatur

Wichtige Primärquellen:

ECOWAS 1993: Cotonou Treaty of ECOWAS (http://www.comm.ecowas.int/sec/index.php?id=treaty&lang=en, Zugriff am 31.10.2010).

ECOWAS 1999: Protocol Relating to the Mechanism for Conflict Prevention, Management, Resolution, Peace-Keeping and Security.

ECOWAS 2001: Protocol A/SP1/12/01 on Democracy and Good Governance Supplementary to the Protocol Relating to the Mechanism for Conflict Prevention, Management, Resolution, Peace-Keeping and Security (http: //www.comm.ecowas.int/sec/en/protocols/Protocol on good-governance-and-democracy-rev-5EN.pdf, Zugriff am 31.10.2010).

Basislektüre zur ECOWAS:

Bach, Daniel 2004: The Dilemmas of Regionalization, in: Adekeye Adebajo /Ismail Rashid (Hg.): West Africa's Security Challenges. Boulder, Col.: Lynne Rienner, S. 69-89.

Cernicky, Jan 2008: Regionale Integration in Westafrika. Eine Analyse der Funktionsweise von ECOWAS und UEMOA. Bonn: Scientia Bonnensis.

Herbst, Jeffrey 2007: Crafting Regional Cooperation in Africa, in: Amitav Acharya /Alastair I. Johnston (Hg.): Crafting Cooperation. Regional International Institutions in Comparative Perspective. Cambridge: Cambridge University Press, S. 129-144.

Mair, Stefan 2001: Regionale Integration und Kooperation in Afrika südlich der Sahara: EAC, ECOWAS und SADC im Vergleich, München u.a.: Weltforum.

Van den Boom, Dirk 1996: Regionale Kooperation in Westafrika. Politik und Probleme der ECOWAS. Hamburg: Institut für Afrika-Kunde.

Aktuelle Beiträge:

Coleman, Katharina P. 2007: International Organisations and Peace enforcement: The Politics of International Legitimacy. Cambridge: Cambridge University Press.

Hartmann, Christof 2010: Die ECOWAS als Ordnungsmacht in Westafrika?, in: Die Friedenswarte 85:1-2, S. 73-93.

Williams, Paul D./Jürgen Haacke 2008: Security Culture, Transnational Challenges and the Economic Community of West African States, in: Journal of Contemporary African. Studies, 26:2, S. 119-13.

EU

Sandra Eckert

Vollständige Bezeichnung:

Europäische Union (*European Union/Unii Europejskiej,* EU)

1. Entstehung, Ziele und Aufgaben

Die Entstehungs- und Erweiterungsgeschichte der EU kann vorrangig als Projekt zur Gewährleistung regionaler Sicherheit in Europa interpretiert werden, ebenso spielte das Ziel der wirtschaftlichen Entwicklung von Anfang an eine zentrale Rolle. Die EU hat sich nur zaghaft als außenpolitischer Akteur entwickelt und stellt bis heute keine militärische Macht im internationalen Staatengefüge dar. Sie misst aber neuen, nicht militärischen Sicherheitsproblemen wie etwa Umweltzerstörung, Ressourcenknappheit und Energieversorgung zentrale Bedeutung zu.

Entstehung und Erweiterung

Die EU geht aus der Europäischen Gemeinschaft (EG) hervor und trat 2008 mit dem Vertrag von Lissabon deren Rechtsnachfolge mit eigener internationaler Rechtspersönlichkeit an. Die EU blickt auf eine über 50-jährige Geschichte zurück, die sich durch eine inkrementelle Fortentwicklung ihrer Institutionen und Politiken sowie eine schrittweise Erweiterung von ursprünglich sechs Gründungsstaaten auf inzwischen 27 Mitgliedsstaaten auszeichnet. Als Vorläufer der EG wurde 1951 die Europäische Gemeinschaft für Kohle und Stahl (EGKS, auch Montanunion genannt) von sechs westeuropäischen Staaten (Belgien, Bundesrepublik Deutschland, Frankreich, Italien, Luxemburg, Niederlande) gegründet. Die Zusammenarbeit in diesen rüstungsstrategisch wichtigen Sektoren sollte unter anderem zur sicherheitspolitischen Kontrolle und gezielten Westintegration der Bundesrepublik Deutschland beitragen. Der EGKS-Vertrag lief 2002 aus, und die Bestimmungen für die Bereiche Kohle und Stahl wurden in den EG-Vertrag übernommen. Bereits mit den Römischen Verträgen von 1957 war der zwischen den EGKS-Ländern bestehende Wirtschaftsraum in eine Europäische Wirtschaftsgemeinschaft (EWG) überführt sowie eine Europäische Atomgemeinschaft (EAG, heute Euratom) ins Leben gerufen worden. Euratom besitzt eine eigenständige internationale Rechtspersönlichkeit und besteht auch nach dem Vertrag von Lissabon fort. Das Projekt einer Europäischen Verteidigungsgemeinschaft (EVG), verbunden mit dem Aufbau einer europäischen Armee, war hingegen 1954 an einem Votum der Französischen Nationalversammlung gescheitert. So beschränkte sich die Zusammenarbeit außerhalb der Montanunion und Euratom zunächst auf wirtschaftliche Bereiche. Die sechs Gründungsstaaten einigten sich darauf, innerhalb von zwölf Jahren einen gemeinsamen Markt zu schaffen und den freien Verkehr von Waren, Personen, Dienstleistungen und Kapital zu fördern. Ebenso wurden die Zusammenarbeit in der Agrar- und Verkehrspolitik sowie die Errichtung eines Europäischen Sozialfonds und einer Europäischen Investmentbank vereinbart. Die Gemeinsame Agrarpolitik wurde 1968 mit der Einführung eines gemeinsamen Marktes für Landwirtschaftsprodukte sowie garantierter Preise Realität, und bereits 1969 einigte man sich im Grundsatz auf das Prinzip einer gemeinsamen Wirtschafts- und Währungsunion (WWU).

Während angesichts des langsamen Wirtschaftswachstums in den 1970er Jahren der Integrationsprozess stagnierte, erfolgte Mitte der 1980er Jahre ein erneuter Schub mit der Unterzeichnung der Einheitlichen Europäischen Akte (EEA). Die EWG-Staaten einigten sich 1986 darauf, bis Ende 1992 einen Gemeinsamen Binnenmarkt zu errichten. Im Zuge dessen waren noch bestehende Handels- und Freizügigkeitsschranken abzubauen und relevante nationale Regelungen wie etwa Produktstandards anzugleichen. Als begleitende Ausgleichsmaßnahme kann die neu eingeführte Strukturpolitik interpretiert werden, die durch finanzielle Unterstützungsmaßnahmen den wirtschaftlichen Entwicklungsabstand innerhalb des Binnenmarkts insbesondere im Sinne eines Nord-Südgefälles zu verringern suchte. Weitere Politikfelder, in denen die EEA Neuerungen einführt sind die Währungs-, Sozial-, Forschungs- und Umweltpolitik. Der EEA wird aus Integrationsperspektive vor allem deshalb große Bedeutung zugemessen, weil der Geltungsbereich für Mehrheitsentscheide im Rat signifikant ausgeweitet wurde. Dies schien lange Zeit nicht möglich, nachdem die französische Regierung durch ihre „Politik des leeren Stuhls“ 1965-66, d.h. der Nichtteilnahme an sämtlichen Ministerratssitzungen, den geplanten Übergang von Einstimmigkeits- zu Mehrheitsbeschlüssen hatte abwenden können.

Der 1992 unterzeichnete Vertrag von Maastricht ist die Geburtsurkunde der EU, die nun als politische Union drei Politikpfeiler umfassen sollte. Aus der EWG wurde die EG, die gemeinsam mit der EGKS und der EAG den ersten, supranationalen Pfeiler des europäischen Hauses konstituierte. Den zweiten Pfeiler bildete die Gemeinsame Außen- und Sicherheitspolitik (GASP), den dritten die polizeiliche und justizielle Zusammenarbeit in Strafsachen. Mit der nun begründeten Unionsbürgerschaft gingen neue Rechte einher, wie beispielsweise das aktive und passive Wahlrecht bei Europa- und Kommunalwahlen im Wohnstaat. Maastricht führte zu einer Vertiefung in verschiedenen Politikfeldern, so legten sich die Mitgliedsstaaten mit dem Vertrag über die EU definitiv auf einen Zeitplan bis zur Verwirklichung der WWU im Januar 1999 fest. Das Vereinigte Königreich erwirkte in den Verhandlungen Nichtteilnahmeklauseln für die Einführung der gemeinsamen Währung sowie für das Protokoll über die Sozialpolitik. Die Ratifizierung des Maastrichter Vertrages scheiterte zunächst an einem Referendum in Dänemark, bevor durch die Gewährung von Ausnahmeregelungen schließlich die Zustimmung der dortigen Bevölkerung gewonnen werden konnte. Dies signalisierte der politischen Führungselite in Brüssel und in den Mitgliedsstaaten erstmalig, dass man nicht von einem pro-europäischen Konsens in der Bevölkerung ausgehen konnte. In der politikwissenschaftlichen Europaforschung rückte infolgedessen die Frage nach der demokratischen Legitimationsbasis für den Integrationsprozess in den Vordergrund (z.B. Scharpf 1999; Føllesdal/Hix 2006).

Der Vertrag von Amsterdam, der 1997 unterzeichnet wurde und am 1. Mai 1999 in Kraft trat, stand auch wie die nachfolgenden Vertragsreformen im Zeichen der geplanten Osterweiterung und der sich daraus ergebenden Notwendigkeit institutioneller Reformen. Mehrheitsentscheide im Rat wurden zur Regel gemacht und dem Europäischen Parlament in zentralen Bereichen wie der Freizügigkeit der Unionsbürger/innen oder der Umweltpolitik Mitentscheidungsbefugnisse zugestanden. In vielen Fragen institutioneller Reform konnte aber noch keine Einigung erzielt werden, so dass diese „left-overs" von Amsterdam bei der nachfolgenden Regierungskonferenz in Nizza erneut auf der Agenda standen. Um eine Vertiefung der Integration auch in einer erweiterten Union zu erleichtern, wurde eine Flexibilitätsklausel eingeführt, der zufolge sich eine Gruppe von Mitgliedsstaaten auf eine engere Zusammenarbeit einigen kann. Mit der vertraglichen Verankerung der Arbeitsmarktpolitik wurde ein hohes Beschäftigungsniveau als zentrales Anliegen der EU formuliert. Amsterdam überführte einen Großteil der europäischen Justiz- und Innenpolitik in die erste, vergemeinschaftete Säule. Die EU soll für ihre Bürger/innen einen „Raum der Freiheit, der Sicherheit und des Rechts" schaffen und den freien Personenverkehr in Verbindung mit geeigneten Maßnahmen in Bezug auf Kontrollen an den Außengrenzen, Asyl, Einwanderung sowie Verhütung und Bekämpfung von Kriminalität gewährleisten.

Im Bereich der GASP gab es Neuerungen, insbesondere durch die Aufnahme der so genannten Petersberg-Aufgaben (humanitäre Aktionen und Evakuierung, Friedenserhaltung, Kampfgruppeneinsätze für das Krisenmanagement, Wiederherstellung des Friedens) sowie der Einführung einer neuen Strategieplanungs- und Analyseeinheit zur Vorbereitung von Ratsentscheidungen unter der Leitung eines neuen Generalsekretärs des Rates, der gleichzeitig die Aufgabe eines „hohen Vertreters für die GASP" übernahm. Eine Erweiterung erfuhr die GASP 1999 auf dem Europäischen Rat von Köln mit der Begründung einer Europäischen Sicherheits- und Verteidigungspolitik (ESVP). Die ESVP sollte die Handlungsfähigkeit der EU in Bezug auf internationale Konfliktverhütung und Krisenbewältigung stärken.

Die „left-overs" von Amsterdam wurden während der 2000 in Nizza abgehaltenen intergouvernementalen Konferenz erneut in Angriff genommen. Die Veränderungen durch den Vertrag von Nizza betrafen vor allem die Begrenzung der Kommissionsgröße, die Ausweitung des Anwendungsbereichs für Entscheidungen mit qualifizierter Mehrheit, eine neue Stimmengewichtung im Rat und eine flexiblere Gestaltung verstärkter Zusammenarbeit. Dem 2003 in Kraft getretenen Vertrag wurde eine „Erklärung zur Zukunft der Union" beigefügt, die dem weiteren Prozess der institutionellen und vertraglichen Reform einen neuen Impuls verleihen sollte. Im Zuge dessen wurde der klassischen Methode der Regierungskonferenz versuchsweise ein neuer Gremientyp vorgeschaltet, nämlich ein aus Regierungsvertreter/innen, Kommissar/innen sowie Abgeordneten aus nationalen Parlamenten und dem Europäischen Parlament zusammengesetzter Konvent. Im Juli 2003 lag ein vom Konvent ausgearbeiteter Entwurf für einen „Vertrag über eine Verfassung für Europa" vor. Diesen Vertragstext haben die Regierungschefs/innen während mehrerer Regierungskonferenzen 2003-2004 modifiziert und im Oktober 2004 in Rom unterzeichnet. Der Vertrag wurde aufgrund der negativen Voten bei Volksabstimmungen in Frankreich und den Niederlanden 2005 jedoch nie ratifiziert.

Nach einer zweijährigen Denkpause einigten sich die Regierungschefs/innen bei einem informellen Europäischen Rat im Oktober 2007 in Lissabon auf einen leicht veränderten Reformvertrag, der im Dezember des gleichen Jahres unterzeichnet wurde und zum 1. Dezember 2009 in Kraft trat. Die Ratifizierung des Vertrages von Lissabon wurde durch einen ablehnenden Volksentscheid in Irland vom Juni 2008, sowie Verfassungsbeschwerden in der Tschechischen Republik verzögert, konnte aber nach einem zweiten und erfolgreichen Referendum in Irland sowie der Beilegung verfassungsrechtlicher Beschwerden im Oktober 2009 voranschreiten. Anlass zu Kontroversen gaben vor allem jene institutionellen Reformen, die unmittelbar die Einflussmöglichkeiten der Mitgliedsstaaten tangieren wie etwa Abstimmungsmodalitäten im Rat, die Zusammensetzung der Kommission und des Parlaments. Hier verliefen die Konfliktlinien hauptsächlich zwischen großen und kleinen Mitgliedsstaaten einhergehend mit der Frage, inwieweit die Bevölkerungsgröße eines Landes Berücksichtigung finden sollte.

Im Ergebnis ist der Vertrag von Lissabon wie die vorangehenden Verträge vor allem eine Vertragsreform. Gültiges Primärrecht sind in Folge des Vertrages von Lissabon die konsolidierten Fassungen des Vertrages über die Europäische Union (EUV), des Vertrages über die Arbeitsweise der Europäischen Union (AEUV) sowie des Vertrages zur Gründung der Europäischen Atomgemeinschaft (EAGV). Mit Lissabon werden zwei neue Ämter eingeführt, nämlich ein Hoher Vertreter der Europäischen Union für die Außen- und Sicherheitspolitik sowie eine permanente Ratspräsidentschaft. Der Hohe Vertreter ist gleichzeitig Vizepräsident der Europäischen Kommission und stützt sich auf einen Europäischen Auswärtigen Dienst. Neu ist die Möglichkeit einer Bürgerinitiative: Ab einer Beteiligungshöhe von einer Million können Bürger/innen aus den Mitgliedsstaaten die Kommission auffordern, politische Vorschläge zu unterbreiten. Zur Effizienzsteigerung im Entscheidungsverfahren wird die Beschlussfassung mit qualifizierter Mehrheit im Rat auf weitere Politikbereiche ausgedehnt. Der Vertrag sieht zwar eine Verringerung der Anzahl der Kommissar/innen vor, als Zugeständnis an Irland wird es aber auch in Zukunft eine/n Kommissar/in pro Mitgliedsstaat geben. Eine qualifizierte Mehrheit im Rat wird nur noch bei Erreichung einer „doppelten Mehrheit“ gewährleistet sein, d.h. wenn gleichzeitig 55% der Mitgliedsstaaten und mindestens 65% der europäischen Bevölkerung repräsentiert sind. Aufgrund massiven Widerstands aus einigen Mitgliedsstaaten wurde diese Bestimmung durch Übergangsfristen abgefedert.

Das Europäische Parlament wird mit dem Vertrag von Lissabon zum regulären Mitgesetzgeber in den meisten Politikbereichen. Erstmalig ist die Möglichkeit eines freiwilligen Austritts aus der Union vertraglich festgelegt. In den Politikbereichen Freiheit, Sicherheit und Recht und vor allem für die Terrorismus- und Verbrechensbekämpfung wird eine weitere Vertiefung der Integration formuliert. Auch andere Bereiche wie etwa Energiepolitik, die öffentliche Gesundheit, Zivilschutz, Klimawandel, Handelspolitik und humanitäre Hilfe sind nun vertraglich verankert. Der Vertrag von Lissabon verpflichtet darüber hinaus zur Solidarität zwischen den Mitgliedsstaaten in besonderen Notsituationen wie etwa Naturkatastrophen oder Energieengpässen. Der Vertrag garantiert die Freiheiten und Grundsätze, die in der Charta der Grundrechte verankert sind, und verleiht dieser Rechtsverbindlichkeit.

Die geographische Reichweite der EU wurde durch insgesamt sieben Erweiterungsrunden ausgedehnt. Dänemark, Großbritannien und Irland wurden 1973 in die EG aufgenommen, wohingegen die norwegische Mitgliedschaft an einem negativen Referendum scheiterte. Im nächsten Schritt erfolgte die Süderweiterung, zunächst mit dem Beitritt Griechenlands 1981, dann mit den Beitritten Spaniens und Portugals 1986. Schließlich wurden 1995 mit Finnland, Österreich und Schweden drei weitere Mitglieder aufgenommen. Die größte Erweiterung verzeichnete die EU 2004 mit der Aufnahme von zehn neuen Mitgliedsstaaten aus Mittel- und Osteuropa, nämlich Estland, Lettland, Litauen, Malta, Polen, Slowakei, Slowenien, Tschechien, Ungarn und Zypern. Seit Januar 2007 zählt die EU mit Bulgarien und Rumänien 27 Mitgliedsstaaten.

Ziele und Aufgaben der EU

Die EU verfolgt entwicklungs- und sicherheitspolitische Ziele sowohl in der Innen- wie auch in der Außenperspektive. Zum einen umfasst regionale Entwicklung in Europa aus der Innensicht wirtschaftliche, politische und soziale Prozesse. Die Entstehungsgeschichte der EU illustriert, dass der wirtschaftliche Integrationsprozess insgesamt dynamischer verlief als der Prozess der politischen Einigung. Der gemeinsame Binnenmarkt und die gemeinsame Währung sollen die EU international wettbewerbsfähig machen, während die Regionalpolitik durch ihre Finanzierungsinstrumente das Entwicklungsgefälle innerhalb der EU zu verringern sucht. Darüber hinaus leistet die EU auch finanzielle Unterstützung in den Bereichen Forschung und Entwicklung. Im Bereich der Umweltpolitik setzt die supranationale Ebene den Großteil der in der EU gültigen Regeln, was im soziokulturellen Bereich auch auf Themen wie Arbeits- und Gesundheitsschutz oder Antidiskriminierung zutrifft. Zum anderen ist das Sicherheitsverständnis der EU mit fortschreitender Tiefe und Reichweite zunehmend weit gefasst. Die frühe Zusammenarbeit im Rahmen der EGKS und EAG stand noch im Zeichen eines klassisch geprägten Sicherheitsverständnisses und diente der Förderung von Abrüstung, Frieden und nuklearer Sicherheit in Europa. Mit der Diversifizierung der Aufgabenbereiche wurden verstärkt nicht-militärische Sicherheitsprobleme in den Blick genommen, zudem verschwammen im Erweiterungsprozess immer mehr die Grenzen zwischen innerer und äußerer Sicherheit. Die Gewährleistung der Sicherheit innerhalb der EU kann insgesamt als Erfolgsgeschichte interpretiert werden, jedoch sieht sich die Union mit jeder Erweiterung und der damit verbundenen Verschiebung der Außengrenzen neuen Herausforderungen gegenüber.

Im Bereich der klassischen Sicherheitspolitik blieb die GASP regelmäßig hinter den Erwartungen zurück und hatte insbesondere nicht zur Herausbildung einer eigenständigen Verteidigungsdimension geführt, wie etwa die Ohnmächtigkeit der EU in der Balkankrise oder die Spaltung zwischen den Mitgliedsstaaten während des Irakkrieges illustrierte. Allerdings gaben solche äußeren Krisen durchaus Anstoß für Veränderungen - so wurde die ESVP 1999 vor dem Hintergrund des Kosovokrieges lanciert, Briten und Franzosen ergriffen die Initiative zur Bereitstellung von so genannten EU „battlegroups“ unter dem Eindruck des Irakkrieges. Diese EU Kampftruppen sollen gemäß eines Ratsbeschlusses von 2004 als schnelle Eingreiftruppen funktionieren und werden von einzelnen oder mehreren Mitgliedsstaaten bereitgestellt. Im Halbjahrestakt sind jeweils zwei Kampftruppen mit ca. 1.500 Mann für Soforteinsätze einsatzbereit. Darüber hinaus stützt sich die EU auf Ad-hoc-Streitkräfte, die von den Mitgliedsstaaten für Friedenssicherung, Krisenbewältigung und humanitäre Einsätze gestellt werden. Der erste Einsatz im Rahmen der ESVP erfolgte 2003, als die EU zunächst das Kommando für militärische und zivile Einsätze in der ehemaligen jugoslawischen Republik Mazedonien, und ab Dezember 2004 von der → NATO das weit umfassendere Kommando in Bosnien und Herzegowina übernahm. Insgesamt aber verblieb die militärische Führung im nordatlantischen Bündnis unter US-amerikanischer Leitung. Die EU trat außerhalb des Bündnisgebiets kaum in Erscheinung und setzte als „Zivilmacht" viel eher auf friedensstiftende Effekte ökonomischer Kooperation und institutioneller Einbindung bzw. agierte als „normative Macht" etwa durch ihr Eintreten für Menschenrechte.

Die Justiz- und Innenpolitik in Europa wird zunehmend von der supranationalen Ebene her gestaltet. Diesbezügliche Maßnahmen der EU zielen sowohl auf die innere als auch auf die äußere Sicherheit ab und sind in sensiblen Bereichen nicht unumstritten. So wurde beispielsweise die strenge Handhabung der Einreisebestimmungen und -kontrollen an den Außengrenzen wie etwa im französischen Calais als Abschottungspolitik einer „Festung Europa" kritisiert. In der Tat war bis dato die gemeinsame Asylpolitik mangels Einigkeit über Kriterien einer legalen Zuwanderung vor allem auf den Kampf gegen illegale Zuwanderung ausgerichtet. Im Umgang mit neuen, nicht militärischen Sicherheitsproblemen wie globalen Umweltgefahren beansprucht die EU eine internationale Führungsrolle. Im Bereich der Klima- und Energiepolitik etwa hat sich die EU mit der sogenannten „20-20-20" Strategie bis 2020 ehrgeizige Ziele zur Reduktion von CO_2 Emissionen, der Erhöhung des Anteils erneuerbarer Energiequellen sowie der Steigerung der Energieeffizienz gesetzt.

In der Außenpolitik stellen zudem regionale Ansätze ein wichtiges Instrument der EU dar. Hier verknüpft die EU systematisch entwicklungs- und sicherheitspolitische Ziele. Beispiele sind das Cotonou Abkommen mit den Staaten in Afrika, im karibischen Raum und im Pazifischen Ozean (AKP), der Barcelonaprozess für den Mittelmeerraum sowie die Europäische Nachbarschaftspolitik für die EU-Anrainerstaaten: (a) Das im Jahr 2000 unterzeichnete Abkommen von Cotonou setzt die auf der Grundlage des Jaunde-Abkommens (1963, 1969) und der Lomé-Abkommen (1974, 1979, 1984, 1990, 1995) bestehende Zusammenarbeit fort und wird auf europäischer Ebene durch Finanzmittel aus dem Europäischen Entwicklungsfonds finanziert sowie mit regionalen und nationalen Projekten flankiert. Als Konditionalität formuliert die EU demokratisches Regieren und den Respekt von Menschenrechten. Insgesamt ist die Entwicklungspolitik der EU heute weniger auf die AKP-Staaten fokussiert als in der Vergangenheit, da sich die Union verstärkt am wirtschaftlichen Aufbau in Krisenregionen wie im ehemaligen Jugoslawien oder in Afghanistan beteiligt hat. (b) Im Mittelmeerraum wurde die EU infolge der Süderweiterung Ende der 1980er aktiv, hier hat sie sich als Normunternehmerin für die Beachtung von Demokratie und Menschenrechten eingesetzt und entsprechende Initiativen finanziell unterstützt. Auch die wirtschaftliche Entwicklung auf regionaler Ebene wird befördert, etwa mit der Herstellung einer Freihandelszone zwischen den Partnerländern. (c) Im Zuge der 2004 initiierten Nachbarschaftspolitik sollen Wohlstand, Stabilität und Sicherheit in den Anrainerstaaten (Russland ausgenommen) durch privilegierte politische und wirtschaftliche Beziehungen gefördert werden. Auch hier formuliert die EU entsprechende Konditionen, insbesondere wird ein Bekenntnis zu Demokratie und Menschenrechten, Rechtsstaatlichkeit, guter Regierungsführung, marktwirtschaftlichen Prinzipien und nachhaltiger Entwicklung eingefordert.

2. Aufbau

Die Verfasstheit der EU hat sich über Jahrzehnte herausgebildet. Die Europäische Kommission wurde aufgrund ihres weitgehenden Initiativmonopols immer wieder als „Motor der Integration“ bezeichnet, daneben ist sie Exekutive und Hüterin der Verträge. Historische Vorläuferin der Kommission war die Hohe Behörde, die als Exekutivorgan der EGKS fungierte. Heute obliegt der Kommission als europäischer Exekutive die Aufgabe, verbindliche Durchführungsbeschlüsse zu verabschieden, die Finanzinstrumente der EU zu verwalten (z.B. Hilfsprogramme für Drittstaaten, Struktur- und Landwirtschaftsfonds) und internationale Abkommen auszuhandeln. Politischer Arm der Kommission ist das Kollegium, in dem 27 Kommissar/innen aus den einzelnen Mitgliedsstaaten vertreten sind. Das Kollegium tagt unter Vorsitz des/der Präsidenten/in und trifft seine Entscheidungen gemäß formalen Vorgaben durch Abstimmung mit einfacher Mehrheit, in der Praxis jedoch meistens in gegenseitigem Einvernehmen. Die Bearbeitung der einzelnen Politikbereiche ist ähnlich wie in nationalen Ministerien funktional-hierarchisch innerhalb von mehr als 20 Generaldirektionen organisiert. Vier davon befassen sich ausschließlich mit außenpolitischen Angelegenheiten, nämlich die Generaldirektionen Entwicklung, Erweiterung, Außenbeziehungen und Handel.

Politische Leitlinien werden von den Staats- und Regierungschefs/innen innerhalb des Europäischen Rates bei regelmäßig stattfindenden Gipfeltreffen verabschiedet. Vor allem aber ist der Europäische Rat der konstitutionelle Architekt der EU, denn er hat die sukzessiven Vertragsreformen ausgehandelt und Erweiterungsrunden beschlossen. Neben dem direkt gewählten Europäischen Parlament ist der jeweils aus nationalen Fachminister/innen zusammen gesetzte Ministerrat Hauptgesetzgeber in der EU. Die Ressortminister/innen der einzelnen Politikbereiche tagen je nach Bedarf und infolgedessen mit recht unterschiedlicher Häufigkeit, die Abstimmung erfolgt seit Lissabon im Regelfall mehrstimmig. Dem Gremium der Fachminister/innen sind zwei Arbeitsebenen vorgeordnet: Arbeitsgruppen nationaler Beamter diskutieren zunächst technische Aspekte der von der Kommission erarbeiteten Vorschläge, über die soweit möglich bereits Einigung erzielt wird. In der nächsten Stufe versuchen die Ständigen Vertreter/innen, über noch bestehende Streitpunkte Einigkeit herzustellen, bevor zuletzt die Minister/innen selbst verhandeln.

Das Europäische Parlament mit Sitz in Straßburg wird seit 1979 im Turnus von fünf Jahren direkt gewählt. Derzeit sind 736 Volksvertreter/innen in sieben Fraktionen im Europaparlament versammelt, weitere 18 Abgeordnete werden nach Abschluss des Ratifizierungsprozesses des Vertrags von Lissabon dazu kommen. Wie in nationalen Parlamenten leisten Ausschüsse, jeweils unterstützt durch ein Präsidium und Sekretariat, die Vorarbeiten für die Plenarsitzungen.

Neben diesen drei politischen Organen stützt sich die EU auf weitere Institutionen, Behörden und Agenturen. EU-Institutionen von zentraler Bedeutung sind der Europäische Gerichtshof (EuGH) und die Europäische Zentralbank (EZB). Der EuGH mit Sitz in Luxemburg ist die europäische Judikative und überprüft europäische Entscheidungen nach rechtsstaatlichen Prinzipien. Er besteht aus jeweils einem Richter aus jedem EU-Land und hat seinen Sitz in Luxemburg. Sein Tätigkeitsfeld wurde durch den Vertrag von Lissabon insbesondere auf die Bereiche strafrechtliche und polizeiliche Zusammenarbeit erweitert. Die EZB mit Sitz in

Frankfurt ist die Zentralbank für die Eurozone. Ihre Hauptaufgabe ist es, die Kaufkraft des Euro und somit Preisstabilität im Euroraum zu gewährleisten.

Bereits die Gründungsverträge enthielten Kriterien für die Aufnahme neuer Mitgliedsstaaten, eine systematische Heranführung an die Gemeinschaft im Sinne einer Erweiterungspolitik bildete sich aber erst nach dem Ende des kalten Krieges heraus (Wallace et al. 2010, Kapitel 17). Mit dem Aufnahmegesuch der Staaten in Mittel-, Ost und Südosteuropa wurde es für die EU aufgrund der neuen Nachfragedimension und den Vorbedingungen in den Kandidatenländern nötig, Heranführungsstrategien und Aufnahmekriterien zu definieren. Das Beitrittsverfahren ist vertraglich festgelegt (Art. 49 EUV) und hat sich im Kern seit den Römischen Verträgen wenig verändert. Mit der Einheitlichen Europäischen Akte 1987 wurde die Zustimmung des Europäischen Parlaments Bestandteil des Verfahrens, der Amsterdamer Vertrag von 1999 verankerte die politischen Aufnahmekriterien. Mit der ersten Erweiterung in den frühen 1970ern entwickelte die EU eine Herangehensweise für den Erweiterungsprozess und Beitrittsverhandlungen. Politische Kriterien haben zunächst bei der Süderweiterung eine Rolle gespielt, Bezug nehmend auf eine in Kopenhagen 1978 verabschiedete Erklärung des Rates zur Demokratie, die insbesondere die repräsentative Demokratie sowie den Schutz von Menschenrechten als Grundprinzipien der Gemeinschaft statuierte. Im Vorfeld der Osterweiterung wurde beim Europäischen Rat in Kopenhagen 1993 ein Katalog von Beitrittskriterien formuliert. Gemäß dieser so genannten Kopenhagener Kriterien muss ein Staat drei Bedingungen erfüllen, um EU-Mitglied werden zu können: (1) das politische Kriterium erfordert institutionelle Stabilität als Garantie für demokratische und rechtsstaatliche Ordnung, für die Wahrung der Menschenrechte sowie die Achtung und den Schutz von Minderheiten; (2) das wirtschaftliche Kriterium setzt eine funktionsfähige Marktwirtschaft sowie die Fähigkeit, dem Wettbewerbsdruck und den Marktkräften innerhalb der Union standzuhalten, voraus; (3) das *acquis*-Kriterium verpflichtet zur Übernahme des *acquis communautaire*, d.h. des gemeinschaftlichen Besitzstands an vertraglichen und sekundärrechtlichen Bestimmungen. Für die Aufnahme von Beitrittsverhandlungen mit den Staaten Südosteuropas wurde die Erfüllung zusätzlicher Kriterien wie etwa die Implementierung der so genannten Stabilisierungs- und Assoziierungsabkommen zur Bedingung gemacht.

Entscheidungsträger in der EU sind nationale und supranationale öffentliche Akteure, jedoch spielen auch private und nichtstaatliche Akteure als „Zivilgesellschaft" (z.B. Smismans 2006) eine zentrale Rolle im Mehrebenensystem. Der Zugang dieser Akteure zur supranationalen Politikarena wurde in vielen Fällen formalisiert, so hat die Kommission im Jahr 2000 ein Diskussionsforum mit NRO zum Thema Menschenrechte initiiert, an dem beispielsweise *Amnesty International* und *Human Rights Watch* teilnehmen. Auch werden Aktivitäten von NRO in Drittstaaten von der EU finanziell unterstützt. Das systematische Einbinden privater und nichtstaatlicher Akteure in die Gestaltung und Umsetzung supranationaler Politik wurde von der Europäischen Kommission wiederholt als besseres und demokratischeres Regieren propagiert.

3. Wandel, Reform und Bedeutung in der globalen Politik

Auf dem internationalen Parkett ist die EU mit ihren 27 Mitgliedsstaaten und mehr als 500 Millionen Unionsbürger/innen ein wichtiger wirtschaftlicher und politischer Akteur. Die EU setzt sich für eine auf Nachhaltigkeit ausgerichtete Energie-, Klima- und Umweltpolitik, eine ausgewogene Weltwirtschaftsordnung, sowie eine stabile, dem Multilateralismus verpflichtete internationale Sicherheitsarchitektur ein.

Organisationsinterne Herausforderungen

Die wichtigste interne Herausforderung ist derzeit der Umgang mit den wirtschaftlichen, sozialen und politischen Folgen der Wirtschafts- und Finanzkrise von 2008-2009 in den Mitgliedsstaaten sowie die damit einhergehende Schwächung der WWU. Die teils strukturell begründete, teils aus der Krise resultierende massive Staatsverschuldung innerhalb der Eurozone hat die Fragilität der Architektur der WWU vor Augen geführt und von den teilnehmenden Staaten ein neues Maß an zwischenstaatlicher Solidarität eingefordert. Institutionell wird sich dieser Moment des Wandels in neuen Regulierungsmechanismen und institutionellen Innovationen im Finanzsektor niederschlagen. Mittel- und längerfristig steht die EU vor der Herausforderung, ihrem mit der „Strategie 2020“ formulierten Ziel eines intelligenten, nachhaltigen und integrativen Wirtschaftswachstums gerecht zu werden.

Auch in Zukunft wird die Legitimität des europäischen Projektes auf dem Prüfstand stehen. Die Legitimitätsfrage stellt sich dabei in dreierlei Hinsicht: Erstens geht es um die demokratische Qualität des europapolitischen Prozesses, zweitens um Grundsatzfragen in der Politikgestaltung und drittens um die geographische Reichweite der Union. In Bezug auf demokratisches Regieren im Mehrebenensystem führt der Vertrag von Lissabon Neuerungen zur Stärkung der Input-Legitimität ein, die erst noch in der politischen Realität Bestand haben müssen. Beispiele sind die Möglichkeit eines EU-weiten Referendums und die stärkere Einbeziehung nationaler Parlamente. Die Erfahrung zeigt, dass eine Politisierung an sich keine Lösung darstellt, sondern in der Tendenz eher die politische Krise der EU weiter verschärft: Mit Bezug auf den repräsentativen Legitimationsstrang gibt die kontinuierlich absinkende Wahlbeteiligung bei den Wahlen des Europaparlaments – die im Widerspruch zu dessen zunehmender Bedeutung im politischen Entscheidungsprozess steht – Anlass zur Sorge. Während 1979 noch mehr als 60% der Wahlberechtigten von ihrem Stimmrecht Gebrauch machten, waren es bei der letzten Europawahl 2009 noch knapp über 40%. Auch der direktdemokratische Legitimationsstrang stellt keine Lösung dar, denn wiederholt wurden zentrale Vertragsreformen durch negative Referenden ausgebremst. Ein weiteres Indiz für Europamüdigkeit ist der wachsende Zuspruch, den euroskeptische Parteien in nationalen Parlamenten und im Europaparlament verbuchen können. Europaskeptische Stimmen aus dem linken politischen Spektrum sehen vor allem ein Ungleichgewicht in der Politikgestaltung zu Gunsten von Wirtschaftsinteressen und argumentieren, das „neoliberale“ Projekt Europa führe zum Sozialabbau. Euroskeptische Stimmen aus dem rechten politischen Spektrum heben ab auf den Verlust nationalstaatlicher Souveränität sowie kultureller Identität und stehen der Erweiterungspolitik der EU ablehnend gegenüber. Die Erweiterungsmüdigkeit ist gemäß Eurobarometerdaten in weiten Teilen der Bevölkerung verbreitet: Bei den Umfragen 2009 haben sich knapp über 40% der Unionsbürger/innen gegen zukünftige Erweiterungsrunden ausgesprochen, wobei die ablehnende Haltung mit über 60% insbesondere in Deutschland, Frankreich und Österreich besonders stark ausgeprägt war.

Externe Herausforderungen

Die EU sieht sich einer Vielzahl externer Herausforderungen im Bereich der Sicherheits- und Entwicklungspolitik gegenüber. Im Vertrag von Lissabon werden die Friedenssicherung und die Schaffung eines Raumes der Sicherheit, der Freiheit und des Rechts als vorrangige Ziele der EU aufgeführt (Art. 3.1-2 EUV). Innerhalb der GASP deuten weder die eher inkrementellen formalen Reformen noch die personelle Besetzung der neu geschaffenen Ämter auf eine stärkere Supranationalisierung der Politikgestaltung hin: Die Hohe Vertreterin der Europäischen Union für die Außen- und Sicherheitspolitik, die Britin Catherine Ashton, wurde überraschend nominiert und hat sich bis dato weder sachlich noch politisch profilieren können; der belgische Ratspräsident Herman van Rompuy war bis zu seiner Nominierung nicht europapolitisch aktiv und sieht seine Rolle vor allem als Mittler zwischen den Mitgliedsstaaten. Infolgedessen wird die EU sich auch in Zukunft im Bereich der klassischen Außen- und Sicherheitspolitik nicht als zentraler Akteur etablieren können.

Mit Bezug auf die Erweiterungspolitik stellt sich neben dem internen Problem der Erweiterungsmüdigkeit in der Bevölkerung als externe Herausforderung die Glaubwürdigkeit der EU im Umgang mit Kandidatenländern. Derzeit besitzen Island, Kroatien, die ehemalige jugoslawische Republik Mazedonien und die Türkei Kandidatenstatus, weitere südosteuropäische Länder sind potenzielle Kandidaten. Insbesondere die Gespaltenheit zwischen den Mitgliedsstaaten gegenüber einem Beitritt der bevölkerungsreichen und sozioökonomisch disparaten Türkei erschwert es der EU zentrale Reformschritte vor Ort anzustoßen und auch einzufordern. Ähnlich schwierig gestaltet sich die Umsetzung der Stabilisierungs- und Assoziierungsstrategie in Südosteuropa auf dem Gebiet der ehemals bestehenden Sozialistischen Föderativen Republik Jugoslawien. Wo die Beitrittsperspektive ganz fehlt, wie etwa gegenüber den mit der so genannten Nachbarschaftspolitik adressierten Anrainerstaaten, fällt es der EU als Normunternehmerin noch schwieriger, entsprechend Anreize für innenpolitischen Wandel in den Drittstaaten zu schaffen.

Im Bereich der ökonomischen Entwicklung will die EU ihre internationale Wettbewerbsfähigkeit gegenüber anderen Wirtschaftsmächten wie den USA oder China behaupten. Die EU kann mit Maßnahmen im Bereich der Forschungs- und Technologiepolitik sowie mit der Schaffung eines wachstumsfördernden regulativen Umfeldes dazu einen Beitrag leisten. Wettbewerb zwischen Wirtschaftsmächten ist dabei mitunter auch ein regulativer Wettbewerb darum, wer internationale Normen und Standards etwa im Gesundheits- und Umweltschutzes setzt. Gerade angesichts der relativen Schwäche anderer globaler Akteure möchte die EU im Bereich der Klima- und Umweltpolitik eine Vorreiter- und Führungsrolle übernehmen. Dies wird nur gelingen, wenn die EU zumindest ihre gesetzten „20-20-20“ Ziele erfüllt oder noch darüber hinausgehende Zielvereinbarungen trifft und auch implementiert. Eine europäische Energiepolitik wird in den nächsten Jahrzehnten nicht nur für das Erreichen der Klimaschutzziele eine Rolle spielen, sondern in den Außenbeziehungen angesichts des drängenden Themas der Energiesicherheit ein zentraler Aspekt sein.

4. Stand der Forschung

Die Theoretisierung der EU ist vielfältig und dem Forschungsgegenstand Rechnung tragend einem fortlaufenden Wandel unterzogen (wie bspw. diskutiert von Hooghe/Marks 2008). EU-Forscher/innen greifen auf Theorien und Konzepte der drei großen politikwissenschaftlichen Teilbereiche Internationale Beziehungen, Vergleichende Regierungslehre und Politische Theorie zurück. Zunächst stand die integrationstheoretische Debatte mit ihrem Fokus auf potenziellen Erklärungsfaktoren für die Herausbildung einer regionalen Organisation noch im Zeichen der Internationalen Beziehungen. Der akademische Diskurs polarisierte sich insbesondere zwischen Vertreter/innen des Neofunktionalismus mit ihrem Gründungsvater Ernst Haas (1968), sowie dem Liberalen Intergouvernementalismus vertreten durch Andrew Moravcsik (1998). Neofunktionalistische Ansätze heben ab auf die Prozesshaftigkeit der regionalen Integration, die auf zwischenstaatlicher Kooperation basierend einen Loyalitätstransfer hin zu einem neuen Zentrum nötig macht. Durch regionale Integration, so die Argumentation, werden neue Interdependenzen verursacht, die als so genannter *spill-over*-Effekt weitere Integrationsschritte begünstigen. Der Liberale Intergouvernementalismus hebt ab auf die Rolle nationaler Regierungen im zwischenstaatlichen Aushandlungsprozess, deren Verhandlungsposition sich vor allem aus innerstaatlichen Erwägungen speist. In der Außenperspektive sind Ansätze aus den Internationalen Beziehungen nach wie vor von zentraler Bedeutung, etwa wenn es um die Rolle der EU im internationalen Machtgefüge geht. Hier wurde dem besonderen Status der EU mit Begriffen wie „Zivilmacht" oder „normative Macht" Rechnung getragen (Bull 1982; Manners 2002). Der Begriff Zivilmacht hebt ab auf das Primat diplomatischer Kooperation zur internationalen Problembewältigung, auf die Bereitschaft zur Schaffung rechtsverbindlicher supranationaler Institutionen und allgemeiner auf die Bedeutung der EU als Wirtschaftsmacht. Wenn die EU als „Normunternehmerin" beschrieben wird, so bezieht sich dies auf ihre Kapazität, internationale Normkonzeptionen zu beeinflussen. In der Innenperspektive haben hingegen Theorien und Konzepte aus der Vergleichenden Regierungslehre sowie der Politischen Theorie an Bedeutung gewonnen. Zur Erfassung des dynamischen und integrativen Charakters der EU wird sie unter Anwendung unterschiedlicher theoretischer Stränge häufig als besondere Variante eines Mehrebenensystems konzeptionalisiert. Auch die systematische Untersuchung von Veränderungsprozessen nationaler Politiken, die innerhalb der theoretisch eher pluralistischen Europäisierungsliteratur eine zentrale Rolle spielt (Börzel/Risse in Jørgensen et al. 2006), kommt ohne das Instrumentarium des Ländervergleichs nicht aus. Schließlich gewinnt mit der Verlagerung von Kompetenzen auf die supranationale Ebene die Frage des effektiven und legitimen Regierens an Relevanz (Majone 1999; Scharpf 1999), so dass auch demokratietheoretische Ansätze in der EU-Literatur einen prominenten Platz einnehmen (Føllesdal/Hix 2006). Trotz der Ausdifferenzierung der Europaforschung kann ein institutionalistischer Trend als verbindende Klammer gesehen werden, wobei die theoretische Trennungslinie hier grundsätzlich zwischen rationalistischen Ansätzen einerseits und konstruktivistischen Ansätzen andererseits verläuft (Pollack 2001).

Literatur

Wichtige Primärquellen:

Konsolidierte Fassungen des Vertrags über die Europäische Union und des Vertrags über die Arbeitsweise der Europäischen Union, Amtsblatt der Europäischen Union, C 115, 51. Jahrgang, 9. Mai 2008.

Basislektüre zur EU:

Bull, Hedley 1982: Civilian Power Europe: A Contradiction in Terms?, in: Journal of Common Market Studies, 21:2, S. 149-64.
Diez, Thomas/Antje Wiener 2009: European Integration Theory. 2. Auflage. Oxford: Oxford University Press.
Haas, Ernst B. 1968: The Uniting of Europe: Political, Social and Economic Forces 1950-1957, 2. Auflage. Stanford: Stanford University Press.
Jørgensen, Knud/Mark Pollack/Ben Rosamond (Hg.) 2006: Handbook of European Union Politics. London: Sage.
Føllesdal, Andreas/Simon Hix 2006: Why There is a Democratic Deficit in the EU: A Response to Majone and Moravcsik, in: Journal of Common Market Studies, 44:3, S. 533-562.
Majone, Giandomenico 1999: The Regulatory State and Its Legitimacy Problems, in: West European Politics, 22:1, S. 1-24.
Manners, Ian 2002: Normative Power Europe: A Contradiction in Terms? in: Journal of Common Market Studies, 40:2, S. 235-258.
Pollack, Mark A. 2001: International Relations Theory and European Integration, in: Journal of Common Market Studies, 39:2, S. 221-44.
Moravcsik, Andrew 1998: The Choice for Europe: Social Purpose and State Power from Messina to Maastricht. London: UCL Press.
Rosamond, Ben 2000: Theories of European Integration. Houndmills/Basingstoke: Palgrave.
Scharpf, Fritz W. 1999: Governing in Europe. Effective and Democratic? Oxford/New York: Oxford University Press.
Smismans, Stijn (Hg.) 2006: Civil Society and Legitimate European Governance. Cheltenham UK/Northampton, MA: Edward Elgar.

Aktuelle Beiträge:

Hill, Christopher/Michael Smith (Hg.) 2010: International Relations and the European Union. 6. Auflage. Oxford/New York: Oxford University Press.
Hooghe, Lisbeth/ Gary Marks 2008: European Union?, in: West European Politics, 31:1/2, S. 108-129.
Wallace, Helen et al. (Hg.) 2010: Policy-Making in the European Union, 6. Auflage. Oxford/New York: Oxford University Press.

Europarat

Olaf Melzer

Vollständige Bezeichnung:

Europarat (*Council of Europe*)

1. Entstehung, Ziele, Aufgaben

Der Europarat ist eine klassische zwischenstaatliche Organisation. Er verdankt seine Gründung zum einen den verschiedenen europäischen Einigungsbewegungen, die im kriegsgeschüttelten Nachkriegseuropa auf dem Haager Europakongress (auch: Pan-Europakongress) im Mai 1948 zusammenkamen. Inspiriert durch die Rede Winston Churchills in Zürich („Founding the United States of Europe") im September 1946, versammelte der Kongress die meisten der damaligen pro-europäischen Bewegungen einschließlich Angehöriger der Exilgruppen aus Mittel- und Osteuropa (zur Entstehungsgeschichte: Brummer 2008) sowie einige prominente ehemalige nationale europäische Politiker wie Winston Churchill, Leon Blum, Alice de Gasperi und Paul Henri Spaak. Zum anderen wurde die politische Dimension der Konferenz durch die gleichzeitige Entwicklung einer engeren europäischen Kooperation durch die fünf Brüsseler Paktstaaten (Belgien, Frankreich, Großbritannien, Luxemburg, Niederlande) auf Regierungsebene erweitert. Im Londoner Zehnmächtepakt unterschrieben sie am 5. Mai 1949 das Statut des Europarats und gründeten somit die erste Organisation der europäischen Integration. Gründungsstaaten waren Belgien, Dänemark, Frankreich, Irland, Italien, Luxemburg, die Niederlande, Norwegen, Schweden und Vereinigtes Königreich. Die Europäische Gemeinschaft (EG) wurde erst acht Jahre später mit einem Wirtschaftsfokus gegründet.

Der Gründung des Europarats waren intensive Debatten über Form, Funktion und Auftrag der Organisation vorausgegangen. Während die Unionisten für eine traditionelle zwischenstaatliche Organisation mit uneingeschränkter Souveränität der Nationalstaaten standen und sich auch durchsetzten, wünschten die Föderalisten schon damals eine Übertragung von Teilen der wirtschaftlichen, politischen und auch militärischen Souveränität an eine zu schaffende „Europäische Union". Diese Debatten setzten sich im Verlauf der Geschichte der Europäischen Integration in den EG-Gremien fort. Die Gründungsväter des Europarats konnten sich nicht über eine vollwertige europäische Organisation mit funktionalen Eigenschaften einigen, weil sie keine nationalstaatlichen Funktionen auf die zwischenstaatliche Ebene abgeben wollten. Der Europarat sollte allen europäischen Staaten (in Ost und West) offenstehen und als Garant eines vereinigten Europas der Nachwelt Frieden sichern. Gemäß Art. 1 der Satzung soll er eine größere Einheit unter den europäischen Staaten fördern, die auf dem gemeinsamen Erbe Europas beruht.

Folgerichtig war eine der ersten Amtshandlungen die Schaffung einer Europäischen Konvention zum Schutze der Grundfreiheiten und Menschenrechte (EMRK), die am 3. September 1953 in Kraft trat. Wenngleich von der Allgemeinen Erklärung der Menschenrechte der → Vereinten Nationen inspiriert, ging der Europarat darüber hinaus und schuf einen verbindlichen Mechanismus zur Regelung etwaiger Menschenrechtsverletzungen, indem er die europäische Menschenrechtskommission und später den Gerichtshof etablierte. Das zweigeteilte Verfahren (Kommission und Gerichtshof) wurde 1998 aufgehoben und der permanente Gerichtshof für Menschenrechte (EGMR) in Straßburg etabliert. Weltweit einmalig ist die Möglichkeit, bei Menschenrechtsverletzungen nach Erschöpfung des nationalen Rechtswegs Individualbeschwerden vor dem EGMR in Straßburg einzureichen. Als Gründer der EMRK gilt er als Hüter der Menschenrechte in einem seit 1989 erweiterten Gesamteuropa für 800 Millionen Europäer in 47 Mitgliedsstaaten.

Die Idee des Haager Kongress' war, die friedliche Neuordnung Europas mittels der Etablierung einer überstaatlichen Organisation zu erreichen. Das liest sich in der Satzung des Europarats erkennbar allgemeiner: Die Schaffung einer „größeren Einheit" in Europa – dieser offiziell formulierte Auftrag des Europarats verschafft ihm ein nahezu grenzenloses Mandat über alle politischen, rechtlichen, kulturellen, gesellschaftlichen und wirtschaftlichen Aufgabenbereiche mit der explizit aufgeführten Ausnahme des Verteidigungsressorts. Die zehn Gründerstaaten verstanden sich als Gesinnungsgemeinschaft und schrieben die Offenheit des Europarats für die östlichen europäischen Länder sogar in die Satzung. Durch die Machtergreifung der Kommunisten in Prag 1948 und des sich abzeichnenden Ost-West-Gegensatzes blieb die Offenheit bis Mitte der 1980er Jahre nur mehr politisches Programm. Im Kalten Krieg war der Europarat fest eingebunden in das Koordinatensystem der Blockpolitik.

Bis 1989 nahm der Europarat nur Demokratien auf. Entsprechend war die Mitgliedschaft kommunistischer Staaten Mittel- und Osteuropas vor 1989 nicht möglich. Erst seit Ende des Ost-Westkonflikts öffnete sich der Europarat für die Integration der MOEL. Der Auftrag, der Demokratieförderung in den beitrittswilligen MOEL explizit kam hinzu und wurde auf dem ersten Gipfeltreffen der Staats- und Regierungschefs des Europarats in Wien 1993 konkretisiert.

2. Aufbau

Der Europarat basiert auf der Satzung aus dem Jahre 1949, die seither unverändert ist. Allerdings wurden mittels sog. Statutarischer Resolutionen *de facto* und *de iure* die Befugnisse der Organe erweitert (Wittinger 2005). Der Europarat besteht ursprünglich aus zwei Organen, dem Ministerkomitee (früher: Ministerrat) als Exekutivorgan und der Parlamentarischen Versammlung (früher: Beratende oder Allgemeine parlamentarische Versammlung). Der seit 1957 bestehende permanente Ausschuss der Gemeinden und Regionen Europas wurde 1994 als Kongress institutionalisiert. Seither berät der Kongress der Gemeinden und Regionen Europas (KGRE) die beiden Hauptorgane. Der KGRE setzt sich aus zwei Kammern, der Kammer der Gemeinden und der Kammer der Regionen zusammen.

Das Ministerkomitee (MK) besteht aus den Außenministern der Mitgliedsstaaten, die sich jährlich nur ein Mal in dieser Form treffen. Deswegen haben sie zusätzlich ein Gremium der permanenten Stellvertreter der Außenminister gebildet, das wöchentlich mehrmals zu verschieden Themen und Aufgaben tagt. Alle zwei Monate finden zusätzlich für drei Tage Treffen zur Überwachung des in der Satzung und in der EMRK vorgesehenen Menschenrechtsschutzes in Europa statt. Hier erfüllt das MK auch die Aufgabe, die Einhaltung der Urteile des Gerichtshofs durch die Mitgliedsstaaten zu überwachen. Durch die seit der Erweiterung notwendig gewordenen internen Reformen des Europarats und durch das Engagement der Parlamentarischen Versammlung und von NRO werden zunehmend Informations- und Arbeitspapiere publiziert.

Die 318 Mitglieder der Parlamentarischen Versammlung (PV) und ebenso viele Stellvertreter setzen sich aus gewählten Parlamentariern aller Mitgliedsländer in fünf Fraktionen zusammen: die Sozialdemokratische (SOC), die Fraktion der Europäischen Volkspartei (EPP/CD), die Europäische Demokratische Fraktion (EDG), die Allianz der Liberalen und Demokraten (ALDE) und die Fraktion der Vereinigten Europäischen Linken (UEL). Die PV tagt vierteljährlich einwöchig in Straßburg und hat sich den Ruf des „Gewissens Europas“ erarbeitet. Schwerpunkt ist der Menschenrechtsschutz und die Einhaltung der Trias in allen Mitgliedsstaaten. Diesbezüglich überwacht sie u.a. die bei Beitritt eingegangenen Verpflichtungen der Mitgliedsstaaten (*Monitoring*) wie z.B. die Umsetzung der Europäischen Sozialcharta oder die Einführung von *e-governance*. Grundsätzlich stehen alle relevanten Themen der europäischen Zusammenarbeit auf der Agenda, und in vielen Bereichen entwickelt sie *best practice* Verfahren. Wichtige inhaltliche Arbeit wird vor allem durch die Fachausschüsse des Europarats geleistet wie z.B. dem Ständigen Ausschuss, dem Ausschuss für Recht und Menschenrechte und dem Politischen Ausschuss. Seit Gründung haben diese und die anderen Ausschüsse auch kontroverse Themen für die PV bearbeitet oder vorbereitet. So können Themen wie der Tschetschenienkonflikt permanent durch den Europarat begleitet werden, Ad-hoc-Treffen mit Ministern anberaumt oder Beratung zu Verfassungs- oder Strafrechtsthemen für einzelne Länder vorbereitet werden. Die PV wählt einen Präsidenten und mehrere Stellvertreter, die Richter des Gerichtshofs für Menschenrechte sowie den Generalsekretär des Europarats.

Das Generalsekretariat unterstützt die Organe des Europarats in ihrer Arbeit. Die PV wählt alle fünf Jahre den Generalsekretär und einen Stellvertreter. Im November 2009 wurde der Norweger Thorbjoern Jagland zum Generalsekretär des Europarats gewählt und löste somit seinen Vorgänger, den Briten Terry Davies ab. Stellvertretende Generalsekretärin ist bereits seit 2007 in ihrer zweiten Amtszeit die Niederländerin Maud de Boer Buquicchio. Der Generalsekretär verfügt über ein persönliches Büro sowie zehn Generaldirektorate, die ihn unterstützen. Im Direktorat für Strategische Planung laufen beispielsweise seit 1999 die Fäden für die Planung der Kooperationsprogramme mit den MOEL zusammen.

Nicht als eigentliches Europaratsorgan, aber als fest etablierte und aus der EMRK hervorgegangene Institution ist der EGMR in Straßburg zu nennen, der seit 1998 als permanenter Gerichtshof die vorherige Arbeitsteilung zwischen Europäischer Menschenrechtskommission und Europäischem Gerichtshof für Menschenrechte aufhob. Diese organisatorische Reform des Menschenrechtsschutzsystems war notwendig geworden u.a. wegen der rasant steigenden Anzahl der Beschwerden in den 1990er Jahren in der Folge der Aufnahme neuer Mitglieder aus Mittel- und Osteuropa. Zusätzlich reagierte der Europarat auf die steigenden Anforderungen des Menschenrechtsschutzes in einem erweiterten Europa mit der Schaffung des Amtes eines Kommissars für Menschenrechte im Jahre 1999.

Seit dem Ende des Ost-Westkonflikts und der seither gewachsenen Bedeutung und Aufgaben des Europarats (Integration der MOEL und Demokratieförderung ebenda) fanden 1993 in Wien, 1997 in Straßburg und 2005 in Warschau je ein Gipfeltreffen der Staats- und Regierungschefs der Mitgliedsstaaten des Europarats statt. Hier wurden die jeweiligen Zukunftsaufgaben sowie politische Strategien mit erheblicher und für den Europarat neuartiger Öffentlichkeitswirksamkeit formuliert.

3. Wandel, Reform und Bedeutung in der globalen Politik

Der Europarat legte zusammen mit der OEEC (Vorgängerorganisation der heutigen → OECD) die Grundlage für die seither weit fortgeschrittene politische und wirtschaftliche europäische Einigung. Es ist unterschiedlichen politischen europäischen Integrationsideen geschuldet, dass der Europarat in der öffentlichen Wahrnehmung ab 1957 in den Hintergrund trat. Fortan standen die EGKS und die Europäischen Gemeinschaften sowie die daraus entstehende Dynamik der wirtschaftlichen Einigung Europas im Vordergrund, auf deren Grundlage die politische und weitere Einigung Europas weitergeführt wurde. Gleichwohl führte der Europarat seine Arbeit kontinuierlich fort. Die Bedeutung für den seither wachsenden einheitlichen europäischen Rechtsraum der 47 Mitgliedsstaaten ist am besten mit der EMRK und der EGMR sowie den 207 anderen Konventionen des Europarats (Stand: Juni 2010) belegt, die in den letzten 60 Jahren vereinbart wurden und alle Mitgliedsstaaten völkerrechtlich binden. Die Konventionen reichen inhaltlich von Arzneimittelschutz über die frühe Anerkennung nationaler Abschlüsse der Mitgliedsländer in der Anfangsphase der europäischen Zusammenarbeit, Patentschutz und Produkthaftpflicht bis hin zur EMRK, der Europäischen Sozialcharta und dem Minderheitenschutz sowie den ersten europaweiten Konventionen zum Schutz vor Terrorismus in den 1970er Jahren. So setzt der Europarat bis heute Standards für den Menschenrechtsschutz in Europa.

Kann nach der Gründungsphase vor allem eine „Westeuroparatsphase" bis 1989 benannt werden, wurde mit der Erweiterungspolitik ab 1989 der auf die Gründungsidee zurückgehende Gesamteuroparat umgesetzt. Auch wenn es in den Entspannungsphasen des Kalten Kriegs in den 1960er Jahren Signale zur Bereitschaft einer Zusammenarbeit mit Osteuropa gegeben hatte, nahm in den 1970ern während des KSZE-Prozesses (→ OSZE) die Wahrnehmung des Europarats generell etwas ab. Erst die 1980- und 90er Jahre brachten mit den multidimensionalen Transformationen in Mittel- und Osteuropa eine spürbare Aufwertung des Europarats. Er weitete die Zusammenarbeit mit Jugoslawien, Polen und Ungarn in technischen Bereichen ab Mitte der 1980er Jahre aus. 1987 wurde erstmalig ein völkerrechtlicher Vertrag, die Europäische Kulturkonvention mit Jugoslawien, unterzeichnet. Vereinbarungen mit den anderen osteuropäischen Staaten folgten, und die Parlamentarische Versammlung begann, auf inter-parlamentarischer Ebene Kontakte zu knüpfen. Diese mündeten in die Schaffung des Besonderen Gaststatus, der seit 1989 sukzessiv den Transformationsländern Mittel- und Osteuropas verliehen wurde. Hier erhielten die neu gewählten Mitglieder der nationalen osteuropäischen Parlamente der MOEL einen Gaststatus samt Rederecht (aber vorerst ohne Stimmrecht) in der Parlamentarischen Versammlung des Europarats. Mit Hilfe dieses Status wurde eine rasche Annäherung an den Europarat ermöglicht, die bis 1997 17 Ländern aus Mittel- und Ost- und Südosteuropa und dem Baltikum die Integration in den Europarat ebnete. 2010 hat der Europarat 47 Mitgliedsstaaten und umfasst damit alle europäischen Länder bis auf Weißrussland und den Kosovo.

Der Europarat öffnete sich im Gegensatz → EU und → NATO früh nach Osten und leitete ebenso rasch interne Reformen ein. Der Aufnahmeprozess wurde erheblich überarbeitet, indem sukzessive ein komplexes Monitoringsystem aus politischen und rechtlichen Mechanismen aufgebaut wurde. Beispielsweise bietet die Venedig-Kommission für Demokratie durch Recht seit 1990 den jungen Demokratien aus Mittel- und Osteuropa Beratung und Hilfe in Staatsrechts- und Verfassungsthemen an. Zudem füllt der neu geschaffene Menschenrechtskommissar seit 1999 die Lücke zwischen rechtlicher Kontrolle durch die EMRK und EGMR und den politischen Gremien wie PV und MK. Auf operativer Ebene wurde seit 1989 in staatlichen bi- und multilateralen Kooperationsprogrammen mit zahlreichen Maßnahmen und Aktionsprogrammen, Seminaren, Konferenzen, Studienbesuchen und interparlamentarischem Austausch die Trias des Europarats in den MOEL gefördert. Hinzu kommen die „Joint Programmes“ zwischen dem Europarat und der Europäischen Kommission, die in Kofinanzierung die gemeinsamen Ziele der Trias und der Schaffung eines einheitlichen europäischen Rechtsraumes fördern. Sie bieten z.B. im gemeinsamen Kampf gegen Geldwäsche (Programm MOLI-RU) zugleich Raum für die Abstimmung der Demokratieförderungspolitik von Europarat und EU in Russland.

Mit den Anforderungen stieg auch die Kritik am Europarat. Die umstrittene Aufnahme Russlands in den Europarat 1996 zeigte das Spannungsverhältnis zwischen zwei politischen Verfahren auf: Die Aufnahme von Transformationsländern zur Heranführung an die Normen und Werte des Europarats und der EU, d.h., der Auftrag der Demokratieförderung vs. die Aufnahme von jungen Demokratien zur Konsolidierung sowie Einbindung in ein europäisches System, d.h., dem Ziel der europäischen Integration. Russlands Aufnahmeprozess währte von 1992 bis 1996 und wurde auf Grund des Kriegs in Tschetschenien von der PV für ein halbes Jahr ausgesetzt. Die Reformen des russischen Rechtssystems sind trotz vieler Erfolge aus Sicht der Europaratsstandards noch nicht erfüllt, die Menschenrechtssituation vielerorts ungenügend. Menschenrechtsgruppen werfen dem Europarat Untätigkeit und Inkonsequenz gegenüber Russland, Rumänien und der Türkei vor. Die meisten Beschwerden vor dem EGMR werden gegen diese Länder geführt. Umfangreiche Bemühungen zur Demokratieförderung seit Beginn der 1990er Jahre in den neuen Mitgliedsländern und vor allem in Russland zeigen bis heute herausragende, aber auch einige ambivalente Ergebnisse auf.

Zugleich kam dem Europarat seit 1989 eine strategische Bedeutung zu, waren doch die EG und die NATO mit Aufnahmeanfragen der MOEL zu Beginn der 1990er Jahre eindeutig überfordert. Über eine „Ostpolitik" für Nicht-EU Aspiranten verfügte die EU bis 2003 nicht, der Europarat bot sich hingegen 1989 als die ideale „Übergangsorganisation" an. Er begann mit der Erweiterung nach Osteuropa und erhielt mit dem 1993 verabschiedeten Konzept der Demokratischen Sicherheit eine Grundlage für externe Demokratieförderung in MOE. Zwar konnte er auf die Südeuropaerweiterung in Spanien und Portugal als positive Erfahrung zurückgreifen, aber entwicklungspolitische Aufgaben wie Demokratieförderung, *capacity-building* und Verfassungsentwicklung sowie Richter- und Staatsanwälteausbildung gehörten bis dato nicht in sein Ressort. Sein innerhalb kurzer Zeit entwickeltes Instrumentarium ist dafür umso beeindruckender. Hilfreich waren sicher die Integrationsaussicht/Aufnahmeaussicht der Zielländer sowie der europäisch-kulturelle Hintergrund in MOE.

Kritiker sahen den Europarat vor allem an der Bandbreite seiner Aufgaben überfordert. Das traf insbesondere für die Dekade von 1995 bis 2005 zu. Die seither erarbeiteten internen Reformen im Europarat und EGMR haben die Fokussierung auf den Menschenrechtsschutz verdeutlicht. Auch das steigende Engagement der EU-Grundrechtsagentur erschien als unnötige Konkurrenz. Mit dem Juncker-Report (2006) sowie dem folgenden *Memorandum of Understanding* zwischen EU und Europarat (Juni 2007) sind die Kompetenzrangeleien im Menschenrechtsschutz in Europa zu Gunsten der EMRK und gegen die Europäische Grundrechtsagentur entschieden. Der lang ersehnte und umstrittene Beitritt der EU zur EMRK, der erst durch den Lissabon-Vertrag (Dez. 2007) möglich wird, wird seit Juli 2010 verhandelt. Die Zusammenarbeit zwischen beiden Organisationen wird zusehends besser; von vielen unbemerkt übernimmt die EU bereits in vielen Bereichen Arbeitsergebnisse des Europarats als Grundlage für eigene Beurteilungen über Mitgliedsländer. Dennoch bleibt die Intensivierung der Kooperation und Koordination zwischen Europarat und EU eine wichtige Aufgabe für die Zukunft. Der neue Generalsekretär des Europarats hat sein aktuelles Reformprogramm (2010) den Organen des Europarats bereits vorgelegt; die ersten Reaktionen sind vielversprechend.

4. Stand der Forschung

Der Europarat findet in der Forschung wenig Beachtung – ausgenommen von einiger Aufmerksamkeit in seiner Gründungsphase in den 1950er Jahren. Erst seit dem Ende des Ost-Westkonflikts 1989 erfuhr er eine Renaissance in Politik und Forschung. Er galt lange als „Vorhof" zu den Europäischen Gemeinschaften sowie später zur EU. 1989 avancierte er zum primären Forum der Kooperation und raschen Integration der mittel- und osteuropäischen Länder (MOEL) in die europäischen Institutionen. Frühere Studien behandeln den Europarat am Rande oder im Entstehungskontext der Europäischen Integration. Viele Studien aus der Rechtswissenschaft konzentrieren sich auf die Europäische Menschenrechtskonvention (EMRK) und den damit verbundenen Gerichtshof für Menschenrechte (EGMR) in Straßburg.

Es folgen historisch-analytische und empirische Arbeiten aus der Geschichts- und Politikwissenschaft (Holtz 1999; Bauer 2000; Roth 2004; Sticht 2006), die transformationstheoretisch (Sticht 2006), konflikttheoretisch (Brummer 2005), institutionalistisch (Brummer 2008) oder interdisziplinär zeitgeschichtlich, rechts- und politikwissenschaftliche Einordnungen (Melzer 2010) vornehmen.

Literatur

Wichtige Primärdokumente

Dokumente des Europarats siehe Internetseite (http://www.coe.int, Zugriff am 31.10.2010).

Basislektüre zum Europarat:

Bauer, Hans Joachim 2000: Der Europarat nach der Zeitenwende 1989-1999. Regensburger Schriften zur Auswärtigen Politik, Bd. 2. Hamburg: Lit Verlag.

Brummer, Klaus 2005: Konfliktbearbeitung durch internationale Organisationen. Wiesbaden: Verlag für Sozialwissenschaften.

Brummer, Klaus 2008: Der Europarat. Eine Einführung. Wiesbaden: Verlag für Sozialwissenschaften.

Holtz, Uwe 1999: 50 Jahre Europarat. Schriften des Europäischen Zentrums für Integrationsforschung, Band 17. Baden-Baden: Nomos.

Roth, Michèle 2003: Der Einfluss des Europarats auf die demokratische und menschenrechtliche Transformation der baltischen Staaten, Europäische Hochschulschriften, Reihe 21, Bd. 479. Bonn: Universität Bonn.

Wittinger, Michaela 2005: Der Europarat: Die Entwicklung seines Rechts und der „europäischen Verfassungswerte“. Baden-Baden: Nomos.

Aktuelle Beiträge:

Melzer, Olaf 2012 (Manuskript): Der Europarat als Demokratieförderer in Russland, 1992–2006.

Sticht, Monika 2006: Der Beitrag des Europarates zur demokratischen Transformation in Mittel- und Osteuropa seit 1989 am Beispiel von Ungarn, Rumänien und Aserbaidschan. Berlin: Wissenschaftlicher Verlag Berlin.

FAO

Andrea Liese

Vollständige Bezeichnung:

Ernährungs- und Landwirtschaftsorganisation der Vereinten Nationen (*Food and Agriculture Organization of the United Nations*, FAO)

1. Entstehung, Ziele und Aufgaben

Die Ernährungs- und Landwirtschaftsorganisation der → Vereinten Nationen, englisch *Food and Agriculture Organization of the United Nations* (FAO), ist die derzeit älteste internationale Organisation zur Förderung der weltweiten Ernährungssicherheit und – gemessen an ihrer Finanz- und Personalausstattung – eine der größten VN-Sonderorganisationen. Ihr Logo enthält als Symbol eine Ähre und das Motto „fiat panes", lateinisch für „es soll Brot geben". Dementsprechend wirkt sie seit ihrer Gründung auf die Steigerung der landwirtschaftlichen Produktivität, den Pflanzenschutz und die Ernährungssicherung hin, vor allem in Transformations- und Entwicklungsländern. Sie ist somit im engen Sinne für das Politikfeld Entwicklung relevant.

Entstehung

Die FAO ist eine VN-Sonderorganisation. Der Kreis der Mitglieder umfasst 191 Staaten und eine Regionalorganisation (→ Europäische Union) sowie ein assoziiertes Mitglied (Faröer Inseln). Aus der Gruppe der VN-Mitgliedsstaaten fehlen lediglich Liechtenstein und Singapur (Stand: Juni 2010).

Ihre Entstehung geht zurück auf eine Initiative des damaligen US-Präsidenten Franklin D. Roosevelt, der im Frühjahr 1943 in Hot Springs eine Konferenz für Nahrung und Landwirtschaft (*United Nations Conference on Food and Agriculture*) einberief. Diese sollte die Ungleichverteilung von Nahrung weltweit adressieren. So heißt es in der Konferenzerklärung: „This conference, meeting in the midst of the greatest war ever waged, […] declares its belief that the freedom from want of food […] can be achieved". Als Vorläufer der FAO gilt das Internationale Institut für Landwirtschaft (*International Institute of Agriculture*), das

1905 vom italienischen König gegründet wurde und 1948 in der FAO aufging. Dieses Institut legte den Grundstein für die internationale Kooperation in der Landwirtschaft: Es entwickelte das erste System zur statistischen Datenerfassung und organisierte zwischen 1920 und 1934 zahlreiche Konferenzen, bis es 1934 seine erste Mitgliedsversammlung abhielt. Der australische Vertreter im ständigen Gremium dieses Instituts, Frank L. McDougall, gilt als intellektueller Vater von Roosevelts Initiative zur Gründung einer internationalen Organisation für Ernährung und Landwirtschaft (O'Brian 2000: 174).

Gegründet wurde die FAO am 16. Oktober 1945 in Quebec (Kanada). Ihr Sitz befand sich zunächst in Washington, DC, seit 1951 ist sie jedoch in Rom ansässig.

Der Kreis der ursprünglich 42 Mitglieder hat sich vor allem ab den 1960er Jahren stetig erweitert. Das Aufnahmeverfahren ist in Art. 2 der FAO-Verfassung geregelt: Der antragsstellende Staat muss demnach eine Erklärung abgeben, dass er die Verpflichtungen der Verfassung übernimmt, und eine Zweidrittelmehrheit (der mindestens zur Hälfte anwesenden) Mitglieder der Konferenz muss dem Mitgliedsantrag zustimmen. Die gleichen Erfordernisse gelten auch für Regionalorganisationen. Bislang wurde einzig die Europäische Union Mitglied der FAO (November 1991). Gemäß Art. 19 der FAO-Verfassung besteht die Möglichkeit des Austritts, wenn ein Mitglied frühestens vier Jahre nach seinem Beitritt seinen Rückzug erklärt – der mit der Frist eines Jahres gültig wird – und seine finanziellen Verpflichtungen, einschließlich jenen aus dem Jahr, in dem die Benachrichtigung über den Rückzug wirksam wird, erfüllt hat. Die Tschechoslowakei, Polen, Ungarn und Südafrika waren der Organisation zwischen 6 und 29 Jahren fern geblieben, dann jedoch wieder eingetreten. Die Mitgliedschaft Taiwans endete 1952.

Finanziert wird die FAO durch reguläre Mitgliedsbeiträge, die nach einem die Wirtschaftskraft berücksichtigenden Schlüssel zu entrichten sind. Zudem nimmt die FAO freiwillige Sonderzuweisungen entgegen. Der letzte Zweijahreshaushalt 2010/11 betrug US$ 2,26 Mrd. und setzte sich aus US$ 1 Mrd. regulärem Budget und US$ 1,26 Mrd. freiwilligen Zuweisungen zusammen.

Ziele und Aufgaben der FAO

Die FAO wurde 1945 mit dem Ziel gegründet, zu besserer Ernährung und höherem Lebensstandard beizutragen, die Herstellung und Verteilung von Nahrungsmitteln und landwirtschaftlichen Produkten effizienter gestalten zu helfen, die Lebensbedingungen der ländlichen Bevölkerung zu verbessern und somit Weltwirtschaftswachstum zu ermöglichen. Seit einer Verfassungsergänzung im Jahre 1965 hat die FAO zudem explizit die Aufgabe, die Menschheit von Hunger zu befreien. Art. 1 der Verfassung legt drei wesentliche Aufgaben fest:

- Das Sammeln, Auswerten und Verbreiten von Informationen über die Landwirtschaft (Fischerei- und Forstwirtschaft mit eingeschlossen);
- Die Förderung verschiedener nationaler und internationaler Anstrengungen zur Agrarentwicklung, zum Schutz natürlicher Ressourcen und der verbesserten Verarbeitung und Verteilung von Nahrungsmitteln und landwirtschaftlichen Erzeugnissen;
- Die Einrichtung und Durchführung von sektoralen Entwicklungsprogrammen und länderbezogenen Programmen der technischen Hilfe.

(1) Die Informationssammlung, -verarbeitung und –verbreitung bildet einen Aufgabenbereich, der als unverzichtbar angesehen wird und in dem die FAO Ansehen genießt, auch wenn ihr eigener Forschungsbeitrag als ausbaufähig eingestuft wird (Liese 2009: 54). Hervorzuheben sind (a) die seit 1986 bestehende, unter der Abkürzung FAOSTAT bekannte Sammlung zu über 1000 land-, forst- und waldwirtschaftlichen Rohstoffen und Produkten, die über eine Million zeitreihenbezogene Einträge aus über 210 Ländern und Gebieten umfasst und (b) das Mitte der 1970er Jahre eingerichtete weltweite Informations- und Frühwarnsystem für Ernährung und Landwirtschaft (*Global Information and Early Warning System on Food and Agriculture,* GIEWS), das Daten zur Ernährungssicherheit beinhaltet.

(2) Zur Erfüllung ihrer zweiten Aufgabe hat die FAO etliche Konferenzen einberufen, Standards entwickelt und Regierungen beraten. (a) Seit den 1960er Jahren ruft die FAO die internationale Gemeinschaft kontinuierlich zur Bekämpfung des Hungers auf. Wichtige Initiativen und Konferenzen sind die Freedom from Hunger Campaign (1960-1970), der Welternährungsgipfel 1996 (und die Nachfolgekonferenz 2002) und der Welternährungsgipfel 2009. Die normative Wirkung der Konferenzen wird vor allem mit Blick auf die Nahrungssicherheit deutlich: In der Erklärung von Rom zur Welternährungssicherheit 1996 bekräftigten die Staats- und Regierungschefs „das Recht jedes Menschen auf Zugang zu gesundheitlich unbedenklichen und nährstoffreichen Nahrungsmitteln im Einklang mit dem Recht auf Nahrung und dem grundlegenden Recht eines jeden Menschen, frei von Hunger zu sein". Gleichsam verpflichtete sich die internationale Gemeinschaft auf die Halbierung des Hungers bis 2015 – dieses Ziel fand 2000 Eingang in die Millenniumserklärung der → VN. Der Aktionsplan zum Welternährungsgipfel in Rom fordert zudem, „die inhaltliche Bedeutung" des Rechtes auf Nahrung und des Schutzes vor Hunger „zu klären" und der Umsetzung dieses Rechtes „besondere Aufmerksamkeit zu widmen". Stetig warnt die Organisation vor den ungenügenden Fortschritten bei der Verwirklichung des Rechts auf Nahrung und prangert das Fehlen von Investitionen in die Landwirtschaft an. Zudem hat die FAO (b) etliche internationale Standards entwickelt, die vor allem von den Industrieländern geschätzt werden. Zentrale Rechtsinstrumente sind das Internationale Pflanzenschutzübereinkommen (1951/1952), der Internationale Verhaltenskodex für das Inverkehrbringen und die Anwendung von Pestiziden (1985), der Verhaltenskodex für verantwortungsvolle Fischerei (1995), der Internationale Vertrag über pflanzengenetische Ressourcen für Ernährung und Landwirtschaft (2001/2004, auch „Internationaler Saatgutvertrag"), die Freiwilligen Richtlinien für das Recht auf Nahrung (2004). Gemeinsam mit der WHO schuf die FAO 1961 die Kodex-Alimentarius-Kommission, die Qualitätsstandards für Nahrungsmittel festlegt. (c) Seit Jahrzehnten berät die FAO Regierungen bei der Förderung landwirtschaftlicher Investitionen und zu einzelnen Sektoren (etwa der Fischereiwirtschaft). Seit 1994 beriet sie zudem über hundert Staaten bei der Entwicklung und Umsetzung von Programmen zur Ernährungssicherheit. Adressaten der Beratungstätigkeit sind neben Regierungsstellen auch Kleinbauern. Ihre sektoralen Programme genießen in der Regel hohes Ansehen.

(3) Im Bereich der technischen Hilfe ist die FAO sowohl in der Katastrophenhilfe (White 1999) als auch in speziellen Programmen zur Ernährungssicherheit aktiv. Ein Dorn im Auge ist vielen Mitgliedern das 1976 unter dem siebten Generaldirektor, Edouard Saouma, aufgelegte *Technical Cooperation Programme*, das von Mitgliedsstaaten direkt angefragt werden kann. Wegen angeblicher Ineffektivität, dem Fehlen einer Strategie bzw. eines Schwerpunkts

und des Verdachts, eine Schmiergeldkasse für politische Zwecke (etwa die Wiederwahl des Generalsdirektors) darzustellen, steht das Programm bis heute in der Kritik der Industrieländer, die die FAO eher wegen ihrer beratenden und standardsetzenden Funktionen schätzen. Auch die unabhängige externe Evaluierung der FAO bescheinigte eine suboptimale Ausrichtung der technischen Hilfe auf der Länderebene, würdigte jedoch zugleich, dass es keine Hinweise auf eine effektivere Hilfe durch andere Organisationen gäbe.

2. Aufbau

Die FAO ist eine klassische Sonderorganisation, die aus einer Konferenz der Mitgliedsstaaten, einem Rat und einem Sekretariat besteht, dem der auf sechs Jahre gewählte Generaldirektor vorsteht. Die Konferenz bildet das Legislativorgan der FAO, welche alle zwei Jahre in Rom und ggfs. zu zusätzlichen Sondersitzungen zusammentritt. Die Konferenz beschließt das Arbeitsprogramm und den zweijährigen Haushalt, wählt den Rat für eine Amtszeit von drei Jahren und den Generaldirektor für eine Amtszeit von sechs Jahren und gibt Empfehlungen für Mitglieder und internationale Organisationen ab.

Der Rat, die Exekutive der FAO, besteht aus 49 Mitgliedern, die nach einem regionalen Verteilungsschlüssel für eine Amtszeit von drei Jahren von der Konferenz gewählt werden. Er tagt mindestens zweimal jährlich und wird bei der Programmierung und Koordinierung der Aktivitäten der FAO von derzeit acht Ausschüssen unterstützt.

Das Sekretariat, als ausführendes Organ der FAO, wird von einem Generaldirektor geleitet, der gegenüber den Mitgliedsstaaten verantwortlich ist. Der derzeitige Generaldirektor, der Senegalese Jacques Diouf, trat 2006 seine dritte Amtszeit an. Designierter Nachfolger Dioufs ist der Brasilianer José Graziano da Silva, dessen Amtszeit 2012 beginnt. Auch sein Vorgänger, der Libanese Edouard Saouma, stand der Organisation 18 Jahre lang vor. Aufgrund heftiger Kritik an dieser langen Amtszeit nahm die Konferenz im November 2009 einen Änderungsvorschlag zur FAO-Verfassung an, der eine Verkürzung der Amtszeit auf vier Jahre und eine Beschränkung auf eine einmalige Wiederwahl vorsieht. Zur Wahrnehmung seiner Aufgaben stützt sich das Sekretariat auf einen Stab von mehr als 3.600 Mitarbeitern. Von diesen arbeitet etwas mehr als die Hälfte in Rom, die restlichen Mitarbeiter verteilen sich auf fünf Regionalbüros sowie neun subregionale, fünf Länder- und 74 Verbindungsbüros der FAO.

Die FAO unterhält ‚offizielle Beziehungen' zu 196 Nichtregierungsorganisationen (NRO), von denen 16 ständig an den Sitzungen der Konferenz und des Rats teilnehmen können. Zur Bewältigung ihrer Aufgaben, vor allem der transnationalen Agendasetzung und Entwicklung globaler Normen, vertraut die Organisation seit langem auf die Zusammenarbeit mit nichtstaatlichen Akteuren (FAO 1997; Mc Keon 2009). Ab 1960 beteiligte sie zivilgesellschaftliche Organisationen an der *Freedom from Hunger Campaign* und von 1966 bis 1978 beherbergte sie das *Industry Cooperative Programme* (ICP), an dem mehr als hundert (meist transnationale) Unternehmen teilnahmen. Zu den Konferenzen und Gipfeln zur Welternährung erscheinen seit Jahrzehnten mehrere Hundert, wenn nicht gar eintausend Delegierte von

NRO. Auf der Länderebene gibt es hingegen deutlich weniger Kontakt mit NRO, und die Kooperation mit dem Privatsektor ist seit Beendigung des ICPs ebenfalls nur noch schwach ausgeprägt (FAO 2007: 211). Vor allem im Sekretariat bestehen Vorbehalte vor einer Zusammenarbeit mit der Privatwirtschaft, zudem fehlen der FAO die nötigen Ressourcen um eine Zusammenarbeit anzubahnen (Liese 2010).

3. Wandel, Reform und Bedeutung in der globalen Politik

Die FAO wandelte sich in den ersten Jahrzehnten von einer Informationen sammelnden und beratenden Organisation zu einer technische Hilfe anbietenden und durchführenden Organisation, die gleichwohl Ansehen für ihre normative und beratende Tätigkeit genießt. Dieser Wandel zur Entwicklungsorganisation zog scharfe Kritik der westlichen Industrieländer nach sich. Insbesondere während der Amtszeiten von Saoumas (1976-1994) und Diouf kam und kommt es unter den westlichen Mitgliedsstaaten zu deutlicher Kritik an der Dezentralisierung, an einem vorgeblich autokratischen Führungsstil und der Verschwendung von finanziellen Ressourcen. Somit ergab sich eine bis in die jüngste Vergangenheit andauernde, zentrale Herausforderung der FAO aus dem gesunkenen Vertrauen finanzstarker Mitgliedsstaaten. Seit den 1980er Jahren kürzten insbesondere die USA ihre Pflichtbeiträge. Angesichts ebenfalls sinkender Zuweisungen durch das VN-Entwicklungsprogramm (→ UNDP) bei gleichzeitigem Festhalten an den umfassenden Aufgaben büßte die FAO an Effektivität und Reputation ein. Einige Mitgliedsstaaten initiierten, bislang einmalig in der Geschichte der VN-Sonderorganisationen, eine unabhängige, externe Evaluierung, welche die Aufgaben, Tätigkeiten und Instrumente der FAO untersuchte und 2007 Empfehlungen zum Wandel der Organisation vorlegte. Diese bestätigte die Bedeutung der FAO als Wissensorganisation, die wertvolle Daten sammelt und Beratung in landwirtschaftlichen Fragen bereitstellt, und kritisierte neben dem operativen Geschäft auf Länderebene unter anderem eine risikoscheue Organisationskultur sowie zentralisierte und bürokratische Verhaltensweisen. Der Reformprozess wurde 2008 und 2009 von der Konferenz eingeleitet und wird, ebenso wie die Evaluierung, durch freiwillige Beiträge der Mitglieder finanziert. Grundlegende Schritte beinhalten die Festlegung von Schwerpunkten, die Reform der Leitungsebene (u. a. Stärkung der Rolle des Unabhängigen Vorsitzenden des Rats der FAO) und die Managementreform im Sekretariat.

Eine weitere, bis heute anhaltende Herausforderung der FAO besteht in der Konkurrenz durch andere Organisationen. So weist das Welternährungsprogramm (*World Food Programme*, WFP), das 1965 den Status einer UN-Hilfsorganisation erhielt, heute einen etwa sechsmal so großen Haushalt wie die FAO auf. Zudem sind mittlerweile über 30 multilaterale Institutionen weltweit im Bereich der Ernährungssicherung tätig. In der 2008 eingerichteten hochrangigen Arbeitsgruppe für die weltweite Nahrungsmittelkrise konnte sich der Generaldirektor immerhin den stellvertretenden Vorsitz sichern, dennoch gilt die → Weltbank als führende Organisation in den globalen Bemühungen um Nahrungsmittelsicherheit.

4. Stand der Forschung

Aufgrund von Politisierung und unzureichender Effektivität steht die FAO häufiger in den politischen Schlagzeilen. Politikwissenschaftliche Abhandlungen sind hingegen eine Rarität. Ausnahmen befassen sich mit der Zusammenarbeit mit nichtstaatlichen Akteuren (McKeown 2009; Liese 2010) und der institutionellen Entwicklung über Zeit, einschließlich verschiedener Reformprozesse (Shaw 2009).

Literatur

Wichtige Primärquellen:

FAO 2008: Basic Texts of the Food and Agriculture Organization, Vol. 1, Rome.

FAO 2007: The Challenge of Renewal. Report of the Independent External Evaluation of the Food and Agriculture Organization of the United Nations (C 2007/7A.1-Rev.1).

Basislektüre zur FAO:

Marchisio, Sergio/Antonietta Di Blasé 1991: The Food and Agriculture Organization (FAO). Dordrecht u. a.: Martinus Nijhoff Publishers.

Shaw, John D. 2009: Global Food and Agricultural Institutions. New York: Routledge.

Aktuelle Beiträge:

O'Brian, John B. 2000: F.L. McDougall and the Origins of the FAO, in: Australian Journal of Politics and History 46:2, S. 164-174.

Liese, Andrea 2009: Die Nahrungsmittelkrise: Chance oder Krise der Welternährungsorganisation? In: Vereinte Nationen 57:2, S. 51-58.

Liese, Andrea 2010: Explaining Varying Degrees of Openness in the Food and Agriculture Organization of the United Nations (FAO), in: Christer Jönsson/Jonas Tallberg (Hg.): Transnational Actors in Global Governance. Patterns, Explanations and Implications. Basingstoke: Palgrave Macmillan, S. 88-108.

McKeon, Nora 2009: The FAO, Civil Society and the Global Governance of Food and Agriculture, in: Dies., United Nations and Civil Society: Legitimating Global Governance. Whose Voice? London und New York: Zed Books, S. 17-120.

White, Philip 1999: The Role of UN Specialized Agencies in Complex Emergencies: a Case Study of FAO, in: Third World Quarterly, 20:1, S. 223-238.

IAEO

Giorgio Franceschini

Vollständige Bezeichnung:

Internationale Atomenergieorganisation (*International Atomic Energy Agency*, IAEO) Selbstbezeichnung/häufig auch in der Fachliteratur: „The Agency"

1. Entstehung, Ziele und Aufgaben

Die Internationale Atomenergieorganisation (IAEO) verfolgt seit ihrer Gründung einen doppelten Auftrag: Sie fördert die Nutzung nuklearer Technologien in der Medizin, der Industrie, der Landwirtschaft und der Energiegewinnung. Gleichzeitig stellt sie sicher, dass diese Technologien ausschließlich für friedliche Zwecke genutzt werden. Die ersten Versuche einer Verregelung des nuklearen Feldes finden sich schon unmittelbar nach dem Zweiten Weltkrieg: Nach den Atombombeneinsätzen in Hiroshima und Nagasaki im August 1945 setzte sich in den USA schon bald die Einsicht durch, dass das nukleare Monopol Washingtons nicht von Dauer sein würde. Um ein atomares Nachrüsten der Sowjetunion zu verhindern, schlugen die USA daher vor, sämtliche Atomprogramme strikten internationalen Kontrollen zu unterwerfen und zu diesem Zwecke unter dem Dach der → Vereinten Nationen eine geeignete Organisation zu gründen (Fischer 1997: 19). Aufgabe dieser *United Nations Atomic Energy Commission* (UNAEC) sollte es sein, weltweit sämtliche Spaltmaterialien zu kontrollieren und sicherzustellen, dass sie für ausschließlich friedliche Zwecke Anwendung finden. Obwohl die Sowjetunion zur selben Zeit ähnliche Vorschläge zum Kernwaffenverzicht und der friedlichen Nutzung der Atomenergie unterbreitete, kamen beide Vorstöße aufgrund des wachsenden Misstrauens zwischen den Supermächten nicht von der Stelle. Der sowjetische Atombombentest im August 1949 begrub schließlich die verbliebenen Hoffnungen auf einen globalen Kernwaffenverzicht und führte zur Auflösung der UNAEC wenige Jahre später.

Im Dezember 1953 – inzwischen hatte auch Großbritannien bereits eine Atombombe getestet – wagte der amerikanische Präsident Dwight D. Eisenhower einen zweiten Anlauf zur Verregelung der Kerntechnik. In seiner berühmten *Atoms for Peace*-Rede vor der VN-Generalversammlung rief Eisenhower die internationale Gemeinschaft dazu auf, nach den

Schrecken von Hiroshima und Nagasaki ein friedliches nukleares Zeitalter einzuläuten, in dem technische Kooperation und die vielfältigen Möglichkeiten ziviler Nutzung der Kernenergie im Vordergrund stehen sollten (Atoms for Peace 1953). Zu diesem Zwecke regte der amerikanische Präsident die Schaffung einer neuen Organisation an, welche wiederum unter dem Dach der Vereinten Nationen angesiedelt sein sollte. Diese sollte sich nicht nur – wie ihr gescheitertes Vorgängermodell – auf die Kontrolle der Kerntechnik beschränken, sondern darüber hinaus die friedliche Nutzung der Atomenergie unter ihren Mitgliedern aktiv fördern. So visionär die Eisenhower-Rede in der Frage internationaler Nuklearkooperation war, so kleinlaut zeigte sie sich aber bei der Abrüstungsfrage. Das Fehlen einer konkreten Abrüstungsperspektive für die bereits existierenden Atomarsenale der USA, der Sowjetunion und Großbritanniens war eine auffällige Leerstelle der *Atoms for Peace*-Vision. Dieser dem Kalten Krieg geschuldete Umstand ließ dementsprechend bei einigen Ländern Zweifel an der von Eisenhower geforderten Atomorganisation aufkommen.

So begann Anfang 1955 lediglich eine Vorhut westlicher Staaten an einer Satzung für die internationale Organisation zu arbeiten (Australien, Belgien, Frankreich, Großbritannien, Kanada, Portugal, Südafrika und die USA), während sich Vertreter des sozialistischen und des blockfreien Lagers noch weitgehend bedeckt hielten; nach einer Reihe von Konsultationen stießen jedoch einige dieser skeptischen Delegationen ein Jahr später dazu (Brasilien, Indien, die Sowjetunion und die Tschechoslowakei) und arbeiteten an der Fertigstellung der Satzung mit. Im Frühjahr 1956 war es dann so weit: Die Arbeiten an der Satzung der IAEO (*IAEA Statute*) wurden abgeschlossen. Damit die Satzung in Kraft treten konnte, musste sie von 18 Staaten ratifiziert werden (Satzung der IAEO 1957: Art. XXI, Abs. E). Diese Bedingung wurde am 29. Juli 1957 erreicht: die Internationale Atomenergieorganisation war geboren.

Mit der Gründung der IAEO änderte sich die globale nukleare Ordnung schlagartig: Galt die Weiterverbreitung von Nukleartechnologie bis dahin als problematisch und wurde von den Atommächten sehr restriktiv gehandhabt, so florierte nun unter dem Dach der IAEO der globale Nuklearhandel, insbesondere mit den Ländern des Südens. Diese Technologietransfers standen ganz im Zeichen einer allgemeinen nuklearen Euphorie, von der auch die junge IAEO profitierte. Für die USA zahlte sich dieser neue Kooperationsgeist gleich doppelt aus: Erstens kam es Washingtons Sicherheitsinteressen entgegen, dass die (langfristig unvermeidliche) nukleare Technologiediffusion von einer international legitimierten Organisation wie der IAEO kontrolliert werden würde. Diese Kontrollen würden die Risiken unkontrollierter Weiterverbreitung von Kernwaffen erheblich eindämmen. Neben diesem objektiven Sicherheitsgewinn erhofften sich die USA – als aktivster Technologieexporteur im Zeichen von *Atoms for Peace* – auch noch Sympathiegewinne bei den Entwicklungsländern, um deren Annäherung an die Sowjetunion zu kontrastieren.

Die zahlreichen Nuklearkooperationen, welche ab Mitte der 1950er Jahre unter dem Dach der IAEO initiiert wurden, wurden in der Regel von der Organisation gegen einen militärischen Missbrauch abgesichert: Die zu diesem Zwecke entwickelten IAEO-Sicherungsmaßnahmen (*safeguards*) ersetzten dabei bilaterale Sicherheitsarrangements zwischen Lieferland und Empfänger – so diese bereits existierten – und wurden mit dem Bestehen der Organisation mehr und mehr zum Standard zwischenstaatlicher nuklearer Kooperation. Auch bereits existierende regionale Sicherungssysteme wie jene der EURATOM wurden im Zuge der Etablierung der *Agency* schrittweise an die Standards der IAEO angepasst. Der Anpassungsprozess an die neuen IAEO-Standards verlief anfänglich nicht immer ganz reibungslos, da sich einige Mitgliedsländer erst an die routinemäßige „Einmischung" der Agency in ihre nationalen Nuklearindustrien gewöhnen mussten (Quester 1970). Über die Jahre klangen aber diese Einwände mehr und mehr ab, nachdem sich gezeigt hatte, dass IAEO-Kontrollen für die Nuklearindustrie nicht – wie befürchtet – bedeutende Zusatzkosten oder Betriebsunterbrechungen bedeuteten.

Mit dem Inkrafttreten des nuklearen Nichtverbreitungsvertrages (NVV 1970) wurden IAEO-*safeguards* für alle kernwaffenfreien Vertragsmitglieder verbindlich. Mit den Nuklearwaffentests Frankreichs (1960) und Chinas (1964) hatten fünf Staaten zu Vertragsbeginn des NVV ihre atomaren Fähigkeiten unter Beweis gestellt. Der NVV entband diese fünf „offiziellen" Atommächte von der Verpflichtung, IAEO-*safeguards* zu akzeptieren, verpflichtete sie allerdings zu Verhandlungen zur nuklearen Abrüstung. Alle weiteren Vertragsmitglieder wurden als Nichtkernwaffenstaaten definiert und mussten die entsprechenden Auflagen erfüllen. Diese Auflagen wurden im Art. III des NVV genau definiert: Der Absatz 4 dieses Art. III verpflichtet alle Nichtkernwaffenstaaten, nach Vertragsratifikation binnen 180 Tagen ein *safeguards*-Abkommen mit der IAEO abzuschließen. Dieses Abkommen soll sicherstellen, dass in diesen Ländern kein spaltbares Material für militärische Zwecke abgezweigt wird und verpflichtet damit die kernwaffenfreien Vertragsstaaten, über sämtliche Spaltmaterialien auf ihrem Territorium Bericht zu erstatten und Inspektionen zu akzeptieren; dies gilt nun auch für Anlagen, Technologien und Materialien, die nicht importiert wurden, sondern aus der einheimischen Industrie stammen. Denn nur wenn die IAEO alle nuklearen Aktivitäten eines Land in Augenschein nehmen kann, kann die internationale Gemeinschaft darauf vertrauen, dass ein Land ausschließlich friedliche Zwecke verfolgt. Für eine solche umfassende Kontrolle spaltbarer Materialien und nuklearer Technologien hat die Organisation geeignete Modellabkommen entwickelt (*Comprehensive Safeguards Agreements*), welche die Rechte und Pflichten der inspizierten Parteien und der IAEO-Inspektoren festlegen und heute die Basis für die bilateralen Abkommen zwischen der *Agency* und den Vertragsstaaten bilden.

Ziele und Aufgaben der IAEO

Die IAEO verfolgt gemäß ihrer Satzung das doppelte Ziel der Förderung und der Kontrolle der Atomenergie. Die Förderung der Nukleartechnologie wird dabei im Rahmen eines allgemeinen Fortschrittsoptimismus artikuliert, welcher für die 1950er Jahre charakteristisch war: So betont die Satzung der IAEO das enorme Potenzial der Nukleartechnologie für den Frieden, die Gesundheitsversorgung und den Wohlstand künftiger Generationen (Art. II der Satzung der IAEO 1957).

Die entwicklungspolitischen Beiträge, welche man in den Bereichen der Landwirtschaft, der Gesundheit, der Wasserwirtschaft, der Industrie und der Energiegewinnung erzielen kann, sollten auch die Einwände zerstreuen, die sich mit den Kontrollen der IAEO-Inspektoren ergeben können. Durch diese geschickte Verknüpfung von Entwicklungs- und Sicherheitsversprechen konnte die Organisation über die letzten fünf Jahrzehnte ihre Mitgliederzahl kontinuierlich erhöhen.

Standen für viele industrialisierte Länder die Sicherheits- und Nichtverbreitungsaspekte der Organisation im Vordergrund, so erhofften sich zahlreiche Entwicklungsländer über die IAEO-Mitgliedschaft Fortschritte in ihrer Agrar- Gesundheits- und Industriepolitik. Denn die Anwendungen der Kerntechnik sind heute sehr breit gestreut und insbesondere für Entwicklungsländer von Interesse: Man kann damit gezielt Schädlinge bekämpfen, neue resistente Pflanzensorten entwickeln, landwirtschaftliche Produkte sterilisieren, unterirdische Wasseradern lokalisieren, medizinische Isotope herstellen und vieles mehr (Olwell 2009: 80-88). Diese „kleinen" Anwendungen der Nukleartechnologie sind heute für die Mehrzahl der Entwicklungsländer wesentlich bedeutender als die Energiegewinnung in Kernkraftwerken, die für viele Länder des Südens immer noch zu voraussetzungsvoll ist. Da diese Länder inzwischen die Mehrheit der IAEO-Mitglieder ausmachen, wird der entwicklungspolitische Auftrag der Organisation tendenziell zunehmen.

Gleichzeitig werden aber im Lichte einiger *safeguards*-Verletzungen der letzten Jahrzehnte (Irak, Nordkorea, Libyen, Iran, Syrien) vor allem in den Industrieländern die Fragen nach verbesserten Inspektionen und einer Stärkung der sicherheitspolitischen Komponente der internationalen Organisation lauter. Es bleibt somit für die IAEO die Herausforderung, ihre beiden Kernaufgaben – Förderung und Kontrolle der Atomenergie – so zu gewichten, dass sowohl Entwicklungsländer als auch Industrieländer ihre Bedürfnisse befriedigt sehen.

Zwischen den beiden Hauptaufgaben der Organisation – Förderung und Kontrolle – hat im Laufe der Jahre ein dritter Aspekt wachsende Bedeutung erfahren: das breite Aufgabengebiet nuklearer Sicherheit (*nuclear safety and security*). Dieses Aufgabengebiet umfasst sowohl den sicheren Umgang mit Nukleartechnologien (*safety*) als auch den physischen Schutz sensitiver Anlagen und Materialien (*security*). Letzterer Aspekt erhielt insbesondere in der jüngsten Diskussion über neue Bedrohungen im 21. Jahrhundert viel mediale Aufmerksamkeit, da terroristische Organisationen in den letzten Jahren wiederholt versucht haben, in den Besitz von waffenfähigen Spaltmaterial zu gelangen. Da im Gegensatz zu den Sicherungsmaßnahmen (*Safeguards*) die Vorkehrungen zur nuklearen Sicherheit (*safety* und *security*) der Gesetzgebung der Mitgliedsstaaten unterliegt, kann die IAEO bei letzteren Aspekten nur beratend tätig werden und entsprechende Standards und Empfehlungen formulieren. Die nationale Implementierung dieser Standards obliegt aber den Mitgliedsstaaten und kann nicht von der IAEO erzwungen werden.

Damit sind die drei Säulen der IAEO Tätigkeiten beschrieben:

- Förderung der friedlichen Nutzung der Kerntechnik (*Science and Technology*);
- Entwicklung einer nuklearen Sicherheitskultur (*Safety and Security*);
- Verhinderung der Weiterverbreitung von Kernwaffen (*Safeguards and Verification*).

Für ihre Tätigkeit auf diesen Feldern der nuklearen Sicherheit erhielt die IAEO zusammen mit ihrem Generaldirektor Mohamed ElBaradei im Jahr 2005 den Friedensnobelpreis.

2. Aufbau

Die IAEO ist eine intergouvernementale Organisation mit 151 Mitgliedsstaaten (Stand: Dezember 2009). Die Organisation hat eine eigene Satzung, ein eigenes Budget und ist formal unabhängig von den VN. Gleichwohl existieren zahlreiche institutionelle Berührungspunkte mit den verschiedenen Organen und Sonderorganisationen der Vereinten Nationen. So verpflichtet sich die IAEO, der VN-Vollversammlung jährlich über ihre Aktivitäten Bericht zu erstatten und den VN-Sicherheitsrat über Vertragsverletzungen und Verdachtsmomente zu informieren, wenn diese Unregelmäßigkeiten den Kompetenzbereich des Rats berühren sollten (Art. III Abs. B.4 und Art. XII, Abs. C, Satzung der IAEO). Daneben existieren zahlreiche Kooperationsabkommen und Gemeinschaftsprojekte mit den VN-Sonderorganisationen in den Bereichen Ernährung und Landwirtschaft (→ FAO), Gesundheit (→ WHO), Umwelt (→ UNEP) und Entwicklung (UNIDO).

Die wichtigsten Organe der IAEO sind die Generalkonferenz, der Gouverneursrat und das Sekretariat. Während Generalkonferenz und Gouverneursrat die politischen Gremien der Organisation darstellen, welche ihre Leitlinien vorgeben, versteht sich das Sekretariat als der exekutive Arm, der das Programm der IAEO umsetzt.

In der Generalkonferenz (*General Conference*) sind alle Mitgliedsstaaten vertreten. Die Konferenz trifft sich einmal jährlich, um das Programm und das Budget der Organisation zu bewilligen und um über Mitgliedsanträge zu entscheiden. Des Weiteren ernennt die Generalkonferenz 22 der 35 Mitglieder des Gouverneursrats (*Board of Governors*). Die restlichen 13 Mitglieder werden vom Gouverneursrat selbst ernannt.

Der Gouverneursrat der IAEO trifft sich fünf Mal jährlich. Seine insgesamt 35 Mitglieder werden nach einem komplexen Schlüssel ernannt, der sowohl die Nuklearexpertise der Länder berücksichtigt als auch für eine ausgewogene regionale Repräsentativität sorgt (Art. VI, Satzung der IAEO). Der Rat unterbreitet der Generalkonferenz Vorschläge zum Programm und dem Budget der Organisation und überprüft Anträge auf Mitgliedschaft. Seine wichtigste Aufgabe besteht aber darin zu entscheiden, wie mit Ländern verfahren werden soll, die ihre *Safeguards*-Auflagen verletzt haben. Die IAEO Satzung eröffnet in dieser Frage dem Gouverneursrat sowohl die Möglichkeit, an den vertragsverletzenden Staat ein Klarstellungsersuchen einzureichen als auch den Fall an den Sicherheitsrat der Vereinten Nationen zu verweisen (Art. XII, Abs. C, Satzung der IAEO). Im Falle der seit 2003 schwelenden iranischen Atomkrise wurden beide Ansätze verfolgt.

Der Generaldirektor der IAEO (*Director General*) steht dem Sekretariat (*Secretariat)* vor, das über 2.200 Mitarbeiter in sechs Hauptabteilungen beschäftigt (Stand: Dezember 2009). Er wird alle vier Jahre vom Gouverneursrat ernannt und seine Wahl bedarf der Zustimmung der Generalkonferenz.

Das reguläre Budget für die Organisation betrug für das Haushaltsjahr 2010 etwas mehr als € 315 Millionen. Hinzu kommen noch zusätzliche freiwillige Zuwendungen einiger Mitgliedsstaaten, die sich für 2010 auf etwa US$ 80 Mill. summieren.

Die Hauptniederlassung der IAEO befindet sich in Wien, weitere Regionalbüros befinden sich in Toronto und in Tokio. Daneben verfügt die Organisation über eigene Analyselabors und Forschungseinrichtungen im österreichischen Seibersdorf, in Wien und in Monaco.

3. Wandel, Reform und Bedeutung in der globalen Politik

Der Kernkraftanteil an der weltweiten Stromerzeugung beträgt im Jahr 2010 etwa 16%. Dieser Anteil könnte nach Meinung der Energieagentur der OECD bis Mitte des 21. Jahrhunderts auf 25% anwachsen. Diese „nukleare Renaissance" würde für alle drei Säulen der IAEO –Technologietransfer, nukleare Sicherheitskultur und Nichtverbreitung – eine neue Herausforderung bedeuten, insbesondere aber für die dritte Säule, der hochbrisanten Frage der Proliferation von Kernwaffen.

Denn die Rolle der IAEO ist heute eng mit der Zukunft des Nichtverbreitungsregimes verknüpft. Erodiert der NVV und häufen sich die Vertragsaustritte, so hätte die Organisation eines ihrer zentralen Ziele, die Verhinderung der Weiterverbreitung von Kernwaffen, verfehlt. Bisher hat lediglich Nordkorea die NVV- und IAEO-Mitgliedschaft gekündigt, aber es kann für die Zukunft nicht ausgeschlossen werden, dass es im Zuge der iranischen Atomkrise in der Region des Mittleren Osten und des Persischen Golf zu einer Serie von Nuklearkrisen und Vertragsaustritten kommen könnte. Verliert die IAEO diese Herausforderung, so könnte sie sich nicht mehr der Unterstützung der Industrieländer gewiss sein und könnte an Bedeutung verlieren.

Neben diesem pessimistischen Szenario werden heute aber auch – insbesondere seit der Präsidentschaft Barack Obamas –Visionen vollständiger nuklearer Abrüstung (*Global Zero*) diskutiert. Wenn sich die Hoffnungen auf eine kernwaffenfreie Welt erfüllen sollten, dann würden der IAEO eine Reihe neuer Aufgaben erwachsen, welche die Bedeutung der *Agency* als friedenserhaltende internationale Organisation noch steigern würde. So könnte die IAEO auf dem Weg zur nuklearen Null den globalen Produktionsstopp von Spaltmaterial für Waffenzwecke (*Fissile Material Cutoff Treaty*) überwachen, wenn ein solcher von vielen geforderter Vertrag in Kraft treten würde. Und selbstverständlich bietet sich die IAEO als Verifikationsbehörde einer Kernwaffenkonvention an, wenn es gelänge, Zustimmung für eine kernwaffenfreie Welt zu gewinnen. In einem solchen Szenario würde die IAEO allerdings ein Vielfaches des heutigen Budgets benötigen und müsste wahrscheinlich eine nicht unerhebliche Zahl ehemaliger Kernwaffenforscher für ihre Verifikationsaufgaben rekrutieren.

Organisationsinterne Herausforderungen

Die IAEO hat es vermocht, seit den Tagen ihrer Gründung den großen politischen Debatten zwischen Ost und West sowie den Kontroversen zwischen Nord und Süd kein allzu breites Forum zu bieten. Führende – meist westliche – Mitgliedsstaaten betonten dabei wiederholt den eher technischen Charakter der internationalen Organisation, um politische Grundsatzdebatten von der IAEO fernzuhalten. Sie waren damit häufig erfolgreich, aber eben nicht immer (Scheinman 1987: 207-266; Hecht 2006).

Eine gewisse Politisierung der IAEO scheint auch in Zukunft kaum vermeidbar zu sein; dies ist in erster Linie der Tatsache geschuldet, dass das spezifische Gewicht der Länder des Südens innerhalb der Organisation zugenommen hat. Ihre Prioritäten sind nicht identisch mit jenen der Industrieländer, welche bis heute weitgehend den Diskurs innerhalb der IAEO geprägt haben. Mithin ist zu erwarten, dass das Interesse der Industriestaaten (Stärkung der Nichtverbreitung) mehr und mehr an Konzessionen an die Länder des Südens gekoppelt werden muss, welche klar und deutlich andere Prioritäten setzen: Technologietransfer, unveräußerliches Recht auf friedliche Nutzung der Kernenergie und Entwicklung. Auch pochen zahlreiche Entwicklungsländer auf eine stärkere Repräsentativität in den Entscheidungsorganen der IAEO, um ihren Anliegen mehr Gehör zu verschaffen.

Weitere organisationsinterne Querelen betreffen die Arbeitsteilung der technischen und politischen Organe der IAEO; so wird dem Sekretariat und dem Generaldirektor oft nahegelegt, sich sämtlicher politischer Bewertungen zu enthalten und diese einzig dem Gouverneursrat und dem VN-Sicherheitsrat zu überlassen. Gleichzeitig gab es aber auch immer wieder Beschwerden einzelner Länder, wenn sich ein IAEO-Generalsekretär der Verurteilung eines verdächtigten Staates nicht anschloss: Dieser Vorwurf wurde sowohl gegen den IAEO-Generaldirektor Hans Blix vor dem Irakkrieg 2003 als auch gegen seinen Nachfolger Mohamed ElBaradei in der seit 2003 schwelenden Irankrise gerichtet. Diese Spannungen zwischen den politischen Gremien und dem technischen Sekretariat werden auch weiterhin die Arbeit der IAEO begleiten.

Externe Herausforderungen

Die größte externe Herausforderung für die IAEO ist heute die Verbreitung nuklearer Technologie im Zuge der Globalisierung und eines neu erwachten Interesses für Atomenergie in zahlreichen Ländern des Südens. Diese atomaren Ambitionen der Entwicklungs- und Schwellenländer stellen die IAEO vor eine Reihe von neuen Herausforderungen: Erstens zeigen einige Kandidatenländer Elemente einer schwachen Staatlichkeit auf, die im Zusammenhang mit der Nutzung von Kernkraft vielerlei Probleme im Bereich der *nuclear safety* und *security* nach sich ziehen könnten (Unfälle durch eine mangelnde Sicherheitskultur, unzureichender Umweltschutz durch Misswirtschaft und Korruption, Sabotage durch Terroristen). Zweitens könnte das Interesse einiger Länder an der Atomenergie auch militärischer Natur sein und ein ziviles Atomprogramm nur der Vorwand für eine Kernwaffenoption. Dieses Verdachtsmoment, das gegenwärtig gegen das iranische Atomprogramm vorgebracht wird, könnte schon bald mehrere nukleare Aspiranten in der Region des Mittleren Ostens betreffen. Die mangelnde Bereitschaft der meisten dieser Länder, verschärfte *safeguards* gemäß eines IAEO-Zusatzprotokolls (*Additional Protocol*) zu akzeptieren, könnte die Wiener Behörde schon bald vor schier unlösbare Herausforderungen stellen.

Um diesem beunruhigenden Trend vorzubeugen, versucht die IAEO, die Weiterverbreitung besonders sensitiver Nukleartechnologien wie der Urananreicherung und der Wiederaufarbeitung einzudämmen. Da beide Technologien zur Produktion von nuklearem Brennstoff dienen können (oder der Produktion waffenfähigen Materials), soll die IAEO verstärkt als *fuel bank* zur Verfügung stehen: Nach dieser Vision soll die IAEO allen vertragstreuen NVV-Mitgliedern Brennstoff für ihre Kernkraftwerke zu fairen Preisen garantieren. Durch dieses Angebot erhofft sich die Organisation, Mitgliedsländer zum Verzicht auf nationale Anreicherungs- oder Wiederaufarbeitungsanlagen überzeugen zu können und damit deren Kernwaffenoptionen einzuschränken.

4. Stand der Forschung

Obwohl die IAEO sowohl entwicklungspolitische als auch sicherheitspolitische Ziele verfolgt, betrachtet die politikwissenschaftliche Literatur fast nur letzteren Aspekt. Der Sicherheitsaspekt hat insbesondere in den letzten beiden Jahrzehnten mit den Atomkrisen im Irak, in Nordkorea und im Iran breite publizistische Aufmerksamkeit erfahren. Dementsprechend finden sich heute zahlreiche Publikationen zur IAEO in den Fachzeitschriften der Sicherheitsforschung sowie in den verschiedenen Foren zur internationalen Politik. Dabei dominieren weitgehend praxisnahe Policy-Analysen über die Rolle der IAEO im Kontext der jeweils aktuellen Nuklearkrisen (Perkovich et al. 2007; Goldschmidt 2010). Eine theoriegeleitete Diskussion IAEO-Arbeit findet sich meist nur im Kontext der breiteren Debatte um das nukleare Nichtverbreitungsregime: Da die IAEO innerhalb dieses Regimes eine zentrale Rolle spielt, finden sich theoretische Diskussionen über die Wirkung der Organisation in Arbeiten zur Regimetheorie (Müller 1989) und der *compliance*-Forschung (Chayes/Chayes 1995). Die Bedeutung der IAEO bei der Verhinderung der nuklearen Weiterverbreitung wird hier sowohl im Lichte rationalistischer als auch sozialkonstruktivistischer Theorien erklärt. Wietere Einlassungen zur IAEO finden sich in den Debatten zur internationalen nuklearen Ordnung und der Weltordnungspolitik (Scheinman 1987; International Affairs 2007). Inzwischen finden sich auch erste Ansätze einer kritischen IAEO-Forschung, die der offiziellen Geschichtsschreibung der Organisation (Fischer 1997) eine postkoloniale Perspektive entgegensetzen (Hecht 2006).

Literatur

Wichtige Primärquellen:

Atoms for Peace (1953) (http://www.iaea.org/About/history_speech.html, Zugriff am 13.08.2010).

Satzung der IAEO (1957) (http://www.iaea.org/About/statute_text.html, Zugriff am 13.08.2010).

Vertrag über die Nichtverbreitung von Kernwaffen – NVV (1970) (http://www.iaea.org/Publications/Documents/Infcircs/Others/infcirc140.pdf, Zugriff am 13.8.2010).

Basislektüre zur IAEO:

Chayes, Abram/Chayes, Antonia Handler 1995: The New Sovereignty. Compliance with International Regulatory Agreements. Cambridge, Mass. Harvard University Press.

Fischer David 1997: History of the International Atomic Energy Agency. The First Fourty Years. Wien: The Agency. (http://www-pub.iaea.org/MTCD/publications/PDF/Pub1032_web.pdf, Zugriff am 31.10.2010).

Müller, Harald 1989: Regimeanalyse und Sicherheitspolitik. Das Beispiel Nonproliferation, in: Beate Kohler-Koch (Hg.): Regime in den internationalen Beziehungen. Baden-Baden: Nomos.

Olwell, Russell B. 2009: Global Organizations. The International Atomic Energy Agency. New York: Chelsea House Publishers.

Quester, George H. 1970: The Nuclear Nonproliferation Treaty and the International Atomic Energy Agency, in: International Organization, 27:2, S. 163-182.

Scheinman, Lawrence 1987: The International Atomic Energy Agency and World Nuclear Order. Washington: Resources for the Future.

Aktuelle Beiträge:

Goldschmidt, Pierre 2010: Safeguards Noncompliance: A Challenge for the IAEA and the UN Security Council, in: Arms Control Today, 40: Januar/Februar (http://www.armscontrol.org/act/2010_01-02/Goldschmidt, Zugriff am 31.10.2010).

Hecht, Gabrielle 2006: Negotiating Global Nuclearities: Apartheid, Decolonization, and the Cold War in the Making of the IAEA, in: Osiris, 21: Juli, S. 25-48.

International Affairs 2007 (mehrere Beiträge), 83:3, S. 427-574.

Perkovich, George et al. 2007: Universal Compliance. A Strategy for Nuclear Security. Washington D.C. Carnegie Endowment for International Peace.

Pilat, Joseph F. (Hg.) 2006: Atoms for Peace. A Future after Fifty Years? Washington D.C. Woodrow Wilson Center Press.

Sokolski, Henry D. (Hg.) 2008: Falling Behind: International Scrutiny of the Peaceful Atom. Carlisle, PA: Strategic Studies Institute.

IDB

Milena Breisinger

Vollständige Bezeichnung:

Interamerikanische Entwicklungsbank (*Inter-American Develoment Bank*, IDB)

1. Entstehung, Ziele und Aufgaben

Die Interamerikanische Entwicklungsbank (IDB) wurde am 30. Dezember 1959 in Washington D.C. gegründet und ist eine der vier großen regionalen Entwicklungsbanken (→ADB, →AfDB, →ERDB; →Abb. 4). Die Idee einer interamerikanischen Finanzinstitution entstand allerdings schon im Jahr 1890 (IDB 1999), wurde zu diesem Zeitpunkt aber nicht systematisch vorangetrieben. Vorangegangen war die erste internationale Konferenz der amerikanischen Staaten in Washington D.C., zu der die USA einluden und Delegierte von 18 Staaten teilnahmen. Erst mit der Gründung der Organisation der Amerikanischen Staaten (OAS) 1948 stand der Aufbau einer interamerikanischen Bank mit dem Ziel der Unterstützung der regionalen wirtschaftlichen und sozialen Entwicklung Lateinamerikas und der Karibik (LAK) wieder im Fokus des Interesses der lateinamerikanischen Staaten, besonders von Chile, Kolumbien, Argentinien, Brasilien und Costa Rica. Jedoch vorerst ohne großen Erfolg.

Im Kalten Krieg nahmen politische Unruhen in vielen südamerikanischen Ländern zu. Der Wunsch nach grundlegender wirtschaftlicher Unterstützung seitens der USA zur Verbesserung der schwierigen wirtschaftlichen und politischen Lage in Lateinamerika und der Karibik wurde lauter. 1958 intensivierte die USA unter Präsident Eisenhower ihre Beziehungen zum brasilianischen Präsidenten Juscelino Kubitschek. Durch Kubitscheks Unterstützung und durch die des Interamerikanischen Wirtschafts- und Sozialrats der OAS entstand im April 1959 das „Komitee der 21“, bestehend aus 20 lateinamerikanischen Staaten und der USA (die damaligen OAS Mitglieder). Die Experten des Komitees bereiteten einen Gründungsvertrag vor, der noch im selben Jahr in der Vereinbarung zur Errichtung der IDB mündete. Im Mittelpunkt des Abkommens stand der Bestimmungszweck der IDB, nämlich einen Beitrag zur Beschleunigung des Prozesses der wirtschaftlichen Entwicklung aller Mitgliedsstaaten, sowohl auf nationaler als auch auf regionaler Ebene, zu leisten. Anfangs wurde Stammkapital (*Ordinary Capital*) in Höhe von US$ 850 Mill. Für die Bank bereitgestellt und zusätzlich ein Fonds für spezielle Operationen (*Fund for Special Operations*, FSO) mit US$ 150 Mill. Aufgelegt. Der FSO zielte dabei auf die Entwicklung der schwächsten Länder wie Haiti, Bolivien oder Nicaragua ab, mit Schwerpunkten im Energiesektor und sozialen Bereich (IDB 1999).

Zwanzig Staaten ratifizierten den Gründungsvertrag der IDB: Argentinien, Bolivien, Brasilien, Chile, Costa Rica, Dominikanische Republik, Ecuador, El Salvador, Guatemala, Haiti, Honduras, Kolumbien, Mexiko, Nicaragua, Panama, Paraguay, Peru, Uruguay, Venezuela und die USA (IDB 2009b). In den Verhandlungen hatten die USA und Brasilien den größten politischen Anteil am Zustandekommen des Abkommens, aber auch Argentinien, Mexiko und Venezuela wirkten an den Vertragsverhandlungen mit, vor allem motiviert durch die wachsenden sozialen Unruhen in ihren Gesellschaften.

Mit Trinidad und Tobago (1967) sowie Barbados und Jamaika (1969) traten die ersten englischsprachigen, karibischen Länder der Bank bei und untermauerten dadurch deren multilateralen Charakter. 1972 schloss sich Kanada der IDB an, und mit der Vereinbarung von Madrid 1974 folgte eine Reihe von Beitritten europäischer Staaten, unter anderem Deutschland (1976). Die Öffnung für neue Mitglieder war vor allem motiviert durch ein Interesse an einer Kapitalerhöhung (IADB 1999). Die Beitritte von Guyana (1976), Bahamas (1977), Surinam (1980) und Belize (1992) komplettierten die Anzahl der aktuellen regionalen Mitglieder der IDB.

Ziele und Aufgaben der IDB

Die IDB ist die größte und älteste regionale Entwicklungsbank und – selbst vor der Kapitalerhöhung in 2010 – noch vor der Weltbank wichtigster multilateraler Kreditgeber in Lateinamerika. Die Etablierung der ersten Regionalbank weltweit war eine Besonderheit. Die Gründer wollten keine traditionelle Bank, die sich lediglich auf das Finanzgeschäft beschränkt, vielmehr bestand die Vision eine „Bank der Ideen“ zu kreieren, die mit gezielten Problemanalysen zur Entwicklung der Region beiträgt, auf eigene Forschung setzt und eine aktive Rolle spielt bei der Verbesserung der ökonomischen, sozialen und institutionellen Lage lateinamerikanischer Staaten. Die Einbeziehung des „sozialen Aspekts“, der bis dahin als unrentabel und uninteressant für Finanzgeschäfte galt, öffnete neue Projektmöglichkeiten im Wasser-, Erziehungs-, Gesundheits- und Wissenschafts- und Technologiebereich. So stellt die IDB den wichtigsten Akteur für ökonomische, soziale und institutionelle Entwicklungsfragen in Lateinamerika dar, der finanzielle, technische und strategische Unterstützung anbietet und die 26 kreditnehmenden Länder in den Bereichen Politik, Zivilgesellschaft und Privatunternehmen berät. Mit verschiedensten Finanzierungsinstrumenten wie Darlehen für öffentliche oder private Investitionsprojekte, Garantien, Schenkungen und technischen Zusammenarbeit werden Produkte angeboten, um den verschiedenen Herausforderungen in den Ländern mit möglichst maßgeschneiderten Lösungen gerecht zu werden und diese zu bewältigen.

Die zwei Hauptziele, die schon bei der Gründung der IDB festgelegt wurden, sind die Förderung wirtschaftlichen Wachstums und regionaler Integration in Lateinamerika und der Karibik, die in umwelt- und sozialverträglicher Art und Weise zu einer andauernden Armutsverringerung und zu mehr sozialer Gleichheit führen sollen (Gründungsvertrag 1958). Zudem besitzt die Bank über den FSO die Befugnis, „weiche Ressourcen" wie z.B. reduzierte Zinssätze, lange Laufzeiten und die Option, Kredite in lokaler Währung abzuzahlen, einzusetzen. Der Zweck dieser „weichen" Ressourcen ist es, Kreditgeschäfte und technische Unterstützung für weniger entwickelte Länder zugänglich zu machen (IDB 1999). Die IDB deckt sowohl den öffentlichen als auch den privaten Sektor ab. Privatsektorförderung für klein- und mittelständische Unternehmen wird von der *Inter-American Investment Cooperation* (IIC) bedient, Projekte mit Kleinstunternehmen fallen in den Aufgabenbereich des *Multilateral Investment Fond* (MIF).

Gemäß den Jahresberichten der IDB werden die Investitionen des Portfolios in drei Kategorien unterteilt: Wettbewerb, Sozialentwicklung sowie Reform und Modernisierung des Staates. Die Kategorie Wettbewerb, zu der unter anderem Energie-, Transport-, Landwirtschafts- und Handelsprojekte gehören, nimmt dabei mit über 50% der jährlichen Investitionen sowie aller über die letzten fünfzig Jahre aggregierten Investitionen den größten Anteil ein. Gefolgt von Sozialentwicklung mit über 33% der jährlichen Investitionen bzw. kumuliert über die 50 Jahre, zu denen unter anderem Gesundheit und Erziehung zählen und Reform und Modernisierung des Staates, welche 11-15% ausmachen.

2. Aufbau

Der IDB-Gründungsvertrag ist der zentrale Referenzrahmen, in dem alle grundlegenden Normen und Grundsätze der Bank geregelt werden, wie Funktionen, Mitgliedschaft, Höhe des Stammkapitals und Geschäftstätigkeitsbereiche. Die Bank hat eine hybride Struktur, d.h. sie hat regionale und nichtregionale Mitglieder, wobei von den insgesamt 48 Mitgliedern der Bank 28 aus der Region „Nord- und Südamerika" stammen. Von den 28 regionalen Mitgliedern gelten 26 als Kreditnehmer, d.h. alle Länder außer den USA und Kanada. Anders als in anderen Entwicklungsbanken ist der Stimmrechtsanteil der regionalen Mitglieder mit 84% (50,2% regionale Kreditnehmer und 34% USA und Kanada) höher. Zwar ist der Stimmrechtsanteil bezogen auf die Kreditnehmer relativ gering, doch können die kreditnehmenden Länder die kreditgebenden Länder durch den Anteil von 50,2% knapp überstimmen. Um ein regionales Mitglied der IDB werden zu können, muss ein Land vorher der OAS angehören (Ausnahmen wurden bei den Mitgliedern Bahamas, Guyana und Kanada gewährt). Für eine nichtregionale Mitgliedschaft gilt die Voraussetzung, dass ein Land Mitglied des Internationalen Währungsfonds (→IMF) sein muss.

Als oberstes Entscheidungsorgan fungiert der Gouverneursrat, bestehend aus je einem politisch bestellten Vertreter jedes Mitgliedslandes. Bei den jährlichen Frühjahrstagungen trifft der Gouverneursrat handlungsweisende Entscheidungen wie die Umstrukturierung der IDB, Ernennung des neuen Präsidenten oder die Kapitalerhöhung wie zuletzt im März 2010. Während des Jahres delegiert der Gouverneursrat viele seiner Aufgaben, wie die Genehmigung von Projekten ab einem gewissen finanziellen Umfang, die Festlegung der Zinssätze für IDB Darlehen und die Bewilligung des Verwaltungsbudgets an den Exekutivdirektorenrat, bestehend aus 14 Exekutivdirektoren. Die Exekutivdirektoren der USA und Kanada vertreten ihr eigenes Land, alle anderen repräsentieren eine Gruppe von Ländern.

Etwa 2000 Mitarbeiter (Stand 2010) zählt die IDB, von denen zwei Drittel in der Zentrale in Washington D.C, USA arbeiten. Der Rest pflegt von den 26 Länderbüros aus den direkten Kontakt zu den Regierungen der Mitgliedsstaaten. Zusätzlich befinden sich zwei kleinere nichtregionale Büros in Paris und Tokyo, die eine verbesserte Kommunikation mit den Geberländern verfolgen. Der jährliche Kreditrahmen der IDB vor der Finanzkrise 2008/09 lag bei ca. US$ 9 Mrd. Die Nachfrage nach mehr Investitionen war schon vor der Finanzkrise gestiegen und verstärkte sich durch die Krise weiter. Da die Höhe der Kreditvergabe unter anderem von der Höhe des Stammkapitals abhängt, wurde das Stammkapital im März 2010 um US$ 70 Mrd. auf US$ 171Mrd. aufgestockt, wodurch der Kreditrahmen der IDB sich auf 15 Mrd. erhöhte. Des Weiteren verwaltet die Bank über 40 kleinere Fonds konkrete Initiativen und Themenbereiche wie den Wasserfond für die Wasserinitiative oder den Fonds zur Förderung regionaler Integration.

Tiefgreifende organisatorische und inhaltliche Änderungen wurden zwischen 2006 und 2007 vorgenommen, um die Effizienz zu steigern und die Bank wettbewerbsfähiger zu machen. Dazu wurden die Abteilungen neu organisiert und das gesamte Management sowie die ihm unterstehenden Direktoren neu besetzt. Diese Reorganisation des Aufbaus, der Zuständigkeiten und der Abläufe in der IDB (*realignment*) hat die bisherige Unterteilung in drei geografische Regionen aufgehoben und thematische Einheiten (Infrastruktur, Sozialsektor, institutionelle Kompetenz und Integration/Handel), die für ganz Lateinamerika zuständig sind, entstehen lassen. Mehr Verantwortung wurde auf die Länderbüros übertragen und damit die Programm- und Projektkonzeption (Theorie) enger mit ihrer Implementierung (Praxis) verzahnt.

Die Reorganisation wurde Ende 2007 abgeschlossen, vereinzelt werden jedoch immer noch Korrekturen vorgenommen oder neue Einheiten geschaffen und Verfahren eingeführt, um Arbeitsabläufe zu verbessern.

3. Wandel, Reform und Bedeutung in der globalen Politik

Seit Gründung der Bank haben sich die Schwerpunkte immer wieder leicht verschoben oder wurden umbenannt. Um auf die politische und wirtschaftliche Instabilität der Region in den Gründungsjahren gezielt zu reagieren, entwickelte die Bank Schlüsselthemen zu den Bereichen Armutsreduzierung, Sozialentwicklung und Reform und Modernisierung des Staates. Als Reaktion auf wachsende Umweltverschmutzung und Ungleichheiten kamen Ende der 80er Anfang der 90er Jahre die Themen Umwelt und *Opportunity of the Majority* (Stärkung von Minderheiten, indigenen Völkern) hinzu. Andere Themen wie z.B. Stärkung der Wettbewerbsfähigkeit wurden im Zuge zunehmender marktwirtschaftlicher Reformen und Handelsliberalisierungen ergänzt.

Nachdem die Anzahl der Themen ständig gewachsen war, erfolgte mit dem Realignment 2007 eine Reduzierung auf fünf Schwerpunkte. Seither sind die fünf Schwerpunkte der Bank

„Sozialpolitik", „Infrastruktur und Wettbewerbsfähigkeit", „soziale Institutionen", „regionale und globale Integration" sowie „Umweltschutz und Klimawandel". Manche dieser Schwerpunkte werden durch Initiativen unterstützt, die mit eigenen Fonds und Arbeitsgruppen ausgestattet sind. Dazu gehören Erziehung, Klimawandel, Opportunity of the Majority und Wasser. Vor allem die Initiative zum Klimawandel ist seit ihrem Bestehen 2007 stark gewachsen. Diese Einheit spielte auch eine wichtige Rolle für die Kapitalerhöhung 2010, da ein verstärkter Bezug zu Klimawandel eine der Voraussetzungen für deren Bewilligung war.

Ein Beispiel für die verstärkten Anstrengungen im Bereich der Geberkoordinierung und die innovative Einbeziehung von Partnerländern ist der Klimawandel Fonds (*Climate Investment Fund*, CIF). Der CIF existiert seit September 2008 und co-finanziert weltweit Klimawandelprojekte mit US$ 6,1 Mrd. Dieser Fond ist zu einem Katalysator für die Zusammenarbeit zwischen Entwicklungsbanken, Entwicklungsorganisationen und Entwicklungsländer in diesem Bereich geworden.

Trotz aller Reformen und Erfolge bleiben wichtige Herausforderungen sowohl für Lateinamerika also auch die IDB als Institution und seine Partner zu bewältigen:

Dau gehört die Verringerung von sozialen Ungleichheiten und Reduzierung der Armut. In LAK ist soziale Ungleichheit eng verflochten mit einer Vielzahl von wirtschaftlichen Problemen und einem erschwerten Zugang zu Gesundheitsversorgung, Bildung, Wohnraum und Arbeit (Behrman 2003). Trotz vieler Programme zur direkten und indirekten Förderung öffentlicher Investitionen und Verbesserung von öffentlichen Dienstleistungen ist die Kluft zwischen Arm und Reich in LAK immer noch sehr groß. Eine wichtige Herausforderung besteht darin, das Humankapital der Partnerländer soweit zu stärken, dass diese in die Lage versetzt werden, ein nachhaltiges und armutsreduzierendes Wirtschaftswachstum zu generieren.

Eine weitere Herausforderung ist die Verknüpfung von Umwelt und nachhaltigem Wirtschaftswachstum. Klimawandel hat die Welt vor neue Herausforderungen gestellt und trifft Entwicklungsländer wirtschaftlich stärker als andere (Stern 2007). Um rechtzeitig und genügend Finanzierung zu erhalten, den Privatsektor zu involvieren und genügend Rückhalt in der Bevölkerung zu bekommen, ist eine Verknüpfung mit nachhaltigem Wirtschaftswachstum unumgänglich. Insbesondere für die Kreditvergabe im Bereich Klimawandel ist das Potenzial in LAK groß. Windkraft produziert momentan 840 Megawatt (MW), 0,5% der gesamten Kapazität in LAK, Geothermie ist unter anderem in El Salvador eine noch ungenutzte Energiequelle, Sonnenstrahlung die mehr als 45 Kilowatt pro Quadratmeter erzielt wie in Mexico, Zentralamerika, Venezuela, Peru, Bolivien und der Karibik, gilt als exzellent für den kommerziellen Gebrauch (IDB 2010). Um diese Potenziale zu nutzen, kann die IDB eine wichtige Rolle spielen. Zum Beispiel können Bankangestellte fort- und weitergebildet werden, um Klimawandelkomponenten in Projekte und Programme einzubauen, neue Frühwarnmechanismen in bestehende bankinterne Prozesse zu integrieren, und generell geeignete Projekte und Programme zu identifizieren und ggf. zu verändern.

Als größte interne Herausforderung gilt zur Zeit der Umsetzung der neuen Richtlinien zur Kapitalerhöhung. An den grundsätzlichen Zielen und Schwerpunkten der Bank hat sich nichts geändert. Dennoch sahen die Gouverneure der Bank es als notwendig an, Vorgaben zur Kreditvergabe zu erstellen und die Wirksamkeit zu steigern. Die neuen Richtlinien sehen eine prozentuale Verteilung der Darlehen vor, wonach 35% der jährlichen Kredite für kleinere Staaten, 25% für Armutsreduzieren, 25% für Projekte zur Mitigation und Anpassung an den Klimawandel und die restlichen 15% für regionale Kooperation und Integration vergeben werden sollen (IDB 2010). Eine Überschneidung der Themen ist unumgänglich, die Zuordnung jedoch noch nicht geklärt. Die Bank ist verpflichtet, bis 2015 diese Ziele zu erreichen, dazu werden Strategien und konkrete Aktionspläne konzipiert. Außerdem erarbeitet die strategische Planungsabteilung (*Strategic Planning Department*, SPD) Indikatoren und Mechanismen, um bessere Wirkungsanalysen zu erstellen.

Schließlich bleiben Koordination und Kollaboration mit internationalen Partnern verbesserungsfähig. Mit der Erklärung von Paris 2005 verpflichteten sich die Entwicklungsorganisationen, ihre Arbeit besser aufeinander abzustimmen. Der zuvor genannte *Climate Investment Fonds* ist ein gelungenes Beispiel, wo für die Vergabe von Geldern eine Zusammenarbeit gefordert wird. Verschiedene Arbeitsgruppen im Umweltbereich wurden gegründet, sind aber noch vereinzelte Phänomene. Wichtig ist es in den nächsten Jahren eine gezielte Kommunikation insbesondere auch auf der technischen Ebene herzustellen, so dass gegenseitig von den Erfahrungen und Wissen profitiert werden kann, um bessere Projekte und Programme zu entwickeln.

4. Stand der Forschung

Die Interamerikanische Entwicklungsbank ist seit 1940 Gegenstand der Forschungsliteratur, die vor allem thematische Bereiche wie Mikrofinanzierung betreffen. Informationen über ihre Aufgabenbereiche, Schwerpunkte und Entwicklungen wurden von der Sekundärliteratur bisher weniger beachtet. Der nachfolgende Beitrag schließt diese Lücke und basiert hauptsächlich auf den jährlichen Publikationen der IDB wie den Jahresberichten und Nachhaltigkeitsberichte sowie auf den IDB eigenen Forschungspublikationen. Letztere konzentrierten sich hauptsächlich auf die Themenbereiche Handel, *remittances*, soziale Ungleichheit. Ab 2006 begann die IDB, Umwelt und insbesondere Klimawandel als wichtiges strategisches Thema zu begreifen. Entsprechende Analysen sind zu diesem Zeitpunkt in bankinternen Dokumenten, Erfahrungsberichten und Broschüren zu finden.

Literatur

Wichtige Primärquellen:

Internetseite der IDB (http://www.idb.org, Zugriff am 31.10.2010).
Inter-American Development Bank, 1999: 40 años: Banco Interamericano de Desarollo: Mas que un Banco. Washington D.C.: IDB.

Inter-American Development Bank 2009a: Annual Report (Jahresbericht). Washington D.C.: IDB.
Inter-American Development Bank 1959: Agreement Establishing the Inter-American Development Bank (Gründungsvertrag) Washington D.C.: IDB.
Inter-American Development Bank 2009b: Honoring the Past, Building the Future, Fifty Years of Development in Latin America and the Caribbean. Washington D.C.: IDB.

Basislektüre zur IDB:

Behrman, Jere R. et al. 2003: Who's In and Who's Out? Social Exclusion in Latin America, Washington D.C.: IDB.
Kruse-Rodenacker, Albrecht 1968: Die Interamerikanische Entwicklungsbank. Hamburg: Institut für Iberoamerika-Kunde.
Tussie, Diana 1995: The Inter-American Development Bank, Boulder, CO: Lynne Rienner.

Aktuelle Beiträge:

Inter-American Development Bank 2010: Analytical Framework for Climate Change Action, Washington D.C.: IDB.
Payne, Mark 2007: Democracies in Development. Politics and Reform in Latin America. Washington D.C.: IDB.
Stern Nicholas 2007: The Economics of Climate Change: The Stern Review. Cambridge, UK: Cambridge University Press.

ILO

Andrea Liese und Philip Schleifer

Vollständige Bezeichnung:

Internationale Arbeitsorganisation, IAO (*International Labour Organisation*, ILO)

1. Entstehung, Ziele und Aufgaben

Die IAO, englisch *International Labour Organization* (ILO), ist die älteste Organisation im Bereich der Arbeits- und Sozialstandards. Seit ihrer Gründung wirkt sie auf die Verbesserung von Arbeitsbedingungen hin und trägt dadurch zu sozialer Gerechtigkeit, zur Menschenwürdigkeit wirtschaftlicher Entwicklung und zu sozialem Frieden bei. 1969 erhielt sie den Friedensnobelpreis. Sie ist im weiteren Sinne sowohl für das Politikfeld Entwicklung als auch das Politikfeld Sicherheit relevant.

Entstehung

Die IAO ist eine Sonderorganisation der → Vereinten Nationen mit Sitz in Genf. Sie zählt 183 Mitgliedsstaaten (Stand: Mai 2010). Maßgeblich vorangetrieben von sozialdemokratischen Gewerkschaften, wurde ihre Gründung im Jahre 1919 im Rahmen der Versailler Vertragsverhandlungen beschlossen (Kapitel XIII), auch um durch die Verbesserung von Arbeitsbedingungen dem Vormarsch des Kommunismus Einhalt zu gebieten (Brupbacher 2002: 47). Unter dem Eindruck der Schrecken des Ersten Weltkrieges schrieben die Mitglieder der Gründungskommission (Belgien, Frankreich, Großbritannien, Italien, Japan, Kuba, Polen, Tschechoslowakei und die USA) der IAO den Leitspruch „der Weltfrieden kann auf Dauer nur auf sozialer Gerechtigkeit aufgebaut werden“ in die Präambel ihrer Verfassung. Zur Erreichung dieses Ziels nennt die Verfassung die Verbesserung der Arbeits- und Lebensbedingungen aller Menschen mittels weltweit anerkannter Sozialstandards. Die Notwendigkeit internationaler Regulierung wird damit begründet, dass nur ein universelles Regelwerk verhindern kann, dass sich einzelne Staaten durch niedrige Arbeitsstandards Vorteile verschaffen und somit die Anstrengungen anderer unterminieren.

Im Dezember 1946 wurde die IAO – nach Unabhängigkeit vom gescheiterten Völkerbund im Jahre 1934 – als erste Sonderorganisation in das System der neu gegründeten VN integriert. Der Kreis der ursprünglich 45 Mitglieder hat sich vor allem ab 1960 aufgrund der Entkolonialisierung afrikanischer Staaten stetig erweitert. Finanziert wird die IAO durch reguläre Mitgliedsbeiträge, die nach einem die Wirtschaftskraft berücksichtigenden Schlüssel zu entrichten sind. Zudem nimmt die IAO freiwillige Sonderzuweisungen entgegen. Der letzte Zweijahreshaushalt 2010/11 betrug US$ 726,7 Millionen.

Ziele und Aufgaben der IAO

Zu den Kernaufgaben der IAO zählen das Setzen (und Überprüfen) internationaler Arbeitsstandards, die Bereitstellung technischer Hilfe sowie Forschung und Aufklärung: Um aktuellen weltpolitischen Herausforderungen zu begegnen, legte Generaldirektor Juan Somavia die Agenda für menschenwürdige Arbeit vor (1999), welche mit besonderem Fokus auf entwicklungspolitische Fragen vier strategische Ziele definiert, die der Arbeit der IAO seither zu Grunde liegen:

- Umsetzung der Kernarbeitsnormen (Vereinigungsfreiheit und das Recht auf Kollektivverhandlungen; Beseitigung der Zwangsarbeit; Abschaffung der Kinderarbeit; Verbot von Diskriminierung in Beschäftigung und Beruf);
- Menschenwürdige Beschäftigungsmöglichkeiten mit ausreichendem Einkommen;
- Stärkung der sozialen Sicherheit;
- Stärkung des Dialogs zwischen Arbeitgeber- und Arbeitnehmerverbänden („Sozialpartnern“).

Die Setzung von Arbeitsnormen bildet seit ihrer Gründung den Schwerpunkt der IAO-Tätigkeit. Dabei lassen sich zwei Formen von Normen unterscheiden: Übereinkommen und Empfehlungen. Übereinkommen werden von der Internationalen Arbeitskonferenz, dem Legislativorgan der IAO, mit mindestens zwei Drittel der Delegiertenstimmen beschlossen (vgl. 2. Aufbau). Um Gültigkeit zu erlangen, müssen sie wie völkerrechtliche Verträge von den Mitgliedsstaaten ratifiziert werden. Die Ratifizierung von Übereinkommen ist freiwillig. Die Mitgliedsstaaten sind aber verpflichtet, jedes von der Internationalen Arbeitskonferenz angenommene Übereinkommen binnen 18 Monaten den gesetzgebenden Instanzen vorzulegen. Sprechen sich diese gegen eine Ratifikation aus, muss der Generaldirektor über die Gründe informiert werden. Heute (2010) gibt es 188 solcher Übereinkommen. Sie befassen sich mit unterschiedlichsten Aspekten der Arbeitswelt wie dem Mindestalter von Beschäftigten, der Versicherung von Arbeitnehmer/innen oder mit dem Gesundheitsschutz am Arbeitsplatz. So legt beispielsweise das erste IAO-Übereinkommen (1919) Obergrenzen für die Länge von Arbeitstag und Arbeitswoche in der Industrie fest. Bekannte Übereinkommen sind jene über das Verbot von Zwangsarbeit aus dem Jahre 1930, über Vereinigungsfreiheit und Schutz des Vereinigungsrechts (1948), Wanderarbeiter (1949), Gleichheit des Entgelts (1951), Rechte indigener Völker (1989) und Schlimmste Formen der Kinderarbeit (1999).

Die Einhaltung der Übereinkommen wird im Rahmen eines elaborierten Berichts- und Aufsichtssystems überprüft. Hierzu zählen das (1) reguläre Berichtssystem und das (2) Beschwerde- und (3) Klagerecht nach Art. 24 und 26 der IAO-Verfassung:

(1) Das Berichtssystem verpflichtet Staaten, in regelmäßigen Abständen gegenüber dem Internationalen Arbeitsamt, dem Verwaltungsstab der IAO, über den Stand der von ihnen ratifizierten Übereinkommen zu berichten. Berichte sind den ‚als maßgebend anerkannten' Gewerkschaften und Arbeitgebervereinigungen vorzulegen. Für die Überprüfung der regelmäßigen Berichte ist der Sachverständigenausschuss der IAO zuständig, der sich aus unabhängigen Juristen zusammensetzt. Auch Staaten, welche ein Übereinkommen nicht ratifiziert haben, müssen in vom Verwaltungsrat festgelegten Abständen über die Ratifikationshindernisse berichten (Brupbacher 2002: 54). Seit der Verabschiedung der Erklärung über grundlegende Prinzipien und Rechte bei der Arbeit im Jahre 1998 sind darüber hinaus alle Mitgliedsstaaten im Rahmen des so genannten Folgemechanismus verpflichtet, dem Generaldirektor gesondert über ihre Fortschritte zur Umsetzung der Kernarbeitsnormen zu berichten. Als solche gelten die Vereinigungsfreiheit und das Recht auf Kollektivverhandlungen (Übereinkommen 87, 98), die Beseitigung der Zwangsarbeit (Übereinkommen 29, 105), die Abschaffung der Kinderarbeit (Übereinkommen 138, 182) und das Verbot von Diskriminierung in Beschäftigung und Beruf (Übereinkommen 100,111). In Form eines globalen Berichts werden die Ergebnisse dieser Länderberichte der Internationalen Arbeitskonferenz zur Begutachtung vorgelegt.

(2) Das Beschwerderecht nach Art. 24 und 25 kann von Gewerkschaften und Arbeitgebervereinigungen, respektive Delegierten der Konferenz und Regierungen, gegen andere Mitglieder in Anspruch genommen werden. Formal zulässige Beschwerden werden von einem durch den Verwaltungsrat eingesetzten dreigliedrigen Ausschuss geprüft, der Verwaltungsrat entscheidet über die Veröffentlichung der Empfehlung. Bis Mitte 2010 wurden 129 Beschwerden entgegen genommen. Sanktionen gibt es nicht, allein durch Öffentlichkeitsarbeit können Dritte Druck auf normverletzende Mitgliedsstaaten ausüben. Weigern sich Mitgliedsstaaten aber, sich mit Beschwerden über Normverletzungen konstruktiv zu befassen, kann der Verwaltungsrat, gemäß Art. 33 der Verfassung, Maßnahmen empfehlen, „die ihm zur Sicherung der Ausführung dieser Empfehlungen zweckmäßig erscheinen".

(3) Das Klagerecht nach Art. 26 steht nur Regierungsvertretern der Mitgliedsstaaten offen, kann aber auch vom Verwaltungsrat erhoben werden. Zwischen 1919 und 1961 gab es nur eine Klage (Indien, 1934); seither fand das aufwändige Verfahren in fast zwei Dutzend Fällen Anwendung. Beim Klageverfahren setzt der Verwaltungsrat einen Untersuchungsausschuss aus drei Juristen ein, dem der betroffene Mitgliedsstaat Informationen zur Verfügung stellen muss. Bislang kam es in zwölf Fällen zur Einrichtung eines entsprechenden Untersuchungsausschusses, zuletzt 2008 zu Zimbabwe. Der Ausschuss beschließt verbindliche Empfehlungen an die Regierung, die von der betroffenen Regierung einzig beim Internationalen Gerichtshof angefochten werden können (was allerdings noch nie geschah).

Die derzeit gültigen 163 Empfehlungen müssen nicht ratifiziert werden. Sie erfüllen lediglich die Funktion, den Mitgliedsstaaten in spezifischen Bereichen als Orientierungshilfe zu dienen.

Im Zuge der Dekolonisierung ergänzte die IAO ab den 1950er Jahren ihre normsetzende Tätigkeit durch das Leisten technischer Hilfe. Dabei lassen sich vier Kernbereiche unterscheiden: Arbeitsrechtreform, Stärkung von Verwaltung und Institutionen zur Konfliktlösung, kapazitätsbildende Maßnahmen für Arbeitnehmer/innen- und Arbeitgeber/innenorganisationen sowie Bewusstseinsbildung. Die Notwendigkeit zur Bereitstellung technischer Hilfe ergab sich aus der Einsicht, dass schwache Verwaltungen und mangelhaft institutionalisierte Sozialpartner die Implementierung und Einhaltung von Sozialstandards in vielen Ländern behindern. Vor allem durch die Aufnahme zahlreicher Entwicklungsländer seit den 1960er Jahren gewannen Themen wie Armut, Kinderarbeit und informelle Ökonomie zunehmend an Relevanz für die Arbeit der IAO. In der Agenda für menschenwürdige Arbeit wurde diese Problematik explizit aufgegriffen und die technische Hilfe als entwicklungspolitisches Instrument systematisch aufgewertet. Heute verwendet die IAO einen wesentlichen Teil ihrer Ressourcen für Projekte in Entwicklungsländern. So umfasst die technische Hilfe zurzeit etwa 1000 Projekte mit einem jährlichen Volumen von ca. US$ 130 Millionen.

Besondere Bedeutung besitzen dabei die Länderprogramme für menschenwürdige Arbeit, welche die IAO seit 2000 implementiert. Das Konzept dieser Programme zeichnet sich dadurch aus, dass es zur Förderung menschenwürdiger Arbeit einen den Verhältnissen und Prioritäten des Einsatzlandes angepassten nationalen Entwicklungsplan formuliert. Zur Durchführung ihrer entwicklungspolitischen Ziele stützt sich die IAO auf ein weites Netz von 40 Länderbüros in Afrika, Asien, Südamerika, dem Mittleren Osten, Zentral- und Osteuropa. Seit den 1990er Jahren kooperiert die IAO dabei auch verstärkt mit zivilgesellschaftlichen Akteuren außerhalb ihrer konstitutionellen Mitgliedsgruppen. Dies trifft vor allem auf die IAO-Programme zur Abschaffung der Kinderarbeit (*International Programme on the Elimination of Child Labour*, IPEC) und zur Verbesserung der Arbeitsbedingungen in globalen Produktionsketten (*better work*) zu.

Gemäß Art. 10 der IAO-Verfassung bildet der Bereich Forschung und Aufklärung das dritte Tätigkeitsfeld der Organisation. Die Erfüllung dieser Aufgabe wurde dem Internationalen Arbeitsamt, welches das ständige Sekretariat der IAO bildet, übertragen. Neben seiner koordinierenden Funktion ist das Internationale Arbeitsamt daher auch Auftraggeber und Sammelstelle wissenschaftlicher Studien und statistischer Informationen. Es gilt als eine der wichtigsten Autoritäten im Bereich arbeitsbezogener Forschung. Bedeutend für die wissenschaftliche Tätigkeit der IAO sind darüber hinaus das 1960 gegründete Internationale Institut für Arbeitsfragen in Genf und das seit 1965 bestehende Internationale Zentrum für berufliche und fachliche Fortbildung in Turin.

2. Aufbau

Das besondere organisatorische Merkmal der IAO ist die tripartistische Struktur ihrer legislativen und exekutiven Organe. Tripartismus beschreibt eine auf Konsensfindung abzielende Zusammenarbeit von drei Akteuren mit gegenteiligen oder zumindest divergierenden Interessen. Im Falle der IAO sind dies Regierungs-, Arbeitnehmer- und Arbeitgebervertreter/innen. Diese formelle Einbeziehung nichtstaatlicher Akteure in Kernbereiche der *governance*-Struktur ist einzigartig bei Internationalen Organisationen.

Die Hauptorgane der IAO sind die Internationale Arbeitskonferenz, der Verwaltungsrat und das Internationale Arbeitsamt.

Die Internationale Arbeitskonferenz bildet das Legislativorgan der IAO, welche im Juni jeden Jahres in Genf zusammentritt. Jeder der 183 Mitgliedsstaaten entsendet eine Delegation, bestehend aus zwei Regierungs- und jeweils einer Arbeitnehmer- und Arbeitgebervertreterin. Letztere werden von den repräsentativsten nationalen Organisationen nominiert und besitzen das Recht, ihre Wahlentscheidungen unabhängig vom Votum der Regierungsvertreter/innen zu treffen. Die Hauptaufgabe der Konferenz besteht im Setzen internationaler Arbeitsstandards in Form von Übereinkommen und Empfehlungen. Des Weiteren beaufsichtigt sie Umsetzung und Anwendung von Übereinkommen auf nationalstaatlicher Ebene. Hierzu dient ihr der Bericht des Sachverständigenausschusses. Zentral ist darüber hinaus die Funktion der Internationalen Arbeitskonferenz als Forum für soziale und arbeitsbezogene Fragen. Die Grundlage hierfür bildet der jährliche Bericht des Generaldirektors. Ferner gehören die Verabschiedung des Haushaltes und das Verfassen interner Richtlinien zur Politik der IAO zu den regulären Aufgaben der Konferenz.

Der Verwaltungsrat, die Exekutive der IAO, tagt dreimal jährlich in Genf und setzt sich aus 28 Regierungs- und jeweils 14 Arbeitnehmer- und Arbeitgebervertreter/innen zusammen. Zehn der Regierungssitze sind dabei dauerhaft von Staaten mit „großer industrieller Bedeutung“ besetzt (Brasilien, China, Deutschland, Frankreich, Großbritannien, Indien, Italien, Japan, Russland, USA). Die restlichen Mitglieder werden für drei Jahre durch die jeweilige konstitutionelle Gruppe (Regierungen, Arbeitnehmer, Arbeitgeber) auf der Internationalen Arbeitskonferenz gewählt. Zu den Kernfunktionen des Rates zählen: Die Bestimmung der politischen Linie der IAO, das Treffen von Haushaltsentscheidungen, die Setzung der Agenda für die Internationale Arbeitskonferenz und die Wahl des Generaldirektors.

Das Internationale Arbeitsamt ist das ständige Sekretariat der IAO. Geleitet wird es vom Generaldirektor, dessen fünfjähriges Mandat nach Ablauf der Amtszeit erneuert werden kann. Die zentralen Tätigkeiten des Internationalen Arbeitsamtes sind Informationssammlung und andere Dienstleistungen für die Internationale Arbeitskonferenz und den Verwaltungsrat, die Beratung von Regierungen, die Durchführung und Koordinierung von technischer Hilfe und wissenschaftlicher Arbeit. In Form des jährlichen Berichts des Generaldirektors besitzt das Internationale Arbeitsamt darüber hinaus eine wichtige agendasetzende Funktion. Zur Wahrnehmung dieser Aufgaben stützt sich das Internationale Arbeitsamt auf einen Stab von ca. 1.900 Mitarbeiter/innen und ca. 600 externen Expert/innen, welche im Genfer Hauptquartier und den etwa 40 Länderbüros der IAO beschäftigt sind.

Neben den Hauptorganen sind der Sachverständigenausschuss und der Ausschuss für Vereinigungsfreiheit von besonderer Bedeutung für die Arbeit der IAO. Der Sachverständigenausschuss besteht aus 20 Rechtsexpert/innen, die vom Verwaltungsrat für drei Jahre gewählt werden. Die Tätigkeit des Ausschusses besteht darin, die Berichte der Mitgliedsstaaten zu einem Jahresbericht zusammenzufassen. Dieser „Bericht des Sachverständigenausschusses für die Durchführung von Übereinkommen und Empfehlungen“ wird vom Ständigen Konferenzausschuss über die Anwendung von Normen auf der Internationalen Arbeitskonferenz diskutiert, wobei schwerwiegende Fälle mit den betroffen Regierungsvertreter/innen erörtert werden können. Das Berichtsverfahren, das das schwächste Kontrollverfahren bildet, bringt regelmäßig Fortschritte in der Normumsetzung ans Licht, die „mit Zufriedenheit“ im Jahresbericht genannt werden. Hierzu zählen etwa Gesetzesänderungen und gezielte Maßnahmen zur Abschaffung von Kinderarbeit, zur Sicherstellung der Vereinigungsfreiheit oder zur Verbesserung der Arbeitsaufsicht (Boivon/Overo 2006).

Zur Umsetzung der als besonders wichtig erachteten Übereinkommen 87 (Recht auf Vereinigungsfreiheit) und 98 (Recht auf Kollektivverhandlungen) richtete die IAO im Jahre 1951 den Ausschuss für Vereinigungsfreiheit ein, der aus je drei Vertretern der Sozialpartner und der Regierungen besteht. Seine Aufgabe besteht darin, Beschwerden über Vergehen gegen das Recht auf Vereinigungsfreiheit und das Recht auf Kollektivverhandlungen zu untersuchen und zwar unabhängig davon, ob der betreffende Staat diese beiden Übereinkommen ratifiziert hat oder nicht. Beschwerdeberechtigt sind Arbeitnehmer- und Arbeitgebervertreter/innen. Der Ausschuss berichtet dem Verwaltungsrat und ist dazu berechtigt in besonders schwerwiegenden Fällen, eine Feldmission zur Aufklärung der Vorkommnisse zu senden. Bei besonders schwerwiegenden Verstößen kann der Ausschuss eine Untersuchungskommission entsenden, vorausgesetzt die Regierung gibt ihre Zustimmung. In den mehr als 50 Jahren seiner Tätigkeit wurden von dem Ausschuss mehr als 2.000 Fälle bearbeitet. Besondere Bedeutung hatte das Verfahren z.B. für die polnische Gewerkschaftsbewegung Solidarność, für deren Rechte sich die IAO zwischen 1978 und 1990 im Rahmen mehrerer Besuche und Vermittlungsbemühungen, einem Beschwerdeverfahren nach Art. 26 (1982) und einer Untersuchungskommission (1983-1984) einsetzte (Rodgers et al. 2009: 51-52).

Obwohl bzw. gerade weil die IAO von Anfang an Gewerkschaften und Arbeitgeber einbezog, arbeitet sie nur zögerlich mit anderen nichtstaatlichen Akteuren aus Zivilgesellschaft und Privatwirtschaft zusammen. Zwar hat das Internationale Arbeitsamt, beispielsweise im Rahmen des IAO-Programms zur Abschaffung von Kinderarbeit, zahlreiche Projekte mit NRO, die nicht zur Gruppe der Sozialpartner zählen, durchgeführt und in Einzelfällen, wie dem Übereinkommen über eingeborene und in Stämmen lebende Völker in unabhängigen Ländern (1989) und dem Übereinkommen gegen die schlimmsten Formen von Kinderarbeit (1999) zivilgesellschaftliche Gruppen an der Vorbereitung neuer Rechtsinstrumente beteiligt, doch dies sind Ausnahmen. Die Zurückhaltung ist auf die autonomiewahrende Haltung der Sozialpartner zurückzuführen, die ihre Privilegien verteidigen und sich gegen eine Einbindung des Privatsektors und zivilgesellschaftlicher Organisationen aussprechen (Thomann 2008: 81-82; Liese 2009: 205-6). So fordert die 2002 von der Internationalen Arbeitskonferenz verabschiedete Resolution über Tripartismus und Sozialdialog, dass die drei konstituierenden Gruppen der IAO angemessen konsultiert werden müssen, bevor es zur Zusammenarbeit des Internationalen Arbeitsamts mit der Zivilgesellschaft kommt.

3. Wandel, Reform und Bedeutung in der globalen Politik

Nach frühen Phasen des Wandels und der institutionellen Stagnation (Helfer 2006: 681-704) ist die IAO ab 1994 in eine neue Innovationsphase getreten. Ausgelöst durch externe (geopolitische und weltwirtschaftliche) Herausforderungen und begleitet durch innerorganisatorische Reflexionen und darauf basierenden Lernprozessen (Senghaas-Knobloch et al. 2003; Helfer 2006) hat sie sich intensiv gegen ihren Bedeutungsverlust gewehrt und durch Prioritätensetzung und neue Wege der Förderung ihrer Normen auf die vielfältigen Veränderungen in ihrem Umfeld reagiert. Mit der Einrichtung einer *Working Party on the Social Dimensions of the Liberalization of International Trade* antwortete sie auf die US-amerikanischen Bemühungen, in die Abschlusserklärung der Uruguay-Runde eine Sozialklausel aufzunehmen. Indem sie Kernarbeitsnormen festlegte, reagierte sie sowohl auf das Fehlen einer Definition von nicht unterschreitbaren Arbeitsrechten innerhalb der Debatte um die Sozialklausel als auch auf die niedrige Ratifikationsraten und das Infragestellen ihrer Übereinkommen, vor allem seitens der sich entwickelnden Mitgliedsstaaten. Als Reaktion auf geringe Ratifikationszahlen und veränderte Arbeitsbedingungen richtete der Verwaltungsrat der IAO 1995 eine *Working Party on Policy Regarding the Revision of Standards* ein, welche veraltete, d.h. Problemlagen nicht mehr angemessene Übereinkommen und Empfehlungen identifizierte. Diese stufte nach siebenjähriger Tätigkeit jeweils 71 Übereinkommen und Empfehlungen als zeitgerecht, 60 Übereinkommen und 68 Empfehlungen als veraltet und 22 Übereinkommen und 15 Empfehlungen als überarbeitungsbedürftig ein (zu einigen Übereinkommen konnte zunächst also keine Einigung erzielt werden). Während die IAO sich somit ab Mitte der 1990er Jahre auf die Identifizierung wichtiger Normen konzentrierte, verstärkte sie gleichzeitig ihre Bemühungen um eine universelle Ratifikation der grundlegenden Normen (Ratifikationskampagnen) und beschritt neue Wege der Überwachung (universelle Berichtspflicht für die Kernarbeitsnormen). Allein zwischen 1995 und 2005 verzeichnete die IAO 468 neue Ratifikationen für ihre 8 Kernarbeitsnormen. Weitere Innovationen lassen sich in der konsensorientierten Ausarbeitung neuer Übereinkommen und im Ineinandergreifen von Normbeförderung und technischer Zusammenarbeit beobachten.

Die Bedeutung der IAO für das Setzen arbeitsrechtlicher Normen ist unbestritten. Zweifel an ihrer Bedeutung bestehen mit Blick auf den Erfolg der Kontrollmechanismen und insbesondere die Fähigkeit der IAO, ihre Normen auch gegen den Widerstand ihrer Mitgliedsstaaten durchzusetzen. Ohne den Kooperationswillen der Mitgliedsstaaten und die Unterstützung der Sozialpartner bleibt auch das schärfste Instrument der IAO, das Klageverfahren, wirkungslos. Beispiellos ist die lang andauernde Auseinandersetzung mit Myanmar, die 1964 damit begann, dass der Sachverständigenausschuss aufgrund seines Verdachts, demzufolge die Bestimmungen des *Town and Village Acts* gegen das Übereinkommen 29 verstoßen, Informationen zur Zwangsarbeit verlangte. Nachdem eine 1993 von der *International Confederation of Free Trade Unions* eingereichte Beschwerde nicht zu einem Einlenken Myanmars führte, setzte der Verwaltungsrat 1997 einen Untersuchungsausschuss im Rahmen des Klageverfahrens ein und bemühte schließlich 2000 erstmalig Art. 33 der IAO-Verfassung, der Zwangsmaßnahmen vorsieht (Maupain 2008). Im Falle Myanmars forderte die IAO andere internationale Organisationen zum Abbruch der Beziehungen und die Regierungen und die Sozialpartner dazu auf, mit „allen Mitteln“ auf die Umsetzung der Ausschussempfehlungen hinzuwirken. Die begrenzte Wirksamkeit dieses einzigartigen Schritts – die Regierung Myanmars reagierte mit einem Verbot der Zwangsarbeit, bevor sich die Situation ab 2003 wieder verschlechterte – verdankt sich der zunehmenden Isolation und dem Druck durch Handelspartner. Helfer (2006: 712-3) zufolge erleichterte die Resolution das Verhängen von unilateralen Handelssanktionen etwa in den USA, während Rodgers et al. (2009: 64f.) eher den Druck von Gewerkschaften auf in Myanmar produzierende Unternehmen als maßgeblich für ein Einlenken Myanmar ansehen. Bedeutsam ist dieser einzigartige Fall vor allem, weil es der IAO gelang, durch die Kombination der erzwingenden mit kapazitätsstärkenden Maßnahmen im Dialog mit Myanmar zu bleiben: So setzte sie zwar die allgemeine technische Hilfe aus, behielt sich jedoch vor Maßnahmen gegen Zwangsarbeit gezielt zu unterstützen. 2002 richtete die IAO schließlich ein Verbindungsbüro vor Ort ein, das sich ebenfalls der Abschaffung der Zwangsarbeit widmet.

Insbesondere die rechtliche Wirkung der Übereinkommen ist in der Forschung umstritten. Am Beispiel der Abschaffung der Kinderarbeit haben mehrere Studien postuliert, dass aus der Ratifikation von IAO-Übereinkommen keine Verbesserung von Arbeitsbedingungen folgt, solange nicht auch die Kapazitäten in Mitgliedsstaaten gestärkt werden (Boockmann 2010). Die IAO hat auf diese Kritik bereits Anfang der 1990er Jahre reagiert und ihre im Rahmen der technischen Hilfe stets existenten Maßnahmen zur Kapazitätsstärkung stark ausgeweitet, etwa Projekte zur effektiven Implementierung der Übereinkommen gegen Kinderarbeit aufgelegt (Liese 2005). Somit kombiniert die Organisation mittlerweile die in der *compliance*-Debatte unterschiedenen Maßnahmen des Erzwingens, Überzeugens und Kapazitätsstärkens um die Chancen für eine Normbefolgung zu erhöhen (Hartlapp 2007).

4. Stand der Forschung

Die politikwissenschaftliche Forschung zur Internationalen Arbeitsorganisation (IAO) lässt sich vor allem in Beiträge zu ihrer Wirksamkeit bzw. Effektivität (Bodemer 2010; Boockmann 2010) und zu ihrem Wandel (Helfer 2006) unterteilen. Die dabei vertretenen theoretischen Blickwinkel umfassen eine Vielzahl institutionalistischer Theorien und Perspektiven, darunter Theorien über organisationales Lernen (Senghaas-Knobloch et al. 2003) und Theorien über Regelbefolgung (*compliance*) (Hartlapp 2007). Außerdem befassen sich juristische und historische Studien mit der Rolle der IAO (Maul 2007 zur Bedeutung der IAO im Dekolonisationsprozess).

Literatur

Wichtige Primärquellen:

Internationales Arbeitsamt 2003: Verfassung der Internationalen Arbeitsorganisation und Geschäftsordnung der Internationalen Arbeitskonferenz, Genf: Internationales Arbeitsamt.

Internetseite der Internationalen Arbeitsorganisation (http://www.ilo.org, Zugriff am 31.10.2010)

Internetseite der Internationale Arbeitsorganisation/Vertretung in Deutschland (http://www.ilo.org/public/german/region/eurpro/bonn/index.htm, Zugriff am 31.10.2010)

Basislektüre zur ILO:

Bartolomei de la Cruz, Héctor et al. 1996: The International Labor Organization. The International Standard System and Basic Human Rights. Boulder, CO: Westview Press.

Brupbacher, Stefan 2002: Fundamentale Arbeitsnormen der Internationalen Arbeitsorganisation. Bern: Stämpfli Verlag.

Rodgers, Gerry et al. 2009: The ILO and the Quest for Social Justice 1919-2009. Genf: International Labour Office.

Senghaas-Knobloch, Eva 2003: Globale Wirtschaftsstrukturen und „Global Governance„ im Politikfeld Arbeit. Artec Paper Nr. 106. Forschungszentrum Nachhaltigkeit, Universität Bremen (http://www.artec.uni-bremen.de/files/papers/paper_106.pdf, Zugriff am 31.10.2010).

Wisskirchen, Alfred 2005: The Standard-setting and Monitoring Activity of the ILO: Legal Questions and Practical Experience, in: International Labour Review, 144:3, S. 253-289.

Aktuelle Beiträge:

Boockmann, Bernhard 2010: The Effect of ILO Minimum Age Conventions on Child Labour and School Attendance. Evidence from Aggregate and Individual-Level Data, in: World Development 38:5, S. 679-692.

Bodemer, Andreas 2010: Zwischen Anspruch und Wirklichkeit. Internationale Gewerkschaftsrechte in Argentinien und Chile. Baden-Baden: Nomos.

Boivin, Isabella/Alberto Odero 2006: The Committee of Experts on the Application of Conventions and Recommendations. Progress Achieved in National Labour Legislation, in: International Labour Review 145:3, S. 207-220.

Hartlapp, Miriam 2007: On Enforcement, Management and Persuasion. Different Logics of Implementation Policy in the EU and the ILO, in: Journal of Common Market Studies 45:3, S. 653-674.

Helfer, Laurence R. 2006: Understanding Change in International Organizations: Globalization and Innovation in the ILO, in: Vanderbilt Law Review, 59:3, S. 649-726.

Liese, Andrea 2005: „Capacity Building" als Strategie zur Förderung der Regeleinhaltung. Erfahrungen der ILO bei der Abschaffung von Kinderarbeit, in: Eva Senghaas-Knobloch (Hg.): Weltweit geltende Arbeitsstandards trotz Globalisierung. Analysen, Diagnosen und Einblicke. Münster: Lit-Verlag, S. 63-79.

Liese, Andrea 2009: Die unterschiedlich starke Öffnung internationaler Organisationen gegenüber nichtstaatlichen Akteuren. Erklärungen der Institutionen- und Organisationstheorie, in: Dingwerth, Klaus et al. (Hg.): Die Organisierte Welt: Internationale Beziehungen und Organisationsforschung. Baden-Baden: Nomos, S. 189-210.

Maul, Daniel 2007: Menschenrechte, Sozialpolitik und Dekolonisierung. Die Internationale Arbeitsorganisation (IAO) 1940-1970. Essen: Klartext.

Maupain, Francis 2008: Is the ILO Effective in Upholding Worker's Rights? Reflections on the Myanmar Experience, in: Alston, Philip (Hg.): Labour Rights as Human Rights. Oxford: Oxford University Press, S. 87-142.

Senghaas-Knobloch, Eva 2009: Sisyphusarbeit am Genfer See. Bemühungen um international geltende Arbeits- und Sozialstandards, in: Breitmeier, Helmut et al. (Hg.), Sektorale Weltordnungspolitik. Effektiv, gerecht und demokratisch? Baden-Baden: Nomos, S. 130-149.

Senghaas-Knobloch, Eva et al. 2003: Internationale Arbeitsregulierung in Zeiten der Globalisierung. Politisch-organisatorisches Lernen in der Internationalen Arbeitsorganisation. Münster: Lit-Verlag.

Thomann, Lars 2008: The ILO, Tripartism, and NGOs. Do Too Many Cooks Really Spoil the Broth?, in: Steffek, Jens (Hg.): Civil Society Participation in European and Global Governance. A Cure for the Democratic Deficit?. Houndsmills/New York: Palgrave, S. 71-94.

IMF

Ulrich Volz

Vollständige Bezeichnung:

Internationaler Währungsfonds, IWF (*International Monetary Fund*, IMF)

1. Entstehung, Ziele und Aufgaben

Der IWF wurde als Ergebnis der vom 1. Bis 22. Juli 1944 in Bretton Woods (New Hampshire, USA) abgehaltenen „Internationale Währungs- und Finanzkonferenz der Vereinten und Assoziierten Nationen" zusammen mit der Bank für Wiederaufbau und Entwicklung (→ Weltbank) gegründet. Aufgrund des Konferenzortes werden IWF und Weltbank oftmals als Bretton Woods-Institutionen bezeichnet. Ziel der Konferenz war eine Neuordnung und Stabilisierung der Weltwirtschaft und der internationalen Währungs-, Finanz- und Wirtschaftsbeziehungen nach dem Zweiten Weltkrieg. Der Text des Übereinkommens über den Internationalen Währungsfonds (*Articles of Agreement of the International Monetary Fund*), der auf den Plänen des US-Finanzministeriums (*White Plan*) und des Britischen Schatzamtes (*Keynes Plan*) basiert, wurde am 22. Juli 1944 von 44 der 45 teilnehmenden Staaten unterzeichnet (die Sowjetunion enthielt sich). 29 dieser Staaten ratifizierten das Abkommen, das am 27. Dezember 1944 in Kraft trat. Das IWF-Übereinkommen wurde seither viermal – 1969, 1978, 1992 und 2009 – geändert. Der IWF nahm seine Tätigkeit am 1. März 1947 auf.

Die zentrale Aufgabe des IWF ist die Absicherung der Stabilität des internationalen Währungssystems, also des Systems von Wechselkursen und internationalen Zahlungssystemen, welches es Ländern ermöglicht, Güter und Dienstleistungen voneinander zu kaufen. Der IWF (2010a) beschreibt sein Ziel als die Förderung globaler währungspolitischer Kooperation, die Sicherung von Finanzmarktstabilität, die Erleichterung internationalen Handels, die Förderung von hohen Beschäftigungsniveaus und nachhaltigem wirtschaftlichen Wachstum sowie die Verminderung der Armut weltweit.

Der IWF spielte in der auf der Bretton Woods-Konferenz für die Nachkriegszeit beschlossenen Währungsordnung, die bis 1973 Bestand hatte, eine zentrale Rolle. Es wurde ein System fester aber anpassungsfähiger Paritäten vereinbart, in dem die Währungen der Mitgliedsländer an den US-Dollar gebunden wurden. Mit dem IWF wurde für jede Währung eine Parität zum Dollar vereinbart. Die nationalen Notenbanken bekamen die Aufgabe zugeteilt, die Wechselkurse, falls erforderlich, durch Interventionen am Devisenmarkt in einer Bandbreite von ±1% gegenüber dem Dollar stabil zu halten. Bei schwerwiegenden Zahlungsbilanzproblemen war eine Anpassung von Wechselkursen vorgesehen. Mitgliedsstaaten mit unausgeglichener Zahlungsbilanz konnten sich beim IWF temporäre Finanzhilfen besorgen. Der Dollar wiederum wurde zu einem Preis von 35 Dollar pro Unze an Gold gebunden. Die USA garantierten die Konvertibilität des Dollars in Gold, d.h. sie verpflichteten sich zum An- und Verkauf von Gold zu diesem Preis. So war der Dollar als wichtigste Reserve- und Leitwährung zentraler Bezugspunkt (*numéraire*) im IWF.

Mit der Unterwerfung ihrer Wechselkurs- und Devisenkontrollpolitik unter die Aufsicht des IWF erkannten seine Mitgliedsstaaten an, dass ihre Wechselkurse und ihre Vorschriften zum außenwirtschaftlichen Zahlungsverkehr auch die Interessen der übrigen Länder berühren (Deutsche Bundesbank 2003). Dies war eine der Lehren aus der Weltwirtschaftskrise der 1930er Jahre, als Länder versuchten, sich durch Abwertungen ihrer eigenen Währung einen Wettbewerbsvorteil ihrer Exporte zu verschaffen und sich somit einen Abwertungswettlauf lieferten, der protektionistische Tendenzen verstärkte und die Krise verschlimmerte. Es besteht weitgehender Konsens, dass das Bretton Woods-System mehr als zwei Jahrzehnte gut funktioniert hat und durch die Gewährleistung der Stabilität des Weltwährungssystems entscheidend dazu beigetragen hat, dass Welthandel, Produktion und Wohlstand kräftig wuchsen.

Es kam jedoch zunehmend zu Spannungen und Ungleichgewichten, da Mitgliedsländer oftmals zu lange an den Paritäten festhielten und sich gegen die im Falle von „fundamentalen Ungleichgewichten“ vorgesehenen Anpassungen sträubten. Das Bretton Woods-System kam in den späten 1960ern zunehmend unter Druck, als die Handelsbilanz der USA sich verschlechterte. Weil die Dollarbestände der Notenbanken außerhalb der USA allmählich die Goldreserven der USA überstiegen und somit die Konvertibilität des Dollar in Gold, ein Grundpfeiler des Paritäten-Systems, nicht mehr gewährleistet schien, entstand eine Vertrauenskrise. Als die US-Handelsbilanz im April 1971 zum ersten Mal im 20. Jahrhundert ein Defizit verzeichnete, beflügelte dies Erwartungen einer bevorstehenden Dollarabwertung und führte zu massiven Kapitalabflüssen aus den USA. Die Aufkündigung der Goldkonvertibilität des Dollars durch US-Präsident Richard Nixon im August 1971 läutete das Ende des Bretton Woods-Systems ein. Im Dezember 1971 gab es bei einem Treffen der so genannten Zehnergruppe, der 1962 informell gebildeten Gruppe der damals zehn wichtigsten IWF-Mitgliedsstaaten (Belgien, Bundesrepublik Deutschland, Frankreich, Großbritannien, Italien, Japan, Kanada, Niederlande, Schweden, Schweiz, USA), im Smithsonian Institute in Washington noch Bemühungen, das System durch eine Anpassung der Paritäten und eine Ausweitung der Schwankungsbreiten (Fluktuationsmargen) von ±1 auf ±2,25% um den Dollar zu retten. Im Juni 1972 gab das Vereinigte Königreich jedoch als erstes IWF-Mitgliedsland seine Währung frei, gefolgt von der Schweiz im Januar 1973 und Japan im Februar 1973. Im Februar 1973 wurde der US Dollar nochmals um 10% abgewertet, jedoch suspendierten im März 1973 auch die anderen europäischen IWF-Mitgliedsländer die Anbindung ihrer Währungen an den Dollar, was das definitive Ende des Bretton Woods-Systems fixer Wechselkurse bedeutete. Das System fester Wechselkursrelationen wurde damit von einem System beweglicher Wechselkurse abgelöst. Mit dem Ende des Bretton Woods-Systems verlor der Dollar seine offizielle Funktion innerhalb des IWF. Rechnungseinheit innerhalb des IWF wurden die 1969 geschaffenen Sonderziehungsrechte (SZR, *Special Drawing Rights*), eine künstliche Währungseinheit, die nicht auf den Devisenmärkten gehandelt wird.

Ziele und Aufgaben des IWF nach dem Ende des Bretton Woods-Systems

Mit dem Scheitern des Bretton Woods-Systems hatte der IWF seine Rolle als Hüter des internationalen Währungssystems verloren. Die Statuten des IWF wurden nach einem mehrjährigen Verhandlungsprozess 1978 an die neuen Bedingungen angepasst. Durch die enormen Zahlungsbilanzdefizite der ersten Ölkrise im Herbst 1973 und einer Inflationswelle mit unterschiedlich hohen Geldentwertungsraten in den einzelnen Ländern bestand keine Chance mehr für eine grundlegende Neuordnung des Weltwährungssystems auf der Basis fester, aber anpassungsfähiger Wechselkurse. In Folge wurde den Mitgliedern in einer Änderung des IWF-Übereinkommens, die am 1. April 1978 in Kraft trat, die Wahl ihres Wechselkurssystems freigestellt (Deutsche Bundesbank 2003). Gleichzeitig erhielt der IWF die Aufgabe, die Wechselkurspolitik seiner Mitglieder zu überwachen und sicherzustellen, dass diese den Zielen des IWF nicht entgegenlaufen, insbesondere ein ordentliches Wachstum mit angemessener Preisstabilität in den Mitgliedsländern. Des Weiteren soll der IWF sicherstellen, dass Mitgliedsstaaten ihre Wechselkurse nicht „manipulieren", um einen unfairen Vorteil anderen Mitgliedsländern gegenüber zu erlangen (Artikel IV, Abschnitt 1). Zahlreiche Bestimmungen des IWF-Übereinkommens wurden flexibler gefasst, um eine Weiterentwicklung des Weltwährungssystems auf der Grundlage internationaler Zusammenarbeit zu erleichtern.

Während die meisten großen Industrieländer nach dem Ende des Bretton Woods-Systems flexible Wechselkurse wählten, entschieden sich viele Entwicklungs- und Schwellenländer für eine Anbindung ihrer Währungen an eine internationale oder regionale Leitwährung oder an einen Korb verschiedener Währungen. Der IWF fand daher auch nach dem Ende des globalen Festkurssystems eine Unterstützungsaufgabe in der Überbrückung von Zahlungsbilanzproblemen und der Bewältigung von Währungs- und Finanzkrisen, insbesondere durch finanzielle Unterstützung umfassender Anpassungsprogramme in den Schuldnerländern.

In der zweiten Änderung des IWF-Übereinkommens 1978 wurde der IWF zudem beauftragt, die makroökonomischen Politiken der Mitgliedsländer zu beaufsichtigen. Der IWF sendet daher regelmäßig (meistens jährlich) so genannte Artikel IV-Missionen in die Mitgliedsländer, die neben der Wechselkurspolitik die makroökonomischen und fiskalischen Politiken umfassend begutachten. Seit den Finanzkrisen in Schwellenländern in den 1990ern und frühen 2000er Jahren wurden die Artikel IV Konsultationen durch detaillierte Untersuchungen der Finanzsektoren von Mitgliedsländern ergänzt, die gemeinsam von IWF, Weltbank und dem jeweiligen Land in so genannten *Financial Sector Assessment Programs* (FSAP) durchgeführt werden.

Der IWF hat darüber hinaus Aufgaben in der Überwachung der internationalen Finanzordnung gefunden, um die Stabilität des internationalen Systems sicherzustellen. Der IWF leistet zudem, oft in Zusammenarbeit mit der Weltbank, Hilfestellungen für die ärmsten Entwicklungsländer. Im Rahmen seiner Aktivitäten gibt der IWF Politikempfehlungen und leistet zum Teil auch technische Hilfestellung. Die Rolle und die Aufgaben des IWF sind nach dem Ende des Bretton Woods-Systems somit weniger klar definiert (House et al. 2008) und oftmals unscharf zu trennen von den Aufgaben anderer internationaler Organisationen wie z.B. der Weltbank oder der Bank für Internationalen Zahlungsausgleich (*Bank for International Settlements*), die sich ebenfalls um die Förderung internationaler Zusammenarbeit in Geld- und Finanzfragen und die Beobachtung grenzüberschreitender Kapitalströme kümmert.

Kreditvergabe durch den IWF

Im Fall von Zahlungsbilanzschwierigkeiten kann der IWF den Mitgliedsländern finanzielle Überbrückungshilfen gewähren, die es ihnen erleichtern sollen, die Korrektur ihrer Zahlungsbilanzen in geordneten Bahnen vorzunehmen. Als monetäre Institution muss der IWF darauf achten, dass seine Mittel relativ rasch revolvieren, weil den vom IWF an Defizitländer gewährten Krediten bei den Gläubigerländern Währungsreserveguthaben entsprechen, deren Verwendungsmöglichkeit stets gewährleistet sein muss. Dem IWF sind für seine Finanzhilfen hinsichtlich Umfang und Laufzeit daher relativ enge Grenzen gesetzt (Deutsche Bundesbank 2003). Defizitländer können in erster Linie auf die so genannte Reservetranche und die regulären Kredittranchen des IWF zurückgreifen, deren Höhe sich nach den Anteilen des jeweiligen Mitgliedslands am IWF richten. Neben diesen traditionellen Zahlungsbilanzhilfen gewährt der IWF im Rahmen von Sonderprogrammen auch Zahlungsbilanzkredite zu Vorzugsbedingungen an Entwicklungsländer mit niedrigem Pro-Kopf-Einkommen, für die wegen Herkunft und Art der dafür eingesetzten Mittel besondere Regeln gelten.

Der Zugang zu den höheren Kredittranchen erfolgt in der Regel im Rahmen der 1952 geschaffenen Bereitschaftskreditvereinbarungen (*Stand-By Arrangements*, SBA). Neben diesen kurzfristigen Zahlungshilfen können Länder seit 1974 im Rahmen der Erweiterten Fondsfazilität (*Extended Fund Facility*, EFF) auch mittelfristige Kredite zur Überbrückung besonders hartnäckiger außen- und binnenwirtschaftlicher Probleme erhalten. Über die Jahre wurden zahlreiche weitere Faziliäten eingerichtet, z.B. die 1963 geschaffene Fazilität zur Kompensationsfinanzierung (engl.: *Compensatory Financing Facility*, CFF), die 1997 geschaffene Fazilität zur Stärkung der Währungsreserven (*Supplemental Reserve Facility*, SRF) oder die 1999 geschaffene Vorsorgliche Kreditlinie (engl.: *Contingent Credit Line*, CCL), die aber zwischenzeitlich wieder abgeschafft wurden. 2009 wurde als Reaktion auf die globale Finanzkrise die Flexible Kreditlinie (*Flexible Credit Line*, FCL) eingerichtet, um Ländern mit guten Fundamentaldaten und ausgewogenen Makropolitiken kurzfristig und ohne Konditionen Liquidität zu verschaffen. In 2010 wurde das Instrumentarium des IWF zudem durch die Vorbeugende Kreditlinie (*Precautionary Credit Line*, PCL) erweitert. Darüber können Länder mit ordentlichen makroökonomischen Bedingungen, die sich aber nicht für die FCL qualifiziert haben, präventiv Zugang zu IWF-Kreditlinien bekommen, die an wenige Bedingungen geknüpft sind. Bislang haben sich 3 Länder (Polen, Mexiko und Kolumbien) für die FCL qualifiziert und ein Land für die PCL (Mazedonien) (Stand: August 2011).

Die Mittel des IWF wurden erst ab Mitte der 1950er Jahre in erheblichem Umfang in Anspruch genommen. Während in den 1950ern auch zahlreiche Kreditvergabeprogramme des IWF an westeuropäische Länder gingen (Belgien 1952, Finnland 1953, Frankreich und Vereinigtes Königreich 1956, Niederlande 1957 und Spanien 1959), ist die häufig anzutreffende

Wahrnehmung falsch, dass der IWF erst seit dem Ende des Bretton Woods-Systems Kreditprogramme für Entwicklungsländer aufgelegt hat (Vreeland 2007). 1954 ging mit Peru das erste Entwicklungsland ein vierjähriges Kreditarrangement mit dem IWF ein. Bereits 1958 überstieg der Anteil der Nicht-Industrieländer, die an einem IWF-Programm teilnahmen, den Anteil der Kreditprogramme, in denen der IWF die USA, Japan und die westeuropäischen Staaten unterstützte. Obwohl in den folgenden Jahren weiterhin Industrieländer an IWF-Programmen teilnahmen (z.B. Japan 1962/1964, USA 1963/1964, das Vereinigte Königreich mehrfach in den 1960er und 1970er Jahren), konzentrierte sich die IWF-Kreditvergabe zunehmend auf Entwicklungs- und Schwellenländer. Seit dem Ende der 1970er Jahre hat keines der größeren Industrieländer mehr einen Kredit beim IWF aufgenommen; ihre Zahlungsbilanzdefizite haben sie stattdessen über private Kapitalmärkte finanziert.

Während der IWF als Finanzierungsquelle für die wirtschaftlich entwickelten Länder unwichtig wurde, nahm das Engagement des IWF in Entwicklungs- und Schwellenländern stetig zu. Ab Mitte der 1970er Jahre stiegen aufgrund der sich im Zuge der beiden Ölkrisen entwickelnden massiven Zahlungsbilanzungleichgewichte die Ziehungen (Ausleihungen) von Entwicklungs- und Schwellenländern oftmals deutlich über das bis dahin übliche Niveau. Als Folge der Auswirkungen der internationalen Schuldenkrise zu Beginn der 1980er Jahre stiegen die Ausleihungen des IWF weiter an, insbesondere in Lateinamerika, da vielen Schuldnerländern die Rückgewinnung des Kapitalmarktzuganges nur in Verbindung mit einem IWF Anpassungsprogramm gelang. Die ausstehenden Kredite des IWF stiegen von ca. 13 Mrd. SZR Ende 1977 auf knapp 38 Mrd. SZR gegen Mitte der 1980er Jahre (Deutsche Bundesbank 2003).

In den 1990ern weitete der IWF sein Engagement in die ehemaligen Planwirtschaften Ost- und Zentraleuropas aus, die nach dem Kollaps der Sowjetunion dem IWF beitraten. Da die Kreditgewährung an die Transformationsländer nicht nur von temporären Zahlungsbilanzproblemen, sondern letztlich von den allgemeinen wirtschaftlichen Schwächen bestimmt wurde, nahm die Inanspruchnahme von längerfristigen Krediten mit entsprechenden Strukturanpassungsprogrammen deutlich zu. Allein Russland erhielt 1996 im Rahmen der Erweiterten Fondsfazilität eine Kreditzusage in Höhe von mehr als 13 Mrd. SZR, wovon aber nur knapp 6 Mrd. SZR in Anspruch genommen wurden (Deutsche Bundesbank 2003). In den 1990er und frühen 2000er Jahren war der IWF zudem mit Kreditlinien an der Überwindung von Finanz- und Währungskrisen in Mexiko (1994/1995), Asien (1997/1998), Russland (1998), Brasilien (1998/99), der Türkei (2000/2001) und in Argentinien (2001/2001) beteiligt, wobei der IWF durch die von ihm geforderten Konditionalitäten teilweise starke Kritik auf sich zog (siehe z.B. die Beiträge in Vines und Gilbert 2004).

Die Kritik an den teilweise sehr weitgehenden Konditionalitäten, die der IWF an die Vergabe von Krediten geknüpft hat, führte dazu, dass viele Mitgliedsländer, insbesondere in Asien, es vorzogen, ihre eigenen Währungsreserven massiv aufzustocken, um sich im Krisenfall selber helfen zu können. Dies, zusammen mit dem insgesamt stabilen Wachstum der Weltwirtschaft über weite Teile der 2000er Jahre hatte zur Folge, dass der IWF seit der Ziehung durch die Türkei bis zum Ausbruch der globalen Finanzkrise 2008 praktisch keine neuen Kredite vergeben hat, mit Ausnahme von kleineren Engagements in den am wenigsten entwickelten Ländern.

Entwicklungsländern wurden seit den 1980er Jahren verstärkt konzessionäre Zahlungsbilanzhilfen gewährt, erst durch die 1986 eingerichtete Strukturanpassungsfazilität (*Structural Adjustment Facility*, SAF), die dann 1993 in der Erweiterten Strukturanpassungsfazilität (*Enhanced Structural Adjustment Facility*, ESAF) aufging. Die ESAF wurde 1999 zur Armutsreduzierungs- und Wachstumsfazilität (*Poverty Reduction and Growth Facility*, PRGF) erweitert, die neben der Stärkung der Zahlungsbilanz und der Förderung des Wirtschaftswachstums auch explizit das Ziel der Armutsbekämpfung berücksichtigt. Grundlage der PRGF-Programme sind so genannte Armutsreduzierungs-Strategiedokumente (*Poverty Reduction Strategy Papers*, PRSPs), die vom Kreditnehmerland zusammen mit IWF und Weltbank erstellt werden. Im Januar 2010 wurden im Rahmen des Armutsreduzierungs- und Wachstums-Treuhandfonds (*Poverty Reduction and Growth Trust*, PRGT) mit der Erweiterten Kreditfazilität (*Extended Credit Facility*, ECF), der Bereitschaftskreditfazilität (*Standby Credit Facility*, SCF) und der Schnellen Kreditfazilität (*Rapid Credit Facility*, RCF) neue Fazilitäten zu Vorzugsbedingungen für Entwicklungsländer mit niedrigem Pro-Kopf-Einkommen geschaffen, die die bisherigen konzessionären Faziliäten ablösen.

2. Aufbau

Die Zentrale des IWF ist nach Artikel XIII, Abschnitt 1 des Übereinkommens in dem Mitgliedsland mit der höchsten Quote angesiedelt. Dies sind seit Gründung des IWF die USA. Demzufolge befindet sich der Hauptsitz des IWF in Washington, D.C., USA. Der IWF hatte im August 2011 mit 187 Mitgliedsländern nahezu globale Mitgliedschaft.

Der IWF ist den Regierungen seiner Mitgliedsstaaten rechenschaftspflichtig. Wichtigstes Organ des IWF ist der Gouverneursrat (*Board of Governors*), in dem jedes Mitgliedsland durch einen Gouverneur vertreten ist, zumeist durch den/die für die Währungspolitik zuständigen Minister/in oder die/den Notenbankpräsidentin/-präsidenten. Der Gouverneursrat ist als oberstes Leitungsgremium des IWF für die wichtigsten Fragen zuständig, z.B. für die Aufnahme neuer Mitglieder, für die Festsetzung und Änderung der Anteile der Mitgliedsländer am IWF („Quotenverteilung“) oder für die Neuzuteilung von Sonderziehungsrechten. Die Gouverneure treffen sich einmal im Jahr bei der Jahresversammlung von IWF und Weltbank. Das Amt des deutschen IWF-Gouverneurs wird seit Beginn der deutschen Mitgliedschaft vom jeweiligen Präsidenten der Deutschen Bundesbank (früher der Bank deutscher Länder) ausgeübt. Die Errichtung der Europäischen Zentralbank hat daran nichts geändert, da die Mitgliedschaft im IWF auf die einzelnen Länder ausgerichtet ist.

Die laufende Geschäftsführung des IWF obliegt dem 24-köpfigen Exekutivdirektorium, dem der Gouverneursrat alle delegierbaren Befugnisse übertragen hat. Die Arbeit des Exekutivdirektoriums wird vom Internationalen Währungs- und Finanzausschuss (*International Monetary and Financial Committee*, IMFC) gelenkt und vom Mitarbeiterstab des IWF unterstützt, der im August 2011 etwa 2.500 Mitarbeiter aus 160 Ländern umfasst (IWF 2011a). Die bisherige Praxis, nach der die USA, Japan, Deutschland, Frankreich und das Vereinigte Königreich Exekutivdirektoren ernennen konnten während die restlichen Exekutivdirektoren alle zwei Jahre durch die Gouverneure der übrigen Mitgliedsländer gewählt wurden, die sich in der Regel zu regionalen Gruppierungen zusammenschließen, wird in Folge einer vom Gouverneursrat im Dezember 2010 beschlossenen Reform der *Articles of Agreement* abgeschafft. Nach dem Inkrafttreten der Änderung werden alle Exekutivdirektoren gewählt.

Das Exekutivdirektorium wählt den geschäftsführenden Direktor (*Managing Director*) für fünf Jahre. Der geschäftsführende Direktor, der von vier stellvertretenden geschäftsführenden Direktoren unterstützt wird, ist Vorsitzender des Exekutivdirektoriums und oberster Dienstherr des Mitarbeiterstabs des IWF. Der Posten des geschäftsführenden Direktors wurde bislang traditionell an einen Europäer vergeben, während die USA traditionell die/den Präsidentin/Präsidenten der Weltbank stellen. Diese informelle Praxis, die lange von Entwicklungs- und Schwellenländern als unangemessen kritisiert wurde, da sie die Dominanz der USA und der Europäer bei IWF und Weltbank zementiere, soll nach weitgehendem Einvernehmen der Mitgliedsländer in Zukunft durch ein transparentes und leistungsbasiertes Auswahlverfahren ersetzt werden. Von November 2007 bis 18. Mai 2011 hatte der ehemalige französische Wirtschafts- und Finanzminister Dominique Strauss-Kahn das Amt des geschäftsführenden Direktors inne. Er legte es nach einer gegen ihn erhobenen Anklage wegen des Verdachts der sexuellen Belästigung eines Zimmermädchens nieder. Seine Nachfolgerin Christine Lagarde, ebenfalls eine ehemalige Finanzministerin Frankreichs, nahm ihre Arbeit am 5. Juli 2011 auf. Ihre Wahl wurde von kritischen Stimmen begleitet, die das Amt des geschäftsführenden Direktors an einen Kandidaten aus einem Schwellenland vergeben sehen wollten.

Seit 1972 wurden besondere Ausschüsse des Gouverneursrates damit beauftragt, das Funktionieren des Währungssystems und seine Weiterentwicklung zu überwachen. Von 1972 bis 1974 wurde der so genannte Zwanziger-Ausschuss, dessen Mitglieder von denselben zwanzig Mitgliedsstaaten bzw. Gruppen von Mitgliedsstaaten ernannt wurden, die damals Exekutivdirektoren entsandten, mit einer grundlegenden Reform des internationalen Währungssystems beauftragt. Der Zwanziger-Ausschuss wurde 1974 von dem analog zusammengesetzten Interimsausschuss (*Interim Committee*, IC) abgelöst, der nach 1999 vom Gouverneursrat in den ständigen IMFC umgewandelt wurde. Der IMFC hat wie zuvor der IC 24 Mitglieder, die die gleichen Länder beziehungsweise Ländergruppen vertreten wie die Mitglieder des Exekutivdirektoriums. Wie der IC soll auch der IMFC das internationale Währungs- und Finanzsystem überwachen, Vorschläge des Exekutivdirektoriums zu Änderungen des IWF-Übereinkommens erörtern und auf plötzliche systembedrohende Störungen reagieren (Deutsche Bundesbank 2003).

Stimmrechtsverteilung

Das Stimmgewicht jedes Mitgliedslandes richtet sich primär nach der Höhe seiner finanziellen Beteiligung am IWF. Bei Abstimmungen im Gouverneursrat und im Exekutivdirektorium hat jedes Mitglied derzeit 677 Grundstimmen und eine weitere Stimme je 100 000 SZR-Einheiten seiner Quote, wobei sich die Grundstimmen im Zuge der in Dezember 2010 beschlossenen Quotenerhöhung weiter erhöhen werden (Stand: August 2011). Die USA als Land mit dem höchsten Quotenanteil haben momentan 421.964 Stimmen (16,77% der Gesamtstimmrechte), während Tuvalu als kleinster Anteilseigner nur auf 758 Stimmen (0,03%) kommt (IWF 2011b). Da bei wichtigen Entscheidungen eine Stimmenmehrheit von 85%

erforderlich ist, haben die USA mit einem Stimmenanteil von 16,77% *de facto* ein Vetorecht. Die Vergabe der Stimmrechte nach finanzieller Beteiligung wird oft mit dem Prinzip „Ein Dollar, eine Stimme" („One dollar, one vote") umschrieben, im Gegensatz zu dem bei den → Vereinten Nationen geltenden Prinzip von „Ein Land, eine Stimme" („One country, one vote"). Bei der laufenden Arbeit des Exekutivdirektoriums spielt das nationale Stimmpotenzial zwar eine Rolle, Abstimmungen mit Stimmenauszählung finden aber nur selten statt. Für gewöhnlich wird im Exekutivdirektorium eine weitgehende Übereinstimmung der Auffassungen ohne formelle Stimmabgabe herbeigeführt, wobei Entscheidungen gegen das ausdrückliche Votum einzelner Mitglieder meist vermieden werden. Im Gouverneursrat wird dagegen formell abgestimmt.

Die Quotenverteilung der IWF-Mitglieder richtet sich nach der relativen Größe und Bedeutung des jeweiligen Mitgliedslandes in der Weltwirtschaft. Nach der im April 2008 vom Gouverneursrat beschlossenen neuen Quotenregel, die im März 2011 in Kraft trat, werden die IWF-Quoten nach den folgenden Kriterien gewichtet: Anteil des Bruttoinlandprodukts (BIP) an der Weltwirtschaft (Gewicht von 50%), wobei das BIP sowohl nach Marktwechselkursen und zu Kaufkraftparitäten berechnet wird; Offenheit des Landes (30%); ökonomische Variabilität (15%); und Anteil an internationalen Reserven (5%) (IWF 2011b). Quoten werden in SZR bezeichnet, der Rechnungseinheit des IWF. Ziel der neuen Quotenregel und der beschlossenen Verdreifachung der Grundstimmen ist es, die Stimmgewichte der kleinen und am wenigsten entwickelten Länder zu erhöhen sowie den Machtverschiebungen in der Weltwirtschaft gerecht zu werden. Die Quoten und Stimmverteilungen sollen in Zukunft alle fünf Jahre angepasst werden, um eine gerechtere, den ökonomischen Entwicklungen Rechnung tragende Stimmrechtsverteilung und eine angemessene Repräsentation aller Mitgliedsstaaten zu gewährleisten. Die Stimmrechtsverteilung und Besetzung der Spitzenpositionen im IWF wird regelmäßig kritisiert, da der IWF durch die gegenwärtige Machtverteilung von europäischen und US-amerikanischen Interessen dominiert werde. Es gibt daher eine Fülle von Vorschlägen zur Reform der IWF-*governance* (Truman 2006; Griesgraber 2009).

3. Wandel, Reform und Bedeutung in der globalen Politik

Seit dem Ende des Bretton Woods-Systems, dessen Überwachung die ursprüngliche zentrale Rolle des IWF war, musste sich der IWF Anfang der 1970er Jahre neue Betätigungsfelder erschließen. Neben seiner vergleichsweise beschränkten währungspolitischen Funktion hat der IWF versucht, sich als Krisenmanager und „Think Tank" zu positionieren, der als Berater und Koordinator nationaler Wirtschaftspolitiken dient und internationale Kooperation in den Bereichen Finanzen und Währung fördert. In seinen beiden Hauptpublikationen *World Economic Outlook* und *Global Financial Stability Report* bewertet der IWF die Entwicklungen der globalen Wirtschaft und der Kapitalmärkte.

Der IWF konnte seinen Einfluss im Angesicht der Schuldenkrise in Lateinamerika in den 1980er und den großen Finanz- und Währungskrisen der 1990er Jahren stetig ausbauen, da viele der betroffenen Länder keinen oder nur begrenzten Zugang zu den internationalen Kapitalmärkten hatten und somit vom IWF als Kreditgeber abhängig waren. Ein IWF Kreditprogramm hat über die direkte Finanzierung hinaus eine Katalysatorwirkung, da einem Land durch die quasi-offizielle Zertifizierung der Kreditwürdigkeit durch den IWF zum einen eine erneute Kreditaufnahme auf den Kapitalmärkten erleichtert wird und zum anderen, weil ein IWF-Programm oftmals Voraussetzung ist für weitere Kreditaufnahmen oder den Zugang zu Umschuldungsprogrammen anderer öffentlicher und privater Akteure wie z.B. des Pariser Clubs. Vielen Entwicklungs- und Schwellenländern blieb daher keine Alternative, als sich den teilweise sehr harten Konditionalitäten eines IWF-Programms zu unterwerfen. Mit seinen konditionalen Strukturanpassungsprogrammen (*Structural Adjustment Programs*, SAP) konnte der IWF zum Teil erheblichen Einfluss auf die Wirtschaftspolitik von Gläubigerländern nehmen.

Die liberale wirtschaftspolitische Ausrichtung des IWF, der die Vergabe von Krediten oftmals an die Erfüllung konkret definierter Auflagen wie einer Verpflichtung der Regierung der Gläubigerstaaten zur Deregulierung von Märkten, der Privatisierungen von Staatsunternehmen, der Liberalisierung von Handel und Investitionen sowie fiskalischer Disziplin (z.B durch Kürzungen von Subventionen und Sozialleistungen) knüpfte, stieß regelmäßig auf starke Widerstände und Kritik, sowohl in den betroffenen Ländern als auch von Seiten von Nichtregierungsorganisationen, Globalisierungskritikern und Wissenschaftlern. Kritikpunkte sind hauptsächlich, dass die Strukturanpassungsprogramme des IWF die Souveränität der Gläubigerländer verletzen, da sie Regierungen aufgezwungen werden, die keine Alternative haben, als sich einem IWF-Programm zu unterwerfen, und zum anderen dass die vom IWF verlangten Austeritätsmaßnahmen zu einer Vergrößerung der Armut und sozialer Ungleichheiten führen. Kritiker werfen dem IWF eine Liberalisierungspolitik im Sinne des „Washington Consensus" vor, die vor allem den Interessen der Industriestaaten diene und diesen durch Privatisierung, Deregulierung und den Abbau von Handelschranken Marktzugang zu Entwicklungs- und Schwellenländern verschaffe. Weitere häufige Kritikpunkt am IWF sind die fehlende Legitimation und Rechenschaftspflichten.

Insbesondere die vom IWF während der Asienkrise 1979/1998 von den Krisenländern Thailand, Indonesien und Südkorea geforderten Konditionalitäten wurden vielfach als zu harsch und die Krise verstärkend kritisiert. Aufgrund der Unzufriedenheit der ostasiatischen Länder mit dem Engagement des IWF während der Asienkrise und der Dominanz der USA und der Europäer bei der Ausrichtung der IWF-Politiken haben diese Länder im Rahmen der so genannten „Chiang Mai Initiative" mit der Schaffung eines regionalen Finanzarrangements begonnen, das mittelfristig zur Gründung eines Asiatischen Währungsfonds führen könnte. Auch in anderen Regionen bestehen solche regionalen Finanzierungsmechanismen oder wird über ihre Gründung nachgedacht (McKay/Volz/Wölfinger 2011). Die damit potenziell einhergehende Schwächung des IWF hat den Druck für eine weitere Reform der Quotenverteilung der IWF-Mitglieder erhöht. Es ist absehbar, dass insbesondere die großen Schwellenländer wie Brasilien, China und Indien zunehmend an Einfluss im IWF gewinnen werden. Für den IWF besteht zudem die Herausforderung, eine Zusammenarbeit und Arbeitsteilung mit regionalen Finanzarrangements zu organisieren (Volz/Caliari 2010).

Die Stimmen, die den IWF für überflüssig erklärten oder gar abschaffen wollten, sind im Zuge der globalen Finanzkrise 2008-2009 verstummt. Nachdem der IWF sich aufgrund mangelnder Kreditnachfrage und somit fehlender Einnahmen 2008 sogar schon dazu veranlasst sah Teile seiner Goldbestände zu verkaufen und seinen Mitarbeiterstab um 500 Angestellte zu verkleinern, stieg der Bedarf nach IWF-Krediten in Folge der globalen Finanzkrise rasant an, so dass sich die Führer der G-20 Staaten auf ihrem Gipfeltreffen in London im April 2009 eine Verdreifachung der Ressourcen des IWF von ca. 250 Mrd. USD auf 750 Mrd. USD einigten. Große Hilfspakete wurden unter anderem für Rumänien, Ungarn, Ukraine, Griechenland, Portugal und Irland geschnürt. Die G-20 sprachen sich auf dem Gipfeltreffen in London geschlossen für eine wichtigere Rolle des IWF bei der Überwachung der internationalen Finanzmärkte aus.

4. Stand der Forschung

Ein Großteil der wirtschaftswissenschaftlichen Literatur zum IWF analysiert die Rolle des IWF in der internationalen Finanzarchitektur bei der Vorbeugung und Bekämpfung von Währungs- und Finanzkrisen. Zum einen beschäftigt sich die Forschung mit den Auswirkungen von IWF-Politiken auf einzelne Entwicklungsbereiche, insbesondere auf das Wachstum und die Entwicklung von Entwicklungs- und Schwellenländern, die in den letzten Jahrzehnten oftmals wiederholt an IWF-Programmen teilgenommen haben (Przeworski et al. 2000; Dreher 2006). Von Interesse ist vor allem auch die Wirksamkeit der vom IWF angelegten Konditionalitäten im Gegenzug für die von ihm zur Verfügung gestellten Leistungen (Dreher 2009). Zum anderen zielt eine Vielzahl an politikwissenschaftlichen als auch wirtschaftswissenschaftlichen Untersuchungen auf die *governance*-Strukturen des IWF ab, beispielsweise die Stimmrechtsverteilung im Gouverneursrat (Truman 2006; Griesgraber 2009).

Literatur

Wichtige Primärquellen:

IWF (1944/2009): Articles of Agreement of the International Monetary Fund. (http://www.imf.org/external/pubs/ft/aa/index.htm., Zugriff am 4.8.2011).

IWF (2011a): Factsheet: The IMF at a Glance. 1. Juli. (http://www.imf.org/external/np/exr/facts/glance.htm., Zugriff am 4.8.2011).

IWF (2011b): Factsheet: IMF Quotas. 3. März. (http://www.imf.org/external/np/exr/facts/quotas.htm., Zugriff am 4.8.2011).

Basislektüre zum IMF:

Deutsche Bundesbank 2003: Weltweite Organisationen im Bereich von Währung und Wirtschaft. Frankfurt am Main: Deutsche Bundesbank, S. 14-72.

Dreher, Axel 2006: IMF and Economic Growth: The Effects of Programs, Loans, and Compliance with Conditionality, in: World Development, 34:5, S. 769-788.

Dreher, Axel 2009: IMF Conditionality: Theory and Evidence, in: Public Choice, 141:1, S. 233-267.

House, Brett et al. 2008: International Monetary Fund. In: Durlauf, Steven N./Lawrence E. Blume (Hg.): The New Palgrave Dictionary of Economics. Second Edition. London: Palgrave.

Truman, Edwin M. (Hg.) 2006: Reforming the IMF for the 21st Century. Special Report 19. Washington DC: Institute for International Economics.

Przeworski, Adam/James Raymond Vreeland 2000: The Effect of IMF Programs on Economic Growth, in: Journal of Development Economics, 62:2, S. 385-421.

Vines, David/Christopher L. Gilbert (Hg.) 2004: The IMF and its Critics. Reform of Global Financial Architecture. Cambridge: Cambridge University Press.

Vreeland, James Raymond 2007: The International Monetary Fund. Politics of Conditional Lending. Abingdon und New York: Routledge.

Aktuelle Beiträge:

Griesgraber, Jo Marie 2009: Reforms for Major New Roles of the International Monetary Fund. The IMF Post-G-20 Summit, in: Global Governance, 15, S. 179-185.

McKay, Julie/Ulrich Volz/Regine Wölfinger 2011: Regional Financing Arrangements and the Stability of the International Monetary System. In: Journal of Globalization and Development 2:1.

Volz, Ulrich/Aldo Caliari (Hg.) 2010: Regional and Global Liquidity Arrangements. Bonn: Deutsches Institut für Entwicklungspolitik.

Mercosur

Claudia Zilla

Vollständige Bezeichnung:

Gemeinsamer Markt des Südens *(Mercado Común del Sur*, Mercosur)

1. Entstehung, Ziele und Aufgaben

Der Mercosur, spanische Abkürzung für *Mercado Común del Sur* (Gemeinsamer Markt des Südens), geht auf die sicherheitspolitischen Bemühungen Argentiniens und Brasiliens um Vertrauensbildung ab Mitte der 1980er Jahre zurück. Nach dem Übergang zur Demokratie in beiden Ländern versuchten die Präsidenten Raúl Alfonsín und José Sarney durch eine Intensivierung der Kooperation Vertrauen zu schaffen und Frieden zu sichern. Es sollten die Konflikthypothesen überwunden werden, d.h. die über ein Jahrhundert währenden, gegenseitigen Wahrnehmungen, die Argentinien und Brasilien als potenzielle Feinde in einer zwischenstaatlichen Krise erscheinen ließen. Neben einer Reihe bilateraler Verträge im Bereich Nuklearenergie, unterzeichneten beide demokratisch legitimierten Präsidenten wirtschaftliche Kooperationsabkommen, welche im Jahr 1991 in der Bildung des Mercosur – zusammen mit Paraguay und Uruguay – mündeten.

So fußt der Mercosur auf dem Vertrag von Asunción (*Tratado de Asunción*), der am 26. Januar 1991 von Argentinien, Brasilien, Paraguay und Uruguay unterzeichnet wurde. Dieses Dokument legte den Grundstein für einen Integrationsprozess, der zur Freizügigkeit von Gütern, Dienstleistungen und Produktionsmitteln, der Errichtung eines gemeinsamen Außenzolls, einer gemeinsamen Handelspolitik, der Koordinierung makroökonomischer und sektoraler Politiken sowie der Harmonisierung der betreffenden Gesetzgebung führen sollte. Endziel des Integrationsprozesses ist die Einrichtung eines gemeinsamen Marktes, in dem Güter, Dienstleistungen, Kapital und Arbeit frei gehandelt werden. Das Protokoll von Ouro Preto (*Protocolo de Ouro Preto*) vom 17. Dezember 1994 legte den institutionellen Rahmen des Mercosur fest, womit er den Status einer juristischen Person im internationalen Recht erhielt. Am 1. Januar 1995 trat die Zollunion in Kraft, die den Mitgliedsstaaten die Möglichkeit nimmt, im Alleingang bilaterale Handelsabkommen mit Drittländern abzuschließen. Gemäß dem Konzept der zwei Geschwindigkeiten sollte die vollständige Zollunion für Argentinien und Brasilien ab 2001 und für Paraguay und Uruguay ab 2006 in Kraft treten. Auf diese neue Integrationsphase sollte die Herausbildung eines gemeinsamen Marktes folgen, dessen Größenvorteile zu einem verstärkten Wirtschaftswachstum führen sollten. Bis heute sind allerdings viele Güter vom gemeinsamen Außenzoll ausgenommen. Zur Konsolidierung der Zollunion soll der im August 2010 vereinbarte (und von den nationalen Parlamenten noch zu ratifizierende) Zollkodex beitragen. Mit diesem soll ab 2012 die doppelte Besteuerung von Produkten aus dem Rest der Welt abgeschafft werden, die über ein Mitgliedsland in das Bündnis eingeführt und von diesem Land dann in ein weiteres Mercosur-Land exportiert werden. Zudem ist ein Mechanismus zur Umverteilung der Zolleinnahmen vorgesehen. Dabei behalten die Mercosur-Staaten aber das Recht, eigenständig Exportsteuern (*retenciones*) festzulegen.

Gründungsmitglieder des Mercosur sind Argentinien, Brasilien, Paraguay und Uruguay. Im Juli 2006 hat Venezuela ein Beitrittsabkommen unterzeichnet und genießt seitdem den Status eines Vollmitglieds, das sich im Jahr 2010 noch im Ratifizierungsprozess befindet. Nachdem die Parlamente Argentiniens sowie Uruguays und zuletzt mit großer Verzögerung der brasilianische Senat (mit 35 gegen 27 Stimmen) im Dezember 2009 ihre Zustimmung zur venezolanischen Mitgliedschaft gaben, bleibt zum Oktober 2010 die Ratifizierung vonseiten des paraguayischen Parlaments noch aus. Assoziierte Staaten des Mercosur sind Bolivien, Chile, Ecuador, Kolumbien und Peru. Mexiko hat im Mercosur einen Beobachterstatus. Eine Erweiterung des Mercosur jenseits der aktuellen fünf Mitgliedsstaaten ist in der nahen Zukunft nicht zu erwarten.

2. Aufbau

Höchstes Organ des Mercosur ist der Rat des gemeinsamen Marktes (*Consejo del Mercado Común*, CMC), der aus den Außen- und Wirtschaftsministern der jeweiligen Länder besteht. Ihm obliegt die politische Führung des Mercosur, das Treffen rechtsverbindlicher Entscheidungen (*decisiones*) und nichtbindender Empfehlungen (*recomendaciones*) sowie die Aufsicht über die Erfüllung der im Vertrag von Asunción und im Protokoll von Ouro Preto formulierten strategischen Ziele. Eine Reihe von Institutionen ist dem CMC untergeordnet: Ministertreffen der verschiedenen Ressorts, Gruppen zu strategischen Themen, die Kommission der ständigen Vertreter/innen des Mercosur, deren Präsident/in den Mercosur nach außen vertritt, die Koordinierungskommission der Minister/innen für Soziale Angelegenheiten, das Konsultations- und Politikkoordinationsforum und Treffen der Hohen Autoritäten im Bereich der Menschenrechte, unter deren Zuständigkeit das Institut für Menschenrechtspolitik fällt.

Exekutivorgan des Mercosur ist die Gruppe Gemeinsamer Markt (*Grupo Mercado Común*, GMC), die sich durch Beschlüsse (*resoluciones*) ausspricht. Sie besteht aus vier Repräsentant/innen pro Land, welche Vertreter/innen der nationalen Außen- und Wirtschaftsministerien sowie der Zentralbanken sind. Aufgabe dieser Institution ist es, die vom Rat verabschiedeten Entscheidungen auszuarbeiten und den Integrationsprozess zu verwalten. Unter dem Dach des GMC befinden sich folgende Institutionen: Arbeitssubgruppen, spezialisierte Treffen, Ad-hoc-Gruppen, das Mercosur Ausbildungsinstitut, das Demokratieobservatorium des Mercosur, das Arbeitsmarkt-Observatorium des Mercosur, das Konsultationsforum von Munizipien, Bundesländern, Provinzen und Departements, Gruppen zu bestimmten Themen, die Kommission des Mercosur für Soziales und Arbeit, die Komitees und das Technische Treffen zur Normativen Übernahme.

Kontroll- und Konfliktschlichtungsorgan des Mercosur ist die Handelskommission des Mercosur (*Comisión de Comercio del Mercosur*, CCM). Sie soll die effiziente Anwendung der gemeinsamen Handelspolitik überwachen und ist zuständig für Angelegenheiten des interzonalen Austausches, aber auch Anfragen und Beschwerden werden an die Handelskommission gerichtet. Sie ist neben dem Rat und der Gruppe das dritte Organ mit der Befugnis zur Verabschiedung rechtsverbindlicher Normen, Richtlinien (*directivas*), aber auch nicht-bindender Vorschläge (*proposiciones*). Der CCM sind verschiedene Technische Komitees untergeordnet. Entscheidungen aller drei Hauptorgane des Mercosur (CMC, GMC und CCM) müssen im Konsens und in Anwesenheit aller Mitgliedsstaaten getroffen werden. Verabschiedete Verordnungen haben in den jeweiligen Ländern ohne weitere Bestätigung Gültigkeit.

Das Parlament des Mercosur (*Parlamento del Mercosur*, PM oder *Parlasur*) kam zum ersten Mal im Jahr 2007 zusammen. Es setzt sich aus 90 Abgeordneten der fünf Mitgliedsstaaten zusammen, je 18 pro Land. Diesen ist jeweils ein/e Stellvertreter/in zugeordnet. Bisher werden die Abgeordneten aus dem Kreis der nationalen Parlamente gewählt. Im Oktober 2010 einigten sich die Präsident/innen der Mercosur-Länder auf eine proportionale Zusammensetzung des Parlaments: In einer ersten Phase wird Brasilien 37, Argentinien 26 und Uruguay und Paraguay werden jeweils 18 Repräsentant/innen entsenden. Ab 2015 soll die Anzahl der Abgeordneten Argentiniens auf 43 und Brasiliens auf 75 steigen. Die Zahl der Vertreter/innen Paraguays und Uruguays soll unverändert bleiben. Die rechtliche Grundlage für eine direkte Wahl der Mitglieder des Parlasur durch die Bevölkerung wurde bisher nur in Paraguay geschaffen. Das Parlament soll den Institutionalisierungsprozess und die demokratische Legitimität des Mercosur stärken. Dabei hat es jedoch keine Entscheidungskompetenz, sondern kann nur Empfehlungen aussprechen. Die parlamentarische Aktivität im Mercosur ist jedoch schwach ausgeprägt und besitzt vor allem protokollarischen Charakter.

Zivilgesellschaftliche Gruppen sind seit 1994 (Protokoll von Ouro Preto) durch das Sozioökonomische Konsultationsforum (*Foro Consultivo Económico Social*, FCES) in den Mercosur eingebunden. Auf dem Forum sind ökonomische und soziale Sektoren (Verbände, Gewerkschaften, zivilgesellschaftliche Organisationen) vertreten, und es beschließt Vorschläge (*recomendaciones*) für den Integrationsprozess.

Das Sekretariat (*Secretaría*) des Mercosur mit Sitz in Montevideo ist durch das *Protocolo de Olivos* 2002 mit operativen Kompetenzen ausgestattet worden. Die ehemals rein administrative Institution ist nun zusätzlich ein unabhängiges technisches Organ, das die anderen Organe des Mercosur im Integrationsprozess unterstützen soll. Aufgrund mangelnder Ausstattung und des starken Intergouvernementalismus, welcher die Funktionsweise des Mercosur prägt, bleibt die Bedeutung des Sekretariats begrenzt.

Ebenfalls im Jahr 2002 wurde als Streitschlichtungsmechanismus das Ständige Revisionsgericht des Mercosur (*Tribunal Permanente de Revisión del Mercosur*) eingerichtet, das seit 2004 seinen Sitz in Asunción hat. Es besteht aus fünf Richtern, wobei jeder Mitgliedstaat einen Richter auf die Dauer von zwei Jahren ernennt und der fünfte Richter von allen Mitgliedsstaaten einstimmig für drei Jahre gewählt wird. Das Revisionsgericht behandelt Beschwerden, die beispielsweise Dumping-, protektionistische oder Subventionsmaßnahmen betreffen. Der Verwaltungs- und Arbeitsgerichtshof des Mercosur (*Tribunal Administrativo-Laboral del Mercosur*) ist für die Konfliktlösung im Bereich des Arbeitsrechtes zwischen dem Sekretariat des Mercosur und seinen Beamten und Mitarbeitern zuständig bzw. verantwortlich, wenn die internen Verwaltungswege ausgeschöpft sind. Dem Mercosur-Center zur Förderung von Rechtsstaatlichkeit (*Centro Mercosur de Promoción de Estado de Derecho*) obliegt die Aufgabe, die Entwicklung des Staates, die demokratische Regierbarkeit und wietere mit dem regionalen Integrationsprozess verbundene Aspekte zu analysieren und zu konsolidieren.

Die halbjährlichen Mercosur-Gipfel sind Treffen der Präsident/innen der Mitgliedsstaaten, die gleichzeitig mit den Sitzungen des CMC stattfinden. Diese regelmäßigen Zusammenkünfte finden weder im Vertrag von Asunción noch im Protokoll von Ouro Preto Erwähnung, sind jedoch im Vergleich zu anderen Institutionen aufgrund der ausgeprägten intergouvernementalen Funktionslogik des Mercosur von besonderer Bedeutung. Offizielles Symbol des Mercosur ist das Kreuz des Südens über einer kurvigen grünen Linie, die den Horizont darstellt.

Im Sinne des offenen Regionalismus sieht der Mercosur seit der Aufhebung der Sperrklausel 1996 eine Erweiterung seiner Mitgliedschaft vor. Ebenfalls 1996 beschlossen die Außenminister der Mercosur-Staaten eine Demokratie-Klausel, welche die Existenz eines demokratischen Regimes zur Voraussetzung für die Mercosur-Mitgliedschaft macht. Diese Verpflichtung wurde mit dem *Protocolo de Ushuaia* von 1998 erneut festgeschrieben. Neben diesem Dokument bilden der Vertrag von Asunción (1991), der Vertrag von Ouro Preto (1994) und das Protokoll von Olivos (2002) die rechtliche Grundlage des Mercosur. Diese offiziellen Texte und die politische Praxis haben aus dem Mercosur ein stark intergouvernemental ausgerichtetes System gemacht. Gewichtige supranationale Instanzen oder ein nennenswerter bürokratischer Apparat haben sich nicht herausgebildet. Auch die Zivilgesellschaft hat kaum Einfluss auf die Entscheidungsprozesse im Mercosur. Somit bleibt das Integrationssystem sehr stark vom politischen Willen der jeweiligen Präsident/innen seiner Mitgliedsstaaten abhängig.

3. Wandel, Reform und Bedeutung in der globalen Politik

Das bis in die 1990er Jahre in Lateinamerika vorherrschende ISI-Modell, für das integrierte Binnenmärkte nötig sind, wich dem Konzept eines „offenen Regionalismus" (siehe unten). Diese konzeptionelle Handelsorientierung prägte die Entwicklung des Mercosur vor allem in den 1990er Jahren unter den Regierungen von Carlos Menem und Fernando Collor de Melo und drückte sich im deutlichen Anstieg des intraregionalen Handels innerhalb des Blocks aus. Dieser erreichte im Jahr 1998 einen Spitzenwert von 25,3% der gesamten Exporte des Mercosur (ECLAC 2009: 85). In den folgenden Jahren nahmen der Anteil des Intrahandels sowie das Handelsliberalisierungsengagement der Mitgliedsstaaten des Mercosur ab. Die wirtschaftliche Dimension des Integrationssystems verlor an Kraft. Politische und heterogene, eher nationale als gemeinsame Interessen rückten in den Vordergrund. Auch wenn der Mercosur – gemessen an der Größe der beteiligten Volkswirtschaften und dem Handelsvolumen – das bedeutendste Integrationssystem Lateinamerikas und der Karibik ist, blieb er weit hinter dem ursprünglichen, in Art. 1 des Gründungsvertrages festgelegten Bestreben zurück: Die Bildung eines gemeinsamen Marktes bis Ende 1994. Sechzehn Jahre später befindet sich der Mercosur immer noch im Stadium einer unvollständigen Zollunion und einer unvollendeten Freihandelszone. Somit weicht er empirisch von seiner programmatischen Zielsetzung ab sowie von einem linear-progressiven und nach abgeschlossenen Phasen (1. Freihandelszone, 2. Zollunion, 3. Gemeinsamer Markt, 4. Währungsunion) sukzessiv verlaufenden Prozess des Zusammenschlusses der Volkswirtschaften. Vielmehr wurden protektionistische Ausnahmeregelungen (wie der Mechanismus für Wettbewerbsanpassung, MAC) wiederholt getroffen, welche die unterschiedlichen nationalen und die Durchsetzungskraft sektoraler Interessen widerspiegeln und die strukturellen Asymmetrien zementieren.

Mit dem Mercosur-Beitritt von Venezuela wurde eher der Erweiterung als der Vertiefung des Integrationsprozesses der Vorzug gegeben. Im Einklang hiermit steht der Umstand, dass das *acquis communautaire* des Mercosur (gemeinschaftlicher Besitzstand) schwach ausgeprägt und wenig rechtlich internalisiert ist: Gegenwärtig gelten nur rund 40% der Mercosur-Regeln in den Mitgliedsstaaten als implementiert, und eine Konvergenz der gesamtwirtschaftlichen Entwicklung in den Mercosur-Staaten ist bislang kaum erkennbar. Die Harmonisierung der Wirtschaftspolitiken der Mitgliedsstaaten des Mercosur, vor allem ihrer Industrie-, Geld, Finanz- und Wechselkurspolitiken, steht noch aus.

Die internen Herausforderungen des Mercosur entstammen erstens seiner strukturellen Heterogenität. Diese besteht unter anderem in den ausgeprägten Unterschieden in der Größe der Volkswirtschaften, dem Grad ihrer Öffnung und dem Gewicht des Mercosur in der Außenhandelsstruktur der jeweiligen Mitgliedsstaaten. Hier einige Beispiele: Im Jahr 2008 stammten 71% der Exporte des Mercosur aus Brasilien und 69,8% der Mercosur-Importe gingen auch an dieses Land (BID Intal 2009: 27). Während Paraguay rund 74% seines Außenhandels mit dem Mercosur abwickelt, beträgt dieser Anteil im Falle Brasiliens rund 10% und im Falle Venezuelas lediglich rund 5%. Paraguay war vor dem Mercosur-Beitritt wirtschaftlich stärker geöffnet als die anderen Mitglieder, so dass dieser *de facto* eine Erhöhung der Zölle Paraguays gegenüber Nichtmitgliedsländern mit sich brachte, während Güter aus den Mercosur-Staaten in Paraguay zollfrei eingeführt werden mussten. Keiner der Mercosur-Staaten befindet sich unter den fünf Haupthandelspartnern Venezuelas; Paraguay ist hingegen extrem abhängig vom Austausch mit Argentinien und Brasilien (zusammen 45,4%).

Zweitens geht die Politik der Regierungen der Mitgliedsstaaten auf Mercosur relevanten Feldern auseinander und verändert sich immer wieder stark. Dies führt zu mangelnder Erwartungssicherheit im Integrationssystem (Bouzas et al. 2007). Während Argentinien zum Beispiel mittels der *retenciones* oder „Exportrechte" die Ausfuhren stark besteuert, verbietet die uruguayische Gesetzgebung seit 2004, mit dem Konsens aller politischen Parteien, Exporte steuerlich zu belasten. Auch wenn im Rahmen der Außenpolitik der Mitgliedsstaaten in Mercosur-Fragen eine gewisse Pfadabhängigkeit besteht, kann hier nicht von einer „Staatspolitik" – im Sinne einer über die Zeit stabilen weil parteiübergreifende Politik – gesprochen werden. Da die Mercosur-Politik von der Wirtschaftspolitik stark abhängig ist, führen die ökonomischen Kurswechsel zu Veränderungen der Prioritäten auf Mercosur-Ebene. Insgesamt zeigen sich Paraguay und Uruguay im viel größeren Ausmaß als Argentinien und Brasilien bereit, sich dem Weltmarkt zu öffnen. So drohen sie immer dann mit dem Austritt, sollte es ihnen untersagt werden, Abkommen mit den USA abzuschließen, wenn ihre Interessen im Mercosur nicht hinreichend berücksichtigt werden. Im Jahr 2004 unterzeichnete Uruguay ein Abkommen zum Schutz von Investitionen mit den USA.

Drittens schlagen sich diese Asymmetrien auf der Ebene der Entscheidungsprozesse im Mercosur nieder. Der Integrationsprozess wird sehr stark bilateral, zwischen Argentinien und Brasilien, gestaltet. Paraguay und Uruguay, die „Kleinen" des Mercosur, beschweren sich wiederholt über Alleingänge und mangelnde Rücksichtnahme vonseiten der „Großen". Die Bilateralisierung innerhalb des Bündnisses kam insbesondere bei dem „Zellulosekrieg" zwischen Argentinien und Uruguay um den Bau zweier Papierfabriken am uruguayischen Ufer des Grenzflusses Uruguay zum Ausdruck. Den Appell Uruguays an Brasilien, eine Vermittlungsrolle im Konflikt zu übernehmen, lehnte das große südamerikanische Land mit der Begründung ab, es handle sich um ein „bilaterales Problem". Die folgende Anrufung des internationalen Gerichtshofes (IGH) in Den Haag durch Argentinien zeigte einmal mehr, wie prekär die Konfliktslösungsmechanismen innerhalb des Mercosur sind. Laut IGH-Urteil (13 zu 1 Stimme) vom Jahr 2010 hat Uruguay den Vertrag von 1975 zur gemeinsamen Verwaltung des *Rio Uruguay* verletzt, indem es der Informationspflicht nicht nachkam und den Bau der Zellulosefabriken einseitig, also ohne das Einverständnis Argentiniens, genehmigte. Zugleich konnte der IGH (11 zu 3 Stimmen) keine systematische Verschmutzung des Uruguay-Flusses durch das finnländische Unternehmen Botnia feststellen, so dass keinerlei Maßnahmen vonseiten Uruguays erforderlich sind.

Zwar bekennt sich der Mercosur zum Prinzip des konvergierenden Parallelismus, dem zufolge der Staatenblock gleichzeitig auf regionale Integration und Eingliederung in den Weltmarkt setzt. Die vertragliche Vernetzung des Bündnisses mit anderen Staaten und Staatengruppen ist jedoch nicht besonders dicht: Bisher hat der Mercosur lediglich zwei Freihandelsabkommen mit einem Drittstaat unterzeichnet, nämlich mit Israel (2007) und Ägypten (2010). Seit 1998 hat der Mercosur ein Rahmenabkommen mit der → Andengemeinschaft (*Comunidad Andina*) bezüglich der Schaffung einer gemeinsamen Freihandelszone. Beide Integrationssysteme schlossen im Jahr 2004 ein Abkommen über wirtschaftliche Komplementarität (*Acuerdo de Complementación Económica*). Das Ziel einer gemeinsamen Freihandelszone ist jedoch aufgrund der Auflösungstendenzen in der Andengemeinschaft und die handelspolitische Stagnation des Mercosur in weite Ferne gerückt. 2000 wurde ein Rahmenabkommen über die Schaffung einer Freihandelszone mit Südafrika unterzeichnet, 2003 wurden die anderen Länder der Südafrikanischen Zollunion (→ SADC) einbezogen. Seit demselben Jahr besteht ein weiteres Rahmenabkommen (zu Handelspräferenzen) mit Indien, das aber erst im Juni 2009 in Kraft trat.

Lange Zeit setzte der Mercosur verhandlungsstrategisch auf „die doppelte Aussicht", auf ein Abkommen sowohl im Rahmen des US-Projekts einer gesamtamerikanischen Freihandelszone (*Free Trade Agreement of the Americas*, FTAA) als auch auf eine Mercosur-EU-Assoziierung zur Aufrechterhaltung des Gleichgewichtsmusters. Denn von einer Handelsperspektive aus sind die USA und die EU für den Mercosur komplementär (Zilla 2007: 66). Die kontinentale Initiative, die George W. Bush vorantrieb, wurde jedoch durch die geschlossene Ablehnung (wenn auch je nach Land mit unterschiedlicher Intensität) der Mercosur-Staaten auf dem IV. Amerika-Gipfel im November 2005 – zumindest für längere Zeit – im argentinischen Mar del Plata definitiv begraben. Die Verhandlungen mit dem Mercosur und der EU über ein Assoziationsabkommen, das einen politischen Dialog, Kooperation und eine Freihandelszone zwischen beiden Integrationsräumen beinhalten sollte, wurden im Jahr 2000 aufgenommen. Vier Jahre später wurden die Gespräche – insbesondere aufgrund von Differenzen über das Handelsabkommen – ausgesetzt. Auf dem EU-Lateinamerika Gipfeltreffen 2010 in Madrid entschieden beide Parteien, die Verhandlungen über ein biregionales Assoziationsabkommen wieder aufzunehmen. Strittige Themen in diesem Rahmen stellen nach wie vor die Agrarpolitik der EU und staatliches Auftragswesen, intellektuelles Eigentum und Industrieprodukte auf der Seite des Mercosur dar. Sie bilden zugleich die „Verhandlungsknoten" bei der Doha-Runde der WTO. Im Jahr 2008 wurde die Kooperation zwischen der EU und dem Mercosur dennoch auf drei neue Bereiche ausgedehnt: Wissenschaft und Technologie, Infrastruktur und erneuerbare Energien.

Alles in allem bleibt die Tiefe des Integrationsprozesses im Süden Südamerikas hinter den proklamierten Erwartungen der politischen Akteure zurück. Auch die Erweiterung des Integrationssystems hat sich – in den knapp 20 Jahren seiner Existenz – auf ein einziges Land beschränkt. Dies erfolgte mehr aus politischen (vermutlich auch energiepolitischen) als aus ökonomischen Überlegungen, denn Venezuela weist einen sehr niedrigen Interdependenzgrad mit dem Mercosur auf. Eine stetige Zunahme des Gewichtes des Mercosur in der Außenhandelsstruktur seiner Mitgliedsländer ist nicht zu beobachten. Die Handlungsfähigkeit des Mercosur als politischer Kollektivakteur beschränkt sich – durch die rein situative bzw. Ad-hoc-Koordinierung gemeinsamer Positionen und Erklärungen – auf den lateinamerikanischen Kontext. In der globalen Politik sind die Akteursqualitäten des Mercosur extrem schwach ausgeprägt. Das größte Verdienst des Mercosur besteht zweifelsohne darin, einen entscheidenden Beitrag zur Vertrauensbildung und entsprechend zur Friedenssicherung in der Subregion geleistet zu haben.

4. Stand der Forschung

Der Mercosur wurde bisher überwiegend aus dem Blickwinkel der Theorien regionaler Integration (vor allem neofunktionalistischer Prägung in der Tradition von Ernst B. Haas und Robert Keohane u.a.) erforscht, die das Geflecht internationaler Austauschprozesse zum Gegenstand haben und vor dem Hintergrund der europäischen Erfahrung mit dem Vergemeinschaftungsprozess entwickelt wurden. In diesem Kontext werden internationale Abkommen für eine verstärkte Zusammenarbeit auch als vertrauensbildende Maßnahme aufgefasst. Diese stellen den ersten Schritt einer zunehmenden Integration dar, die Frieden sichern und Wohlstand generieren soll. Mit Blick auf ökonomische Verflechtungsprozesse wird davon ausgegangen, dass die handels- und wirtschaftspolitische, also eine sektorale Integration einen Übertragungseffekt (*spill-over*) auf weitere Politikfelder erzeuge. Vertiefung (zunehmende Integration in einem Bereich und in immer mehr Bereichen) und Erweiterung (Beitritt weiterer Staaten) sind hier zwei Kriterien, an denen die Intensität des regionalen Integrationsprozesses gemessen wird.

Auch war das Konzept des „offenen Regionalismus" der *Economic Commission for Latin America and the Caribbean* (ECLAC) der → Vereinten Nationen prägend für die theoretisch-wissenschaftliche Auseinandersetzung mit dem Mercosur. Dieses versuchte, zunehmende Interdependenzen, die sich durch Präferenzabkommen im Rahmen von Integrationsprozessen entwickelten, mit einem Anstieg der internationalen Wettbewerbsfähigkeit zu vereinbaren. Die regionale Integration sollte demnach nicht der Abschottung, sondern vielmehr der Handelsliberalisierung dienen, die zunächst in einem bestimmten geographischen Raum erfolgen und dann eine bessere Eingliederung in die Weltwirtschaft ermöglichen sollte. In der Handelsliberalisierung und Steigerung der Exporte wurden die Antriebskräfte des Wirtschaftswachstums gesehen. In diesem Zusammenhang galten Integrationssysteme zunächst als Erprobungsräume für die Erhöhung der Wettbewerbsfähigkeit einheimischer Unternehmen. Außerdem sollten ausländische Investitionen angezogen sowie ein Sprungbrett zur verbesserten Weltmarktintegration geschaffen werden und eine geeignete Plattform für die Verhandlung von Freihandelsabkommen mit anderen Staaten und Staatenblöcken entstehen.

Von beiden theoretischen Ansätzen sowie vom europäischen Modell weicht die Praxis des Mercosur allerdings in vielen Aspekten ab. Beispielsweise blieb die Herausbildung supranationaler Instanzen aus. Vor diesem Hintergrund wird oft in der theoretischen Diskussion des neuen Jahrtausends der Integrationsbegriff kritisch hinterfragt und für die Verwendung des weniger voraussetzungsvollen Terminus Kooperation plädiert. Insgesamt verläuft heute die wissenschaftliche Debatte um den Mercosur weniger theoriegeleitet.

Literatur

Wichtige Primärquellen:

Mercosur (www.mercosur.int, Zugriff am 30.10.2010).

Mercosur-EU-Beziehungen (http://ec.europa.eu/external_relations/Mercosur/index_en.htm, Zugriff am 30.10.2010).

Basislektüre zurm Mercosur:

Bellers, Jürgen/Erwin Häckel 1990: Theorien internationaler Integration und internationaler Organisationen, in: Volker Rittberger (Hg.): Theorien der internationalen Beziehungen, PVS-Sonderheft, 21, S. 286-310.

Bouzas, Roberto/Jaime Ros (Hg.) 1994: Economic Integration in the Western Hemisphere. Notre Dame, Ind. : Notre Dame University Press.

Bouzas, Roberto et al. 2007 : Crisis y perspectivas de la integración sudamericana, in: Foreign Affairs en Español, 7 :4, S. 61-68.

Dür, Andreas 2006: Regionalismus in der Weltwirtschaft: Baustein oder Stolperstein für Globalisierung?, in: Stefan A. Schirm (Hg.): Globalisierung. Forschungsstand und Perspektiven. Baden-Baden: Nomos, S. 215-233.

Haas, Ernst B. 1975: The Obsolescence of Regional Integration Theory. Berkeley: University of California.

Keohane, Robert O./Joseph S. Nye 1975: Interdependence and Integration, in: Fred Greenstein/Nelson Polsby (Hg.): Handbook of Political Science, Band 8: International Politics. Andover MA: Addison-Wesley.

Aktuelle Beiträge:

Duina, Francesco/Jason Buxbaum 2008: Regional Trade Agreements and the Pursuit of State Interests: Institutional Perspectives from NAFTA and Mercosur, in: Economy and Society, 37:2, S. 193-223.

Gómez-Mera, Laura 2009: Domestic constraints on regional cooperation: Explaining trade conflict in Mercosur, in: Review of International Political Economy, 16:5, S. 746-777.

BID Intal 2009: Informe Mercosur Nr. 14 (http://www.iadb.org/intal/aplicaciones/uploads/publicaciones/e_Informe_MERCOSUR_14.pdf, Zugriff am 30.10.2010).

Oelsner, Andrea 2009: Consensus and Governance in Mercosur: The Evolution of the South American Security Agenda, in: Security Dialogue, 40:2, S. 191-212.

Zilla, Claudia 2007: Brasilien und der Mercosur unter der Regierung Lulas, in: Bernd Rill (Hg.): Brasilien – Großmacht in Lateinamerika, Argumente und Materialien zum Zeitgeschehen Nr. 55, Hanns-Seidel-Stiftung: Akademie für Politik und Zeitgeschehen.

NATO

Matthias Dembinski

Vollständige Bezeichnung:

Nordatlantikpakt-Organisation (*North Atlantic Treaty Organisation*, NATO)

1. Entstehung, Ziele und Aufgaben

Die mittlerweile 28 Länder umfassende NATO wurde am 4. April 1949 von zwei nordamerikanischen und zehn europäischen Staaten mit der Unterzeichnung des Nordatlantikvertrages in Washington gegründet. Vor dem Hintergrund des sich mit dem Staatsstreich in der Tschechoslowakei im Februar 1948 verschärfenden Ost-West-Gegensatzes und der politischen und militärischen Schwäche der westeuropäischen Staaten gaben die USA dem europäischen und insbesondere britischem Drängen nach und sicherten neben der wirtschaftlichen Unterstützung (Marshall-Plan) auch sicherheitspolitische Hilfe zu. Der Weg zur Gründung der NATO war frei geworden, nachdem der US-amerikanische Senat am 11. Juni 1948 mit der Vandenberg-Resolution die Regierung autorisiert hatte, multilaterale militärische Beistandsverpflichtungen einzugehen. Dennoch verstanden die USA die Stationierung amerikanischer Truppenverbände in Westeuropa bis in die 1960er Jahre als Übergangslösung und NATO vor allem als ein sicherheitspolitisches Bündnis, das Hilfe zur europäischen Selbsthilfe organisieren sollte. Zunächst als dezentrale Sicherheitsorganisation mit fünf regionalen Planungsgruppen und lockerem Verpflichtungscharakter konzipiert, erfolgte unter dem Eindruck des Korea-Krieges nach 1950 die Umwandlung der NATO in ein Bündnis kollektiver Verteidigung mit hohem Verpflichtungscharakter und einer von den USA dominierten integrierten Militärstruktur (Woyke 1993). Die Wahrnehmung einer unmittelbaren militärischen Bedrohung durch die Sowjetunion verstärkte zudem die Suche nach Wegen für eine deutsche Wiederbewaffnung. Nach dem Scheitern der Europäischen Verteidigungsgemeinschaft (→ EU), die als hochgradig integrierter Pfeiler innerhalb der NATO gedacht war, wurde 1955 der Weg zum Beitritt Deutschlands zur NATO frei. 1952 waren bereits Griechenland und die Türkei beigetreten.

Ziele und Aufgaben der NATO

Der Nordatlantikvertrag besticht zunächst durch sein schlankes Regelwerk. Mit lediglich vierzehn Artikeln ist der Vertrag nicht nur sehr überschaubar, sondern ebenso in vielfältige Richtungen interpretierbar. Daher musste der Vertrag nie angepasst werden, obwohl sich die NATO seit ihrer Gründung mehrfach und deutlich veränderte. Der Vertrag verweist an mehreren Stellen auf die Satzung der Vereinten Nationen (→VN) und die übergeordnete Rolle des Sicherheitsrates bei der Friedenssicherung, ohne das Bündnis als regionale Sicherheitsorganisation im Sinne des Kapitel VIII der VN-Charta auszuweisen. Die Präambel sowie Art. 2 charakterisieren die NATO als eine Wertegemeinschaft. Die Präambel betont die Grundsätze der Demokratie, der Freiheit der Person und der Herrschaft des Rechtes; Art. 2 ruft die Parteien zur Festigung „ihrer freien Einrichtungen“ auf Art. 2 und Art. 4 weisen die NATO mit dem Aufruf zur wirtschaftlichen Zusammenarbeit und zur Beratung über sicherheitspolitische Fragen als Sicherheitsorganisation aus. Die im zentralen Art. 5 formulierte Beistandsverpflichtung wurde aus Rücksicht auf die Bedenken des amerikanischen Kongresses weich formuliert. Im Falle eines bewaffneten Angriffs gegen eine Partei soll jede andere Partei Beistand leisten, indem sie „die Maßnahmen trifft (...), die sie für erforderlich erachtet (...)“ (Nordatlantikvertrag). Ziel der NATO ist es folglich, die Freiheit und Sicherheit aller ihrer Mitglieder mit politischen und militärischen Mitteln zu schützen, ohne dass vertraglich präzisiert wäre, welche Verpflichtungen daraus für die Mitgliedsstaaten und das Bündnis erwachsen. Art. 6 begrenzt die Beistandspflicht auf Angriffe gegen das Gebiet eines Mitgliedsstaates in Nordamerika oder Europa sowie die deren Streitkräfte im Mittelmeer und dem Atlantik nördlich des Wendekreises des Krebses. Art. 10 legt fest, dass die Mitgliedsstaaten durch einstimmigen Beschluss jeden europäischen Staat zum Beitritt einladen können. Die Art. 12 und 13 beschreiben Verfahren zur Revision und zum Austritt aus dem Vertrag.

Die Aufgaben der NATO während des Ost-West-Konfliktes lassen sich aus dem Vertrag nur indirekt ableiten. Treffender brachte sie angeblich Lord Ismay, ihr erster Generalsekretär, auf den Punkt. Danach habe die NATO die dreifache Funktion gehabt „to keep the Russians out, the Americans in, and the Germans down“. Zwar gibt es keinen gesicherten Beleg dafür, dass Lord Ismay diese Aussage tatsächlich gemacht hat, aber dieses geflügelte Word wird allgemein auf ihn zurückgeführt und gehört zum Kernbestand des Identitätsdiskurses der NATO (Lindley-French 2007: 27).

Die Gefahr eines Angriffs der Sowjetunion auf die militärisch schwachen Staaten Westeuropas – die USA hatten ihre Verbände nach 1945 weitgehend aus Europa abgezogen und demobilisiert –, stellte sich in der Wahrnehmung westlicher Sicherheitsplaner nach dem Korea-Krieg unmittelbar. Vor diesem Hintergrund beschloß der Nordatlantikrat am 19. Dezember 1950 die Bildung einer vereinten Streitmacht unter einem zentralen Oberbefehl. Zum ersten Oberbefehlshaber (*Supreme Allied Commander Europe*, SACEUR) wurde General Dwight D. Eisenhower berufen, der als Kommandeur von SHAPE (*Supreme Headquaters Allied Powers Europe*) den Aufbau der integrierten Militärstruktur, die Organisation und Ausbildung der Streitkräfte der Mitgliedsstaaten und die Vorbereitung von Verteidigungsplänen übernahm. Die ersten Verteidigungspläne sahen den schnellen Aufbau umfangreicher konventioneller Streitkräfte vor. So beschloss die Lissaboner NATO-Tagung im Frühjahr 1952, bis 1954 insgesamt 96 kurzfristig einsatzbereite Divisionen aufzustellen.

Dieses Ziel wurde bei Weitem nicht erreicht. Stattdessen setzte die von fiskalpolitischen Interessen geleitete Eisenhower-Administration unter dem Motto „more bang of the buck" auf die Nuklearisierung der westlichen Verteidigung. Die NATO folgte nach anfänglichen Einwänden von SACEUR Matthew Ridgway (Kaplan 1988: 60) dem „New Look" und verabschiedete mit dem Planungsdokument MC 48 vom Sommer 1954 sowie dem Grundlagendokument MC 14/2 vom 9. Mai 1957 die Strategie der massiven Vergeltung. Auch frühere NATO-Planungsdokumente hatten den Einsatz von Nuklearwaffen nicht ausgeschlossen. MC 14/2 ging einen großen Schritt weiter, indem NATO-Kommandeure angewiesen wurden, bei ihren Planungen davon auszugehen, dass Kernwaffen zu Beginn eines Krieges und massiv eingesetzt würden. Dieser Planung folgend, stationierten die USA bis Anfang der 1960er Jahre über 7000 Atomwaffen unterschiedlichster Typen und Reichweite in Europa. Allerdings wurde die mangelnde Glaubwürdigkeit der neuen Strategie bereits im Jahr ihrer offiziellen Verkündung offensichtlich. Mit dem Sputnik-Schock (Oktober 1957) war die Entwicklung einer sowjetischen Zweitschlagsfähigkeit absehbar, die das Risiko barg, dass jeder Einsatz von taktischen Nuklearwaffen in Europa eskalieren und zur atomaren Verwüstung der USA selbst führen könnte. Auf diese Situation reagierte die Kennedy-Regierung ab 1961 mit dem Vorhaben, die NATO-Strategie zu flexibilisieren. Zugleich intensivierte sie non-proliferationspolitische Bemühungen und startete Initiativen zur strategischen Rüstungskontrolle. Die Folge waren erhebliche allianzinterne Konflikte um die Nuklearstrategie und die Risikoteilung, die im Austritt Frankreichs und damit dem entschiedensten Befürworter der Strategie massiver Vergeltung aus der integrierten Militärstruktur der NATO im März 1966 gipfelten. Ohne Frankreich verlief die Anpassung der Nuklearstrategie zügig. Im Dezember 1968 verabschiedete der Verteidigungsplanungsausschuss mit dem Dokument MC 14/3 die Strategie der flexiblen Erwiderung. Bereits 1967 ergänzte die NATO mit dem Harmel-Bericht ihre Kernfunktion der kollektiven Verteidigung mit einer gemeinsam zu formulierenden Politik der Entspannung. Die neue Strategie und die politischere Ausrichtung der NATO konnten jedoch die unterschiedlichen Interessen der Bündnismitglieder nur überbrücken. Sie brachen in den späten 1970er und frühen 1980er Jahren mit der Auseinandersetzung um die Nachrüstung und die Fortsetzung der Entspannungspolitik wieder aus.

Auch bei der zweiten Aufgabe der NATO, der Kontrolle deutscher Streitkräfte, spielte der SACEUR eine zentrale Rolle. Nach dem Scheitern der EVG stimmte Frankreich der Integration einer nationalen deutschen Armee in die NATO zu. Allerdings wurde die Bundeswehr durch den WEU-Vertrag von 1948 begrenzt und dem Befehl der integrierten NATO-Stäbe unterstellt. Für die Stationierung und den operativen Einsatz der neuen Verbände trug der SACEUR Verantwortung, dem zudem ein Inspektionsrecht eingeräumt wurde (Woyke 1993: 145f.). Der Beitrag der NATO für die Einbettung deutscher militärischer Macht wurde nicht zuletzt bei der Wiedervereinigung sichtbar, als sich auch Frankreich für die dauerhafte Mitgliedschaft Deutschlands in der NATO einsetzte. Über die spezifische Problematik der Rückversicherung gegenüber Deutschland hinaus trägt die Konsultationsmaschinerie der NATO spätestens seit dem Bericht der „Drei Weisen" auch zur Bearbeitung von Konflikten zwischen Bündnispartnern bei.

Die dritte Aufgabe der Verkopplung amerikanischer und europäischer Sicherheit wurde während des Ost-West-Konflikts erleichtert, weil der SACEUR immer ein amerikanischer Offizier ist und in Personalunion zugleich als oberster Befehlshaber aller amerikanischen Streitkräfte in Europa fungiert. Nach dem Ende des Ost-West-Konfliktes entpuppt sich die Verklammerung der auseinanderlaufenden amerikanischen und europäischen Sicherheitsinteressen als zentrales Problem und Gestaltungsaufgabe der NATO.

2. Aufbau

Von ihrem formalen Aufbau betrachtet, erscheint die NATO intergouvernemental organisiert. Der NATO-Vertrag weist sie als strikt zwischenstaatliche Organisation ohne nennenswerten bürokratischen Unterbau aus. Bis heute fallen Entscheidungen im Konsens und ist eine Übertragung von Hoheitsrechten an die Organisation bzw. an Organe oder internationale Verwaltungsstäbe der Organisation nicht vorgesehen. Entsprechend wäre zu vermuten, dass die Kontrolle der Mitgliedsstaaten über die Organisation vollständig gewährleistet ist und die NATO als Organisation über keine Autonomie verfügt. Tatsächlich hat die Autonomie und Bindungskraft der Nordatlantischen Vertragsorganisation nach ihrer Gründung erheblich zugenommen und haben die Mitgliedsstaaten mit dem Aufwuchs der NATO-Verwaltungsstäbe und aufgrund einer Reihe von informellen Mechanismen Kontrolle über die Organisation verloren.

Das oberste Entscheidungsorgan ist der Nordatlantikrat (NAR), der auf den Ebenen der Staats- und Regierungschef/innen, der Außen- und Verteidigungsminister/innen oder der NATO-Botschafter/innen zusammentreten kann. Seine Entscheidungen haben aber immer die gleiche Rechtskraft und Gültigkeit. Unterhalb dieses Organs, das als einziges im NATO-Vertrag in Art. 9 erwähnt ist, ist im Laufe der Zeit ein Arkanum von Ausschüssen und Unterausschüssen entstanden, die sich in einem ersten Schnitt in einen politischen und einen militärischen Flügel unterteilen lassen. Der politische Flügel der NATO besteht unterhalb der Ebene des NAR aus den mehreren politisch hochrangigen Ausschüssen wie dem Verteidigungsplanungsausschuss oder der Nuklearen Planungsgruppe. Ihnen vorgelagert bereiten zahlreiche weitere Ausschüsse und Unterausschüsse in oft monatelangen Diskussionen die Beschlüsse dieser politischen Gremien oder des NATO-Rates vor. Diese Ausschüsse und Unterausschüsse setzten sich in der Regel aus den Mitarbeiter/innen der nationalen Ständigen Vertretungen beim NATO-Hauptquartier zusammen. Um diese Konsultationsmaschinerie bedienen zu können, besteht etwa die Ständige Vertretung Deutschlands aus ca. 80 entsandten Mitarbeiter/innen (Erdmann 2005: 239).

1952 wurde die Position eines Generalsekretärs geschaffen und unter seiner Leitung ein Internationaler Stab aufgebaut, der die Arbeit des Nordatlantikrates und seiner Ausschüsse unterstützt. Der Generalsekretär – traditionell aus dem Kreis der amtierenden europäischen Außen- oder Verteidigungsminister/innen ausgewählt – oder sein Stellvertreter leiten die Sitzungen des NAR und der nachgeordneten Ausschüsse. Der Generalsekretär soll die Staaten bei der Suche nach einem Konsens unterstützen und die NATO nach außen repräsentieren. Obwohl der Generalsekretär gegenüber den Mitgliedsstaaten über keinerlei Weisungsrecht verfügt, ist sein informeller Einfluss auf die Entscheidungsfindung der Allianz mit der Zeit und besonders mit den operativen Einsätzen der NATO seit dem Ende des Ost-West-Konflikts gewachsen (zur Frühphase vgl. Jordan 1979; zur Phase nach 1990 Mayer 2009). Aktuell obliegt es dem Generalsekretär, einen Entwurf für das neue strategische Konzept der NATO vorzubereiten, das die Staats- und Regierungschefs im November 2010 verabschieden werden.

Der Militärausschuss bildet das oberste Gremium des militärischen Flügels der NATO. Er tagt periodisch auf der Ebene der Stabschefs sowie routinemäßig auf der Ebene der militärischen Vertreter/innen unter der Leitung eines für drei Jahre gewählten Stabschefs. Der Ausschuss berät die politischen Gremien der NATO in militärischen und strategischen Fragen und empfiehlt Maßnahmen zur militärischen Verteidigung und der Umsetzung operativer Enscheidungen. Gegenüber den obersten NATO-Befehlshabern ist der Militärausschuss weisungsbefugt. Seine Arbeit wird von einem Internationalen Militärstab unterstützt, der sich aus sekundierten Offizieren der Mitgliedsstaaten zusammensetzt (NATO Handbook 2006: 85f.).

Die Arbeit der NATO wird von der 1955 gegründeten Parlamentarischen Versammlung begleitet. Deren wichtigste Funktion besteht darin, die Suche nach einem gemeinsamen Verständnis der Parlamente über sicherheitspolitische Fragen zu fördern und Positionen der Legislativen in den Entscheidungsprozess der NATO einzuspeisen. Die Arbeit der Parlamentarischen Versammlung und ihrer Arbeitsgruppen wird von einem kleinen Sekretariat unterstützt. Institutionell ist die NATO darüber hinaus über die Vereinigung der Atlantischen Gesellschaften, eine Vereinigung NATO-orientierter NGOs, mit den Gesellschaften ihrer Mitgliedsstaaten verkoppelt. Schließlich ist sich die NATO-Bürokratie der Bedeutung der gesellschaftlichen Unterstützung bewusst und stellt sich mit erheblichem personellem und materiellem Aufwand den sicherheitspolitischen Diskussionen in akademischen Netzwerken, den Rückfragen von NGOs und den Informationswünschen nationaler Parlamentarier. Der Zivilhaushalt der NATO belief sich in den letzten Jahren auf ca. € 180 Mio.; der Militärhaushalt auf ca. € 950 Mio. jährlich. Aus dem Zivilhaushalt werden im Wesentlichen der internationale Stab und seine Aktivitäten finanziert, aus dem Militärhaushalt die militärische Infrastruktur der NATO wie der AWACS-Verband oder die Kommandostruktur. Die Kosten des abgestellten Personals werden dabei in der Regel von den Mitgliedsstaaten getragen.

3. Wandel, Reform und Bedeutung in der globalen Politik

Wie oben erwähnt, reagierte die NATO schon während des Ost-West-Konflikts auf neue Herausforderungen und interne Konflikte mit steten Anpassungen. Mit dem Zusammenbruch ihres militärischen Gegenübers nach den tektonischen Verschiebungen der Jahre 1989/90 stand aber erstmals nichts weniger als ihre raison d'être zur Disposition. Anstatt sich aufzulösen, unterzog sich die NATO einem mehrdimensionalen Transformationsprozess, der ihre Aufgaben, ihre Mitgliedschaft, ihre geographische Reichweite und ihre interne Struktur veränderte. Zentrale Stationen dieser Wandlungsprozesse waren die Verabschiedung des neuen strategischen Konzepts auf dem Gipfel in Rom im November 1991, die Neuformulierung dieses Konzepts auf dem Gipfel in Washington im April 1999 sowie die Verabschiedung der *Comprehensive Political Guidance* (CPG) auf dem Gipfel in Riga im November 2006. Im Herbst 2010 soll abermals eine Neufassung des strategischen Konzepts beschlossen werden. Damit gilt die NATO weiterhin als weltweit wichtigste, zumindest aber mächtigste sicherheitspolitische Organisation mit zunehmend globaler Reichweite. Gleichzeitig spitzt sich die Kritik an der NATO nicht zuletzt aus friedenspolitischer Sicht zu.

Neue Aufgaben

Die vor 1990 zentrale Aufgabe der kollektiven Verteidigung behielt zwar formal einen hohen Stellenwert, wurde aber *de facto* zugunsten neuer Aufgaben zurückgestuft. Im Juni 1992 erklärte sich die NATO bereit, unter der Ägide der → OSZE, später auch der VN, friedenserhaltende Aktivitäten durchzuführen. Allerdings blieb das Verhältnis zum VN-Sicherheitsrat ambivalent und verdrängte die NATO während ihres VN-mandatierten Engagements in Bosnien erst das *UN Peacekeeping Department* aus der operativen Verantwortung und ignorierte im Kosovo-Konflikt die völkerrechtliche Autorität des Sicherheitsrats. Damit überschritt die NATO aus Sicht ihrer Kritiker/innen die entscheidende Grenze zwischen der Gewährung von Sicherheit als öffentlichem Gut und der Durchsetzung eigener Interessen. Die Washingtoner Neufassung des strategischen Konzepts verweist neben der Friedensschaffung und dem Stabilitätsexport darauf, dass die sicherheitspolitischen Interessen des Bündnisses durch neue Entwicklungen – genannt werden Flüchtlingsströme, terroristische Gewaltakte oder die Unterbrechung des Zugangs zu wichtigen Ressourcen – gefährdet werden könnten. Das Dokument beschrieb die Rolle der NATO in derartigen Fällen aber lediglich als Forum für die Koordinierung möglicher Maßnahmen der Mitgliedsstaaten.

Nach den Terroranschlägen vom 11. September 2001 fand eine deutliche Ausweitung der Aufgaben statt, die im CPG formalisiert wurde. Die Terrorabwehr und die Verhinderung der Proliferation von Massenvernichtungswaffen rückten ins Zentrum. Daneben kreist die Diskussion um die Energie- und Cybersicherheit sowie weitere asymmetrische Bedrohungen wie die Piraterie. Aktuell bestimmt aber die Stabilisierungsoperation ISAF (*International Stabilisation Force*) in Afghanistan die Diskussion. In Bezug auf Lösungsansätze betont das CPG den engen Zusammenhang zwischen Frieden, Sicherheit und Entwicklung und entwickelt das Konzept der vernetzten Sicherheit (*comprehensive security*), das ein Zusammenspiel militärischer und ziviler Instrumente sowie ein enges Zusammenwirken der NATO mit den VN, der EU und anderen Regionalorganisationen sowie mit Nichtregierungsorganisationen vorsieht. Allerdings weisen Kritiker/innen darauf hin, dass NATO-Vertreter/innen *comprehensive security* oftmals als hegemoniales Konzept verstehen, bei dem die NATO politisch den Ton vorgibt und andere Organisationen für sie Dienstleistungen erbringen. Für diese Vorbehalte spricht etwa, dass die Beziehungen der NATO zu den VN bisher kaum entwickelt sind und wichtige NATO-Staaten die völkerrechtliche Monopolstellung des VN-Sicherheitsrats bei der Legitimierung militärischer Gewalt nicht anerkennen.

Die Entscheidung zur Öffnung der Allianz für neue Mitglieder fiel endgültig 1997, nachdem die NATO zuvor mit dem im Dezember 1991 geschaffenen NATO-Kooperationsrat (NAKR) sowie der 1993 entwickelten Partnerschaft für den Frieden (*Partnership for Peace*, PfP) versucht hatte, dem Sicherheitsbedürfnis der osteuropäischen Staaten gerecht zu werden und so einen Beitrag zur Stabilität der östlichen Hälfte des europäischen Kontinents zu leisten. Mit der im September 1995 vorgelegten Erweiterungsstudie versuchte die Allianz, das Spannungsverhältnis zwischen zwei auseinanderlaufenden Zielen zu überbrücken. Zum einen dem Ziel, mit der Aufnahme der ost- und mitteleuropäischen Staaten zur Stabilisierung und Absicherung der Demokratisierungsprozesse im östlichen Europa beizutragen. Zum anderen dem Ziel, ein enges und vertrauensvolles Verhältnis zu Russland aufzubauen und so zu einem geeinten und freien Europa ohne trennende Gräben beizutragen. Unter anderem sicherte die NATO zu, die integrierte Militärstruktur auch nach der Aufnahme neuer Mitglieder nicht zu erweitern und Moskau durch die Einrichtung eines NATO-Russland-Rates Mitspracherechte einzuräumen. Auf dieser Grundlage lud die NATO auf dem Gipfel von Madrid Polen, Ungarn und die Tschechische Republik zu Beitrittsgesprächen ein. Vor dem Hintergrund der Anschläge des 11. September legte sich die NATO schneller als erwartet bereits auf dem Prager Gipfel im November 2002 auf eine zweite und große Erweiterungsrunde um sieben osteuropäische Länder fest. Mit den Farbenrevolutionen in Kiew und Tiflis rückte ab 2005 die dritte Erweiterungsrunde auf die Tagesordnung. Während die Aufnahme Albaniens und Kroatien unstrittig war und 2009 vollzogen wurde, rang sich das Bündnis auf dem Gipfeltreffen in Bukarest 2008 lediglich zu dem Kompromiss auf, der Aufnahme Georgiens und der Ukraine im Grundsatz zuzustimmen, den Zeitpunkt ihres Beitritts zum *Membership Action Plan*, der Vorstufe zur Vollmitgliedschaft, aber offen zu lassen.

Spätestens mit der Diskussion um eine dritte Erweiterung wurden die Widersprüche zwischen den Zielen der Absicherung von Demokratisierungsprozessen in Osteuropa und der Entwicklung konstruktiver Beziehungen zu Russland zwischenzeitlich wieder akut. Mit dem Kaukasus-Krieg 2008, der Wahl einer stärker Moskau-orientierten Regierung in der Ukraine sowie dem Interesse der Regierung Obama, die Beziehungen zu Russland konstruktiver zu gestalten, trat eine dritte Erweiterung in den Hintergrund und die NATO legt wieder stärkeres Gewicht auf die Entwicklung vertrauensvoller Arbeitsbeziehungen zu Moskau.

Parallel zur Aufgabenerweiterung entgrenzte die NATO ihren Zuständigkeitsbereich. Nannte das strategische Konzept von Washington noch die euro-atlantische Zone als Tätigkeitsbereich, fielen nach dem 11. September die geographischen Begrenzungen und definierte sich die NATO als Bündnis mit grundsätzlich globaler Reichweite. Damit zusammenhängend diskutiert sie Möglichkeiten einer tiefergehenden Institutionalisierung ihrer Beziehungen zu den ostasiatischen Demokratien (Daalder/Goldgeier 2006).

Mit dem Ende des Ost-West-Konfliktes wandelte sich schließlich die Form des Bündnisses. Wie oben erwähnt, hatte die NATO nach 1950 entgegen den ursprünglichen Planungen eine hochgradig integrierte, die Sicherheit ihrer Mitgliedsstaaten unentrinnbar miteinander verknüpfende Gestalt angenommen. Die Formel „Einer für alle, alle für einen" oder die Maxime, es dürfe innerhalb der Allianz keine Zonen unterschiedlicher Sicherheit geben, brachten die informellen Kontrollverluste der Mitgliedsstaaten auf den Punkt. Bereits im Frieden schränkte die Mitgliedschaft in der integrierten Militärstruktur, die regelmäßige Überprüfung verbindlicher Rüstungsziele durch das Instrument der *Defence Planning Questionnaire* und die von der NATO erwartete Rollenspezialisierung die verteidigungspolitische Autonomie der Mitgliedsstaaten ein. Beispielsweise konzentrierte sich Griechenland im Rahmen der NATO-Planungen bis 1974 auf die Abwehr kommunistischer Guerillabewegungen und vernachlässigte die Verteidigungsvorsorge für den Fall eines Konfliktes mit der Türkei. Im Kriegsfall hätte sich kein Land der Automatik der Beistandsverpflichtung entziehen können. In dieser Situation gelang es den kleinen Mitgliedsstaaten, einen überraschend großen Einfluss auf die Entscheidungen des Bündnisses auszuüben.

Nach 1990 tragen eine Reihe von Entwicklungen zur Auflockerung der Bündnisstrukturen bei. Zum einen drängten die EU-Mitglieder unter dem Eindruck, dass sich die USA nicht in jedem europäischen Konflikt engagieren werden, auf eine größere Eigenständigkeit und europäische Handlungsfähigkeit auch ohne die USA. Die NATO trug diesem Anliegen mit der Flexibilisierung ihrer Kommandostruktur und dem im Dezember 2002 formalisierten Berlin-plus Konzept Rechnung. Danach könnte die NATO der EU Kapazitäten und Fähigkeiten wie Kommandozentralen zur Verfügung stellen, die es dieser ermöglichen würde, größere Operationen ohne die USA durchzuführen. Zum anderen wollten sich die USA den Mitsprachemöglichkeiten der Verbündeten entziehen. Besonders in der ersten Phase der Bush-Regierung popularisierte Verteidigungsminister Donald Rumsfeld das Konzept der NATO als Werkzeugkasten, der die effiziente Bildung von Koalitionen-der-Willigen ermöglichen solle. Schließlich führte die Zusage, im Zuge der Osterweiterung die integrierte Militärstruktur nicht zu verlagern, *de facto* zu Zonen unterschiedlicher Sicherheit. Dieser De-Integrationsprozess verläuft allerdings nicht linear. Zum einen fällt das europäische Streben nach Autonomie überraschend schwach aus und sucht selbst Frankreich den Weg zurück in die integrierte Militärstruktur. Zum anderen appellierten die USA bereits in der zweiten Bush-Regierung wieder an die atlantische Solidarität. Dennoch bleiben die zunehmenden Interessensdivergenzen der euro-atlantischen Staaten Herausforderung und Gestaltungsaufgabe der NATO. Im Vorfeld der für November 2010 geplanten Verabschiedung eines neuen strategischen Konzeptes ist insbesondere das Verhältnis zwischen der kollektiven Verteidigung und der Sicherheitsgewährung *out-of-area* umstritten. Insbesondere die neuen Mitglieder glauben unter dem Eindruck des Kaukasus-Krieges im August 2008 eine neue Bedrohungslage in Europa zu erkennen und fordern eine Aufwertung der militärischen Beistandsgarantie durch eine stärkere Präsenz von NATO-Verbänden an der östlichen Bündnisgrenze. Demgegenüber halten die USA und weitere alte Mitgliedsländer an der globalen Ausrichtung fest. Neben diesem neuen Grundsatzstreit wird auch die Balance zwischen Handlungsautonomie und Bündniskohäsion wieder kontrovers diskutiert. Vermutlich wird das strategische Konzept diese Interessensdivergenzen nur durch Formelkompromisse überdecken können. Dies als Erosionserscheinung zu deuten, würde allerdings zu kurz greifen. Schließlich ist der Befund einer Krise der NATO so alt wie das Bündnis selbst.

4. Stand der Forschung

Die Literatur zur NATO ist kaum noch zu überblicken. Dazu zählen detaillierte Beschreibungen ihrer Entstehung (Osgood 1962), ihrer institutionellen Struktur, der verschiedenen allianzinternen Konflikte (Haftendorn 1994) sowie ihrer Strategie und Politik ebenso wie eine Reihe von Versuchen, die Allianzbeziehungen und die Wandlungsfähigkeit des Bündnisses theoretisch einzuordnen. Neben einer Reihe realistischer Zugänge unterschiedlicher

Herkunft (Snyder 1984) finden sich Beiträge aus Sicht der Theorie hegemonialer Stabilität, der neo-institutionalistischen Theorie (Wallander 2000), bürokratietheoretische Beiträge (McCalla 1996), der *governance*-Forschung (Webber et al. 2004) sowie konstruktivistische Interpretationen der nordatlantischen Allianz (Weber 2002; Risse-Kappen 2005).

Literatur

Wichtige Primärquellen:

NATO Handbook 2006: Brussels: Public Diplomacy Division.
NATO Strategy Documents 1949-1969, abrufbar unter http://www.nato.int/archives/strategy.htm, Zugriff am 29.10.2010).

Basislektüre zur NATO:

Erdmann, Martin 2005: Wie funktioniert die NATO?, in: Enrico Brandt/Christian Buck (Hg.), Auswärtiges Amt. Diplomatie als Beruf. Wiesbaden: VS Verlag, S. 237-244.
Haftendorn, Helga 1994: Kernwaffen und die Glaubwürdigkeit der Allianz: Die NATO Krise von 1966/67. Baden-Baden: Nomos.
Jordan, Robert S. 1979: Political Leadership in NATO: A Study in Multinational Diplomacy. Boulder: Westview Press.
Kaplan, Lawrence S. 1988: NATO and the United States. The Enduring Alliance. Boston: Twayne.
McCalla, Robert B. 1996: NATO's Persistence after the Cold War, in: International Organization, 50:3, S. 445-475.
Osgood, Robert 1962: NATO, the Entangling Alliance. Chicago: University Press.
Risse-Kappen, Thomas 1995: Cooperation among Democracies. Princeton: Princeton University Press
Snyder, Glenn 1984: The Security Dilemma in Alliance Politics, in: World Politics, 36:4, S. 461-496.
Varwick, Johannes 2008: Die NATO. Vom Verteidigungsbündnis zur Weltpolizei? München: Beck.
Wallander, Celeste 2000: Institutional Assets and Adaptability: NATO after the Cold War, in: International Organization, 54:4, S. 705-735.
Weber, Steve 2002: Shaping the Postwar Balance of Power: Multilateralism in NATO, in: International Organization, 46:3, S. 633-80.
Webber, Mark et al. 2004: The Governance of European Security, in: Review of International Studies, 30:3, S. 3-26.

Aktuelle Beiträge:

Daalder, Ivo/James Goldgeier 2006: Global NATO, in: Foreign Affairs, 85:5, S. 105-113.
Lindley-French, Julian 2007: The North Atlantic Treaty Organization. The Enduring Alliance. London: Routledge.

Mayer, Sebastian 2009: Europäische Sicherheitspolitik jenseits des Nationalstaats. Die Internationalisierung von Präventions- und Interventionsmaßnahmen in NATO und EU. Frankfurt: Campus.
Overhaus, Marco 2009: Die deutsche NATO-Politik. Vom Ende des Kalten Krieges bis zum Kampf gegen den Terrorismus. Baden-Baden: Nomos
Rynning, Sten 2005: Nato Renewed. The Power and Purpose of Transatlantic Cooperation. Houndsmill: Palgrave.

OAS

Brigitte Weiffen

Vollständige Bezeichnung:

Organisation Amerikanischer Staaten (*Organization of American States*, OAS /*Organización de los Estados Americanos*, OEA)

1. Entstehung, Ziele und Aufgaben

Die Ursprünge des interamerikanischen Systems reichen bis ins 19. Jahrhundert zurück. Nachdem 1889-90 erstmals eine internationale Konferenz der amerikanischen Staaten stattgefunden hatte, wurde zunächst die Internationale Union Amerikanischer Republiken gegründet, die später zur Panamerikanischen Union ausgebaut wurde. In den 1940er Jahren führten Franklin D. Roosevelts Außenpolitik der Guten Nachbarschaft und die Kooperation zwischen den USA und Lateinamerika im Zweiten Weltkrieg zu zahlreichen Abkommen und Verträgen, die schließlich 1948 mit der Unterzeichnung der Charta unter dem Dach der OAS gebündelt und in eine neue institutionelle Form gegossen wurden. Damit ist die OAS die älteste Regionalorganisation der Welt. Gemeinsam mit der Charta wurden der Vertrag über die friedliche Beilegung von Streitigkeiten (Pakt von Bogotá), die Amerikanische Menschenrechtserklärung und ein Abkommen zur Förderung der wirtschaftlichen Kooperation verabschiedet, welches allerdings nie in Kraft trat.

Die OAS hatte 21 Gründungsmitglieder. Prinzipiell ist die Organisation offen für den Beitritt aller unabhängigen amerikanischen Staaten, welche die Charta ratifizieren (Art. 4 OAS-Charta). Zwischen 1967 und 1984 traten die karibischen Staaten bei, es folgten Kanada (1990) und Belize und Guyana (1991), so dass sich die Zahl der Mitgliedsstaaten auf 35 erhöhte (Stand: 2010). Kuba wurde 1962 von den Aktivitäten der OAS ausgeschlossen, nachdem sich das Land für einen sozialistischen Entwicklungsweg entschieden hatte. Obwohl im Juni 2009 beschlossen wurde, die Suspendierung aufzuheben, lehnt Kuba bislang die Wiederaufnahme seiner Mitarbeit ab.

Als ihre Hauptaufgaben definiert die OAS die vier Pfeiler Demokratie, Menschenrechte, Sicherheit und Entwicklung. Sie versteht sich primär als regionale Sicherheitsorganisation im

Sinne von Kap. VIII der UN-Charta. Mehr als die Hälfte der in Art. 2 der OAS-Charta aufgezählten Organisationsziele fallen in den sicherheits- und verteidigungspolitischen Bereich. Für den Fall eines Angriffs von außen hatten die USA und die lateinamerikanischen Staaten bereits 1947 in Rio de Janeiro den Interamerikanischen Beistandspakt (TIAR oder Rio-Vertrag) unterzeichnet. Neben dem Rio-Vertrag verpflichtet Kap. VI („Kollektive Sicherheit") der OAS-Charta die amerikanischen Staaten zum gegenseitigen Beistand gegen externe Aggressionen. Der Interamerikanische Beistandspakt stellte für die USA einen Baustein in ihrer globalen Bündnispolitik dar. Seine Instrumentalisierung für die US-Machtinteressen im Kalten Krieg, etwa 1962 während der Kuba-Krise und 1965 nach der US-Intervention in der Dominikanischen Republik, unterminierte jedoch die Glaubwürdigkeit dieses sicherheitspolitischen Mechanismus. Spätestens nachdem sich die US-Regierung 1982 im Falklandkrieg zwischen Argentinien und Großbritannien auf die Seite ihres NATO-Verbündeten Großbritannien geschlagen hatte, galt der Rio-Vertrag bei den lateinamerikanischen Regierungen als obsolet und nutzlos.

Auch Konflikte zwischen den Mitgliedsstaaten sollen im Rahmen der OAS vermieden oder friedlich beigelegt werden. Der Pakt von Bogotá von 1948 und Kap. V („Friedliche Streitschlichtung") der OAS-Charta listen verschiedene Mechanismen friedlicher Streitbeilegung auf und sehen zudem die Möglichkeit vor, einen mit diplomatischen Mitteln nicht lösbaren Disput an den Internationalen Gerichtshof zu überweisen. Allerdings traten in Lateinamerika im 20. Jahrhundert zwischenstaatliche Konflikte und Kriege vergleichsweise selten auf, wohingegen viele Mitgliedsstaaten durch politische Instabilität und interne Auseinandersetzungen charakterisiert waren.

Neben ihren sicherheitspolitischen Zielsetzungen strebt die OAS an, zur ökonomischen, sozialen und kulturellen Entwicklung ihrer Mitgliedsstaaten und zur Armutsbekämpfung beizutragen. Die lateinamerikanischen Staaten verbanden mit der Gründung der OAS die Hoffnung, dass das Mitglied USA ihnen bei ihrer wirtschaftlichen Entwicklung behilflich sein und ein Förderprogramm vergleichbar dem europäischen Marshall-Plan auflegen würde. Dies hat sich jedoch nicht bewahrheitet. Die verschiedenen Organe und Unterorgane der OAS im Politikfeld Entwicklung dienen zum einen als Dialogforen zur Diskussion über den Entwicklungsbegriff und Identifikation von Problemen, zum anderen verwirklichen sie kleinere Projekte in den Bereichen soziale Entwicklung und Beschäftigung, Bildung, Handel und Tourismus, Wissenschaft und Technik, Stärkung der demokratischen Institutionen und Kultur. Umfangreichere Entwicklungsprogramme fallen jedoch eher in den Aufgabenbereich der Interamerikanischen Entwicklungsbank oder der → VN-Wirtschaftskommission für Lateinamerika und die Karibik (ECLAC). Wirtschaftliche Integration war bislang vor allem auf subregionaler Ebene, insbesondere in Mittelamerika und der Karibik sowie im Südkegel des amerikanischen Kontinents, erfolgreich (z.B. NAFTA, CARICOM oder → Mercosur), wohingegen die in den 1990er Jahren geplante Gesamtamerikanische Freihandelszone (FTAA) als gescheitert gelten muss. Hingegen hat die OAS bei der Gewährleistung von Menschenrechten Erfolge aufzuweisen. Gemeinsam mit der Charta wurde die Amerikanische Menschenrechtserklärung verabschiedet. 1969 folgte die rechtlich bindende Amerikanische Menschenrechtskonvention, die 1978 in Kraft trat. Die internationale Verpflichtung zum Schutz politischer Rechte und bürgerlicher Freiheiten nahm somit von Anfang an einen wichtigen Stellenwert im interamerikanischen System ein.

Bei ihrer Gründung und während des Kalten Krieges vertrat die OAS ein traditionelles Sicherheitsverständnis, das auf staatliche Souveränität, territoriale Integrität, die Abwehr äußerer Bedrohungen und die Vermeidung zwischenstaatlicher Konflikte abhob. Nach dem Ende der Blockkonfrontation bestand aus Sicht der Mitgliedsstaaten die Notwendigkeit, eine neue Sicherheitsdefinition zu erarbeiten. Die Erklärung zur Sicherheit auf dem amerikanischen Kontinent, die im Oktober 2003 auf einer Sonderkonferenz in Mexiko verabschiedet wurde, propagiert Demokratie, Gerechtigkeit, Schutz der Menschenrechte, Solidarität, Sicherheit und Geltung der internationalen Rechtsordnung als Grundlagen für den Frieden und entwirft einen weit gefassten, multidimensionalen Sicherheitsbegriff. Neben den traditionellen zwischenstaatlichen Konflikten beinhaltet er grenzüberschreitende „neue Bedrohungen und Herausforderungen" wie Terrorismus, organisierte Kriminalität, Drogen- und Waffenhandel, Menschenhandel, Korruption, AIDS und andere Krankheiten und Gesundheitsrisiken, Naturkatastrophen und vom Menschen geschaffene Umweltprobleme, den Zugriff von Terroristen auf Massenvernichtungswaffen, sowie Gefährdungen durch den Transport von Erdöl, radioaktivem Material oder Giftmüll auf dem Seeweg. Auch Aspekte der inneren Sicherheit und sozioökonomische Probleme wie Armut und soziale Ausschließung zählen dazu (Erklärung zur Sicherheit auf dem amerikanischen Kontinent, Ziffer 4.m).

Ein solch umfassender Sicherheitsbegriff ist unter den Mitgliedsstaaten nicht unumstritten. Einerseits besteht aufgrund der fehlenden Abgrenzung zwischen Sicherheits- und Verteidigungspolitik und der jeweiligen Zuständigkeit der Sicherheitsorgane die Gefahr einer Vermischung von polizeilichen und militärischen Aufgaben sowie einer Versicherheitlichung sozio-ökonomischer Konflikte, was insbesondere die Länder im Südkegel vor dem Hintergrund der jüngeren lateinamerikanischen Erfahrung häufiger militärischer Eingriffe in die Politik als bedenklich ansehen. Andererseits wird ein umfassendes Sicherheitskonzept den unterschiedlichen Sicherheitsproblemen der verschiedenen Teilregionen des amerikanischen Kontinents gerecht und wirkt auf diese Weise integrativ.

Angesichts der Heterogenität der Mitgliedsstaaten im Hinblick auf ihre wirtschaftliche Stärke muss auch der Entwicklungsbegriff notwendig breit gefasst werden. Kap. VII der Charta formuliert ein Konzept der „integralen Entwicklung" als notwendige Voraussetzung für Frieden und Sicherheit. „Integral" bedeutet zum einen, dass entwicklungspolitische Maßnahmen sowohl in entwickelten als auch in unterentwickelten Ländern nachhaltige Entwicklung unterstützen sollen; zum anderen spielt der Begriff auf die enge Verknüpfung wirtschaftlicher und sozialer Entwicklung mit Demokratie, Menschenrechten und Sicherheit an. Sowohl im Bereich Sicherheit als auch im Bereich Entwicklung haben sich die Schwerpunkte im Zeitverlauf gewandelt. Das Sicherheitsverständnis umfasst nicht mehr nur zwischenstaatliche Konflikte, sondern auch nichttraditionelle Bedrohungen und Risiken. Im Bereich Entwicklung profiliert sich die OAS seit den 1990er Jahren verstärkt als Demokratieförderer.

2. Aufbau

Die OAS verfügt über eine sehr ausdifferenzierte Organisationsstruktur. Neben ihrem Hauptsitz in Washington DC unterhält sie Büros in allen Mitgliedsstaaten. Die Mitgliedsländer haben ihrerseits ständige Vertretungen in Washington. Somit ermöglicht die OAS auch unterhalb der Regierungsebene zahlreiche Kontakte zwischen Repräsentanten der einzelnen Länder.

Das politische Entscheidungsorgan der OAS ist die Generalversammlung (Kap. IX OAS-Charta), in der jährlich die Außenminister der Mitgliedsstaaten zusammentreffen. In den vergangenen Jahren verabschiedete die Generalversammlung jeweils rund 100 Resolutionen. Die Vorbereitung und Umsetzung der Beschlüsse ist Aufgabe des Ständigen Rats (Kap. XII OAS-Charta), der für das politische Tagesgeschäft der OAS zuständig ist und zudem zur Aufrechterhaltung freundschaftlicher Beziehungen zwischen den Staaten und zur friedlichen Beilegung von Konflikten beitragen soll. Er setzt sich aus jeweils einem Repräsentanten jedes Mitgliedslandes mit Botschafterrang zusammen. Während der 1990er Jahre wurde der Arbeitsbereich des Ständigen Rates durch die Schaffung neuer ihm untergeordneter Ständiger Komitees, insbesondere des Komitees für hemisphärische Sicherheit sowie des Komitees zur Durchführung der Amerikanischen Gipfeltreffen und zivilgesellschaftliche Beteiligung, substantiell ausgeweitet. Im Zuge der Revisionen der OAS-Charta in den 1990er Jahren wurde dem Ständigen Rat zudem der Interamerikanische Rat für integrale Entwicklung (Kap. XIII OAS-Charta) an die Seite gestellt.

Der Generalsekretär ist als prominenter Repräsentant für die Außendarstellung der Organisation zuständig. Das Generalsekretariat (Kap. XVI OAS-Charta) ist das zentrale Koordinationsorgan der OAS, das den anderen Organen zuarbeitet und sie logistisch unterstützt. Laut einem Bericht des Generalsekretärs verfügte das Generalsekretariat 2007 über einen Stab von insgesamt 724 Mitarbeitern, von denen 131 am Hauptsitz in Washington und 593 an anderen Orten beschäftigt waren. Da sich in Reaktion auf neu identifizierte Aufgaben fortlaufend neue Abteilungen gebildet hatten, erfolgte Ende der 1990er Jahren eine Umstrukturierung mit dem Ziel einer kohärenten thematischen Zuordnung der Geschäftsbereiche. Ein weiteres sicherheitsrelevantes Organ ist das Konsultationstreffen der Außenminister (Kap. X OAS-Charta), das in Krisensituationen, etwa nach den Terroranschlägen vom 11. September 2001 oder den militärischen Drohgebärden an der Grenze zwischen Ecuador und Kolumbien im März 2008, zusammentritt. Darüber hinaus umfasst die institutionelle Struktur der OAS noch den interamerikanischen Rechtsausschuss (Kap. XIV OAS-Charta), die 1960 eingerichtete interamerikanische Menschenrechtskommission (Kap. XV OAS-Charta) sowie diverse Spezialkonferenzen und –organisationen.

Aufbau, Ziele und Aufgaben der OAS wurden in der OAS-Charta festgehalten. Die Charta von 1948 ist das Gründungsdokument der OAS und wurde in den folgenden Jahrzehnten durch die Protokolle von Buenos Aires (1967), Cartagena de Indias (1985), Washington (1992) und Managua (1993) mehrfach geändert bzw. ergänzt. Die Charta ist rechtlich bindend. Im Politikfeld Sicherheit sind darüber hinaus der Rio-Vertrag von 1947, der Pakt von Bogotá (1948), zwei Waffenkontrollverträge, nämlich die Inter-Amerikanische Konvention gegen unerlaubten Waffen- und Munitionshandel von 1997 und die Inter-Amerikanische Konvention zur Transparenz des Erwerbs konventioneller Waffen von 1999, sowie die Inter-Amerikanische Terrorismus-Konvention von 2002 zu nennen, die ebenfalls allesamt rechtlich bindend sind. Einschränkend ist jedoch zu sagen, dass der Pakt von Bogotá von einigen Mitgliedsstaaten, darunter auch die USA, nicht ratifiziert wurde und bislang noch nie zur

Anwendung gekommen ist. Der Rio-Vertrag wurde 1975 geändert, diese Novellierung wurde jedoch nie ratifiziert.

Als Meilenstein für die Erneuerung der OAS nach dem Ende des Kalten Krieges gilt die Erklärung von Santiago über die Verpflichtung zur Demokratie und die Erneuerung des interamerikanischen Systems, die von der OAS-Generalversammlung 1991 verabschiedet wurde. Weitere wichtige, wenn auch nicht rechtsverbindliche, Dokumente, die die gewandelten Schwerpunkte der OAS widerspiegeln, sind die Interamerikanische Demokratie-Charta von 2001 und die Erklärung zur Sicherheit auf dem amerikanischen Kontinent von 2003.

Der Prozess der institutionellen Ausdifferenzierung in den 1990er Jahren beinhaltete auch Initiativen, um mit zivilgesellschaftlichen Organisationen in Dialog zu treten und ihnen eine Beteiligung in den verschiedenen Organen und Sonderorganisationen zu ermöglichen. Dafür erwies sich die Praxis bei den Gipfeltreffen der amerikanischen Staaten, deren erstes 1994 in Miami organisiert wurde und eine starke Präsenz von Nichtregierungsorganisationen verzeichnete, als wegweisend. In der Folge schuf der Ständige Rat ein Komitee für zivilgesellschaftliche Beteiligung, das später mit dem Gremium zur Vorbereitung der Gipfeltreffen verschmolzen wurde. Darüber hinaus erließ der Ständige Rat zwei Resolutionen, die Richtlinien für die Beteiligung zivilgesellschaftlicher Organisationen an OAS-Aktivitäten vorgaben. Demnach bieten sich partizipationswilligen Nichtregierungsorganisationen drei Zugangswege. Die erste Möglichkeit ist die Akkreditierung. Akkreditierte Organisationen erhalten regelmäßige Einladungen zu Sitzungen und Informationen über die Tagesordnung. Die Zahl der akkreditierten Organisationen ist in den vergangenen Jahren stetig angestiegen und lag im März 2010 bei 308. Zweitens können sich Organisationen auch ohne formelle Registrierung beteiligen, indem sie öffentlichen Sitzungen während der Sitzungsperiode der Generalversammlung und im Rahmen von Sonderkonferenzen beiwohnen. Eine dritte Möglichkeit besteht in Kooperationsabkommen mit dem Generalsekretariat oder spezialisierten OAS-Unterorganisationen. Auch das OAS- Komitee für hemisphärische Sicherheit führt eine Liste mit Spezialisten im Bereich Sicherheits- und Verteidigungspolitik in fast allen Mitgliedsländern, auf deren Expertise häufig zurückgegriffen wird.

Zudem zeichnet sich die OAS durch eine vielfältige Öffentlichkeitsarbeit aus. Sie gibt eigene Publikationen heraus und stellt umfangreiche Informationen, darunter auch Tagesordnungen und Sitzungsprotokolle, auf ihrer Internetseite zur Verfügung. In Messungen der Transparenz internationaler Organisationen, welche die Informationspolitik gegenüber Nichtregierungsorganisationen und die öffentliche Zugänglichkeit von Informationen erfassen, schneidet die OAS daher deutlich besser ab als andere Regionalorganisationen.

3. Wandel, Reform und Bedeutung in der globalen Politik

Nach dem Ende des Kalten Krieges und im Zuge der Demokratisierungsprozesse in der Region begann die OAS, ihre Rolle neu zu definieren. Angesichts des Wegfalls externer Bedrohungen und der geringen Wahrscheinlichkeit einer kriegerischen Auseinandersetzung zwischen den Mitgliedsstaaten verschob sich in den 1990er Jahren der Fokus der Aktivitäten.

Statt als Verteidigungsbündnis agierte OAS zunehmend als Institution kooperativer Sicherheit mit dem Ziel des friedlichen Wandels durch einvernehmlich definierte Prinzipien und Normen. Sie bekannte sich zur repräsentativen Demokratie und widmete sich der Verteidigung der jungen Demokratien in der Region (Cooper/Legler 2006). Die 1991 verabschiedete Resolution 1080, die vorsah, dass die OAS im Falle einer Unterbrechung der verfassungsmäßigen Ordnung in einem Mitgliedsstaat Maßnahmen ergreifen sollte, wurde in Haiti (1991), Peru (1992), Guatemala (1993) und Paraguay (1996) zur Anwendung gebracht. Darüber hinaus schuf das Protokoll von Washington (1992) die Möglichkeit zur Suspendierung eines Mitgliedsstaates als Reaktion auf den gewaltsamen Sturz einer gewählten Regierung. Diese Schutzklausel fand 2001 auch Eingang in die Interamerikanische Demokratie-Charta.

Im Bereich der Sicherheitspolitik stellte die Schaffung des Komitees für hemisphärische Sicherheit die wichtigste institutionelle Neuerung dar. Zunächst als Sonderkommission ins Leben gerufen, um eine neue Sicherheitsdefinition für die Zeit nach dem Kalten Krieg zu erarbeiten, avancierte es 1995 zu einem festen Bestandteil des Ständigen Rates und ist mittlerweile das zentrale Forum der OAS für Sicherheits- und Verteidigungsfragen. Ein wichtiges Thema auf der Agenda sind vertrauensbildende Maßnahmen auf politischer und militärischer Ebene, wie z.B. regelmäßige Treffen zwischen den Verteidigungsministern oder den Führungsspitzen der Teilstreitkräfte, Personalaustausch und gemeinsame Manöver. Mehrere Expertentreffen sowie das Komitee für hemisphärische Sicherheit, das seit 2005 in regelmäßigen Abständen als Forum für sicherheits- und vertrauensbildende Maßnahmen tagt, nahmen eine Bestandsaufnahme und Evaluation bereits umgesetzter Maßnahmen vor und erarbeiteten neue Vorschläge.

Außerhalb des institutionellen Rahmens der OAS brachten die 1990er Jahre ebenfalls neue Ansätze zur gesamtamerikanischen Kooperation. 1994 lud US-Präsident Bill Clinton alle demokratisch gewählten Staatsoberhäupter der Region zu einem Gipfeltreffen nach Miami ein. Bei dieser Versammlung standen zahlreiche politische, soziale und wirtschaftliche Wiegen auf der Tagesordnung. Weitere Amerika-Gipfel fanden in Santiago de Chile (1998), Quebec City, Kanada (2001), Mar del Plata, Argentinien (2005), und Port of Spain, Trinidad und Tobago (2009) statt. Auch wenn es sich ursprünglich um eine „Konkurrenzveranstaltung" handelte, haben die Amerika-Gipfel zum Wandel der OAS in den 1990er Jahren beigetragen, da sie institutionell an die OAS angebunden wurden.

Organisationsinterne Herausforderungen

Seit ihrer Gründung sieht sich die OAS mit dem strukturellen Problem konfrontiert, dass sie ein heterogener Zusammenschluss von Staaten mit extremen Unterschieden im Hinblick auf das Entwicklungsniveau, die militärische Stärke und die Sicherheitsbedürfnisse ist. Eine echte Kooperation auf Augenhöhe wird dadurch erschwert. Darüber hinaus ist das Verhältnis zwischen den USA und den restlichen Mitgliedsstaaten sehr stark von den weltpolitischen Prioritäten der jeweiligen US-Regierung abhängig. Nach 1989 entfiel für die USA die Notwendigkeit, ihr Agieren in der Hemisphäre der Logik der Ost-West-Konfrontation zu unterwerfen. Im Verlauf der 1990er Jahre strebte die Regierung Clinton eine partnerschaftliche Gestaltung der interamerikanischen Beziehungen an und unterstützte die Konsolidierung der Demokratie in der Region.

Nach den Terroranschlägen vom 11. September 2001 traten jedoch die divergierenden Interessen in den Bereichen Sicherheit und Entwicklung wieder stärker zutage. Während die USA den Kampf gegen den Terrorismus und gegen den Drogenhandel als zentrale Sicherheitsinteressen verfolgten, sahen die lateinamerikanischen Länder die Bekämpfung der Armut als wichtigste Herausforderung in der Region an. Demokratieförderung wurde insbesondere von der Regierung George W. Bush überwiegend dann betrieben, wenn sie zur Verfolgung der eigenen Ziele beitrug und etwa die Möglichkeit eröffnete, die missliebige linksgerichtete Chávez-Regierung in Venezuela in Misskredit zu bringen. Zwar strebt die Regierung Obama eine Verbesserung der US-lateinamerikanischen Beziehungen an, und ihre Berater erarbeiteten Ideen zur Stärkung der Demokratiecharta und der Wahlbeobachtermissionen mittels eines Interamerikanischen Demokratie-Fonds. Bislang wurden diese Vorschläge jedoch nicht umgesetzt. Seitens der lateinamerikanischen Regierungen werden die USA deshalb immer weniger als verlässlicher Partner eingeschätzt, und die Führungsrolle der USA auf dem amerikanischen Kontinent scheint zu erodieren (Cooper 2009).

Gleichzeitig ist der Aufstieg neuer Führungsmächte in der Region zu beobachten. Neben dem wirtschaftlich erstarkenden Brasilien ist hier vor allem Venezuela zu nennen, das mit Hilfe seiner Öleinnahmen in der Lage war, ärmere Länder mit linksgerichteten Regierungen an sich zu binden und mit der Bolivarischen Allianz für Amerika (ALBA) ein ideologisch motiviertes Staatenbündnis zu gründen. Die wahrgenommene Ineffizienz der Zusammenarbeit mit den USA innerhalb der OAS ist der Grund, weshalb weitere lateinamerikanische Alternativprojekte ins Leben gerufen werden: Die Union Südamerikanischer Nationen (UNASUR) etwa ist ein auf brasilianische Initiative zurückgehendes rein südamerikanisches Integrationsvorhaben, das neben gemeinsamen Programmen zum Ausbau der Infrastruktur auch über eine sicherheits- und verteidigungspolitische Komponente verfügt.

Externe Herausforderungen

Wie die multidimensionale Sicherheitsdefinition der OAS zeigt, gelten transnationale Sicherheitsrisiken als neue Herausforderung (Erklärung zur Sicherheit auf dem amerikanischen Kontinent). Probleme wie Drogenhandel oder internationale Kriminalität existieren in der Region zwar bereits seit längerem, neu ist jedoch das Bewusstsein ihres grenzüberschreitenden Charakters, der eine gemeinsame Bearbeitung wünschenswert erscheinen lässt, sowie damit verbunden die Notwendigkeit zu klären, ob diesen Risiken eher mit militärischen oder Polizeikräften begegnet werden sollte. Das erweiterte Sicherheitsverständnis beinhaltet die Kategorie der öffentlichen Sicherheit, womit die Sicherheit des einzelnen Bürgers vor Bandenkriminalität, Cyberkriminalität, Drogen-, Waffen- und Menschenhandel gemeint ist. Eine weitere zentrale Kategorie in der Erklärung zur Sicherheit auf dem amerikanischen Kontinent ist die menschliche Sicherheit, unter der zum einen der Respekt vor Menschenwürde, Menschenrechten und Grundfreiheiten und zum anderen sozioökonomische Aspekte wie Bildung und die Reduktion von Armut, sozialer Ungleichheit und Gesundheitsrisiken subsumiert werden. Auf der Ebene der OAS werden Kooperationsmöglichkeiten ausgelotet, um die menschliche Dimension der Sicherheit zu gewährleisten.

Infolge der Terroranschläge des 11. September wurde der Interamerikanische Beistandspakt reaktiviert und der Bündnisfall ausgerufen. Dies bildete den Ausgangspunkt für verstärkte

Bemühungen der OAS zur Terrorismusbekämpfung, die im Grenzbereich zwischen der Bearbeitung transnationalen Sicherheitsrisiken und der kollektiven Verteidigung gegen einen diffusen äußeren Feind liegt. Für die Mehrheit der lateinamerikanischen Staaten stellt der internationale Terrorismus keine unmittelbare Bedrohung dar. Dennoch kooperieren zahlreiche Staaten mit den USA in Erfüllung der kollektiven Beistandsverpflichtung.

Im Bereich der wirtschaftlichen Entwicklung hat sich eine Herausforderung durch das Scheitern der Gesamtamerikanischen Freihandelszone ergeben. Damit ist eine Koordination der Wirtschaftspolitik in weite Ferne gerückt. Die USA sind stattdessen dazu übergegangen, bilaterale Freihandelsabkommen mit einzelnen Staaten in der Region abzuschließen. Daneben ist eine zunehmende Orientierung der größeren lateinamerikanischer Staaten nach Asien, und hier insbesondere China, zu konstatieren (Cooper 2009). Neben den Interessendivergenzen in der Sicherheitspolitik wirken somit die Fliehkräfte einer zunehmend diversifizierten Außenwirtschaftspolitik und lassen eine vertiefte multilaterale Zusammenarbeit aller amerikanischen Staaten für die nähere Zukunft unwahrscheinlich erscheinen.

Da die Mehrzahl der lateinamerikanischen Staaten an guten Beziehungen zu den USA interessiert ist, wird trotz aller Differenzen der Fortbestand der OAS nicht grundsätzlich in Frage gestellt. Zumindest als Dialogforum wird ihr ein hoher Wert beigemessen, zumal sie nicht nur Konsultationen auf Regierungsebene ermöglicht, sondern ein dichtes Netz transnationaler Verknüpfungen mit zivilgesellschaftlichen Organisationen sowie transbürokratischer Kontakte unterhalb der Regierungsebene ausgebildet hat. Die lateinamerikanischen Länder haben diese Möglichkeiten genutzt, um ihre Politikprogramme im Bereich kooperativer und kollektiver Sicherheit, wie Demokratieförderung, Stabilisierung bei innenpolitischen Krisen und Vermittlung bei zwischenstaatlichen Spannungen, voranzutreiben. Die entsprechenden Instrumente der OAS sowie die Organisation insgesamt leiden allerdings unter ihrer beschränkten Mittelausstattung. Um die operationalen Aktivitäten der OAS auf eine solide Basis zu stellen, ist daher eine Verpflichtung des mächtigsten Mitgliedslandes USA zur partnerschaftlichen interamerikanischen Zusammenarbeit unabdingbar.

4. Stand der Forschung

Die politikwissenschaftliche Literatur zur OAS stammt vor allem aus den Bereichen Internationale Beziehungen, Regionalforschung und Sicherheitsforschung. Während in den 1960er und 1970er Jahren sowohl im deutschen als auch im englischen Sprachraum zahlreiche Publikationen zur Rolle der OAS bei der Konfliktprävention und Konfliktbewältigung auf dem amerikanischen Kontinent erschienen, ist die Zahl neuerer Publikationen zu diesem Thema sowie zur OAS als Wirtschaftsorganisation überschaubar. Statt auf der Organisation liegt der Schwerpunkt vieler Beiträge auf den US-lateinamerikanischen Beziehungen oder den sicherheits- und wirtschaftspolitischen Herausforderungen, mit denen sich die Region konfrontiert sieht (Mace/Thérien/Haslam 2007). Im Grenzbereich zur Vergleichenden Politikwissenschaft sind seit den 1990er Jahren zahlreiche Arbeiten erschienen, die sich mit der Förderung und Verteidigung der Demokratie durch die OAS befassen. Einige Studien bringen (Neo-) Realismus und liberalen Institutionalismus als konkurrierende Ansätze in Stellung, um zu untersuchen, inwieweit die Vereinigten Staaten als Hegemonialmacht die Entscheidungsfindung in der OAS beeinflussen (Shaw 2004). Zugleich gibt es viele vor allem spanischsprachige Studien zur interamerikanischen Sicherheitspolitik, die umfangreiches Detailwissen über die Organisation, ihre Ziele und Aktivitäten vermitteln, aber nicht explizit an theoretische Ansätze anknüpfen.

Literatur

Wichtige Primärquellen:

OAS-Charta (1948) (www.oas.org/juridico/English/charter.html, Zugriff am 17.3.2010)

Interamerikanische Demokratie-Charta (2001) (http://www.oas.org/OASpage/eng/ Documents/ Democractic_Charter.htm, Zugriff am 17.3.2010).

Erklärung zur Sicherheit auf dem amerikanischen Kontinent (2003) (http://www.oas.org/ documents/eng/DeclaracionSecurity_102803.asp, Zugriff am 17.3.2010).

Basislektüre zur OAS:

Cooper, Andrew F./Thomas Legler 2006: Intervention Without Intervening? The OAS Defense and Promotion of Democracy in the Americas. New York: Palgrave Macmillan.

Kurtenbach, Sabine 2002: OAS – Vom Instrument der US-Politik zur demokratischen Sicherheitsgemeinschaft?, in: Ferdowsi, Mir A. (Hg.): Internationale Politik im 21. Jahrhundert. München: W. Fink, S. 325-340.

Mace, Gordon/Jean-Philippe Thérien/Paul Haslam (Hg.) 2007: Governing the Americas: Assessing Multilateral Institutions. Boulder/London: Lynne Rienner.

Shaw, Carolyn M. 2004: Cooperation, Conflict, and Consensus in the Organization of American States. New York: Palgrave Macmillan.

Stoetzer, O. Carlos 1993: The Organization of American States. 2. Auflage. Westport/ London: Praeger.

Vaky, Viron P./Heraldo Muñoz 1993: The Future of the Organization of American States. New York: Twentieth Century Fund.

Aktuelle Beiträge:

Cooper, Andrew F. 2009: Renewing the OAS, in: Cooper, Andrew F./Jorge Heine (Hg.): Which way Latin America? Hemispheric politics meets globalization. Tokyo: United Nations University Press, S. 159-181.

Herz, Mônica 2011: The Organization of American States (OAS). London/New York: Routledge.

OECD

Kerstin Martens und Gesa Schulze

Vollständige Bezeichnung:

Organisation für wirtschaftliche Zusammenarbeit und Entwicklung (*Organisation for Economic Co-operation and Development,* OECD)

1. Entstehung, Ziele und Aufgaben

Im Jahre 2011 feiert die Organisation für wirtschaftliche Entwicklung und Zusammenarbeit (*Organisation for Economic Cooperation and Development*, OECD) ihren 50. Geburtstag. Seit nunmehr einem halben Jahrhundert versteht sie es als ihre Aufgabe, die wirtschaftliche Entwicklung und den gesamtgesellschaftlichen Lebensstandard ihrer Mitgliedsstaaten zu fördern. Ihr Akronym „OECD" ist zum Synonym der industrialisierten Welt geworden („die OECD-Welt"). Trotz ihrer Lebensdauer kämpft die OECD immer wieder auch mit der Frage nach ihrer Daseinsberechtigung.

Die OECD wurde 1960 als Nachfolger der Organisation für europäische wirtschaftliche Zusammenarbeit (OEEC) gegründet. Die OEEC war im Jahr 1948 ins Leben gerufen worden, um den Wiederaufbau in den nach dem Zweiten Weltkrieg zerstörten Ländern Europas zu koordinieren, primär durch die Aufsicht über die Verteilung der Marshallplanhilfe. Weitere Ziele waren die Stärkung des Freihandels sowie die Förderung von Beschäftigung und finanzieller Stabilität in Europa (Woodward 2009). Die Organisation hatte anfangs 18 Mitglieder. Dies waren Belgien, Dänemark, Frankreich, Griechenland, Island, Irland, Italien, Luxemburg, die Niederlande, Norwegen, Österreich, Portugal, Schweden, die Schweiz, die Türkei, das Vereinigte Königreich und Westdeutschland, wobei Westdeutschland bis 1949 getrennt von der französischen und der britisch-amerikanischen Besatzungszone vertreten wurde. Das britisch-amerikanische Besatzungsgebiet Triest war bis zu seiner Unterstellung unter italienische Verwaltung ebenfalls Mitglied der OEEC. Im Jahr 1958 wurde zudem Spanien in die OEEC aufgenommen, womit die Organisation wieder 18 Mitglieder hatte.

In der zweiten Hälfte der 1950er Jahre verlor die OEEC aufgrund der verbesserten Wirtschaftslage in Europa und der Gründung der Europäischen Wirtschaftsgemeinschaft sowie der Europäischen Freihandelszone an Bedeutung (Ougaard 2007). Die Vereinigten Staaten sahen jedoch weiterhin einen Bedarf an wirtschaftspolitischem Austausch und transatlantischer Kooperation. Die europäischen und die nordamerikanischen Staaten wollten sich fortan auf gleicher Augenhöhe begegnen, wozu eine Organisation, die auf der Unterstützung der europäischen Länder durch die USA beruhte, nicht mehr geeignet schien. Auch im Kontext des heraufziehenden Kalten Krieges wollte man eine Organisation schaffen, die die Einheit des demokratischen und kapitalistischen Westens verkörperte und zudem in der Lage war, mittels Entwicklungshilfe zu verhindern, dass sich die vom Kolonialismus befreiten Länder der sogenannten Dritten Welt dem Kommunismus zuwandten. Eine Organisation, die zur Unterstützung europäischer Länder geschaffen worden war, schien hierzu nicht geeignet. Außerdem sorgten Konflikte, die infolge der Gründung der Europäischen Wirtschaftsgemeinschaft innerhalb der OEEC auftraten, dafür, dass die Organisation zuletzt nicht mehr handlungsfähig war (vgl. Woodward 2009: 18).

Nach etwa einjährigen Verhandlungen wurde am 14. Dezember 1960 die OECD-Konvention von den 18 damaligen Mitgliedern der OEEC sowie von den Vereinigten Staaten und Kanada unterzeichnet (vgl. OECD-Konvention). Am 30. September 1961 trat sie in Kraft. Als ökonomischer Gegenpart zur → NATO sollte sie auch forthin die wirtschaftliche Entwicklung in diesen Staaten fördern. Im Jahr 1964 trat Japan der OECD bei, es folgten Finnland in 1969, Australien in 1971, Neuseeland in 1973, Mexiko in 1994, Tschechien in 1995, Polen, Ungarn und Südkorea in 1996, die Slowakei in 2000 und Chile, Estland, Israel und Slowenien in 2010. Damit hat die OECD derzeit 34 Mitglieder.

Oft als „Klub der Reichen“ verpönt, öffnet sich die OECD heute verstärkt auch Ländern mittleren Einkommens. Mit Brasilien, China, Indien, Indonesien und Südafrika wurde eine Partnerschaft eingegangen. Die OECD versteht diese sogenannte „verstärkte Zusammenarbeit” als ein Verhältnis, welches auf lange Sicht gesehen das Potenzial für Beitritt beinhaltet. Zentrale Kriterien für eine Mitgliedschaft in der OECD sind die Einhaltung der Menschenrechte, eine demokratische Verfassung sowie marktwirtschaftliche Strukturen.

Ziele und Aufgaben der OECD

Die Aufgabe der OEEC als Vorgängerorganisation der OECD war klar umrissen. Sie sollte den wirtschaftlichen Aufbau Europas nach dem Zweiten Weltkrieg und dabei insbesondere die Verteilung der Marshallplanhilfen koordinieren. Der Tätigkeitsbereich der OECD ist dagegen weit weniger konkret festgelegt. Die OECD-Konvention benennt zwar Ziele und Aufgaben der OECD, weist ihr jedoch kein eindeutig umrissenes Tätigkeitsfeld zu. Gemäß Art. 1 ihres Gründungsdokuments verfolgt die OECD eine Politik, die auf eine optimale Entwicklung von Wirtschaft und Beschäftigung sowie auf die Steigerung des Lebensstandards in ihren Mitgliedsländern gerichtet ist. Hierbei soll die finanzielle Stabilität gewahrt bleiben.

Die Organisation befasst sich daher mit vielen verschiedenen Politikfeldern und beleuchtet deren Bedeutung für die wirtschaftliche Entwicklung (Woodward 2009: 4). Sie bearbeitet heute nicht nur klassische ökonomische Politikfelder wie die Arbeitsmarktpolitik, die Steuerpolitik, die Korruptionsbekämpfung oder die Finanzpolitik, sondern behandelt auch Migrationsfragen, Familienpolitik, Biotechnologie, Umweltpolitik oder auch – im Rahmen der

PISA-Studie (*Programme for International Student Assessment*) mit großer medialer Aufmerksamkeit – die Bildungspolitik.

Zudem will die OECD auch in Nichtmitgliedsländern zu einem verbesserten Wirtschaftswachstum beitragen und die Ausweitung des Welthandels fördern. Letzteres soll unter Berücksichtigung internationaler Verpflichtungen und auf multilateraler Ebene geschehen. Über ein eigens eingerichtetes *Centre for Co-operation with Non-Members* kooperiert die OECD heute mit über 70 Staaten, die sich in der wirtschaftlichen Transition befinden; viele davon sind Staaten in Zentral- und Osteuropa. Auch mit Staaten aus Lateinamerika, dem Mittleren Osten, Nordafrika und Asien wird kooperiert. An der PISA-Studie 2009 haben beispielsweise 65 Länder teilgenommen. Somit zählte mehr als die Hälfte der PISA-Länder nicht zu den Mitgliedern der OECD: auch Länder wie Albanien, Kirgisien, Katar, Tunesien, Thailand oder Panama waren Teil der Studie.

Die Instrumente, durch welche die OECD ihre Ziele erreichen will, werden in Art. 2 der Konvention genannt. Die Mitgliedsländer verpflichten sich, „a) den zweckmäßigen Einsatz ihrer wirtschaftlichen Mittel zu fördern, b) auf wissenschaftlichem und technischem Gebiet die Entwicklung ihrer Hilfsmittel, die Forschung und die Berufsausbildung zu fördern“ (vgl. OECD-Konvention) sowie eine auf wirtschaftliches Wachstum und finanzielle Stabilität ausgerichtete Politik zu verfolgen. Zudem sollen sich die OECD-Staaten darum bemühen, Hemmnisse für den zwischenstaatlichen Handel mit Waren, Dienstleistungen oder Kapital abzubauen. Finanzielle und technische Unterstützung für Mitglieds- und Nichtmitgliedsländer, „die in wirtschaftlicher Entwicklung begriffen sind“ (OECD-Konvention) soll zu deren ökonomischem Wachstum beitragen. Zudem wird betont, dass für diese Volkswirtschaften wachsende Exportmärkte von Bedeutung sind (OECD-Konvention).

In der konkreten Praxis bedeutet dies, dass die OECD verschiedene Arten von Expertisen erstellt. Diese können Zukunftsvisionen über gute Politik sein, internationale Vergleichsstudien in ausgewählten Bereichen oder Statistiken über bestimmte Bereiche. Die OECD ist letztlich einer der weltgrößten Verlage, insbesondere im Bereich der Wirtschaftspolitik – jedes Jahr erscheinen rund 250 neue Bücher. Die OECD kann zwar rechtlich bindende Beschlüsse fassen; die meisten der im Rahmen der OECD getroffenen Abkommen sind aber freiwilliger Natur, und die Organisation hat keine Möglichkeiten, die Nichteinhaltung von Abkommen effektiv zu sanktionieren. Stattdessen arbeitet sie mit *naming und shaming* wie z.B. im Kampf gegen Steueroasen. Anders als z.B. die → Weltbank kann sie auch keine finanziellen Anreize ausüben. Sie kann weder Gelder vergeben, noch auf die Geldvergabe durch Dritte aktiv einwirken.

2. Aufbau

Der Aufbau und die Funktionsweise der OECD werden maßgeblich durch die OECD-Konvention sowie durch die *Rules of Procedure of the Organization* festgelegt. Die Konvention der OECD als das zentrale Dokument der Organisation gibt dabei den Rahmen vor, während die *Rules of Procedure of the Organization* genauere Angaben machen zur Rolle der einzelnen Organe, zur Organisation der regelmäßigen Treffen und anderen organisationsinternen Fragen wie z.B. zu bestimmten Abläufen, Berichtspflichten oder den offiziellen Sprachen der Organisation.

Zu den allgemeinen Rahmenbedingungen, nach denen sich die Arbeit der OECD richtet, gehört beispielsweise die Festlegung von Englisch und Französisch als offizielle Arbeitssprachen der Organisation. Von ebenfalls praktischer Bedeutung für die tägliche Arbeit der OECD ist zudem die Personalausstattung von derzeit 2500 Mitarbeitern sowie das Budget, welches im Jahr 2010 328 Millionen Euro betrug. Es setzt sich zusammen aus Beiträgen der Mitgliedsländer, wobei die Größe der nationalen Volkswirtschaft als Berechnungsgrundlage verwendet wird. Größter Geldgeber ist mit fast 25% des OECD-Budgets die USA, gefolgt von Japan. Auch sind freiwillige Beiträge für einzelne Projekte möglich. Aufgrund des monetären Einflusses können die USA innerhalb der OECD dominierend wirken und die politische Richtung der Organisation teilweise lenken. Beispielsweise hatte die USA in den 1980ger Jahren die OECD dazu gedrängt – und mit der Aussetzung der finanziellen Zuwendungen gedroht –, ihre Arbeiten im Bereich Bildung quantitativer auszurichten (Martens 2007).

Das oberste Entscheidungsorgan der OECD ist der Rat (*Council*). Er setzt sich zusammen aus Vertretern der Mitgliedsstaaten und der Europäischen Kommission (→ EU). Der Rat trifft sich regelmäßig auf der Ebene der ständigen Vertretungen bei der OECD, einmal jährlich kommt er auf Ministerebene zusammen. Theoretisch sind Aufgaben und Kompetenzen des Rates auf beiden Ebenen gleich, in der Praxis werden jedoch bei den Treffen auf Botschafterebene eher Routinefragen behandelt, während bei den Ministerrunden zentrale Themen diskutiert sowie grundsätzliche Entscheidungen über die strategische Ausrichtung der Arbeit der OECD getroffen werden. Entschieden wird im Konsens, wobei für Länder, die sich enthalten, die jeweilige Entscheidung keine Gültigkeit besitzt. Seit 2006 kann zudem in speziellen Fällen, in denen kein Konsens erreicht werden kann, ein Vorschlag mit einer qualifizierten Mehrheit angenommen werden (Woodward 2009: 48).

Den Vorsitz im Rat führt bei Treffen auf Ministerebene ein vom Rat nominierter Vorsitzender mit zwei Stellvertretern, während bei Treffen auf Botschafterebene der Generalsekretär (*Secretary-General*) der OECD den Vorsitz innehat. Seit 2006 ist dies der ehemalige mexikanische Außen- und Finanzminister Angel Gurría, der als erster Generalsekretär aus einem Schwellenland kommt. Der Generalsekretär wird vom Rat für eine Amtszeit von fünf Jahren ernannt, repräsentiert die OECD nach außen und steht dem OECD-Sekretariat vor. Die Mitgliedsländer können Kandidaten vorschlagen, dann folgen Anhörungen und Beratungen, und schließlich einigt man sich im Konsens auf einen Kandidaten, der dann vom Rat ernannt wird.

Das Sekretariat der OECD ist für die operative Umsetzung der Beschlüsse des Rates zuständig. Es ist in Direktorate und Abteilungen untergliedert, welche die Ausschüsse (*Committees*) der OECD in ihrer Arbeit unterstützen, diesen wissenschaftlich zuarbeiten und Vorschläge für weitere Aktivitäten unterbreiten. Somit erbringt das Sekretariat einerseits Dienstleistungen für die Mitgliedsstaaten und unterliegt damit bis zu einem gewissen Grad auch den Interessen der einzelnen Länder. Andererseits genießt die wissenschaftliche Arbeit der einzelnen Direktorate des OECD-Sekretariats eine hohe Reputation. Oft leistet das Sekretariat der OECD Pionierarbeit in neuen Forschungsfeldern, sodass es selber eine gewisse Definitionsmacht darüber besitzt, wie bestimmte Themen von Politik und Öffentlichkeit in den OECD-Ländern betrachtet werden.

Die bereits erwähnten Ausschüsse können ihrerseits wieder Arbeits- und Expertengruppen einrichten und kommen gemeinsam mit diesen auf eine Gesamtzahl von etwa 250. Mitglied in den Ausschüssen sind Vertreter der OECD-Länder, Repräsentanten des Sekretariats, Mitglieder der ständigen Vertretungen sowie Vertreter von Nichtmitgliedsländern und aus der Zivilgesellschaft. Hier tauschen sie sich aus, diskutieren über die Arbeit des Sekretariats und bringen eigene Vorschläge ein. Auf dieser Basis werden dann politische Empfehlungen sowie die entsprechenden *policy*-Instrumente entwickelt, deren Wirkung wiederum beobachtet und bewertet wird. Während das Sekretariat also für die wissenschaftliche Arbeit der OECD zuständig ist und Informationen für die Ausschüsse bereitstellt, leisten diese die politische Arbeit.

Ein für die Arbeit der OECD wichtiger Ausschuss ist beispielsweise das *Development Assistance Committee* (DAC), welches sich mit dem für die OECD bedeutsamen Thema der wirtschaftlichen Zusammenarbeit mit Entwicklungsländern beschäftigt. Das DAC stellt ein Forum dar, in dem Geberländer und –organisationen gemeinsam nach neuen Möglichkeiten suchen, wie Entwicklungsländern besser bei einer Reduzierung der Armut geholfen und die Milleniumsziele erreicht werden können. Mittels eines *Peer Review*-Verfahrens wird die Entwicklungspolitik der DAC-Mitgliedsländer evaluiert und hierdurch Wege aufgetan, wie Hilfe für arme Länder in Zukunft effektiver gestaltet werden kann. Nicht zuletzt ist es ein Ziel des DAC, eine führende Rolle in der Bereitstellung von Statistiken zum Themengebiet Entwicklungshilfe einzunehmen.

Gemäß Art. 12 der OECD-Konvention kann die Organisation Beziehungen mit Nichtmitgliedsstaaten und mit Organisationen aufnehmen sowie diese zur Mitarbeit einladen. Nichtmitglieder können in den jeweiligen Ausschüssen dann auf verschiedenen Ebenen an der Arbeit der OECD teilhaben. So können sie einmalig oder unregelmäßig an Gremiensitzungen teilnehmen, einen Status als regelmäßiger Beobachter erlangen oder sogar aktiv an der Arbeit mitwirken – mit äquivalenten Rechten und Pflichten wie reguläre OECD-Mitglieder, wenn sie in dem jeweiligen Gremium den Status „full participation" erreicht haben (Woodward 2009: 54). In manchen Ausschüssen ist diese Zusammenarbeit mit Nichtmitgliedern dabei stärker ausgeprägt als in anderen, wobei insbesondere der Kernbereich Wirtschaft weniger für Nichtmitglieder geöffnet ist. Besonders intensiv arbeitet die OECD mit dem *Trade Union Advisory Committee* (TUAC), einem Beratungskomitee der Gewerkschaften, sowie dem Äquivalent der Arbeitgeber, dem *Business and Industry Advisory Committee* (BIAC), zusammen. Auch hat die OECD Beziehungen zur Zivilgesellschaft in Mitgliedsstaaten sowie mit anderen internationalen Organisationen wie dem → IWF, der → Weltbank und verschiedenen Unterorganisationen der → Vereinten Nationen. Einmal im Jahr, in Verbindung mit dem Ministertreffen, findet zudem das OECD Forum statt, bei dem sich führende Persönlichkeiten aus Wirtschaft und Zivilgesellschaft mit Ministern und Vertretern von internationalen Organisationen über zentrale Themen austauschen.

3. Wandel, Reform und Bedeutung in der globalen Politik

In Rahmen der OECD sind viele internationale Standards, Visionen und Verständnisse für nationale Politiken in unterschiedlichen Politikfeldern entwickelt worden. Sie wurde lange als eine Organisation des Westens betrachtet, öffnet sich seit einigen Jahren aber zunehmend auch für andere Staaten. Dadurch kann sie ihren Aktionsradius erhöhen, muss sich aber gleichzeitig auch ihre Rolle als Impulsgeberin für wirtschaftliche Fragen mit anderen internationalen Foren teilen.

Organisationsinterne Herausforderungen

Die Erweiterung der OECD-Mitgliedschaft um so genannte Schwellenländer ist unumgänglich, will die Organisation auch weiterhin den größten Teil des Welthandelsaufkommens abdecken. Nach Schätzungen deckte die OECD noch vor 20 Jahren rund 80% des Welthandelsaufkommens ab, heute sind es in etwas 60% und ohne eine Erweiterung um wirtschaftlich aufholende Staaten würde sie 2020 nur noch 40% des weltweiten Handels abbilden. Diese Erweiterung führt aber auch zu größerer Heterogenität innerhalb der Organisation. Da Beschlüsse innerhalb der OECD auf dem Prinzip der Konsensfindung beruhen, könnte sich der Weg der Entscheidungsfindung als schwieriger gestalten.

Externe Herausforderungen

Die Errungenschaften der OECD lassen sich kaum daran festmachen, dass sie über Beschlüsse, die innerhalb ihres Forums gefasst werden, nationale Politiken direkt beeinflusst. Vielmehr ist sie eine Art großer intergouvernementaler *Think-Tank*, der Ideen produziert, bestehende Politiken vergleichend evaluiert und Statistiken sammelt bzw. generiert, die die Grundlage für viele Analysen und Entscheidungen in ihren Mitgliedsländern darstellt. Darüber hinaus bietet sie ein Forum, in dem sich Experten, Politiker und die Zivilgesellschaft treffen können, welches Austausch und Reflexion ermöglicht. Daraus ergibt sich ein internationales Netzwerk, in dem best practices diffundieren können. Allerdings haben sich über die Jahre auch andere Institutionen gebildet, die der OECD den Rang als wichtigstes wirtschaftliches Forum der industrialisierten Welt ablaufen. Die G20 – die Gruppe der 20 wichtigsten Volkswirtschaften – ist solch ein Beispiel. Es bleibt abzuwarten, wie sich die OECD den Herausforderungen einer zunehmend globalisierten Welt, zu deren Entwicklung sie zumindest in Teilen selbst beigetragen hat, stellen wird.

4. Stand der Forschung

Im Vergleich zu anderen internationalen Organisationen ist die OECD eine vergleichsweise wenig untersuchte internationale Organisation. Frühere Arbeiten zur OECD stammen häufig aus ihrer eigenen Feder, d.h. sie wurden von aktiven oder ehemaligen Mitarbeitern verfasst, und beinhalten vor allem Faktenwissen (Papadopoulos 1994; Sullivan 1997). Die politikwissenschaftliche Auseinandersetzung mit der OECD hat erst in den vergangenen Jahren zugenommen. Viele Arbeiten untersuchen dabei die Rolle der OECD in einem ausgewählten Politikfeld, z.B. Wirtschafts- und Sozialpolitik (Armingeon/Beyeler 2004). Umfassendere Arbeiten zur OECD lassen sich der Disziplin der Internationalen Beziehungen zuordnen (Woodward 2009; Mahon/McBride 2009; Martens/Jakobi 2010).

Um die Arbeitsweisen und den Einfluss der Organisation zu erfassen, wird in der theoretischen Rahmung von wissenschaftlichen Arbeiten zur OECD in der Regel auf konstruktivistische Theorieansätze zurückgegriffen. Die OECD erscheint darin als Ideengeber, welche gemeinsame Werte und Ideale für ihre Mitgliedsstaaten entwickelt (Marcussen 2004). Über weiche *governance*-Mechanismen nimmt sie Einfluss auf die nationalen Politiken in den verschiedenen Feldern. Ihre Beachtung als Impulsgeber für internationale Standards wird vor allem ihrer Reputation zugeschrieben. Aus hegemonialtheoretischer Perspektive läge es allerdings auch nahe, die Rolle der USA in der OECD zu untersuchen, da die USA als Hauptgeldgeber oftmals ein dominierendes Mitglied in der Organisation ist.

Literatur

Wichtige Primärquellen:

Die OECD-Konvention: Übereinkommen über die Organisation für Wirtschaftliche Zusammenarbeit und Entwicklung

(http://www.oecd.org/document/25/0,3343,de_34968570_35009030_40215897_1_1_1_1,00.html, Zugriff am 7.4.2010)

Verfahrensordnung der OECD (http://www.oecd.org/dataoecd/19/34/41455263.pdf, Zugriff am 7.4.2010)

Basislektüre zur OECD:

Armingeon, Klaus/Michelle Beyeler (Hg.) 2004: The OECD and European Welfare States. Cheltenham: Edward Elgar.

Mahon, Rianne/Stephan McBride (Hg.) 2008: The OECD and Transnational Governance. Vancouver: UBC Press.

Marcussen, Martin 2004: The Organization for Economic Cooperation and Development as Ideational Artist and Arbitrator: Reality or Dream?, in: Reinalda, Bob/Bertjan Verbeek (Hg.): Decision Making within International Organizations. London/New York: Routledge, S. 90-105.

Ougaard, Morten 2007: The Organisation for Economic Cooperation and Development, in: Robertson, Roland (Hg.): Encyclopedia of Globalization. New York: Routledge, S. 914-917.

Papadopoulos, George 1994: Education 1960-1990: The OECD Perspective. Paris: OECD.

Sullivan, Scott 1997: From War to Wealth: 50 Years of Innovation. Paris: OECD.

Aktuelle Beiträge:

Martens, Kerstin 2007: How to become an Influential Actor – the 'Comparative Turn' in OECD Education Policy In: Kerstin Martens/Alessandra Rusconi/Kathrin Leuze (Hg.): New Arenas of Education Governance – The Impact of International Organisations and Markets on Educational Policymaking. Basingstoke: Palgrave, S. 40-56.
Martens, Kerstin/Jakobi, Anja P. (Hg.) 2010: Mechanisms of OECD Governance – International Incentives for National Policy Making. Oxford: Oxford University Press.
Woodward, Richard 2009: The Organisation for Economic Cooperation and Development (OECD). London/New York: Routledge.

OHCHR

Benjamin Stachursky

Vollständige Bezeichnung:

Amt des Hohen Kommissars der Vereinten Nationen für Menschenrechte *(Office of the United Nations High Commissioner for Human Rights*, OHCHCR/UNCHCR)

1. Entstehung, Ziele und Aufgaben

Das OHCHR leitet und koordiniert die Aktivitäten des Menschenrechtsprogramms der → Vereinten Nationen. Dem Amt steht in administrativer Funktion der Hohe Kommissar der Vereinten Nationen für Menschenrechte vor. Die Schaffung des Postens eines Hohen Kommissars wie auch des OHCHR wurde 1993 durch eine Resolution der VN-Generalversammlung (VN) beschlossen. Neben seiner Funktion als moralische und intellektuelle Autorität in Menschenrechtsfragen, liegen die zentralen Aufgaben des Hochkommissariats in der strategischen Leitung und Koordinierung des VN Menschenrechtsprogramms, der Unterstützung von VN-Mitgliedsstaaten bei der Umsetzung von Menschenrechten sowie der internationalen Überwachung von Förderung und Schutz menschenrechtlicher Standards.

Die Diskussion über die Ernennung eines Hohen Kommissars oder Ombudsmannes der Vereinten Nationen für Menschenrechte lässt sich bis zu den Verhandlungen zur Formulierung der Allgemeinen Menschenrechtserklärung (AEMR) im Jahr 1947 verfolgen. Jedoch verhinderten zu diesem Zeitpunkt, wie auch bei weiteren Vorstößen in diese Richtung in den folgenden Jahrzehnten, die Befürchtungen zahlreicher Staaten vor Einmischungen in interne Angelegenheiten und einer Einschränkung ihrer nationalen Souveränität einen Konsens. Erst nach Ende des Kalten Krieges und im Zuge einer sich wandelnden Wahrnehmung der Rolle von Menschenrechten als zentrale Normen der internationalen Staatengesellschaft fand diese Idee den nötigen Rückhalt auf der globalen Ebene. Hierbei spielte ein wachsendes Bewusstsein über die Mängel der bestehenden Maschinerie der VN zur effektiven Bekämpfung und Vorbeugung gravierender Menschenrechtsverletzungen eine wichtige Rolle.

Der entscheidende Anstoß zur Schaffung eines Hochkommissariats kam 1993 von der VN-Weltkonferenz für Menschenrechte in Wien. Im Abschlussdokument der Konferenz wurde die VN-Generalversammlung mit der Einrichtung des Postens eines Hohen Kommissars beauftragt. Daraufhin richtete noch während der 48. Sitzung der VN-Generalversammlung das u.a. für Menschrechtsangelegenheiten zuständige 3. Komitee einen entsprechenden Ausschuss ein, der bereits nach wenigen Wochen reger Verhandlungen einen Resolutionsentwurf vorlegen konnte. Dieser wurde ohne Änderungen übernommen und am 20. Dezember 1993 ohne Abstimmung von der Generalversammlung als Resolution 48/141 verabschiedet. Hiernach trägt der Hohe Kommissar für Menschenrechte die „Hauptverantwortung“ für Aktivitäten im Bereich der Menschenrechte der VN und wird hierbei vom OHCHR unterstützt.

Am 5. April 1994 nahm der vom VN-Generalsekretär Boutros Boutros-Ghali für dieses Amt ernannte und von der VN-Generalversammlung in dieser Funktion bestätigte José Ayala Lasso aus Ecuador seine Arbeit als erster Hoher Kommissar für Menschenrechte auf. Ihm folgten in dieser Position die Irin Mary Robinson (1997-2002), Sergio Vieira De Mello aus Brasilien (2002-2003) und die Kanadierin Louise Arbour (2004-2008). Seit September 2008 hat die Südafrikanerin Navanethem Pillay die Position inne. Zwischen 2003 und 2004 wurde das Amt in geschäftsführender Funktion vorübergehend von Bertrand Ramcharan aus Guayana geleitet. Die Ernennung der einzelnen Hochkommissare war nicht immer unkontrovers. Die Amtszeit des Berufsdiplomaten Ayala Lasso rief beispielsweise aufgrund seiner vorsichtigen und unkonfrontativen Herangehensweise im Umgang mit Regierungen insbesondere seitens der transnationalen Menschenrechtsbewegung starke Kritik hervor. Der dynamischen Leitung des Hochkommissariats durch Robinson und Arbour wird hingegen weitgehend große Bedeutung für die Entwicklung des OHCHR hin zu einem zentralen internationalen Menschenrechtsakteur beigemessen. Gleichzeitig führte Robinsons oft sehr explizite Anprangerung von Menschenrechtsverletzungen gegen Ende ihrer Amtszeit auch zu wiederholten Anspannungen mit dem Generalsekretär der VN, den USA und anderen Regierungen.

Ziele und Aufgaben des OHCHR

Während Resolution 48/141 das Mandat des Hohen Kommissars festlegt, wird die Arbeit des OHCHR darüber hinaus geleitet durch die Charta der VN, die AEMR und die darauf aufbauenden Menschenrechtsinstrumente, die Wiener Erklärung und das Aktionsprogramm von 1993 sowie durch das Abschlussdokument des 2005 VN-Weltgipfels, welches das Mandat noch einmal bestätigt und erweitert hat. Den Aktivitäten des OHCHR liegt ein holistisches Menschenrechtsverständnis zugrunde, welches den universalen, unteilbaren, einander bedingenden und interdependenten Charakter dieser internationalen Normen hervorhebt und diese als Grundlage von menschlicher Entwicklung, Frieden und Sicherheit versteht.

Laut Resolution 48/141 gehört es zu den Aufgaben des OHCHR, die gesamte Bandbreite der Menschenrechte – politische, zivile, wirtschaftliche, soziale und kulturelle Rechte und insbesondere auch das Recht auf Entwicklung – zu fördern und zu schützen. Ebenfalls soll das Hochkommissariat eine aktive Rolle bei der Vorbeugung von Verstößen wie auch bei der Behebung von Hindernissen zur Realisierung von Menschenrechten einnehmen, den Dialog mit Regierungen zur Sicherung der Einhaltung aller Menschenrechte suchen und die internationale Kooperation auf diesem Gebiet fördern. Zu den Aufgaben des OHCHR innerhalb des VN Systems gehören die Koordinierung der Aktivitäten zur Förderung und dem Schutz der Menschenrechte, die Formulierung von Empfehlungen zur Verbesserung der Förderung und des Schutzes der Menschenrechte an die zuständigen Gremien. Darüber hinaus soll das Hochkommissariat technische Unterstützung bei Menschenrechtsaktivitäten leisten, Programme der VN zur Menschenrechtsbildung und –information koordinieren sowie die Rationalisierung und Modernisierung der Menschenrechtsmaschinerie der VN lenken, mit dem Ziel, diese zu stärken und an neue Herausforderungen anzupassen (UN Doc. A/RES/48/141, Para. 4).

Das sehr breit formulierte Mandat des Hochkommissariats gilt als Kompromiss zwischen den teilweise sehr unterschiedlichen Vorstellungen von und Erwartungen der VN Mitglieder, aber auch der transnationalen Menschenrechtsbewegung an das neue Amt. Während bei manchem Beobachter von einer Kombination aus „Verschwommenheit" und „exzessiver Reichhaltigkeit" die Rede ist (Alston 1997), heben andere hervor, dass dieses Mandat dem OHCHR den nötigen Spielraum für die Anpassung an sich entwickelnde politische Rahmenbedingungen und menschenrechtliche Herausforderungen lasse (Kyung-Wha 2009: 65). In der Praxis hat dieses breite Mandat die bisherigen Amtsinhaber vor die Notwendigkeit gestellt, jeweils eigene Schwerpunkte für die inhaltliche Ausrichtung und institutionelle Wieterentwicklung des Hochkommissariats zu setzen. Die Visionen und Persönlichkeit der jeweiligen Amtsinhaber/innen haben daher das OHCHR und das gesamte VN Menschenrechtsprogramm stark geprägt.

Bei den Aufgaben, denen das OHCHR nachgeht, kann analytisch zwischen unterschiedlichen Bereichen (Standardisierung, *monitoring* und Implementierung) und Ebenen (international, national, lokal) unterschieden werden. In den Bereichen der Standardisierung (internationale Ebene) und des *monitoring* (internationale und nationale Ebene) unterstützt das OHCHR durch Expertise sowie organisatorische und administrative Funktionen den VN Menschenrechtsrat, welcher seit Juni 2006 die VN Menschenrechtskommission abgelöst hat. Darüber hinaus stehen institutionell die Stärkung und organisatorische Unterstützung des VN Menschenrechtsprogramms sowie die Zusammenarbeit mit weiteren Akteuren innerhalb des VN Systems im Vordergrund. Hierdurch sollen Förderung und Schutz der Menschenrechte als Querschnittsaufgabe aller Aktivitäten der Vereinten Nationen etabliert werden.

Im Bereich der Implementierung spielen operative Aufgaben im Feld eine zentrale Rolle. Hierbei sollen insbesondere auf der nationalen und lokalen Ebene durch Programme der technischen Zusammenarbeit (und teilweise durch *monitoring* Aufgaben) solche Fähigkeiten und Strukturen entwickelt und gestärkt werden, die zur Förderung und dem Schutz der Menschenrechte in Einklang mit internationalen Normen nötig sind. Zu diesem Zweck arbeitet das Hochkommissariat mit nationalen Regierungen, Gesetzgebungsorganen, Gerichten, nationalen Menschenrechtsinstitutionen, zivilgesellschaftlichen Akteuren, internationalen und regionalen Organisationen sowie dem breiteren VN-System zusammen. Umgesetzt wird dieser Teil der Arbeit des OHCHR sowohl durch eigene Regional- und Länderbüros als auch durch die Beteiligung an Friedensmissionen oder Länderteams der VN.

2. Aufbau

Das OHCHR ist Teil des VN-Sekretariats und somit keine selbständige Sonderorganisation der VN. Der Hohe Kommissar ist dem VN Generalsekretär unterstellt, amtiert im Rang eines Untergeneralsekretärs und handelt unter der Aufsicht der Generalversammlung und des Menschenrechtsrats der VN. Ende 2009 unterhielt das OHCHR neben seinem Hauptsitz in Genf und einem Kontaktbüro in New York, zwölf Regionalbüros und zehn Länderbüros in allen Regionen der Welt, welche die Präsenz im Feld des Hochkommissariats stärken und in Absprache mit den jeweiligen Regierungen zur Förderung und dem Schutz menschenrechtlicher Standards beitragen sollen. Die Anzahl der Mitarbeiter/innen des Amtes ist in den Jahren stetig gewachsen – von 106 Ende 1993 hin zu 973 Ende 2009. Davon waren 503 in Genf (52%), 19 in New York (2%) und 451 in den Länder- und Regionalbüros (46%) tätig. Darüber hinaus unterstützt das Hochkommissariat weitere 420 Menschenrechtsexpert/innen in ihrer Rolle als Berater in 17 VN Länderteams und in den Menschenrechtseinheiten von 15 VN Friedensmissionen (VN). Der reguläre Zweijahreshaushalt des OHCHR ist von anfänglich US$ 31 Mio. im Jahr 1993 auf inzwischen US$ 120,6 Mio. für die Jahre 2008-2009 gestiegen. Durch diese aus dem regulären Budget der VN stammenden Beträge werden ca. ein Drittel der Aktivitäten des Amtes finanziert. Die verbleibenden zwei Drittel, insbesondere die Aktivitäten im Feld, werden durch freiwillige Spenden von VN Mitgliedsstaaten und anderen Akteuren gedeckt (zumeist aus den westlichen Industrienationen). Diese beliefen sich im Jahr 2009 auf US$ 118,1 Millionen. Das Gesamtbudget des OHCHR für die Jahre 2008-2009 betrug US$ 321,7 Millionen.

Nach mehreren Umstrukturierungen ist das OHCHR seit Januar 2010 in vier Hauptabteilungen organisiert, welche die unterschiedlichen Aufgabenbereiche des Hochkommissariats abdecken. Eine erste Hauptabteilung unterstützt den Menschenrechtsrat und die Sonderprozeduren, eine zweite die Ausschüsse zur Überwachung der Umsetzung der zentralen Menschenrechtsverträge und ihre Arbeitsgruppen. Die dritte Hauptabteilung ist für die Umsetzung der Außendiensttätigkeiten und der technischen Zusammenarbeit im Feld zuständig. Die Hauptabteilung für Forschung und das Recht auf Entwicklung bietet fachliche Beratung an und entwickelt methodologische Instrumente für die Menschenrechtsarbeit. Zentrale Aufgaben der Verwaltung, Planung, Koordinierung sowie der Öffentlichkeitsarbeit werden von eigenen Abteilungen gepflegt, welche dem stellvertretenden Hochkommissar unterstellt sind.

Eine neue, dem Büroleiter des Hochkommissars unterstellte Abteilung ist für die Pflege der institutionellen Zusammenarbeit zwischen OHCHR und zivilgesellschaftlichen Akteuren zuständig, insbesondere Nichtregierungsorganisationen (NRO). Damit hebt das OHCHR den wichtigen Beitrag von NRO zur Ermittlung und Verbreitung verlässlicher Informationen sowie als Verbindungsglieder zwischen der lokalen, nationalen und internationalen Aktionsebene hervor und weist ihnen eine zentrale Rolle als Partner des VN Menschenrechtsprogramms zu. Gleichzeitig unterstützt das OHCHR NRO, indem es Instrumente, Standards und Bezugssysteme anbietet, welche von diesen Organisationen zur besseren Umsetzung ihrer Menschenrechtsarbeit verwendet werden können.

3. Wandel, Reform und Bedeutung in der globalen Politik

Seit seiner Gründung 1994 haben sich die Aufgaben des Hochkommissariats, die Relevanz dieser Institution innerhalb des VN Systems aber auch ihre Rolle als zentraler Akteur des internationalen Menschenrechtregimes stark weiterentwickelt. Das OHCHR steht nun vor der Aufgabe, einen weiteren Ausbau der Kompetenzen und Aktivitäten mit einer Konsolidierung des bereits Erreichten zu verbinden. Neben der Notwendigkeit, auf neue oder veränderte menschenrechtliche Probleme und Gefahren zu reagieren, musste sich das OHCHR als hauptverantwortliche Institution für das VN Menschenrechtsprogramm immer wieder internen Herausforderungen stellen.

Die chronische Unterfinanzierung des OHCHR stellt seit der Aufnahme der Arbeit im Jahr 1994 ein Problem dar. So wird wiederholt in den Strategieplänen des Hochkommissariats hervorgehoben, dass Ausbau und weitere Professionalisierung der Arbeit stark von einer Bereitstellung entsprechender finanzieller Mittel abhängig sind (*Strategic Management Plan* 2009). Die stetige Weiterentwicklung und steigende Relevanz des OHCHR anerkennend, ist 2005 im Abschlussdokument des VN Weltgipfels eine signifikante Stärkung dieser Institution, insbesondere durch eine Verdopplung des regulären Budgets über einen Zeitraum von fünf Jahren festgelegt worden. Auch ist das Volumen freiwilliger Spenden für das OHCHR in den vergangenen Jahren stark angestiegen. Jedoch bleiben insgesamt die dem Hochkommissariat zustehenden Mittel hinter dem stetigen Ausbau der vielfachen Aufgabenfelder dieser Institution zurück. Auch stellt die hohe finanzielle Abhängigkeit von freiwilligen Spenden – insbesondere zur Finanzierung der Arbeit im Feld – gerade angesichts einer weltweiten Wirtschafts- und Finanzkrise einen Grund zur Sorge dar und wirft Fragen hinsichtlich der Nachhaltigkeit zentraler Aufgabenbereiche des OHCHR auf.

Interne und externe Herausforderungen

Während bis Anfang der 1990er Jahre der Schwerpunkt der Arbeit des VN-Menschenrechtsprogramms weitgehend auf der Kodifizierung von Normen und Standards lag und keine Menschenrechtsaktivitäten im Feld durchgeführt wurden, macht diese Dimension heute einen bedeutenden Anteil der Aktivitäten des Hochkommissariats aus. Dies wird allgemein als deutliches Anzeichen für die zunehmende Entwicklung internationaler Menschenrechtsinstitutionen hin zu operativen Akteuren gewertet. Dieser progressive Wandel ist mit großen internen wie auch externen Herausforderungen für das OHCHR verbunden. So arbeitet das OHCHR heute – gerade durch den Ausbau der Feldbüros – der Form und den Inhalten nach immer mehr wie eine dynamische operative VN-Agentur. Auch erfordert diese Arbeit eine verstärkte Koordination und Zusammenarbeit im Feld mit anderen VN-Akteuren, die aber trotz mancher Fortschritte bis heute nicht immer reibungslos funktioniert (O'Flaherty 2009; Schöfer 2009).

Der Schritt ‚vom Hauptquartier ins Feld' erfolgte beinahe zeitgleich mit der Aufnahme der Arbeit des OHCHR, als einen Tag nach dem Antritt des ersten Hochkommissars José Ayala-Lasso, am 6. April 1994 der Genozid in Ruanda begann. Nach einer Reise in die Region drängte Ayala-Lasso die VN Menschenrechtskommission zu einer Sondersitzung zur Ernennung eines Sonderberichterstatters für Ruanda. Gleichzeitig wurde aber auf Vorschlag des Hochkommissars auch die Entsendung eines Teams von Menschenrechtsexperten unter Leitung des OHCHR nach Ruanda beschlossen. Die anfangs aus nur sechs Mitgliedern bestehende *Human Rights Field Operation in Rwanda* (HRFOR) wurde sukzessive auf eine Stärke von über 170 Mitarbeiter/innen aufgestockt und mit einem breiten Mandat mit Aufgaben in den Bereichen des *monitoring* und der technischen Zusammenarbeit ausgestattet. Der HRFOR sind seitdem eine große Anzahl weiterer Einsätze im Feld gefolgt und die Kapazitäten, Ansätze und Instrumente des OHCHR in diesem Bereich durch diverse Maßnahmen an diese neue Herausforderung wiederholt angepasst worden (O'Flaherty 2009).

In der strategischen Planung des OHCHR ist die systematische Stärkung der Präsenz im Feld noch einmal besonders in dem 2005 von der damaligen Hochkommissarin Louise Arbour auf Anfrage des VN Generalsekretärs Kofi Annan vorgelegten Aktionsplans für die Jahre 2006-2011 verankert worden. Der Aktionsplan mit dem Titel *Protection and Empowerment* weist auf das zunehmende Auseinanderklaffen zwischen Rhetorik und Praxis der Menschenrechte hin. Dies spiegelt sich in einer Reihe menschenrechtlicher ‚Implementierungslücken' im Feld wider, etwa in Bereichen wie dem globalen Armutsgefälle, Diskriminierung, bewaffnete Konflikte und Gewalt, Straflosigkeit, demokratische Defizite und schwache Institutionen. Wie im Titel des Aktionsplans hervorgehoben, verschreibt sich das OHCHR einerseits einer verbesserten Gewährleistung des Schutzes von Menschenrechtsverletzungen. Andererseits sollen *empowerment* Maßnahmen dazu beitragen, dass Menschen verstärkt selber ihre eigenen Rechte wahrnehmen. Neben der Ausweitung der Präsenz auf nationaler und regionaler Ebene, sollen der Ausbau der Kapazitäten zur schnellen Intervention bei Menschenrechtskrisen, eine engere Zusammenarbeit mit zivilgesellschaftlichen Akteuren und stärkere Einbeziehung von Regierungen, die Schaffung von weiteren Synergien innerhalb des bestehenden VN Menschenrechtssystems und eine Verbesserung des Managements und der Planung der Arbeit des OHCHR zur Umsetzung dieser Ziele beitragen (OHCHR Plan of Action 2005).

4. Stand der Forschung

Das OHCHR und der Posten des Hohen Kommissars der Vereinten Nationen für Menschenrechte haben in der politikwissenschaftlichen Literatur bisher vergleichsweise wenig Beachtung gefunden. Neben deskriptiven Analysen zu Entstehung, Mandat und Arbeitsweise des OHCHR (Alston 1997; Ramcharan 2002) bietet die politikwissenschaftliche und juristische Fachliteratur zum VN-Menschenrechtssystem vor allem praxisorientierte Untersuchungen zu einzelnen Arbeitsbereichen des Hochkommissariats (O'Flaherty 2009). Es lässt sich jedoch ein Mangel an stärker theoriegeleiteten Untersuchungen aufzeigen, die sich speziell der Arbeit des OHCHR zuwenden.

Literatur

Wichtige Primärquellen

UN Doc. A/RES/48/141 (1993).

The OHCHR Plan of Action: Protection and Empowerment (2005), (http://www2.ohchr.org/english/planaction.pdf, Zugriff am 01.06.2010).

High Commissioner's Strategic Management Plan 2010-2011 (2009) (http://www.ohchr.org/Documents/Press/SMP2010-2011.pdf, Zugriff am 01.06.2010).

Basislektüre zum OCHCR:

Ramcharan, Bertrand G. 2002: The United Nations High Commissioner for Human Rights. The Challenges of International Protection. Den Haag/London/New York: Martinus Nijhoff.

Alston, Philip 1997: Neither Fish nor Fowl: The Quest to define the Role of the UN High Commissioner for Human Rights, in: European Journal of International Law, 8:2, S. 321-335.

Aktuelle Beiträge

Kang, Kyung-Wha 2009: 15 Years after Vienna: OHCHR Developments and Challenges, in: Wolfgang Benedek et al. (Hg.), Global Standards – Local Action. 15 Years Vienna Wolrd Conference on Human Rights. Wien/Graz: Neuer Wissenschaftlicher Verlag, S. 65-68.

O'Flaherty, Michael 2009: Human Rights Field Operations, in: Alfredsson, Gudmundur et al. (Hg.): International Human Rights Monitoring Mechanisms. Essays in Honour of Jakob Th. Möller. Leiden, Boston: Martinus Nijhoff Publishers, S. 205-217.

Schöfer, Eva 2009: The Role of the Human Rights Mechanisms and the OHCHR in the Promotion and Protection of Human Rights – Backgroundpaper WG III, in: Benedek, Wolfgang et al. (Hg.): Global Standards, Local Action. 15 Years Vienna World Conference on Human Rights. Wien/Graz: Neuer Wissenschaftlicher Verlag, S. 395-410.

OSZE

Pamela Jawad

Vollständige Bezeichnung:

Organisation für Sicherheit und Zusammenarbeit in Europa, OSZE (*Organisation for Security and Cooperation in Europe*, OSCE)

1. Entstehung, Ziele und Aufgaben

Die OSZE ist eine gesamteuropäische Regierungs- bzw. Sicherheitsorganisation von derzeit 56 Teilnehmerstaaten aus Europa, Nordamerika und den Nachfolgestaaten der Sowjetunion. Damit stellt sie die größte regionale Sicherheitsorganisation der Welt dar. Sie bezieht eine Bevölkerung von mehr als einer Milliarde Menschen ein.

Der Ursprung der OSZE liegt in der im August 1975 durch die 35 Teilnehmerstaaten der KSZE (Konferenz über Sicherheit und Zusammenarbeit in Europa) unterzeichneten Schlussakte von Helsinki. Bereits hier wird der unmittelbare Zusammenhang zwischen Menschenrechten und Sicherheit anerkannt. Die KSZE war im Zuge der Entspannungspolitik zwischen den Blöcken des Kalten Krieges im Rahmen der ersten paneuropäischen Sicherheitskonferenz als multilaterales Dialog- und Verhandlungsforum am 3. Juli 1973 in Helsinki eröffnet worden. Insbesondere die Sowjetunion hatte sich seit den 1960er Jahren um eine „institutionelle Innovation" (Bredow 1992: 26) in Form einer „Konferenz über Fragen der Europäischen Sicherheit" bemüht. Obwohl sich die westliche Seite lange Zeit zurückhaltend gegenüber den sowjetischen Vorschlägen zeigte, war ihr doch an einer Einbindung des Ostblocks in ein internationales politisches Regelsystem gelegen (Schlotter et al. 1994: 13). Schließlich trugen die „Ostverträge" der bundesdeutschen Regierung unter Bundeskanzler Willy Brandt und Außenminister Walter Scheel von 1970/72 sowie die Abrüstungsvereinbarungen zwischen den USA und der UdSSR im SALT-I-Vertrag vom 26. Mai 1972 erheblich zum allgemeinen Entspannungsprozess bei, der 1975 in Helsinki in eine neue Phase mündete.

Im Schlussdokument von Helsinki 1975 sind die grundlegenden Prinzipien festgelegt, die das Verhalten der Staaten untereinander sowie gegenüber ihren Bürgern regelt. Die Zielsetzung liegt in der Friedenswahrung durch kollektive Zusammenarbeit und friedliche Streitschlichtung. Die Dokumente der KSZE/OSZE haben aufgrund des „blockübergreifenden Multilateralismus“ und der Beschlussfassung nach dem Konsensprinzip ein erhebliches politisches Gewicht. Die Schlussakte von Helsinki stellt den formalen Rahmen der KSZE/OSZE dar. Die vereinbarten Schlüsselbekenntnisse im politisch-militärischen, wirtschafts- und umweltpolitischen sowie menschenrechtlichen Bereich leiteten den so genannten Helsinki-Prozess ein. Bis 1990 beinhaltete dieser eine Reihe von Treffen und Konferenzen, die auf den Bekenntnissen der Teilnehmerstaaten aufbauten, diese erweiterten und regelmäßig ihre Umsetzung überprüften.

Von den umwälzenden Ereignissen 1989/90 blieb auch der KSZE-Prozess nicht unberührt. Mit dem Verschwinden des Ost-West-Gegensatzes entfielen weitgehend die Konfliktgegenstände, auf die sich die „alte KSZE“ bis dahin bezogen hatte (Schlotter et al. 1994: 20). Auf dem Gipfeltreffen 1990 leitete die „Charta von Paris für ein Neues Europa“ die Institutionalisierung der KSZE nach dem Ende des Kalten Krieges ein und gab ihr neuen politischen Auftrieb. Die Charta ging über die Schlussakte von Helsinki hinaus und bekräftigte explizit die direkte Relevanz einer demokratischen Regierungsführung für Sicherheit, die bereits zuvor beim KSZE-Expertentreffen über die menschliche Dimension in Kopenhagen anerkannt worden war. Erstmals in der europäischen Geschichte akzeptierten die Teilnehmerstaaten der KSZE/OSZE ein einziges politisches Regime, die repräsentative Demokratie, als politisch verpflichtend.

Um dem historischen Wandel in Europa und den neuen Herausforderungen nach dem Ende des Kalten Krieges angemessen zu begegnen, beschlossen die Staats- und Regierungschefs der KSZE/OSZE die Einrichtung ständiger Institutionen und des Aufbaus operativer Fähigkeiten. Damit erfüllt die KSZE/OSZE zumindest das funktionale Kriterium einer Internationalen Organisation. Zwar wurde in diesem Zusammenhang 1994 auf dem Gipfel in Budapest ihre Umbenennung in OSZE beschlossen, doch stellt sie streng genommen keine Internationale Organisation dar. Sie ist kein Völkerrechtssubjekt, da sie nicht auf einem völkerrechtlichen Gründungsvertrag beruht; ihre Dokumente und Abmachungen sind rechtlich nicht bindend, sondern lediglich politisch verpflichtend.

Ziele und Aufgaben der OSZE

Die Zielsetzung im Gründungszusammenhang der KSZE/OSZE lag in der Friedenswahrung durch kollektive Zusammenarbeit und friedliche Streitschlichtung. Dazu gehören die Sicherung des Friedens durch Krisenfrühwarnung, Krisenprävention und Konfliktbearbeitung sowie der Wiederaufbau nach Gewaltkonflikten. Vor dem Hintergrund ihres breiten Sicherheitsansatzes aus einer politisch-militärischen, einer Wirtschafts- und Umwelt- und einer menschlichen Dimension, auf welchem sie von Beginn an begründet ist, schließen diese auch die Unterstützung für die Entwicklung demokratischer Institutionen und Prozesse ein.

Die OSZE hat folgende zentrale Aufgaben:

- Konsolidierung allgemeiner Werte der Teilnehmerstaaten und Hilfe beim Aufbau vollständig demokratischer Zivilgesellschaften, die auf rechtstaatlichen Prinzipien basieren;
- Prävention lokaler Konflikte, Stabilisierung und Friedensschaffung in kriegszerrütteten Gebieten;

- Überwindung realer und wahrgenommener Sicherheitsdefizite und Vermeidung der Schaffung neuer politischer, wirtschaftlicher oder sozialer Gefälle durch Förderung eines kooperativen Sicherheitssystems.

Um Menschenrechte, Demokratie und Rechtsstaatlichkeit mit friedlichen Mitteln zu schützen, wurde 1992 beschlossen, dass in Fällen von eindeutigen, groben und nicht behobenen Verletzungen einschlägiger OSZE-Verpflichtungen angemessene Maßnahmen erforderlichenfalls auch ohne Zustimmung des betroffenen Staates durch den Rat bzw. den Ausschuss Hoher Beamter getroffen werden können. Diese „Konsens-minus-eins-Regel" ist allerdings bislang nur ein einziges Mal zur Anwendung gekommen als der Teilnehmerstatus der Bundesrepublik Jugoslawien wegen ihrer Rolle im Krieg in Bosnien-Herzegowina im Jahr 1993 suspendiert worden war.

2. Aufbau

Mit der Schaffung ständiger Büros und Einrichtungen im Zuge der 1990 eingeleiteten Institutionalisierung der KSZE ging der faktische Übergang des Konferenzprozesses in eine Organisation einher. Um die Schaffung einer großen, zentralisierten Bürokratie zu vermeiden, wurden alle OSZE-Büros mit einem Stab von nur drei bis vier Mitarbeiter/innen, die von ihren nationalen Verwaltungen unterstützt werden, sehr klein und mit Sitzen in Prag, Wien und Warschau dezentral angelegt.

Verhandlungs- und beschlussfassende Gremien

Das höchste Lenkungsgremium stellen die Gipfeltreffen der Staats- und Regierungschefs dar, die alle zwei Jahre stattfinden sollen und die grundlegenden Richtlinien vorgeben. Allerdings ist nach dem Gipfeltreffen im November 1999 in Istanbul für elf Jahre kein weiteres Treffen der Staats- und Regierungschefs der OSZE-Teilnehmerstaaten zustande gekommen. Diese tagten erst im Dezember 2010 wieder in Astana. Zuvor trafen sie sich 1996 in Lissabon, 1994 in Budapest, 1992 in Helsinki und 1990 in Paris.

Der Ministerrat ist das zentrale politische Beschlussfassungs- und Steuerungsorgan, das sich in der Regel jährlich gegen Ende der Amtszeit des Vorsitzes auf Außenministerebene trifft. Dem Ständigen Rat obliegt als regulärem politischen Konsultations- und Entscheidungsgremium die laufende operative Arbeit (KSZE: Budapest 1994, Abschnitt I). Neben wöchentlichen Zusammenkünften tritt er bei Bedarf in Notsituationen zusammen. Inzwischen stellt der Ständige Rat das wichtigste Forum für politische Debatten, Konsultationen und Entscheidungen dar. Die zentralen Aufgaben des Ständigen Rates umfassen präventive Diplomatie, die Einsetzung von Experten- und Berichterstattermissionen sowie den Beschluss über die Entsendung, das Mandat und die Verlängerung von Langzeitmissionen, außerdem deren politische und operative Unterstützung. Die Leiter/innen der Langzeitmissionen, der Hohe Kommissar für Nationale Minderheiten (HKNM) und andere OSZE-Funktionsträger/innen wie das Büro für demokratische Institutionen und Menschenrechte (BDIMR) erstatten dem Ständigen Rat regelmäßig Bericht.

Das Forum für Sicherheitskooperation (FSK) ist das zentrale Gremium für Rüstungskontrolle, vertrauens- und sicherheitsbildende Maßnahmen und Beschlussfassung. Die auf Konfliktverhütung bezogene Arbeit des Sekretariats, welche u.a. auch das FSK einschließt, macht im OSZE-Gesamthaushalt im Jahr 2009 anteilig rund 2,3% aus. Das Wirtschafts- und Umweltforum, das jährlich Vertreter der Regierungen, der Zivilgesellschaft, der Wirtschaft und anderer internationaler Organisationen zu gemeinsamen Wirtschafts- und Umweltfragen zusammenbringt, ist beratend und meinungsbildend tätig (1,2% des Haushalts 2009).

Operative Gremien

Der Vorsitz der OSZE rotiert jährlich zwischen den OSZE-Teilnehmerstaaten, die durch Entschluss des Ministerrates dazu ernannt werden, und wird durch den jeweiligen Außenminister wahrgenommen. Der Amtierende Vorsitzende ist für die Koordinierung und Durchführung sämtlicher Exekutivmaßnahmen verantwortlich und verfügt mit seiner Initiativrolle über einen Handlungsspielraum, der sich auch in der Möglichkeit dokumentiert, in bestimmten Konflikt- oder Krisensituationen einen Persönlichen Vertreter zu ernennen, der ihn bei seiner Tätigkeit unterstützt. Um eine Kontinuität der OSZE-Aktivitäten zu gewährleisten, wird der Amtierende Vorsitzende durch seinen Vorgänger und seinen Nachfolger unterstützt; gemeinsam bilden sie die OSZE-Troika.

Der Generalsekretär ist der Vertreter des Amtierenden Vorsitzenden. Jedoch hat man ihm kein dem Generalsekretär der → VN oder der → NATO vergleichbares Gewicht verliehen. Vielmehr ist er dem Amtierenden Vorsitzenden jederzeit verantwortlich und wird als „höchster administrativer Beamter der KSZE“ (KSZE: Stockholm 1992, Anhang 1) charakterisiert. Ihm untersteht ein Sekretariat mit Sitz in Wien und einem Büro in Prag (19,9% des Haushalts 2009), das den Rat und die Organisation operativ unterstützt und u.a. mit einem Konfliktverhütungszentrum (KVZ) und der Abteilung für Verwaltung und Operation ausgestattet ist (rund 2,7% des Haushalts 2009).

Die mit dem Pariser Gipfel 1990 geschaffene Parlamentarische Versammlung der OSZE in Kopenhagen soll den interparlamentarischen Dialog im OSZE-Gebiet befördern sowie u.a. die Umsetzung der OSZE-Ziele durch die Teilnehmerstaaten bewerten und die Stärkung und Konsolidierung demokratischer Institutionen in den Teilnehmerstaaten unterstützen.

Zu den wichtigsten operativen Gremien zählen das Büro für demokratische Institutionen und Menschenrechte (BDIMR) mit Sitz in Warschau (9,7% des Haushalts 2009), das vor allem für Wahlbeobachtungsberichte und Projekte zur Demokratieentwicklung, Menschenrechten, Toleranz und Nichtdiskriminierung sowie Rechtsstaatlichkeit zuständig ist, sowie der Hohe Kommissar für Nationale Minderheiten (HKNM) mit Büro in Den Haag (2% des Haushalts 2009), dessen Aufgaben Frühwarnungen und gegebenenfalls „Frühmaßnahmen“ im Falle von Spannungen umfassen, die nationale Minderheiten, die Staatsbürger des Landes sind, in dem sie leben, betreffen und das Potenzial für Konflikte zwischen OSZE-Teilnehmerstaaten in sich bergen (KSZE: Helsinki 1992, Abschn. I). Der HKNM genießt ein hohes Maß an Unabhängigkeit und kann aus Eigeninitiative tätig werden. Weiterhin gehören zu den operativen Gremien der OSZE-Beauftragte für Medienfreiheit mit Sitz in Wien (rund 0,8% des Haushalts), dessen bisherige Amtsinhaber sich auch kritisch mit den Entwicklungen in Westeuropa auseinandergesetzt und den OSZE-Beauftragten so zu einer glaubwürdigen und überparteilichen Instanz entwickelt haben (Duve 2004: 507).

Eine besondere Rolle für die Arbeit der OSZE im Bereich Sicherheit und Entwicklung spielen ihre Feldoperationen. Ihre Genese spiegelt die Verschiebung der OSZE-Tätigkeiten hin zu längerfristigen Aktivitäten und zu Aufgaben im Rahmen der „Menschlichen Dimension" der OSZE wider. Letztere ergibt sich aus dem humanitären bzw. menschenrechtlichen Korb der Schlussakte von Helsinki. Sie umfasst neben Menschenrechten auch Fragen von Demokratie und Rechtsstaatlichkeit sowie Grundfreiheiten. 1991 wurde das Instrument der Experten- und Beobachtermissionen für die Menschliche Dimension eingeführt. Seit 1992 ist der Ständige Rat bevollmächtigt, Berichterstatter- und Erkundungsmissionen zur politischen Krisenbewältigung zu entsenden (KSZE: Helsinki, Abschnitt III). Im Vorgriff auf diese Entscheidung wurde bereits im Mai 1992 das KVZ beauftragt, eine Erkundungsmission über die militärische Situation im Kosovo zu organisieren, die in ihrem Bericht zwar von keiner unmittelbaren Gefahr berichtete, das Risiko eines bewaffneten Konflikts jedoch auch nicht ausschließen konnte. Daher wurde erstmals die Entsendung dreier miteinander verbundener Missionen langer Dauer in den Kosovo, den Sandschak und die Woiwodina beschlossen.

Die Langzeitmissionen der OSZE haben sich seither zu einer eigenständigen und zentralen Institution für Krisenprävention und die Förderung von Demokratie, Rechtsstaatlichkeit und Menschenrechten entwickelt und stellen wegen ihrer sehr spezifischen Mandate und der situationsabhängigen personellen Zusammensetzung und Arbeitsweise das wohl flexibelste Instrument der OSZE dar. Durch ihre regelmäßige Berichterstattung sind sie für den Ständigen Rat eine unverzichtbare Informationsquelle über die politischen Entwicklungen im Land. Ihre längerfristige Präsenz vor Ort soll eine Hemmschwelle gegen einen gewalttätigen Konfliktaustrag bilden. Langzeitmissionen sind für eine Mindestdauer von sechs Monaten vor Ort ausgelegt und beruhen auf einem detailliert ausgehandelten Mandat zwischen dem Gastgeberland und der OSZE. Im Einsatzland genießen die Langzeitmissionen ein hohes Maß an Autonomie; ihre Ausgestaltung hängt stark von der jeweiligen Leitung ab. Im OSZE-Haushalt 2009 beanspruchen sie mit 68% der Ausgaben den größten Posten. Allerdings lag der Anteil am Gesamthaushalt in der Vergangenheit deutlich höher (z.B. 82% in 2002, zuvor sogar bis über 87%). Während die Breite der Mandate eine flexible inhaltliche Anpassung der Aktivitäten ermöglicht, erschwert die meist geringe Personalausstattung eine vollständige Erfüllung des Mandats massiv.

Derzeit (Stand: September 2011) beschäftigt die OSZE etwa 450 Mitarbeiter/innen innerhalb ihrer Institutionen und etwa 3.000 in ihren Feldoperationen. Die lokal unter Vertrag genommenen Mitarbeiter/innen stehen mit den internationalen entsandten Fachkräften etwa im Verhältnis fünf zu eins. Letztere werden von ihren nationalen Regierungen finanziert.

3. Wandel, Reform und Bedeutung in der globalen Politik

Die KSZE samt Folgekonferenzen hat im Kontext des Ost-West-Konflikts ein umfassendes Regelwerk für die Beziehungen der 35 Teilnehmerstaaten – einen Verhaltenskodex mit hoher politischer Bedeutung und moralischem Rang – geschaffen. Zwar kam es zunächst trotz der formalen Gleichwertigkeit der Prinzipien von Helsinki hinsichtlich ihrer Interpretation immer wieder zu Kontroversen zwischen den Gegnern im Ost-West-Konflikt, die sich gegenseitig der Missachtung der Prinzipien beschuldigten, doch der Konferenzprozess hatte sich bis zum Ende des Kalten Krieges zu einem nahezu kontinuierlichen Meinungsaustausch zwischen den Blöcken entwickelt. Der KSZE-Prozess hat in den Augen mancher Autor/innen nicht nur zur „Zähmung“ des Ost-West-Konflikts beigetragen, sondern auch zu dessen „Auflösung“ (Bredow 1992: 163).

Die KSZE war während des Kalten Krieges auf die Entwicklung und Vereinbarung von vertrauens- und sicherheitsbildenden Maßnahmen fokussiert bzw. beschränkt. Die in Helsinki 1975 gelegten normativen Grundlagen wurden in Paris und Kopenhagen 1990 und in Moskau 1991 bekräftigt und erweitert, indem die OSZE zur Unterstützung demokratischer Transformation in ihren Teilnehmerstaaten ermächtigt sowie mit der Einrichtung ständiger Institutionen und des Aufbaus operativer Fähigkeiten betraut wurde. Damit bewies die KSZE/OSZE einerseits Wandlungs- und Anpassungsfähigkeit; gleichzeitig bot dies später aber auch Anlass zur Kritik.

Trotz ihres großen Potenzials, nach dem Kalten Krieg einen der Hauptakteure der europäischen Sicherheit darzustellen, hat die OSZE im ersten Jahrzehnt des 21. Jahrhunderts im Rahmen der europäischen Sicherheitsarchitektur zunehmend an Bedeutung verloren. Seither zeichnet sich eine Krise ihrer Rolle ab. Die westlichen Staaten konzentrierten sich zunehmend auf die → und die NATO.

Organisationsinterne Herausforderungen

Der Bedeutungsverlust der OSZE drückt sich in einem Rückgang der politischen Sichtbarkeit, der Ressourcen, des Konsenses unter den Teilnehmerstaaten und der Feldaktivitäten der OSZE aus (Hopmann 2008: 76). Zwischen 1999 (Istanbul) und 2010 (Astana) fand kein OSZE-Gipfeltreffen statt. Zuvor waren die Staats- und Regierungschefs der OSZE-Teilnehmerstaaten regelmäßig alle zwei Jahre zusammengekommen und hatten Dokumente verabschiedet, die den *acquis* der Organisation ergänzten. 2002 wurde in Portugal die bis 2009 letzte Konsenserklärung des jährlich tagenden Ministerrates verabschiedet; zwischenzeitlich war diese kollektive Sichtweise durch eine Erklärung des Amtierenden Vorsitzes ersetzt worden. Das Budget ist von € 212 Mio. für das Jahr 2000 auf € 150 Mio. für das Jahr 2010, d.h. innerhalb einer Dekade um etwa 30% geschrumpft. Ein Grund hierfür ist darin zu sehen, dass Missionen, die einen erheblichen Anteil am Budget haben, von den Gastgeberländern zunehmend als Stigma verstanden werden.

Zu den wichtigsten Kritikpunkten gehören die fehlende Ausgewogenheit von OSZE-Aktivitäten, etwa die geographisch einseitige Verteilung der Feldmissionen auf die östlichen Teilnehmerstaaten, während deren Personal sich zu einem Großteil aus westlichen Ländern zusammensetzt, oder die von einigen Teilnehmerstaaten – darunter Russland (siehe unten) – wahrgenommene Überbetonung der „Menschlichen Dimension“. Der normative Konsens von 1990/91 und die Unterstützung für die zur Umsetzung dieser Normen der Menschlichen Dimension geschaffenen Institutionen erodiert seit 2000. In einigen Teilnehmerstaaten hat sich die enthusiastische Befürwortung liberaler und demokratischer Prinzipien in eine Wiederbelebung der Nichteinmischung in innere Angelegenheiten verkehrt. Die Kritik der zentralasiatischen Staaten und insbesondere Russlands, das sich vom starken Advokaten und Befürworter der OSZE zu einem kritischen Teilnehmerstaat gewandelt hat, richtete sich vor allem gegen die OSZE-Wahlbeobachtung und die Praxis der Demokratieförderung. Gefordert wurden Reformen oder sogar die Auflösung der OSZE.

Vor diesem Hintergrund beschloss der Ministerrat im Dezember 2004 die Einrichtung eines Weisenrates. Dieser legte im Juni 2005 seinen Schlussbericht und seine Empfehlungen „Zur Stärkung der Effektivität der OSZE“ vor (Panel-of-Eminent-Persons 2005). Zwar umfasste das Mandat des Weisenrates auch die Suche einer „strategischen Vision“ für die OSZE im 21. Jahrhundert, doch waren die Teilnehmerstaaten offenbar nicht – wie vom Weisenrat gefordert – bereit, politisch sensiblere Fragestellungen zu bearbeiten und aufzuzeigen, wie die Beziehungen zwischen ihnen verbessert werden und auf welche Bereiche die OSZE sich zukünftig fokussieren sollte. Während die Effektivität operativer Verfahren und Konsultationsprozesse durch die Einführung dreier Ausschüsse im Ständigen Rat, die Stärkung der Rolle des Generalsekretärs, die Annahme einer Geschäftsordnung sowie verschiedener Veränderungen der Personal- und Budgetverwaltung durchaus verbessert wurde, blieben die angestoßenen Reforminitiativen mager und der politische Dissens bestehen. So verfügt die OSZE weiterhin nicht über eine internationale Rechtspersönlichkeit. Die politische Relevanz der OSZE – sowohl im politisch-militärischen Bereich als auch in der menschlichen Dimension, in der kein Konsens mehr über die Bedeutung von Demokratie und Menschenrechten für das praktische Verhalten der Staaten besteht – steht nach wie vor auf dem Spiel. Daher wurde im Juni 2009 in Athen unter griechischem Vorsitz der so genannte Korfu-Prozess in Anerkennung des Kooperationsbedarfs und der Defizite in der europäischen Sicherheitsarchitektur initiiert. Dieser Prozess informeller Außenministertreffen, der sich der Bedeutung der OSZE als Sicherheitsorganisation widmet, wurde auf dem OSZE-Gipfel im Dezember 2010 mit einer politischen Erklärung der Staats- und Regierungschefs bestätigt, die erst nach langem Ringen zustande gekommen war. Trotz der weiterhin bestehenden Uneinigkeit über die Gewichtung und Interpretation der OSZE-Prinzipien bekräftigten die Teilnehmerstaaten, dass die Krise der OSZE nur auf Basis aller drei Dimensionen zu überwinden sei.

Externe Herausforderungen

Obwohl die andauernde Krise der OSZE über eine reine Anpassungskrise hinausgeht, spielen durchaus auch Veränderungen im internationalen Umfeld eine Rolle. So haben sich die Interessen der beiden ehemaligen Supermächte unter den Präsidenten George W. Bush und Wladimir Putin von der OSZE weg entwickelt. Auf beiden Seiten ist unilaterales Denken wieder aufgelebt. Überdies zeichneten sich Spannungen über US-Pläne zur Errichtung eines Raketenabwehrsystems in Polen und der Tschechischen Republik sowie das US-amerikanische Engagement für eine NATO-Erweiterung unter Einbezug der Ukraine und Georgiens ab, die Russland als Eingriff in seine Einflusssphäre sieht. Die EU hat sich – möglicherweise auch wegen dieser Entwicklungen – im Rahmen ihrer Gemeinsamen Außen- und Sicherheitspolitik zunehmend Aktivitäten der europäischen Sicherheit angenommen, die zuvor als Aufgaben der OSZE galten, nämlich Krisenprävention, Wiederaufbau nach Gewaltkonflikten und Wahlbeobachtung. Vertrauensbildende Maßnahmen als eines der Herzstücke der OSZE-Aktivitäten werden angesichts erhöhter Transparenz und der Abwesenheit zwischenstaatlicher Gewaltkonflikte im OSZE-Gebiet (bis 2008) vielfach als überholt erachtet. Und im Hinblick auf neuere Herausforderungen wie dem internationalen Terrorismus oder grenzüberschreitendem Menschenhandel wurden anderen Institutionen als der OSZE größere Kompetenzen zugeschrieben. Darüber hinaus wurde nach der letzten EU-Erweiterung auch die Entscheidungsfindung innerhalb der OSZE als politischer Plattform ausgehöhlt und minimiert, da die EU-Mitgliedsstaaten bereits vor den OSZE-Beratungen einen Kompromiss im Rahmen ihrer kleineren, homogeneren Institution suchten. Vor diesem Hintergrund stellten einige Beobachter sich die Frage, ob die OSZE nicht obsolet geworden ist.

Der August-Krieg zwischen Georgien und Russland 2008 stellte allerdings einen Wendepunkt sowohl für Europa als auch für die breitere internationale Gemeinschaft dar. Die Kämpfe brachen trotz der Präsenz der OSZE-Langzeitmission in Georgien aus und verdeutlichten die Schwächen der OSZE. Weder Georgien noch Russland konsultierten die Gremien der OSZE vor und während der gewaltsamen Konfliktaustragung. Den nach dem Waffenstillstand zusätzlich zu den EU-Beobachtern entsandten OSZE-Beobachtern versagte Russland den wichtigen Zugang zu den umstrittenen Regionen. Des Weiteren verhinderte Russland mit seinem Veto eine Mandatsverlängerung der OSZE-Langzeitmission in Georgien, weshalb diese Ende 2008 geschlossen und Anfang 2009 abgewickelt wurde.

Während sich hierin einerseits die „Verletzlichkeit" der OSZE zeigte, wurde auch deutlich, dass die OSZE-Region entgegen den bis 2008 vorherrschenden Annahmen noch nicht vollständig stabilisiert ist und vermeintlich „eingefrorene Konflikte" schnell entflammt werden können. Im Gegensatz zu EU und NATO, die ein erhebliches Spannungspotenzial gegenüber Russland bergen, hat die OSZE angesichts ihrer umfangreichen Felderfahrung und ihrem aus der breiten Teilnehmerschaft und dem Konsensprinzip resultierenden hohen Maß an Legitimität nach wie vor ein großes Potenzial als Sicherheitsorganisation mit breitem Ansatz. Hierfür ist jedoch eine Wiederbelebung des Normenkerns der OSZE dringend erforderlich. Mit dem Bericht des Weisenrats 2005, dem 2009 begonnenen Korfu-Prozess und der Gipfelerklärung von Astana 2010 wurden erste Versuche in dieser Richtung unternommen.

4. Stand der Forschung

Neben der historischen und völkerrechtlichen, ist die politikwissenschaftliche Literatur zur OSZE insgesamt wenig theoretisch eingebettet. Sie findet sich überwiegend in den Feldern der Sicherheits- sowie der Friedens- und Konfliktforschung, aber auch in den Internationalen Beziehungen und der Regionalforschung. Insbesondere die Arbeiten zur OSZE-„Vorgängerin", der Konferenz über Sicherheit und Zusammenarbeit in Europa (KSZE), befassten sich über Jahrzehnte mit Fragestellungen in den Themen Abrüstung und Verhandlungstheorie im Kontext des Kalten Krieges und schließlich ihrer Rolle bei seiner Einhegung und Beendigung (Bredow 1992). Arbeiten zur OSZE behandelten thematisch vor allem ihren Beitrag zu Krisenfrühwarnung, Krisenprävention und Konfliktbearbeitung – oft in Gestalt von Analysen einzelner Langzeitmissionen (Ghebali 2004; Reeve 2006) oder einzelner Institutionen wie dem Hohen Kommissar für Nationale Minderheiten (Estébanez 1997; Timmerman 1998). Jüngere Studien widmen sich neben der „Krise" und dem Reformbedarf der OSZE (Ghébali/Warner 2006) vermehrt auch vergleichenden Analysen sowie Fragen der Sozialisation, der Demokratieförderung und der Wirkung (Richter 2009).

Literatur

Wichtige Primärquellen:

Schlussakte der Konferenz über Sicherheit und Zusammenarbeit in Europa, Helsinki, 01. August 1975.

Dokument des Kopenhagener Treffens der Konferenz über die Menschliche Dimension der KSZE, Kopenhagen, 29. Juni 1990.

Charta von Paris für ein neues Europa, Paris, 21. November 1990.

Dokument des Moskauer Treffens der Konferenz über die Menschliche Dimension der KSZE, Moskau, 04. Oktober 1991.

Helsinki-Dokument 1992, Herausforderung des Wandels, Helsinki, 10.07.1992.

Handbook of the Organization for Security and Co-operation in Europe (OSCE) 1975-2000, Vienna, 2000.

Basislektüre zur OSZE:

Bredow, Wilfried von 1992: Der KSZE-Prozess – Von der Zähmung zur Auflösung des Ost-West-Konflikts. Darmstadt: Wissenschaftliche Buchgesellschaft.

Duve, Freimut 2004: Sechs Jahre OSZE-Beauftragter für Medienfreiheit, in: ISFH (Hg.): Eine Bilanz OSZE Jahrbuch 2004. Baden-Baden: Nomos, S. 501-508.

Estébanez, María Amor Martín 1997: The High Commissioner on National Minorities: Development of the Mandate, in: Bothe, Michael/Natalino Ronzitti/Allan Rosas (Hg.): The OSCE in the Maintenance of Peace and Security. The Hague: Kluwer Law International, S. 123-166.

Evers, Frank/Martin Kahl/Wolfgang Zellner 2005: The Culture of Dialogue - The OSCE Acquis 30 Years after Helsinki. Hamburg: Centre for OSCE Research (CORE).

Ghebali, Victor-Yves 2004: The OSCE Mission to Georgia (1992-2004): The failing art of half-hearted measures, in: Helsinki Monitor 3, S. 280-292.

IFSH (Hg.): OSZE-Jahrbücher, verschiedene Jahrgänge seit 1995. Baden-Baden: Nomos.

Meyer, Berthold 1998: In der Endlosschleife? Frankfurt am Main: Hessische Stiftung Friedens- und Konfliktforschung.

Reeve, Joy 2006: The OSCE Mission to Georgia, in: IFSH (Hg.): OSCE Yearbook 2005. Baden-Baden: Nomos, S. 155-161.

Schlotter, Peter/Norbert Ropers/Berthold Meyer 1994: Die neue KSZE. Zukunftsperspektiven einer regionalen Friedensstrategie. Opladen: Leske und Budrich.

Timmerman, Frans 1998: The OSCE´s Role in Conflict Prevention: The Case of the High Commissionar on National Minorities, in: Baier-Allen, Susanne (Hg.): Synergy in Conflict Management. Baden-Baden: Nomos, S. 191-202.

Tudyka, Kurt 1997: Das OSZE-Handbuch. Opladen: Leske und Budrich.

Aktuelle Beiträge:

Evers, Frank 2011: Appropriate Ways of Developing OSCE Field Activities. CORE Working Paper 22. Hamburg: Centre for OSCE Research (CORE).

Ghébali, Victor-Yves/Daniel Warner 2006: The Reform of the OSCE 15 Years After the Charter of Paris for a New Europe: Problems, Challenges and Risks. Geneva: PSIO.

Hopmann, P. Terrence 2008: The Future Impact of the OSCE: Business as Usual or Revitalization?, in: IFSH (Hg.): OSCE Yearbook 2008. Baden-Baden: Nomos, S. 75-90.

Jawad, Pamela 2008: Conflict Resolution through Democracy Promotion? The Role of the OSCE in Georgia, in: Democratization, 15:3, S. 611-629.

Richter, Solveig 2009: Zur Effektivität externer Demokratisierung – Die OSZE in Südosteuropa als Partner, Mahner, Besserwisser? Baden-Baden: Nomos.

Richter, Solveig/Andrea Schmitz 2010: Sicherheitsdialog oder Talkshop? Der Korfu-Prozess der OSZE unter kasachischem Vorsitz. SWP-Aktuell 15. Berlin: Stiftung Wissenschaft und Politik (SWP).

SAARC

Christian Wagner[*]

Vollständige Bezeichnung:

Südasiatische Vereinigung für Regionale Kooperation (*South Asian Association for Regional Cooperation*, SAARC)

1. Entstehung, Ziele und Aufgaben

In der Region Südasien leben gegenwärtig mit ca. 1,4 Mrd. Menschen rund 23% der Weltbevölkerung, deren Anteil am globalen Bruttosozialprodukt (BSP) aber nur 2,3% beträgt. Neben den sozioökonomischen Problemen ist Südasien auch eine der größten Krisenregionen. Klassische Territorialkonflikte wie Kaschmir, neue sicherheitspolitische Bedrohungen wie Terrorismus und nukleare Proliferation oder die wachsende Zahl von Umweltflüchtlingen lassen die Region als chronisch instabil erscheinen. Im *Global Peace Index* 2010 befinden sich Indien, Pakistan, Afghanistan und Sri Lanka im letzten Fünftel des Rankings und zählen damit zu den unfriedlichsten Staaten der Welt. Zudem ist Südasien trotz der beeindruckenden Wachstumserfolge Indiens in den letzten Jahren die Region mit der geringsten wirtschaftlichen Integration.

Die SAARC wurde mit dem ersten Gipfeltreffen der Staats- und Regierungschefs von Bangladesch, Bhutan, Indien, Malediven, Nepal, Pakistan und Sri Lanka am 8. Dezember 1985 in Dhaka gegründet. Die Organisation war von Beginn an durch eine große Asymmetrie und Heterogenität ihrer Mitgliedsstaaten gekennzeichnet. Die Einwohnerzahl der Indischen Union liegt mit über einer Milliarde Menschen um das Dreifache über der aller Nachbarstaaten. Indien umfasst 72% der Gesamtfläche Südasiens und hat einen Anteil von über 75% am gesamten BSP der Region.

Der heterogene Charakter der SAARC zeigte sich 1985 in der unterschiedlichen innen-, außen-, sicherheits- und wirtschaftspolitischen Ausrichtung der Mitgliedsstaaten. Indien und Sri Lanka zählen zu den ältesten Demokratien in Asien, während die anderen Mitgliedsstaa-

---

[*] Ich danke Yann Weber für die Mitarbeit an diesem Beitrag.

ten Mitte der 1980er Jahre verschiedene autoritäre Regime hatten. Indien verstand sich als säkularer Staat, wohingegen der Islam in Pakistan und Bangladesch die Staatsreligion war. Nepal war der einzige Hindu-Staat und Sri Lanka hatte dem Buddhismus einen besonderen Rang in der Verfassung eingeräumt. Wirtschaftspolitisch gab es ebenfalls kaum Gemeinsamkeiten. Indien hielt Mitte der 1980er Jahre noch an seinem weitgehend staatlich regulierten gemischten Wirtschaftssystem fest. Bangladesch, Nepal, Pakistan und Sri Lanka hatten bereits markt- und exportorientierte Reformen in der Wirtschaftspolitik eingeleitet. Außenpolitisch hatten die bilateralen Konflikte in der Region divergierende Sicherheitsinteressen und Allianzen zur Folge gehabt. Indien und Pakistan stritten seit 1947 über die Zugehörigkeit Kaschmirs und hatten bereits drei Kriege gegeneinander geführt. Pakistan hatte 1985 enge Beziehungen zu den USA und China. Indien verfügte hingegen über sehr gute wirtschaftliche und politische Verbindungen zur Sowjetunion. Aufgrund ihrer Schwäche gegenüber dem übermächtigen Nachbarn Indien versuchten die kleineren Staaten, ihre Konflikte mit Indien zu internationalisieren, d.h. sie suchten die Unterstützung anderer Großmächte.

Die Asymmetrie und Heterogenität werfen die Frage auf, warum die SAARC überhaupt zu diesem Zeitpunkt gegründet werden konnte. Seit ihrer Dekolonisierung hatten die Staaten der Region zwar eine Reihe gemeinsamer Entwicklungsprobleme geteilt. Die bilateralen Probleme hatten jedoch eine weitergehende Zusammenarbeit bis in die 1980er Jahre verhindert. Die ersten Vorschläge für eine regionale Organisation in Südasien wurden Ende der 1970er Jahre von Bangladeschs Staatschef Zia-ur Rahman entwickelt. Die Regierung in Neu-Delhi fürchtete, dass sich die kleineren Nachbarstaaten in einer solchen Organisation gegen Indien zusammenschließen könnten, wollte aber auch nicht als Blockierer gelten. Die Regierung in Islamabad hingegen befürchtete, dass eine solche Einrichtung von Indien dominiert und sich damit gegen Pakistan richten würde. Ab 1981 fanden Gespräche auf Außenministerebene statt. In der Delhi-Deklaration 1983 legten die Außenminister der beteiligten Staaten die wichtigsten Prinzipien der künftigen regionalen Zusammenarbeit fest. Es wurde die Einstimmigkeit von Entscheidungen und die Ausklammerung von strittigen bilateralen Themen wie der Kaschmirkonflikt vereinbart, so dass sich sowohl Indien als auch Pakistan trotz ihrer gegenseitigen Vorbehalte an der neuen Organisation beteiligten.

Die internationalen Veränderungen, die mit dem Ende des Ost-West-Konflikts und dem Zerfall der Sowjetunion einhergingen, machten sich auch in Südasien bemerkbar und bewirkten eine teilweise Verringerung der Heterogenität. Nach dem Übergang zur Demokratie in Pakistan (1988), Nepal und Bangladesch (1990/1991) etablierten sich in den größten Staaten zumindest formal demokratische Regime. Mit der Liberalisierung in Indien nach 1991 hatten fast alle Regierungen eine Wirtschaftspolitik eingeleitet, die auf marktwirtschaftliche Reformen und Weltmarktintegration abzielte. Die SAARC-Staaten verfügten somit seit Anfang der 1990er Jahre über mehr politische und wirtschaftliche Gemeinsamkeiten als bei ihrer Gründung. Dies wirkte sich besonders beim Ausbau der wirtschaftlichen Zusammenarbeit in den 1990er Jahren positiv aus.

Auf Vorschlag Indiens wurde Afghanistan bei dem Gipfeltreffen in Delhi 2007 als achtes Mitglied aufgenommen. Darüber hinaus ist in den letzten Jahren die Zahl der Staaten mit Beobachterstatus bei der SAARC deutlich angestiegen. Seit 2006 wurden Australien, China, die Europäische Union (→ EU), Iran, Japan, Mauritius, Myanmar, Südkorea und die USA als

Beobachter bei der SAARC zugelassen. Daneben hat die SAARC auch die Zusammenarbeit mit einer Reihe nationaler und internationaler Entwicklungsorganisationen wie → UNDP begonnen.

Ziele und Aufgaben der SAARC

Angesichts der Spannungen in der Region wurden die Ziele der SAARC bewusst allgemein formuliert. Die wichtigsten Ziele der SAARC Charta sind erstens die Verbesserung der sozi-oökonomischen Entwicklung in den Mitgliedsstaaten. Zweitens soll die wirtschaftliche Zusammenarbeit in der Region verbessert werden, drittens das gegenseitige Vertrauen zwischen Staaten erhöht und viertens die Zusammenarbeit mit anderen Regionalorganisationen vorangetrieben werden.

Bereits 1983 verständigten sich die Außenminister auf neun Kooperationsfelder, die zunächst im *Integrated Programme of Action* (IPA) zusammengefasst wurden. Dazu zählten u.a. Landwirtschaft und ländliche Entwicklung, Meteorologie, Gesundheit, Transport, Post, Wissenschaft und Technologie sowie Sport, Kunst und Kultur. Seitdem hat sich eine Reihe von Veränderungen ergeben. Mittlerweile gibt es 16 Kooperationsfelder, darunter auch Bereiche wie Biotechnologie, Umwelt und Armutsbekämpfung. Trotz zahlreicher Ankündigungen gibt es bislang kaum konkrete grenzüberschreitende Programme in diesen Bereichen. In den letzten Jahren sind insgesamt elf Regionalzentren für gemeinsame Aufgaben eingerichtet worden, darunter ein landwirtschaftliches Zentrum in Dhaka, ein Tuberkulosezentrum in Katmandu, ein Energiezentrum in Islamabad und ein Forstzentrum in Bhutan. 2007 wurde die Einrichtung einer gemeinsamen südasiatischen Universität vereinbart, die ihren Sitz in Neu-Delhi haben soll. Der Lehrbetrieb soll 2011 aufgenommen werden.

Bereits 1987/88 verabschiedete die SAARC eine Konvention gegen den Terrorismus. Aufgrund der unterschiedlichen Definitionen von Terrorismus, die vor allem Indien und Pakistan im Hinblick auf die damalige Aufstandsbewegung in Kaschmir hatten, ergab sich daraus aber in der SAARC keine weitergehende Zusammenarbeit im Sicherheitsbereich.

2. Aufbau

Die Organisation der SAARC besteht aus vier Ebenen. Die Gipfeltreffen der Staats- und Regierungschefs bilden das höchste Entscheidungsgremium, das die allgemeinen Richtlinien der Kooperation festlegt. Ursprünglich sollten die Gipfeltreffen einmal im Jahr stattfinden, doch gab es in den 25 Jahren seit Gründung der SAARC nur 16 Gipfeltreffen. Verschiedene bilaterale Krisen zwischen Indien und seinen Nachbarstaaten haben wiederholt eine Aussetzung bzw. Verschiebung der Treffen zur Folge gehabt. Dies hat zwar den SAARC-Prozess beeinträchtigt, doch haben die Staaten an dem Mechanismus festgehalten.

Das zweithöchste und wichtigste politische Gremium ist der Rat der Außenminister (*Council of Ministers*). Die Außenminister treffen sich zwei Mal im Jahr und sind für die Aushandlung und Konkretisierung der Richtlinien zuständig, die auf den Gipfeltreffen offiziell verabschiedet werden. Unterhalb des Außenministerrates befindet sich der ständige Ausschuss hoher Beamter (*Standing Committee*). Er ist für die Überwachung und Kontrolle der Kooperationsprogramme, die Koordination der themenübergreifenden Programme, Mobilisierung von regionalen und externen Ressourcen und die Identifikation von neuen Themenfeldern zuständig. Die vierte Ebene bilden die technischen Komitees, die für die verschiedenen Kooperationsfelder zuständig sind. Sie formulieren die Programme und bereiten Projekte in den verschiedenen Bereichen vor.

1987 wurde ein gemeinsames Sekretariat der SAARC in Katmandu eingerichtet. Das Sekretariat wird von einem Generalsekretär geleitet, der alle drei Jahre vom Rat der Außenminister gewählt wird. Der Generalsekretär hat keine eigenständige Entscheidungsbefugnis. Das Sekretariat koordiniert und überwacht die Implementation von Aktivitäten, bereitet die Treffen der Mitgliedsstaaten vor und ist für die Kommunikation mit anderen Regionalorganisationen zuständig.

Neben der offiziellen zwischenstaatlichen Struktur haben sich in den letzten Jahren eine Vielzahl von Kommissionen (u.a. *Commission on Economic Cooperation,* CEC), Arbeitsgruppen (*Coalition for Action on South Asian Cooperation,* CASAC), regionalen Think Tanks (*Regional Centre for Strategic Studies,* RCSS), zwischenstaatlichen Vereinigungen (*Association of SAARC Speakers and Parliamentarians)* und transnationalen Gruppierungen (*SAARC Chamber of Commerce and Industry,* SCCI; SAARCFINANCE; *South Asia Free Media Association*, SAFMA) etabliert mit dem Ziel, die regionale Vernetzung in Wirtschaft, Politik, Medien und Wissenschaft weiter voranzutreiben.

3. Wandel, Reform und Bedeutung in der globalen Politik

Der Ausbau der wirtschaftlichen Zusammenarbeit war einer der wichtigsten Impulse für die SAARC. Trotz der gemeinsamen wirtschaftlichen und sozialen Probleme war aufgrund der politischen Spannungen kein nennenswerter regionaler Handel in Südasien entstanden. Der intraregionale Handel der SAARC Mitglieder lag in den 1980er Jahren bei lediglich zwei bis drei Prozent ihres Gesamthandels. Eine Ausnahme bildeten Bhutan und Nepal, die aufgrund ihrer geographischen Lage ihren Außenhandel über Indien abwickelten. Darüber hinaus gab es zahlreiche nicht-tarifäre Handelshindernisse, ausgeprägten Schmuggel und infrastrukturelle Probleme, die einer Ausweitung des Handels im Wege standen. Da Indien mit allen Staaten, außer Pakistan, eine positive Handelsbilanz hatte, befürchteten die kleineren Nachbarn einen ,ökonomischen Imperialismus' mit negativen Folgen für ihre wirtschaftliche Entwicklung. Neben den politischen Konflikten war die fehlende wirtschaftliche Komplementarität ein weiteres Hindernis für den Ausbau des Handels. Bei wichtigen Exportgütern wie Tee, Jute und Textilien waren die SAARC Staaten Konkurrenten auf dem Weltmarkt.

Vor allem Indien und Sri Lanka drängten auf den Ausbau der wirtschaftlichen Zusammenarbeit. 1991 richtete die SAARC die Kommission für Wirtschaftszusammenarbeit (*Commission on Economic Cooperation*, CEC) ein. Im April 1993 wurde das *SAARC Preferential Trade Arrangement* (SAPTA) unterzeichnet, das rechtzeitig zum zehnten Jahrestag der SAARC, im Dezember 1995 ratifiziert wurde. Zunächst wurden nur 220 Produkte vom Abbau der Zölle erfasst, jedoch konnte die Zahl in Verhandlungen 2002 auf ca. 5.000 Produkte gesteigert werden.

Um die wirtschaftliche Zusammenarbeit weiter zu forcieren, wurde beim 12. Gipfeltreffen in Islamabad 2004 die Einrichtung einer SAARC Freihandelszone (SAFTA) vereinbart, die 2006 in Kraft trat. Ziel ist es, die Zölle und Handelsschranken bis 2016 sukzessive abzubauen. Die am wenigsten entwickelten SAARC Staaten Bangladesch, Bhutan, Malediven und Nepal erhalten längere Übergangsfristen für die Umsetzung des Abkommens. Vor allem in Pakistan gab es Widerstände gegen die Ratifizierung des Abkommens, da Teile der Armee den Ausbau der wirtschaftlichen Beziehungen und die damit verbundene Annäherung an Indien ablehnten. SAFTA konzentriert sich aber nur auf den Handel mit Waren und nicht mit Dienstleistungen, obwohl diese mittlerweile den größten Bereich des regionalen BSP ausmachen. Auch die Frage der Auslandsinvestitionen innerhalb der Region ist bislang noch nicht endgültig geregelt. Vor allem in Indien und Pakistan gibt es sicherheitspolitische Bedenken gegen Investitionen aus dem Nachbarstaat.

Die verschiedenen Regionalfonds zur Finanzierung wurden 2006 in den SAARC *Development Fund* (SDF) umgewandelt, der zunächst einen Umfang von US$ 300 Millionen hatte. Indien steuerte hierzu 100 Millionen bei, Pakistan stellte US$ 70 Millionen zur Verfügung. Die restlichen 130 Millionen sollen von den sechs übrigen Mitgliedern aufgebracht werden. Der SDF hat die drei Schwerpunkte Entwicklung, Humanressourcen und Infrastruktur. Bislang gibt es aber noch keine konkreten Projekte in diesem Bereich. Daneben gibt es noch einen SAARC *Japan Special Fund*, mit dem Japan eine Reihe von Aktivitäten finanziert.

Ein weiteres Schlagwort in der Debatte über die Ausweitung der regionalen Zusammenarbeit in Südasien ist eine verbesserte Konnektivität. Die grenzübergreifende Infrastruktur ist weiterhin schlecht. So gibt es zwischen den beiden größten Volkswirtschaften Indien und Pakistan nur einen Grenzübergang. Vereinbarungen, die auf SAARC Ebene getroffen wurden, wie beispielsweise die Vereinfachung der Visumspflicht für bestimmte Gruppen, wurden auf nationaler Ebene nicht umgesetzt. Die bürokratischen Prozeduren für den regionalen Handel sind umständlich. Die Abfertigung von Waren im Grenzhandel zwischen Indien und Bangladesch kann z.T. über eine Woche dauern. Zudem gibt es bislang keine regelmäßigen Flugverbindungen zwischen den Hauptstädten der Region. 1998 wurden die Einrichtung einer südasiatischen Zollunion für 2015 sowie die Schaffung einer Wirtschaftsunion (*South Asia Economic Union*) bis 2020 vereinbart. Aufgrund der Verzögerungen, die sich bei der schleppenden Umsetzung der Freihandelszone ergaben, dürfte die Realisierung dieser anspruchsvolleren Projekte aber noch deutlich länger brauchen.

Politische Zusammenarbeit

Obwohl die Charta explizit strittige Themen ausklammert, hat sich die SAARC auch als Gesprächsplattform für die politische Kooperation etabliert. Die bis 2010 insgesamt 16 Gipfeltreffen boten den Staats- und Regierungschefs immer wieder Möglichkeiten für informelle Begegnungen, bei denen bilaterale Probleme auf höchster politischer Ebene erörtert werden konnten. So brachte der SAARC-Gipfel 1988 in Islamabad das erste Zusammentreffen zwischen dem indischen Premierminister Rajiv Gandhi und der neuen pakistanischen Premierministerin Benazir Bhutto, dem mehr Aufmerksamkeit zuteil wurde als dem offiziellen Programm. Eine Folge dieser Gespräche war die Unterzeichnung einer Nichtangriffsvereinbarung der nuklearen Einrichtungen im Kriegsfall. Bei den Gipfeltreffen in Malé 1990 kam es zum ersten Zusammentreffen der neuen Regierungschefs Chandra Shekhar (Indien) und Nawaz Sharif (Pakistan), beim Gipfeltreffen in Colombo 1991 wurden intensive Gespräche zwischen Indien und Pakistan über die Lage in Kaschmir geführt. Das Gipfeltreffen in Malé 1997 ermöglichte die erste Begegnung der neu ins Amt gewählten Premierminister Indiens und Pakistans, I.K. Gujral und Nawaz Sharif. Der SAARC Gipfel 2010 in Bhutan wurde von Indien und Pakistan für bilaterale Gespräche genutzt, um die erneute Annäherung nach dem Anschlag von Mumbai 2008 wieder zu forcieren. Desweiteren trafen sich der indische Premierminister und der srilankische Präsident zu Gesprächen über die Tamilenfrage nach dem Ende des Bürgerkriegs in Sri Lanka.

In der Abschlusserklärung des SAARC-Gipfels 1997 wurde erstmals die Bedeutung vertrauensbildender Maßnahmen und informeller politischer Konsultationen für die gut nachbarschaftlichen Beziehungen in der Region anerkannt. Pakistan und die kleineren Staaten haben wiederholt versucht, die Konflikte zwischen den Mitgliedsstaaten wie die Kaschmirfrage oder den Tamilenkonflikt in Sri Lanka in die SAARC miteinzubeziehen, was jedoch am Widerstand Indiens scheiterte.

Trotz der bilateralen Konflikte zwischen den Mitgliedsstaaten hat sich die SAARC zu einem regionalen Forum für die Staats- und Regierungschefs entwickelt, das jenseits der innenpolitischen Sachzwänge einen direkten Austausch ermöglicht. Die politische Kooperation im Sinne bilateraler Konflikte ist zwar von der Charta ausgenommen, doch findet der Aufbau von gegenseitigem Vertrauen (*mutual trust*) explizit Erwähnung in der Charta. Obwohl die SAARC bislang keine nachhaltigen wirtschaftlichen Erfolge aufweisen kann, erfüllt sie als Gesprächsforum eine wichtige Funktion in der Region.

Reform und Bedeutung

25 Jahre nach der Gründung der SAARC sind die wirtschaftlichen Erfolge nur bescheiden. Im globalen Kontext spielt die SAARC keine Rolle. Selbst innerhalb Asiens gilt die SAARC nicht als effektive Organisation. Es wird vielfach kritisiert, dass die SAARC zwar zahllose Berichte, aber keine Ergebnisse produziert. Mittlerweile gibt es über zweihundert SAARC relevante Treffen im Jahr, aber der messbare Erfolg der Organisation ist bislang gering. Der intraregionale Handel ist in den letzten Jahren zwar gewachsen, liegt aber dennoch nur bei knapp 5%. Dabei ist unklar, ob dieser Anstieg auf die Regelungen der SAARC oder auf die bilateralen Initiativen Indiens zurückzuführen ist, den Handel mit den Nachbarn zu erhöhen.

Obwohl ökonomisch kein Erfolgsmodell, hat die SAARC in den letzten Jahren in zwei Aspekten an Bedeutung gewonnen. Erstens sind die informellen Beratungen am Rand der Gipfeltreffen in einer krisengeplagten Region wie Südasien ein wichtiges vertrauensbildendes Element. Zweitens haben sich nicht nur die zwischenstaatlichen Verbindungen, sondern auch die gesellschaftlichen Netzwerke zwischen Wirtschaft, Medien und Wissenschaft verbessert. Das alles findet zwar immer noch auf einem niedrigen Niveau statt, hilft aber dennoch, die jahrzehntelang gepflegten Feindbilder abzubauen. In einer krisengeplagten Region wie Südasien ist dies bereits als ein beachtlicher Erfolg zu bewerten.

4. Stand der Forschung

Die theoretische Einbettung der SAARC erfolgt im Wesentlichen im Kontext der Diskussionen über den „offenen" bzw. „weichen" Regionalismus, der für viele Regionalorganisationen in Asien kennzeichnend ist (Palmer 1991; Rüland 2002). In den 1990er Jahren hatten sich eine Reihe von Arbeiten die SAARC aus funktionalistischer bzw. integrationspolitischer Perspektive analysiert. Ausgangspunkt waren Überlegungen, inwieweit die europäischen Erfahrungen für die Entwicklung der SAARC nutzbar gemacht werden könnten (Bhargava/Hussain 1994). Eine Reihe von Studien haben die Entwicklung der SAARC mit anderen Regionalorganisationen verglichen, vor allem mit der → ASEAN in Südostasien (Dosch/Wagner 1999; Sridharan/Srinivasa-Raghavan 2007). Im Bereich klassischer IB-Theorien oder in der Außenpolitikanalyse spielt die SAARC bislang kaum eine Rolle. Der Stellenwert regionaler Kooperation im Kontext der indischen oder pakistanischen Außenpolitik oder (neo-)institutionalistisch ausgerichtete Arbeiten über die SAARC sind bislang kaum vorhanden (Mallick 1993; Chhibber 2009).

Literatur

Wichtige Primärquellen

SAARC (Charta und alle weiteren Dokumente) (http://www.saarc-sec.org/, Zugriff am 31.10.2010).

Basislektüre zu SAARC:

Bailes, Alyson J. K. 2007: Regionalism in South Asian Diplomacy. Policy Paper No. 15. Stockholm: Stockholm International Peace Research Institute.

Bhargava, Kant et al. (Hg.) 1995: Shaping South Asia's Future. Role of Regional Cooperation. New Delhi: Vikas.

Boquérat, Gilles/Indra Nath Mukherjee 1996: SAARC. Economic and Political Atlas. Pondicherry.

Dosch, Jörn/ Christian Wagner 1999: ASEAN und SAARC: Entwicklung und Perspektiven regionaler Zusammenarbeit in Asien. Hamburg: Abera.

Mallick, Ross 1993: Cooperation Among Antagonists: Regional Integration and Security in South Asia, in: Contemporary South Asia, 2:1, S. 33-45.

Mehrotra, L.L et al. (Hg.) 1995: SAARC 2000 and Beyond. Neu Delhi: Omega.

Palmer, Norman D. 1991: The New Regionalism in Asia and the Pacific. Massachusetts, Toronto: Lexington.

Rüland, Jürgen 2002: Dichte oder schlanke Institutionalisierung? Der neue Regionalismus im Zeichen von Globalisierung und Asienkrise, in: Zeitschrift für Internationale Beziehungen, 9:2, S. 175-208.

Sridharan, Kripa/Srinivasa-Raghavan T. C. A. 2007: Regional Cooperation in South Asia and Southeast Asia. Singapur: Institute of Southeast Asian Studies.

Wagner, Christian 1993: Regionale Kooperation in Südasien: Vorgeschichte und Bestandsaufnahme der SAARC (South Asian Association for Regional Cooperation), in: Außenpolitik, 44:2, S. 181-190.

Aktuelle Beiträge

Aggarwal, Aradhna 2008: Regional Economic Integration and FDI in South Asia: Prospects and Problems. Indian Council for Research on International Economic Relations, Working Paper No. 218, Neu Delhi.

Ahmed, Sadiq (Hg.) 2010: Promoting Economic Cooperation in South Asia: beyond SAFTA, Neu Delhi.

Chhibber, Bharti 2009: Political and Military Dimensions of Regional security : a study of ASEAN and SAARC, in: World Affairs 13:2, S. 18-38.

Kumar, Rajiv 2009: SAARC: Changing Realities, Opportunities and Challenges. Bonn: GTZ

Lall, K.B (Hg.) 1993: The European Community and SAARC. New Delhi.

Muni, S. D. 2010: SAARC at Twenty Five. Singapur: Institute of Southeast Asian Studies.

South Asia Centre for Policy Studies (SACEPS) 2008: Assessing and Reformulating SAARC Road Map. Kathmandu.

SADC

Henning Melber

Vollständige Bezeichnung:

Entwicklungsgemeinschaft des Südlichen Afrika (*Southern African Development Community*, SADC)

1. Entstehung, Ziele und Aufgaben

Die SADC lässt sich entstehungsgeschichtlich als „Anti-Koalition" gegen die südafrikanische Destabilisierungsstrategie verstehen. Sie formierte sich nach der Unabhängigkeit Simbabwes (1980) als Reaktion auf die südafrikanischen militärischen Aggressionsakte. Ihren Ursprung hatte sie in der Kooperation der unabhängigen Anrainerstaaten, die sich fortan auch als „Frontstaaten" (*frontline states*) formierten, obwohl sie mit den antikolonialen Bewegungen sympathisierten und sie unterstützen. Jedoch waren sie gleichzeitig strukturell wirtschaftlich eng vom Apartheidregime abhängig und mit diesem dadurch verflochten. Die mit dem Begriff der Apartheid verbundene institutionalisierte Rassentrennung in Südafrika, die mit der Diskriminierung der „nicht-weißen" Bevölkerungsmehrheit einher ging, war durch eine Resolution von der Vollversammlung der Vereinten Nationen bereits zu Mitte der 1970er Jahre als Verbrechen gegen die Menschlichkeit verurteilt worden, ohne dass dies die Minderheitenherrschaft am Kap angesichts der fortgesetzt passiven Haltung der westlichen Industrieländer entscheidend geschwächt hatte. Als „Frontstaaten" suchten sich die völkerrechtlich souveränen Anrainerstaaten wechselseitig zu unterstützen und auch internationale Hilfe zu erhalten, um ihre Abhängigkeit von Südafrika zu reduzieren.

Nach einer ersten Vorkonferenz im Mai 1979 in Arusha/Tansania formierte sich im April 1980 in Lusaka/Sambia mit der *Southern African Development Coordination Conference* (SADCC) die Vorläuferorganisation der SADC. Die neun Mitgliedsstaaten (Angola, Botswana, Lesotho, Malawi, Mosambik, Sambia, Simbabwe, Swasiland, und Tansania) etablierten ein Regionalsekretariat in Gaborone. Die Zielsetzung lag in der Einwerbung von externer Hilfe zur Verringerung der wirtschaftlichen Abhängigkeit von Südafrika insbesondere durch eine koordinierte Abstimmung mit Geberländern und anderen externen Organisationen. Wie der programmatische Titel der neuen Organisation signalisierte, konzentrierten sich diese

Bemühungen vor allem auf die jährliche Durchführung eines koordinierenden Gipfeltreffens in Verbindung mit einer Konferenz mit Geberorganisationen.

Der pragmatische Zusammenschluss verzichtete auf ein detailliertes vertragliches Regelwerk mit juristischer Bindung und stellte somit vorerst keine Internationale Organisation im engen Sinne dar. Der Schwerpunkt lag auf sektoralen Interessen und Projekten, ohne damit eine Regionalintegration fördern zu wollen. Aufgrund der Polarisierung in der Region erfuhr die SADCC erhebliche internationale Unterstützung. Sie galt als erfolgreiches Beispiel für die Koordinierung legitimer regionaler Interessen gegen die Destabilisierungsversuche eines weithin geächteten Regimes. Namibia schloss sich nach der Unabhängigkeit 1990 der SADCC an. Zugleich signalisierte dies die Endphase der Dekolonisierung im Südlichen Afrika. Sie ist auch als ein Ergebnis der mit dem Kollaps der Sowjetunion einhergehenden *appeasement*-Strategie in dieser Region zu sehen. So wurde der Abzug der sowjetischen Truppen aus Afghanistan an den Abzug der kubanischen Militäreinheiten aus Angola gekoppelt und damit die Voraussetzung für die freien und allgemeinen Wahlen in Namibia unter Aufsicht der Vereinten Nationen geschaffen. Der Abzug kubanischer Militärs hatte die Aufhebung der von der Reagan-Administration eingeführten sogenannten „linkage" Doktrin zur Folge, die einen Übergangsprozess zur Unabhängigkeit Namibias nur unterstützen wollte, wenn zuvor die kubanische Präsenz in Angola beendet würde. Durch die Erfüllung dieser Bedingung und dem darauf folgenden Druck der westlichen Länder auf Südafrika zur Mitwirkung an der bereits 1978 verabschiedeten Resolution 435 des Sicherheitsrates der Vereinten Nationen konnte 1989/90 endlich der Plan der Vereinten Nationen für den Unabhängigkeitsprozess Namibias zur Umsetzung gelangen. Die durch die staatliche Souveränität Namibias im März 1990 veränderten Regionalperspektiven in sicherheitspolitischer Hinsicht wurden 1992 durch die in Windhoek vollzogene Umwandlung in die SADC dokumentiert. Deren Mitgliedsstaaten verabschiedeten ein detailliertes Vertragswerk und festigten das Hauptquartier in Gaborone. Dieses Sekretariat wurde sukzessive um mehrere ergänzende sektorale Stützpunkte und andere koordinierende Einrichtungen erweitert, die ihren Sitz in anderen SADC-Mitgliedsstaaten haben. Deren Etablierung war die Folge diverser Protokolle zur Umsetzung (weiterer) punktueller Zusammenarbeit (u.a. in Fragen zur Energie- und Wasserversorgung, Bergbau, Verkehr und Handel).

Nach den demokratischen Wahlen in Südafrika (1994) und dessen Aufnahme in die SADC wurde endgültig der Wandel von einer „Frontorganisation" in eine integrierte Regionalgemeinschaft vollzogen. Damit kehrte sich die Bedeutung der Organisation um, indem dieser nunmehr der regionale Hegemonialstaat selbst angehörte, gegen den sich die SADCC ursprünglich formiert hatte. Mit dem weiteren Beitritt der Demokratischen Republik Kongo sowie den Inselstaaten von Mauritius und den Seychellen erweiterte sich die SADC ab 1997 auf 14 Mitgliedsstaaten, zu denen sich Madagaskar 2005 als 15. Mitglied gesellte. Die Seychellen hatten 2004 zwar unter Anführung wirtschaftlicher Gründe und ihrer Außenorientierung auf andere Regionen die Mitgliedschaft gekündigt, weil die SADC nicht als hinreichend relevant eingestuft wurde und die Kosten für die Mitgliedschaft und die Teilnahme an den gemeinsamen Treffen als wirtschaftlich nicht vertretbar erklärt wurde. 2007 wurde jedoch die Mitgliedschaft erneut beantragt und ab 2008 wieder wahrgenommen.

Der neue Charakter des Regionalbündnisses manifestierte sich zunehmend sichtbarer in der Etablierung zahlreicher Sektorprogramme und der damit einergehenden Akzentverschiebung hin zu gemeinsamen Willenserklärungen verstärkter Regionalintegration. Die wirtschafts- und entwicklungspolitische Orientierung wurden um die sicherheitspolitische Dimension markant erweitert. 1996 manifestierten sich diese Prioritäten durch die Annahme eines Handelsprotokolls sowie der Einrichtung eines Organs für Politik, Verteidigung und Sicherheit.

Letzteres entpuppte sich als Zankapfel zwischen den Vormachtsambitionen Simbabwes und Südafrikas. Die Uneinigkeit über die Grundlinien einer SADC-Sicherheitspolitik und die Frage der Kontrolle über das Organ führten zu Konflikten. Sie zeigten sich besonders markant in der Frage um die Haltung zu der durch militärische Umsturzversuche gefährdeten Regierung Kabilas in der DR Kongo. Entgegen der südafrikanischen Auffassung einer Nichteinmischung eilten Angola, Namibia und Simbabwe im August 1998 Kabila militärisch zu Hilfe und trugen damit erheblich (aber ohne eindeutige Billigung der SADC) zur Abwendung seines Sturzes bei. Die kurz danach (im September 1998) erfolgte einseitige militärische Intervention Südafrikas in Lesotho kontrastierte ebenso mit dem von Südafrika selbst geforderten Neutralitätsgebot und trug zur Verschärfung der internen Differenzen bei. Um die Besetzung des Sicherheitsorgans entstand ein Zwist zwischen Simbabwe und Südafrika. Es wurde schließlich 2001 verbindlich in die SADC-Strukturen integriert, und dessen Besetzung erfolgt in jährlichem Wechsel auf den SADC-Gipfeltreffen.

Das 1996 verabschiedete Protokoll zur Schaffung einer Freihandelszone trat 2000 in Kraft und beinhaltete das erklärte Ziel, bis 2012 die Zölle vollständig abzubauen. Die neu definierten sozialökonomischen Entwicklungsprioritäten wurden von dem Regionalen Indikativen Strategischen Entwicklungsplan (*Regional Indicative Strategic Development Plan*, RISDP) durch die Staatsoberhäupter 2003 gut geheißen und 2004 offiziell vorgestellt. Als eine wesentliche Neuerung wurde das bis 2007 weiter bestehende integrierte Ministerialkomitee (*Integrated Committee of Ministers*, ICM) durch sechs Einheiten ersetzt, die eine vertiefte Regionalintegration fördern sollen.

Die *New Partnership for Africa's Development* (NEPAD) maß den Bereichen von Demokratie und Menschenrechten ab der Jahrhundertwende erheblich größere Bedeutung auf dem Kontinent bei. Dies schlug sich auch in der Umwandlung der *Organisation for African Unity* (OAU) zur → Afrikanischen Union in deren Charta nieder. Südafrika unter Präsident Thabo Mbeki spielte bei diesen veränderten Schwerpunktsetzungen eine erhebliche Rolle. Dadurch wurde auch innerhalb der SADC einem verstärkten Bewusstsein zur Einhaltung wenigstens formaler demokratischer Spielregeln als politischer Legitimationsgrundlage für die Regierungen der Mitgliedsstaaten Anerkennung zuteil. Mit der Verabschiedung einer *SADC Regional Charter* während des jährlichen Gipfeltreffens 2004 wurde so auch ein Verhaltenskodex für die Durchführung von Wahlen und die Überprüfung von dessen Einhaltung durch die Mitgliedsstaaten eingeführt. Die tatsächliche Anwendung und Kontrolle vermochte allerdings nur selten den Erwartungen seitens der Zivilgesellschaften in den Mitgliedsstaaten gerecht zu werden. Mit Angola, der Demokratischen Republik Kongo, Simbabwe und Swasiland rangieren gleich vier der Mitgliedsstaaten am unteren Ende einer Demokratie- und Menschenrechtsskala, wie sie u.a. vom Freedom House Index und dem Bertelsmann Transformation Index regelmäßig veröffentlicht werden.

2. Aufbau

Die institutionalisierte Struktur der SADC hat als oberstes Organ das jährliche Gipfeltreffen der Staats- und Regierungschefs. Es wird jeweils von dem Mitgliedsland ausgerichtet, das bis dahin den im Jahresrhythmus wechselnden Vorsitz inne hat. Ein Ministerrat, ein ständiger Ausschuss, nationale SADC-Komitees und das SADC-Sekretariat in Gaborone, das von einem von den Mitgliedsstaaten alle fünf Jahre gewählten Generalsekretär geleitet wird, sind die wesentlichen Strukturelemente.

Deutliche Defizite in der Institutionalisierung von SADC und mangelnde Effizienz in der Ratifizierung und Operationalisierung der Zielsetzungen führten zu wachsendem Vertrauensschwund und Legitimationsverlust auch aus Sicht externer bi- und multilateraler Geber, von deren Unterstützung die SADC-Aktivitäten weitgehend abhängig sind. Dies führte zur Initiierung eines Reformprozesses, der mit der Annahme eines im März 2001 vorgelegten Untersuchungsberichts zur Tätigkeit der SADC Institutionen auf einem außerordentlichen Gipfeltreffen in Windhoek begann. Bis dahin bestand die Organisationsstruktur der SADC aus verschiedenen Kommissionen sowie 21 sektoralen Koordinierungseinheiten, die mit der Planung und Umsetzung der SADC Programme betraut waren. Diese verteilten sich außer den Seychellen und der DR Kongo auf alle Mitgliedsstaaten.

Der Windhoeker Gipfel 2001 beschloss eine radikale Neustrukturierung und gruppierte die Sektoren unter vier neu eingerichtete Direktorate, die alle im Hauptquartier in Gaborone angesiedelt wurden. Sie sind thematisch unterteilt in: (1) Nahrung, Landwirtschaft und Rohstoffe (*Food, Agriculture and Natural Resources*, FANR); (2) Handel, Industrie, Finanzen und Investitionen (*Trade, Industry, Finance and Investment*, TIFI); (3) Soziale und menschliche Entwicklung und Sonderprogramme (*Social, Human Development and Special Programmes*, SHD); sowie (4) Infrastruktur und Dienstleistungen (*Infrastructure and Services*, IS). Diese Neustrukturierung wurde nicht wie geplant bis 2003 umgesetzt. Es mangelte besonders an der Verankerung eines effizienten Sekretariats in Gaborone. Dies war seit seiner Einrichtung personell und materiell chronisch mangelhaft ausgestattet und vermochte kaum die auf politischer Ebene auf den jährlichen Gipfeltreffen beschlossenen Strategien zu koordinieren, geschweige denn deren tatsächliche Umsetzung zu befördern. In Ermangelung eines politischen Willens der Mitgliedsländer, den Worten auch Taten folgen zu lassen, konnte das Sekretariat bislang nie den gestellten Aufgaben auch nur halbwegs gerecht werden.

Verstärkte Integrationsbemühungen wurden durch die Beschlüsse des SADC-Gipfeltreffens 2006 zu einer Priorität der Organisation. Empfehlungen durch drei sich ergänzende Evaluierungen der Organisationsstruktur zwischen 2006 und 2007 zur Neustrukturierung und Reorientierung resultierten in Empfehlungen eines 2008 verabschiedeten Rahmendokuments, die hauptsächlich die Kapazität und Effizienz des Sekretariats zu stärken suchen. Diese korrespondieren mit einer Betonung besonderer Anstrengungen zur Armutsreduzierung.

2005 wurde ein SADC-Tribunal mit Sitz in Windhoek geschaffen, das in Rechtsfragen von SADC-Staatsbürgern in Anspruch genommen werden kann. Es hat bisher zu umstrittenen Landenteignungen in Simbabwe Urteile zugunsten enteigneter klagender Farmer gefällt, die allerdings von der Regierung Simbabwes ignoriert wurden. Während andere SADC-Mitgliedsstaaten wie Südafrika in jüngerer Zeit der Rechtssprechung des Tribunals auch in Gerichtsprozessen und –urteilen im eigenen Land normative Relevanz beimisst, erklärte die Regierung Simbabwes, dass sie das Tribunal nicht als verbindlich versteht, solange das Abkommen über dessen Existenz nicht hinreichend ratifiziert wurde. Der SADC-Gipfel im August 2010 in Windhoek vermied eine Auseinandersetzung und die Zukunft der viel gepriesenen Rechtsinstanz scheint gefährdet. Ab 2005 nahm die Schaffung einer schnellen Eingreiftruppe der SADC konkrete Formen an. Die SADC Brigade wurde 2007 offiziell proklamiert. Sie hat sich bislang noch nicht in konkreten Einsätzen in einem Umfang bewährt, der eine zuverlässige Einschätzung ermöglicht. Bisher scheint deren Bedeutung eher auf symbolischer Ebene zu liegen als hinsichtlich einer konkreten Rolle bei der Beilegung oder Minderung von Konflikten.

Im August 2008 wurde auf dem jährlichen Gipfeltreffen die mit der Verabschiedung des Handelsprotokolls im Jahre 2000 antizipierte SADC Freihandelszone initiiert, die außer Angola, der DR Kongo und den Seychellen von den Mitgliedsstaaten eingeführt wurde. Damit sind bislang 85% aller Güter ohne Tarife und Zölle. Trotz einiger erkennbarer und messbarer Fortschritte bleibt eine tief greifende regionale Kohärenz jedoch ein fernes Ziel. Zur Erschwerung der regionalen Einheit tragen auch die Eigeninteressen externer Akteure bei. Zu diesen gehören durch den seit 2000 vom US-amerikanischen Senat verabschiedeten *African Growth and Opportunity Act* (AGOA) die USA ebenso wie die EU-Kommission in Brüssel, aber auch die neuen *emerging powers* wie China und Indien sowie die Eigeninteressen des regionalen Giganten Südafrika, dessen ökonomische Vormachtstellung oftmals jenseits der SADC-Gemeinschaft lukrativere Möglichkeiten bietet als die Stärkung der Regionalintegration.

Nicht zuletzt die Handels- und Wirtschaftsinteressen der Europäischen Union führen trotz entwicklungspolitischer Prioritäten auf der Förderung regionaler Zusammenarbeit nicht zur Stärkung der SADC. Ein mit Südafrika einseitig abgeschlossenes Freihandelsabkommen Ende der 1990er Jahre verstieß in eklatanter Weise gegen Richtlinien der Zollunion mit Botswana, Lesotho, Namibia und Swasiland. Des weiteren trugen die EU-Initiativen für den Abschluss regionaler Wirtschaftspartnerschaften (*Economic Partnership Agreements*, EPAs) zur Teilung der SADC in zwei unterschiedliche EPA-Konfigurationen bei und schufen interne Meinungsverschiedenheiten über den Abschluss der EPA unter jenen SADC-Staaten, die nicht der ostafrikanischen EPA zugeordnet wurden.

3. Wandel, Reform und Bedeutung in der globalen Politik

Als Frontstaaten, die der militärischen südafrikanischen Destabilisierungspolitik auch aufgrund ihrer wirtschaftlicher Abhängigkeit nichts entgegenzusetzen hatten, stellte die Gründung der SADCC im damaligen Kontext internationaler Politik ein Novum dar. Die Regionalkomponente galt als wesentliches Element im Umgang mit einem Nachbarstaat, der innen- und außenpolitisch keine Legitimität hatte und sich völkerrechtlich isolierte. Dies erlaubte den SADCC-Staaten, eine Sonderrolle zu nutzen, die in verstärkter externer Unterstützung mündete. Mit den gesellschaftlichen Transformationsprozessen im Südlichen Afrika, die bis 1994 als Folge der weltpolitischen Neuordnung nach dem Ende der bipolaren Ära des Kalten Krieges demokratisch legitimierte Regierungen in Namibia (1990) und Südafrika (1994) schuf, wandelte sich die SADCC von einer Anti-Koalition zu einer allumfassenden, integrierten Regionalorganisation SADC. Diese schuf ein verbindliches Vertrags- und Regelwerk und etablierte zahlreiche Unterorganisationen und Instrumente zur Umsetzung wirtschafts- und sicherheitspolitischer Prämissen.

Diese ambitionierten Ziele lösten die ursprüngliche Pragmatik ab. Ab Mitte der 1990er Jahre wurde die SADC zum Vorbild afrikanischer Bemühungen regionaler Kooperation, vermochte in der Folge die Erwartungen aber nicht zu erfüllen. Die z.T. unter großen Opfern erkämpfte nationale Selbstbestimmung wurde von den Regierungen der Länder nicht dem regionalen Interesse zu- und untergeordnet. Die Prämissen staatlicher Souveränität resultierten in einem eher zögerlichen politischen Willen zu einem engeren Zusammenschluss unter Preisgabe oder Einschränkung staatlicher Souveränitätsansprüche und -rechte. Die Zurückhaltung gegenüber den Missständen in Swasiland und Simbabwe sowie einigen anderen Mitgliedsstaaten stellten die Glaubwürdigkeit der Organisation sowohl in Teilen der eigenen Bevölkerungen als auch der externen Geberländer in Frage.

Der kollektive sicherheitspolitische Rahmen wurde gestärkt, ohne dass dabei die Regionalkomponente zur Disziplinierung staatlicher Politik von Mitgliedsstaaten führte, die eklatant gegen die Gebote guter Regierungsführung verstießen und damit – wie besonders spektakulär im Falle Simbabwes – auch die nachbarschaftlichen Beziehungen belasteten indem ein beträchtlicher Teil der Bevölkerung Zuflucht in Anrainerstaaten suchte. Die vordergründige Solidarität der SADC mit der Regierung Simbabwes konnte jedoch die internen Differenzen nicht übertünchen. Sie wurden durch die Kritik Sambias und insbesondere Botswanas an der Politik Simbabwes unübersehbar.

Die schleppenden Versuche, subregionale Formen der Integration zu stärken und zu vertiefen konnten auch nicht über neue hegemoniale Konkurrenz hinwegtäuschen. Sie manifestieren sich in den Versuchen Angolas, die regionale Dominanz Südafrikas herauszufordern. Damit trat die einstmals portugiesische Kolonie nach Beilegung des jahrzehntelangen Bürgerkriegs im Zuge ihres wirtschaftlichen Aufschwungs die Nachfolge Simbabwes an. Robert Mugabes Regierung hatte ab Mitte der 1990er Jahre gegen die südafrikanische Vorherrschaft opponiert, bevor sie von den innenpolitischen Herausforderungen und dem damit einher gehenden ökonomischen Niedergang überwältigt wurde.

Angesichts der internen Konflikte hat sich die SADC nie als einflussreicher Akteur in der globalen Politik zu positionieren vermocht. In grundsätzlichen Fragen, wie z.B. der Reaktion auf das 2009 erlassene Auslieferungsgesuch des Internationalen Gerichtshofs des sudanesischen Präsidenten Al-Bashir, gab es keine einheitliche Position. Auch innerhalb der Afrikanischen Union und den Vereinten Nationen vertritt die SADC keine geschlossene Linie. Angesichts der neueren Versuche, durch die Verabschiedung und Umsetzung globaler normativer Rahmenwerke wie z.B. der Schutzverantwortung (*responsibility to protect*), wird am Beispiel der SADC deutlich, dass eine Einflussnahme von außen eine Regionalverantwortung und -bereitschaft voraussetzt: So wenig es eine Lösung im Falle der Militärjunta Burmas ohne den politischen Willen der → ASEAN-Staaten gibt, so wenig passiert im Südlichen Afrika hinsichtlich der Verbesserung der katastrophalen Lage der Menschen in Simbabwe oder Swasiland ohne die Wahrnehmung regionaler politischer Verantwortung durch die anderen SADC-Staaten, wenn diese nicht solchen globalen Normsetzungen durch Regelwerke auch praktische Gültigkeit im Kontext der Region verschaffen.

4. Stand der Forschung

Die Entstehungsgeschichte und aktuelle Situation der SADC spielt in der politik- und sicherheitspolitischen Literatur zu regionalen Zusammenschlüssen im Kontext afrikanischer Erfahrungen eine wichtige Rolle. Ursprünglich erwuchs die SADC aus einer gegen das südafrikanische Apartheidregime unter dem Begriff „Frontstaaten“ zusammengefassten, aus der Not geborenen Koalition. In ihr fanden sich die bereits unabhängigen Anrainerstaaten zusammen, die unter der Abhängigkeit vom weißen Minderheitsregime am Kap litten. Diese Notgemeinschaft transformierte sich zu einer nach der Unabhängigkeit Namibias (1990) und dem Ende des Apartheidregimes in Südafrika (1994) integrierten Regionalorganisation mit wirtschaftspolitischer Schwerpunktsetzung mittels eines längeren Übergangsprozesses. Dieser wurde dabei – analog zu den Akzentverschiebungen von einer Defensivorientierung gegen die Dominanz des südafrikanischen Hegemonialstaates zu einer (wenigstens vom Anspruch her) integrierten Interessengemeinschaft – und (ab Mitte der 1990er Jahre) um die Analysen einer gewandelten sicherheitspolitischen Regionalarchitektur ergänzt (Vale/Swatuk/Odén 2001; Landsberg 2004; Cawthra/du Pisani/Omari 2007).

Mit der Entstehung neuer Konzepte regionaler Interaktion, die sich während des letzten Jahrzehnts unter dem Begriff eines „neuen Regionalismus“ (*new regionalism*) zusammen fassen lassen (Hettne/Inotai/Sunkel 1999), wurde insbesondere in der regional- und politikwissenschaftlichen Forschung auch verstärktes Interesse an der SADC geweckt (Grant/Söderbaum 2003). Allerdings ist diese in der bestehenden Form nicht als Vorbild für eine erfolgreichere „tiefere“ wirtschaftspolitische Integration geeignet. Die SADC galt während der 1990er Jahre als weit gediehenes Modell regionaler Integration auf dem afrikanischen Kontinent, blieb seither aber hinter den durch vollmundige politische Willenserklärungen der Mitgliedsstaaten geweckten Erwartungen insbesondere unter den externen Beobachtern und Geberstaaten, die das Modell förderten, deutlich zurück. Die Sonderrolle Südafrikas hat dabei eine erhebliche Bedeutung (Adebajo/Adedeji/Landsberg 2007). In der Fachliteratur dominieren in Ermangelung entsprechend verallgemeinerbarer Einsichten die eher pragmatisch orientierten Studien mit dem Blick auf die regionale intergesellschaftliche Dynamik und die spezifisch sektoralen Aspekte wie z.B. die sub-regionale Mikro-Ökonomie (Söderbaum/Taylor 2003; 2008). Die Einsichten und Erkenntnisse weisen so kaum über den empirischen Regionalbezug vor allem hinsichtlich der Grenzen der Regionalintegration jenseits einzelner Entwicklungsprojekte hinaus.

Mit den eskalierenden politischen Herausforderungen, die innerhalb der Region durch den Legitimationsverlust der Regierung Mugabes in Simbabwe und die Passivität der Anrainerstaaten gegenüber dem wachsenden staatlichen Terror evident wurden, erwuchsen neue Aufgaben des Krisenmanagements. Diesen zeigte sich die SADC nur bedingt gewachsen, trug damit aber als Fallbeispiel zur derzeitigen Diskussion um die Schutzverantwortung (*responsibility to protect*) und die Rolle einer regionalen Einbettung von Interventionsmaßnahmen durch externe Akteure bei (Field 2004).

Literatur

Wichtige Primärquellen:

Amended Declaration and Treaty of SADC/Consolidated Text of The Treaty of the Southern African Development Community (1992) (http://www.sadc.int/index/browse/page/52, Zugriff am 26.3.2010).

Basislektüre zur SADC:

Adebajo, Adekeye et al. (Hg.) 2007: South Africa in Africa: The Post-Apartheid Era. Scottsville: University of KwaZulu-Natal Press.

Adelmann, Martin 2003: Regionale Kooperation im Südlichen Afrika. Freiburg i.Br.: Arnold Bergstraesser Institut.

Adelmann, Martin 2007: SADC – An Actor in International Relations. The External Relations of the Southern African Development Community. Dissertation. Universität Freiburg i. Br.: Arnold Bergstraesser Institut.

Cawthra, Gavin et al. (Hg.) 2007: Security and Democracy in Southern Africa. Johannesburg: University of Witwatersrand Press.

Hettne, Björn et al. (Hg.) 1999: Globalism and the New Regionalism. Basingstoke: Palgrave MacMillan.

Field, Shannong (Hg.) 2004: Peace in Africa. Towards a Collaborative Security Regime. Johannesburg: Institute for Global Security.

Grant, J. Andrew/Fredrik Söderbaum (Hg.) 2003: The New Regionalism in Africa. Aldershot: Ashgate.

Landsberg, Chris D. 2004: In Search of Sub-regional Political and Security Community: The Institutional and Governance Dimensions of SADC, in: Olowu, Dele/Royson Mukwena (Hg.): Governance in Southern Africa and Beyond. Windhoek: Gamsberg Macmillan.

Meyns, Peter 2000: Konflikt und Entwicklung im Südlichen Afrika. Opladen: Leske und Budrich.

Ressler, Volker 2007: Die Perspektiven regionaler Integration im südlichen Afrika. Frankfurt a.M.: Peter Lang.

Söderbaum, Fredrik/Ian Taylor (Hg.) 2003: Regionalism and Uneven Development in Southern Africa: the case of the Maputo development corridor. Aldershot: Ashgate 2003.

Söderbaum, Fredrik/Ian Taylor (Hg.) 2008: Afro-Regions. The Dynamics of Cross-Border Micro-Regionalism in Africa. Uppsala: The Nordic Africa Institute.

Vale, Peter et al.(Hg.) 2001: Theory, Change and Southern Africa's Future. Basingstoke: Palgrave MacMillan.

Aktuelle Beiträge:

Melber, Henning 2011: Southern Africa, in: Mehler, Andreas/Henning Melber/Klaas van Walraven (Hg.), Africa Yearbook 7. Politics, Economy and Society South of the Sahara in 2010. Leiden/Boston: Brill.

Bösl, Anton et al. (Hg.) 2011: Monitoring Regional Integration in Southern Africa. Year Book 10. Stellenbosch: Trade Law Centre for Southern Africa (TRALAC).

SCO

Hans J. Gießmann und Jakob Haardt

Vollständige Bezeichnung:

Shanghai-Kooperationsorganisation (*Shanghai Cooperation Organisation*, SCO)

1. Entstehung, Ziele und Aufgaben

Die Organisation der Shanghai-Kooperation (auch Shanghai-Kooperationsorganisation, kurz: SCO) zielt auf den Ausbau wechselseitig vorteilhafter wirtschaftlicher Zusammenarbeit zwischen ihren Mitgliedsstaaten und fallweise auf eine engere sicherheitspolitische Abstimmung ab. Zu den diesbezüglich erklärten gemeinsamen Interessen gehören vor allem die Unterstützung bei der Abwehr von sezessionistischen Bestrebungen sowie die Bekämpfung grenzüberschreitend operierender islamistischer Bewegungen.

Die 1996 erfolgte Gründung der Shanghai-Kooperation ging ursprünglich auf eine Initiative der damaligen chinesischen Führung unter Zhang Zemin zurück. Die zunächst als „Shanghai-5" nach ihrem Gründungsort benannte Staatengruppe umfasste damals, neben der VR China, Russland, Kasachstan, Kirgisistan und Tadschikistan. Vor allem die Rolle Pekings beim Zustandekommen der Shanghai-5 war bemerkenswert, betrieb China damit doch erstmals aktiv die Etablierung einer auch mit Sicherheitsaufgaben befassten Regionalorganisation. Das Interesse Chinas kam jedoch nicht von ungefähr. Einerseits bot der ungeheure Reichtum Zentralasiens an Energie und Rohstoffen für die Wachstumswirtschaft Chinas eine attraktive strategische Versorgungsreserve. Andererseits erschienen den neopatrimonial kontrollierten Staaten in der Region die chinesischen Kooperationsangebote ebenfalls verlockend. Peking bot auf lange Fristen angelegte Abnehmerverträge und Investitionen in die Infrastrukturen, ohne den Westen mit seinen oft als lästig empfundenen Vorbedingungen demokratischen Wandels zu kopieren (Hofmann et al. 2007). Mit Russland teilte China zudem das Interesse, den zu Beginn der 1990er Jahre stark angewachsenen Ausverkauf von Förderlizenzen Dritter zu beenden und dabei vor allem den steigenden Einfluss der USA in Zentralasien wieder zurückzudrängen. Allen Gründungsstaaten war darüber hinaus das Interesse gemein, die in ihren Ländern bestehenden Herrschaftsstrukturen zu stabilisieren und gegen aufbegehrende politische, nationale oder religiös inspirierte und grenzüberschreitend operierende Bewegungen zu verteidigen (Wacker 2001: 15f.). Schließlich erhofften sich die beiden Großmächte China und Russland durch die multilaterale politische Zusammenarbeit eine verbesserte Koordinierung ihrer jeweiligen Globalpolitik, ohne den Anschein zu geben, das frühere Bündnis aufleben lassen zu wollen. Die Gründung der Shanghai-5 war Ausdruck von vielen Interessenschnittpunkten gewesen, nicht aber einer Plattform für eine sicherheitspolitische, politische oder auch nur wirtschaftliche Allianz ihrer Mitglieder.

Die Gruppe der Shanghai-5 wurde am 15. Juni 2001 in die vertragliche Organisation der Shanghai Kooperation überführt und zugleich offiziell in Organisation der Shanghai Kooperation umbenannt. Gleichzeitig wurde Usbekistan als neues Mitglied aufgenommen. Am 7. Juni 2002 wurde eine gemeinsame Charta als verbindliches Grundlagendokument der Organisation unterzeichnet. Heute gehören der SCO als Mitgliedsstaaten an: China, Russland, Kasachstan, Kirgisistan, Tadschikistan und Usbekistan. Als Beobachter nehmen Indien, Iran, Mongolei und Pakistan an den Aktivitäten der Organisation teil. Weitere Staaten haben seit längerem Interesse an einer Mitarbeit oder Mitgliedschaft signalisiert, darunter Belarus, Nepal und Turkmenistan. Offizielle Dialogpartner der SCO sind neben den beiden Staaten Belarus und Sri Lanka auch die Organisationen der Gemeinschaft Unabhängiger Staaten (GUS) und die Vereinigung Südostasiatischer Staaten (→ ASEAN).

Die Aufgaben der SCO sind in Art. 1 ihrer Charta niedergelegt. Vor allem die Aufrechterhaltung des Friedens untereinander und hierfür zuträglicher stabiler Verhältnisse in den Mitgliedsstaaten bilden bestimmende gemeinsame Interessen. Gleichzeitig sichert die Vereinbarung durch ausdrückliche Bekräftigung der wechselseitigen Absicht zur Nichteinmischung in die inneren Angelegenheiten der Mitglieder zu, dass „üble Bewegungen" in anderen Ländern weder unterstützt, noch die von diesen Staaten unternommenen Gegenmaßnahmen kritisiert oder unterlaufen werden.

Sicherheit ist ein Schlüsselbegriff der Shanghai-Kooperation. Auch wenn die Bildung einer Allianz gegen Dritte ausdrücklich nicht zu den Motiven der SCO Mitglieder gehört und der sicherheitspolitische Fokus eindeutig auf die jeweilige innere Sicherheit gelegt wird (CSS Analysen zur Sicherheitspolitik 2009: 2), wird doch implizit auch kenntlich, dass die Zusammenschar auch einer Abschirmung von als potenziell bedrohlich angesehenen äußeren Einflüssen dient und eine Art solidarischer Schutzschirm gegen jegliche Einflussnahme oder Bevormundung von außen aufgespannt werden soll. Dies zeigt sich zum einen an der ausgedehnten Interpretation gemeinsam wahrgenommener Bedrohungen, die einen innenpolitischen Stabilitätsbezug offenbaren. Besonders augenfällig wird dies im Falle der Terrorismusrhetorik, derer sich die Mitglieder vor allem seit dem 11. September 2001 oft bedienen, um das jeweils eigene Vorgehen der Sicherheitsbehörden gegen unterschiedlichste Gruppen in den Ländern vor der Außenwelt zu rechtfertigen. Grundlage der Zusammenarbeit in diesem Feld ist der Austausch von geheimdienstlich und anderweitig zusammengetragenen Informationen sowie eine engere Kooperation der mit Staatsschutz befassten Organisationen. Für Beobachter ist dabei offenkundig, dass mit der gemeinsamen begrifflichen Flagge der Terrorbekämpfung auch die Politik und das oft harsche Vorgehen gegen Minderheiten und missliebige politische Bewegungen kaschiert werden sollen (Norling/Swanström 2007: 430).

Zum anderen wird, ebenfalls begründet mit gemeinsamer Vorsorge gegen terroristische, extremistische oder sezessionistische Bestrebungen, die militärische und rüstungspolitische

Zusammenarbeit ausgeweitet. Sichtbarster Ausdruck sind gemeinsame Waffenübungen, darunter 2005 und 2007 in Russland und 2010 in Kasachstan, darüber hinaus seit 2007 auch jährlich abgehaltene bilaterale Manöver Russlands und Chinas. Von einem militärischen Bündnis zwar weit entfernt, zielen diese Demonstrationen auf eine durchaus beabsichtigte Symbolwirkung nach außen.

Dabei ist der starke Rekurs auf sicherheitspolitisch gemeinsame Interessen ein starkes Signal zur multilateralen abgestimmten Verteidigung von wirtschaftlichen Interessen und Vorrechten im gemeinsamen Raum gegen äußere Einflussbestrebungen. Vor allem in China macht man aus dem Motiv kaum einen Hehl, die Möglichkeiten einer engeren Abstimmung besser zu nutzen. So betonte der Direktor des chinesischen Instituts für die SCO in Shanghai, dass China sich früher auf bilaterale Beziehungen konzentriert habe und: „Mit der Gründung der SCO üben wir uns im Multilateralismus und stellen uns darauf ein" (Danghong 2006:1). Dabei bleibt die Motivlage vor allem der großen Mitglieder ambivalent. Einerseits sehen sie die strategischen Vorteile engerer Zusammenarbeit in Zentralasien als Gegengewicht vor allem gegen die USA. Andererseits belauern sich Russland und China eifersüchtig und gönnen dem jeweiligen Partner nicht, in der Region zu einseitigem Vorteil stärker Fuß zu fassen. Die SCO ist insofern auch ein Ort, in dem die beiden großen Staaten den regionalen machtpolitischen *status quo* unter Kontrolle zu halten suchen.

Die potenzielle strategische Bedeutung des Zusammenschlusses geht weit über eine regionale Organisation hinaus. Immerhin umfasst die Staatengruppe ein Drittel der Weltbevölkerung und etwa ein Viertel der Landmasse der Erde. 45% aller bekannten Erdgasvorkommen befinden sich auf dem Territorium der SCO, darüber hinaus etwa ein Fünftel der weltweiten Erdölreserven (Scheineson 2009: 2). Allein die schwachen politischen Grundlagen für eine tragfähige Allianz verhindern bislang ein größeres Gewicht und einen stärkeren globalen Einfluss der Organisation. Während einige der Beobachterstaaten, darunter Iran und Pakistan, auf eine baldige Aufnahme in die Organisation hoffen, wohl nicht zuletzt auch, um dadurch möglichst Schutzgarantien für den Bestand ihrer Regime gegen wahrgenommene innere und äußere Bedrohungen zu erhalten, bremst vor allem China inzwischen die Intensivierung der Zusammenarbeit in der SCO. Peking fürchtet offenbar um sein eigenes Einflussgewicht in Zentralasien, sollte die Anzahl potenzieller Konkurrenten um politische Macht und wirtschaftliche Vorteile zunehmen.

2. Aufbau

Die SCO ist im Wesentlichen intergouvernemental organisiert. Dementsprechend weist sie einen niedrigen Institutionalisierungsgrad und nur wenige Organe auf. Der jährliche Rat der Staatsoberhäupter ist das höchste Entscheidungsgremium der SCO, gefolgt von regelmäßigen Treffen der Regierungschefs und der Außenminister der jeweiligen Staaten. Zu den operativen Einrichtungen für sicherheitspolitische Belange gehört ein sogenanntes „Antiterrorismus-Zentrum" mit Sitz in der usbekischen Hauptstadt Taschkent. Seine spezifischen Aufgaben werden durch die vereinbarte „Konvention zum Kampf gegen Terrorismus, Separatismus und Extremismus" bestimmt (Wacker 2002: 4). In dieser Ausrichtung zeigt sich das

Einflussgewicht Pekings, sind es doch gerade diese Felder, die vor allem von der chinesischen Führung seit vielen Jahren als die „drei Übel“ (Wacker 2001: 24) bezeichnet werden. Des Weiteren wurden im Bereich der wirtschaftlichen Zusammenarbeit in den letzten Jahren Strukturen geschaffen, welche auf eine verstärkte Kooperation in ökonomischen Fragen hinweisen. So wurden 2009 ein Wirtschaftsrat und ein Bankenverband innerhalb der SCO gegründet. Jedoch bleibt abzuwarten, inwieweit jene Organe zu einer verstärkten Integration der Märkte beitragen können.

3. Wandel, Reform und Bedeutung in der globalen Politik

Eine der großen internen Herausforderungen war und ist bis heute die organisatorische Festigung. Neben der Überbrückung widerstreitender Interessen der Mitgliedsstaaten geht es hier vor allem auch um Fragen praktischer Arbeitsteilung und administrativer Zuständigkeit. Zwar wurden 2009 ein Wirtschaftsrat und ein Bankenverband gegründet, jedoch wird es auf absehbare Zeit eine handelsintegrierende Freihandelszone, oder gar einen gemeinsamen Wirtschaftsraum nach dem Vorbild der Europäischen Union, nicht geben. China hegt starke Vorbehalte gegen die Preisgabe nationalstaatlich ausgeübter Kontrollen und ohne die größte Volkswirtschaft in der SCO ist eine stärkere wirtschaftliche Integration unrealistisch (Linke 2009: 2).

Selbst in Teilbereichen erklärter gemeinsamer strategischer Interessen – so in der Energiepolitik – sind die bisher erreichten Ergebnisse im Vergleich zu den einst hohen Erwartungen eher bescheiden. Zwar gibt es seit längerem Gespräche zur Etablierung eines SCO-internen Energienetzes, jedoch scheiterten diese bis zum heutigen Tage an den Differenzen der Mitgliedsstaaten über die Verteilung von Kontrollrechten und Zuständigkeiten. Die im Westen gelegentlich geäußerten Befürchtungen hinsichtlich der Entstehung eines neuen Öl- oder Gaskartells unter russischer und chinesischer Führung, möglicherweise später unter Beteiligung Irans, scheinen vor diesem Hintergrund vorläufig unbegründet (Scheineson 2009: 3). Vielmehr konzentriert sich die energiepolitische Zusammenarbeit innerhalb der SCO auf die Fortsetzung traditionell bilateraler Vereinbarungen. Für die zentralasiatischen Mitglieder ist die SCO so lange von Interesse, wie die Mitgliedschaft in der Organisation größere Vorteile verspricht als andere Konstellationen. Auch wird immer wieder darauf hingewiesen, dass die relativ kleinen zentralasiatischen Staaten durch die Organisation als eine Stimme gegenüber ihren großen Nachbarn auftreten können. Somit ist für sie die Zusammenarbeit mit der chinesischen Wachstumswirtschaft und eine wohlwollende politische Unterstützung Russlands vorläufig die beste politische Option. Allerdings wird dies nicht anhalten, sofern die organisatorische Schwäche der Organisation bestehen bleibt.

Innerhalb der Organisation ist ferner das Aufnahmebegehren Irans umstritten. Während Iran daran interessiert ist, den anhaltenden Gefahren einer internationaler Isolation zu begegnen, befürchten vor allem China und Russland, iranische politische Alleingänge könnten einen Sprengsatz für die innere Organisation und für das Verhältnis beider Länder zu dritten Staaten erzeugen (Scheineson 2009: 3f). So ist, ungeachtet der iranischen Bemühungen um

Vollmitgliedschaft, eine Aufnahme des Landes in die SCO auf absehbare Zeit nicht wahrscheinlich.

Künftige externe Herausforderungen

Vor allem der bewaffnete Konflikt vor der eigenen Haustür in Afghanistan sowie das Festhalten Teherans an seinem Programm zur Atomanreicherung bilden für die SCO schwierige äußere Umstände. Die Ausbreitung von gewaltbereiten Organisationen vom Schlage der *Al Qaida* und eine drohende Destabilisierung Pakistans durch Talibankräfte bereiten den Mitgliedern der SCO große Sorgen. Sie hat deshalb eine spezielle Afghanistan-Kontaktgruppe gebildet, die durch gemeinsame Positionen und begrenzte Vermittlungsleistungen ein Übergreifen der Bedrohung auf die eigenen Länder verhindern und darüber hinaus der illegalen Schleusung von Drogen aus Afghanistan vorbeugen soll (Scheineson 2009: 4). Jedoch ist zurzeit keine praktische Umsetzung jener Ansätze zu beobachten. So bleibt es bisher bei Absichtserklärungen und Stellungnahmen.

Zugleich eint die SCO-Mitgliedsstaaten, dass sie ausnahmslos darauf abzielen, ein dauerhaftes Festsetzen der USA und ihrer Verbündeten in der Region zu verhindern. China und Russland haben sich allen westlichen Avancen zur Beteiligung an bewaffneten Operationen in Afghanistan widersetzt und bevorzugen eine beobachtende Haltung. Dabei befinden sie eine Schwächung terroristischer Netzwerke und der Taliban für ebenso nützlich, wie den triumphlosen Rückzug der USA und der → NATO aus der Region.

Aktuelle Entwicklungen

Die kritische Stabilität vor allem der zentralasiatischen Rentierstaaten bedeutet für die SCO ein permanentes Risiko, langfristig potenziell auch für deren Bestand. Die innenpolitische Krise in Kirgisistan Anfang 2010 hat dies erneut deutlich gemacht. Vor allem für die beiden großen Staaten bedeuten innenpolitische Krisen eine große Herausforderung, müssen sie doch wahrscheinliche Entwicklungen frühzeitig erkennen um in kritischen Momenten entschieden zu reagieren, auch um Kettenreaktionen zu vermeiden, die auch für sie selbst oder an ihrer Peripherie zu destabilisierenden Folgeeffekten führen könnten. Russland hat dies im Falle Kirgisistans demonstriert, indem Moskau sich praktisch über Nacht auf die vor dem Sieg stehende Opposition schlug, und damit zu einem zügigen Machtwechsel beitrug.

Dieser Fall zeigt jedoch, dass die SCO als Organisation regionaler Stabilitätssicherung keine wichtige Rolle einnimmt. Sie nahm nicht einmal in Form einer gemeinsamen Erklärung Stellung zu den Entwicklungen in einem ihrer Mitgliedsländer. Russland handelte in eigenem Interesse und ohne gemeinsames Mandat und hat durch eigene Truppenverstärkung im Lande zwar bedingte Interventionsbereitschaft signalisiert, jedoch durch Parteinahme für die Opposition einer Zuspitzung der Lage in eigener Verantwortung entgegengewirkt.

Eine weitere kritische Begleiterscheinung der Organisationsentwicklung der SCO sind die schwierige Wirtschaftslage der monostrukturellen Rentierstaaten und die Folgen der Wirtschafts- und Finanzkrise für die wechselseitigen Beziehungen. Versuche zur besseren Koordinierung auf höchster Ebene sind seit 2009 kaum über die Verbreitung von Erklärungen hinausgekommen. Abzuwarten bleibt, ob sich die überproportional starke energiepolitische

Abhängigkeit in der gemeinsamen Zusammenarbeit gegen künftige Krisen auf Dauer hinreichend behaupten kann bzw. ob es gelingt, die wirtschaftliche Kooperation auf breitere Fundamente zu stellen und Integrationsprozesse zu fördern.

Die Shanghai Kooperation zeigt, dass die Vorteile engerer multilateraler Abstimmung inzwischen auch von Staaten anerkannt und ernst genommen werden, die sich in der Vergangenheit eher durch ein distanziertes Verhalten gegenüber einer Übernahme kollektiver Verantwortung vor allem in sicherheitspolitischen Fragen auszeichneten. Vor allem Chinas Engagement bei der Bildung der SCO ist hierfür ein beachtliches Signal, obwohl einschränkend festzuhalten bleibt, dass die tatsächliche sicherheitspolitische Kompetenz der Organisation bislang schwach geblieben ist und die gemeinsamen Positionen das Ausmaß der Koordinationsfähigkeit nationalstaatlicher Interessen widerspiegeln. Insofern ist auch ein gewisses Maß an Enttäuschung über die Verlangsamung der Organisationsentwicklung seit der Gründung im Jahr 2001 innerhalb der Mitgliedsstaaten, wie auch bei beitrittsbereiten dritten Staaten, nicht zu übersehen. Die SCO ist eher Plattform einer sicherheitspolitischen Organisation als eine tatsächliche Organisation. Für den Westen, wo die Bildung der SCO von Anfang von Misstrauen begleitet schien, China könnte eine regionale Vorherrschaft anstreben oder gar mit Russland eine neue militärische Achse schmieden, mag dies einerseits beruhigend sein. Anderseits ist die Stärkung regionaler sicherheitspolitischer Kooperation in einer Region, die von anhaltenden Gewaltkonflikten betroffen ist und in der sich mehrere Atom- und Schwellenmächte auf engem Raum befinden, überfällig und wäre auch aus globaler Warte zu begrüßen, wenn sie zu Prozessen der Vertrauensbildung und Rüstungskontrolle Türen öffnet. Die SCO könnte diesbezüglich ein wichtiger erster Schritt sein.

4. Stand der Forschung

Die Shangai-Kooperationsorganisation (SCO) hat in der sozialwissenschaftlichen Forschung bisher nur geringe Aufmerksamkeit erhalten. In der westlichen, politikwissenschaftlichen Literatur wird vor allem Historie und Aufbau der Organisation beschrieben (Linke 2009; Scheinesohn 2009). Beratende wissenschaftliche Einrichtungen bieten auch begleitende Analysen, jedoch wesentlich im Kontext der Außen- und Sicherheitspolitik Chinas (z.B. Stiftung Wissenschaft und Politik) und weniger im Zusammenhang mit der Rolle der Organisation für die regionale Sicherheit in Süd- und Zentralasien (Opitz 2002; Wacker 2001; 2002). Forschungseinrichtungen haben Internetforen mit aktuellen Analysen eingerichtet, z.B. die Arbeitsgemeinschaft Friedensforschung der Universität Kassel oder der US-amerikanische Council on Foreign Relations. In China sind vor allem die *Shanghai Institutes for International Studies* mit einschlägigen Publikationen hervorgetreten.

Literatur

Wichtige Primärquellen:

Offizielle Website der SCO (http://www.sectsco.org/, Zugriff am 31.10.2010).

Basislektüre zur SCO:

Hofmann, Katharina et al. 2007: Contrasting Perceptions: Chinese, African and European Perspectives on the China-Africa Summit, Internationale Politik und Gesellschaft, 2, S. 75-90.

Norling, Nicklas/Niklas Swanström 2007: The Shanghai Cooperation Organization, Trade, and the Roles of Iran, India and Pakistan, in: Central Asian Survey, 26:3, S. 429-444.

Opitz, Peter J. 2002: China – Der Aufstieg des Drachen. In: Ferdowsi, Mir A. (Hg.) 2002: Internationale Politik. Wilhelm Fink Verlag: München, S. 203-246.

Wacker, Gudrun 2001: Die „Shanghaier Organisation für Zusammenarbeit“: Eurasische Gemeinschaft oder Papiertiger? Stiftung Wissenschaft und Politik: Berlin.

Wacker, Gudrun 2002: Gipfeltreffen der „Shanghaier Organisation für Zusammenarbeit“: Von Worten zu Taten? Stiftung Wissenschaft und Politik: Berlin.

Aktuelle Beiträge:

CSS Analysen zu Sicherheitspolitik 2009: Die Shanghai Cooperation Organisation: Bedeutung für den Westen. Center for Security Studies: Zürich.

Linke, P. 2009: Keine NATO des Ostens: Die Schanghaier Organisation für Zusammenarbeit als eurasisches Großprojekt. Wissenschaft & Frieden, 04/2009, S. 15-18.

Scheineson, Andrew 2009: The Shanghai Cooperation Organization. Council on Foreign Relations: Washington.

Themenbereich zur SCO der AG Friedensforschung an der Universität Kassel (http://www.uni-kassel.de/fb5/frieden/themen/SOZ/Welcome.html, Zugriff am 31.10.2010).

UNDP

Julia Leininger und Silke Weinlich

Vollständige Bezeichnung:

Entwicklungsprogramm der Vereinten Nationen (*United Nations Development Programme*)

1. Entstehung, Ziele und Aufgaben

Das Entwicklungsprogramm der Vereinten Nationen (UNDP) ist ein VN-Sonderprogramm. Seit der Gründung 1965 hat es sich als Akteur in der internationalen Entwicklungszusammenarbeit etabliert und ist zentral für die Entwicklungsaufgaben der VN. Es berät Entwicklungsländer in ihrer Politikgestaltung und unterstützt sie im Aufbau von institutionellen und personellen Kapazitäten. Weil UNDP in den Augen von Entwicklungsländern über eine besondere Legitimität verfügt, kann es gerade in schwierigen oder politisierten Kontexten (Demokratisierung, Konfliktprävention, fragile Staaten) tätig werden, wo anderen Akteuren eher die Hände gebunden sind. Da UNDP über eine nahezu weltweite Präsenz (Büros in 176 Staaten) verfügt, kann es z.B. auch in Krisensituationen schnell und umfassend agieren. Als Koordinator und Dienstleister für das VN-System spielt es eine wichtige Rolle bei dem Versuch, die VN-Entwicklungszusammenarbeit kohärenter und effektiver zu gestalten.

UNDP wurde durch die VN-Generalversammlung gegründet und nahm 1966 seine Arbeit auf. Das Programm wurde ursprünglich geschaffen, um institutionelle und thematische Überlappungen im operativen Bereich der VN-Entwicklungszusammenarbeit zu überwinden. So wurden das *Expanded Programme of Technical Assistance* (EPTA) und der *Special Fund* (SF) der VN zum UNDP fusioniert. Auf der Grundlage seines ursprünglichen Mandats nahm UNDP in den 1960er und 1970er Jahren eine Schlüsselrolle in der Koordination und Finanzierung von operativen Maßnahmen des VN-Systems ein (Fues 2010). Hieraus hat sich eine Doppelfunktion entwickelt. Einerseits ist UNDP Dienstleister für VN- und andere Organisationen wie die → EU oder die → Weltbank in Entwicklungsländern. Andererseits tritt UNDP als eigenständiger Akteur der technischen Zusammenarbeit, als Ideengeber, Wissensproduzent und als Lobbyist für entwicklungspolitische Belange im nationalen und internationalen Raum auf (*advocacy*). Damit grenzt es sich von anderen internationalen Organisationen ab, deren Schwerpunkt die finanzielle Zusammenarbeit darstellt (z.B. Weltbank; Regionale Entwicklungsbanken → Abb. 4).

Übergreifendes Ziel der Arbeit des UNDP ist die Förderung menschlicher Entwicklung. Dabei deckt die Organisation ein breites Spektrum an entwicklungspolitisch relevanten Themen ab. UNDP unterliegt keinen sektoralen Einschränkungen wie andere VN-Organisationen (z.B. → UNEP, UNICEF). Im Laufe seines Bestehens verlagerte sich der Tätigkeitsschwerpunkt von UNDP von der Finanzierung entwicklungspolitischer Tätigkeiten der VN Sonderorganisationen (→ FAO, → ILO, UNESCO) hin zu eigenständigen Tätigkeiten vor allem im Bereich technischer Zusammenarbeit; vor allem seit den 1990er Jahren widmet sich UNDP ebenso der Produktion von Wissen und Ideen, um globale Entwicklungsdiskurse nachhaltig mitzugestalten (Jolly et al. 2009). Während die Ausrichtung des Programms in seinen Anfängen noch von den wirtschaftlichen Erfolgen des Marshallplans beeinflusst war, kamen mit dem Ende des Kalten Krieges auch politische Aufgaben im Bereich der Demokratieförderung auf die Agenda der Organisation (Ponzio 2004, 210). Seit den 2000er Jahren arbeitet UNDP in vier Schwerpunktbereichen, namentlich der Armutsbekämpfung (28,3% des Haushalts 2010), demokratische Regierungsführung (24,9%), Krisenprävention und Wiederaufbau (22,1%) sowie Energie und Umwelt (10,7%). Die restlichen 14% werden für Querschnittsaufgaben und HIV/Aids eingesetzt. Die Unterstützung einer Gleichberechtigung der Geschlechter und der Menschenrechte werden in allen vier Feldern als Querschnittsthemen gefördert. Zudem unterstützt UNDP Regierungen in der Anpassung an den Klimawandel und Abschwächung seiner Folgen.

Seit den 1990er Jahren kristallierten sich drei zentrale Kompetenzfelder von UNDP heraus:

- Beratung nationaler und lokaler Regierungen in Entwicklungs- und Schwellenländern;
- Analyse, *advocacy* und Wissenstransfer;
- Koordinierung nach innen und nach außen.

In seiner Beratungsarbeit zielt UNDP vor allem darauf ab, Partnerländer bei der Formulierung und Umsetzung von Entwicklungspolitik zu unterstützen z.B. bei der Entwicklung nationaler Pläne zur Umsetzung der *Millennium Development Goals* (MDG). Ein besonderer Schwerpunkt liegt dabei auf dem Auf- und Ausbau von staatlichen Institutionen, NROs und der Unterstützung des *capacity-building* von Personen. Diese Arbeit übernehmen im Wesentlichen die Büros in UNDP-Partnerländern.

Seit den 1990er Jahren trägt das Entwicklungsprogramm verstärkt mit eigenen Ideen und Analysen zum globalen Entwicklungsdiskurs bei und bietet durch seinen umfangreichen Wissenspool zu entwicklungspolitischen Themen eine Basis für den internationalen Wissenstransfer. Die Einführung des von Amartya Sen stammenden Konzepts „menschlicher Entwicklung" hat Mitte der 1990er Jahre einen hohen Stellenwert erhalten und sich mittlerweile etabliert. Es stellt – entgegen des wirtschaftszentrierten Verständnisses der Weltbank oder des → IMF – nicht die Wirtschaft, sondern den Menschen in den Mittelpunkt. Dem folgend hat UNDP den *Human Development Index* (HDI) entwickelt, der den menschlichen Wohlstand in allen VN-Mitgliedsstaaten abbilden soll. Er wird in den Berichten zur menschlichen Entwicklung (*Human Development Report*) jährlich publiziert und dient weltweit als Grundlage für entwicklungspolitische Entscheidungen. Auch nationale und regionale Berichte werden erstellt, beispielsweise bietet der von einheimischen Autoren geschriebene arabische Bericht Grundlage für Diskussionen und *advocacy* in der Region und artikuliert Politikalternativen. Zudem verfügt UNDP über eine umfassende Datenbasis, die auch dazu verwendet wird, die Umsetzung der MDGs zu messen. Auch im Bereich globaler öffentlicher Güter – Klima, Sicherheit, Gesundheit etc. – hat UNDP Akzente gesetzt.

Die Koordination der entwicklungspolitischen Aktivitäten von unterschiedlichen VN-Organisationen gehört seit dem Anfang zu den Kernaufgaben von UNDP. Mittlerweile kommt UNDP in laufenden Reformprozessen zur Steigerung der Kohärenz und Stärkung der Effektivität und Effizienz der VN-Entwicklungspolitik eine tragende Rolle zu (Müller 2010). Seit 1997 hat UNDP den Vorsitz der *UN Development Group* (UNDG), der 32 Programme, Fonds und Sonderorganisationen angehören. In diesem Rahmen obliegt UNDP sowohl auf strategischer Ebene im VN-Hauptquartier in New York als auch auf operativer Ebene im jeweiligen Partnerland die Steuerung und Umsetzung entwicklungspolitischer Abstimmungsprozesse, auch wenn seine Autorität und die Möglichkeit, Kooperation zu erzwingen, eingeschränkt bleiben. UNDP stellt die Mehrheit der *UN Resident Coordinators*, die das VN-System in einem Partnerland koordinieren und repräsentieren. Das *UN Development Operations Coordination Office* (DOCO) innerhalb UNDPs unterstützt die aus Mitgliedern aller ansässigen VN-Organisationen gebildeten Länderteams; es leistet beispielsweise Hilfe bei der Erstellung der gemeinsamen Programmrahmen (*United Nations Development Assistance Framework* UNDAF) und fördert gemeinsame Programme. Darüber hinaus übernimmt UNDP auch nach außen Koordinationsaufgaben. Im Auftrag von internationalen Gebern steuert es in steigendem Umfang Fonds und Prozesse an denen mehrere Organisationen beteiligt sind. Insgesamt verwaltet UNDP etwa 40 *Multi Donor Trust Funds* für die *UN Development Group* (UNDG).

Die Arbeit von UNDP hängt von freiwilligen Jahresbeiträgen staatlicher und nichtstaatlicher Geber ab. Die Finanzierungsmodalitäten unterscheiden sich nach dem Kernhaushalt (*regular resources*) und zweckbestimmten (*earmarked*) Zahlungen. Insgesamt sind die finanziellen Ressourcen von UNDP seit den 1990er Jahren stark angewachsen. 2010 belief sich ihr Kernhaushalt – also jener Haushaltsanteil, in dem Beiträge ihre nationale Identität verlieren und gebündelt für die Verfolgung multilateral beschlossener Prioritäten zur Verfügung stehen – auf rund US$ 1 Mrd., die zu einem Großteil von nur wenigen traditionellen Gebern beigetragen wurden (insbesondere Niederlande, Norwegen, USA und Schweden). Dieser Kernhaushalt wird nach einem Länderschlüssel auf Entwicklungsländer verteilt und auf Anfrage der jeweiligen Regierungen für die Durchführung von Programmen benutzt. Zweckgebundene Beiträge, bei denen staatliche und nichtstaatliche Geber selbst festlegen, für welche Zielsetzungen (Region, Sektor, Projekt) die Mittel eingesetzt werden, machten mit US$ 4 Mrd. einen deutlich höheren Betrag aus (Annual Report 2010/2011). Neben Staaten sind hier mittlerweile multilaterale Geber die wichtigsten Beitragszahler, am größten ist der Beitrag der Kommission der → EU mit US$ 400 Mill. (2010), gefolgt vom *Global Fund to Fight AIDS, Tuberculosis, and Malaria* mit ca. US$ 350 Mill. (2010).

2. Aufbau

UNDP ist ein Sonderprogramm der Vereinten Nationen, das zur operativen Umsetzung der von den Mitgliedsstaaten allgemein vereinbarten Ziele im Bereich globaler menschlicher Entwicklung dient. Es bildet ein Nebenorgan (*subsidiary body*) der VN-Generalversammlung und untersteht formal ebendieser und dem Wirtschafts- und Sozialrat (ECOSOC). Allen Mitgliedsstaaten der VN, ihrer Sonderorganisationen und der → IAEA steht der Zugang zu UNDP offen.

Der Exekutivrat (*Executive Board,* bis 1994: *Governing Council*) ist das politische Aufsichts- und Steuerungsgremium von UNDP. Ihm obliegt die Genehmigung strategischer Leitlinien und Pläne, des Budgets und der Länderprogramme. Er kommt jährlich zu drei Jahresversammlungen und drei Arbeitssitzungen zusammen. Der Rat hat 36 Mitglieder, die nach einem regionalen Schlüssel zusammengesetzt sind (8 Vertreter afrikanischer Staaten, 7 asiatische, 4 osteuropäische, 5 lateinamerikanische und karibische sowie 12 westeuropäische und sonstige). Zwar herrscht eine Stimmenmehrheit der Entwicklungsländer vor, doch werden Entscheidungen in der Praxis nach dem Konsensprinzip getroffen. Allerdings haben westliche Geberstaaten ein besonderes Interesse daran, dass die zu einem großen Teil von ihnen beigetragenen Mittel effektiv und effizient genutzt werden und dass die programmatische Ausrichtung mit ihren entwicklungspolitischen Prioritäten übereinstimmt. Sie üben daher informell und in den Exekutivratssitzungen großen Einfluss aus. Die Wahl der Mitglieder erfolgt durch den ECOSOC für eine Amtszeit von drei Jahren. Um Kontinuität zu gewährleisten, wird jährlich ein Drittel der Mitglieder erneuert. Häufig nehmen auch Nichtmitglieder an den Aufsichtsratssitzungen teil (Klingebiel 1999).

Die Leitung des Entwicklungsprogramms hat der/die UNDP-Administrator/in inne. Er/sie sitzt qua Amt zudem der *UN Development Group* vor. Er/sie wird nach einer Abstimmung zwischen VN-Generalsekretär und dem Exekutivrat von letzterem für eine Amtszeit von vier Jahren benannt. Diese Auswahl muss von der Generalversammlung bestätigt werden. In den ersten 33 Jahren saßen UNDP ausschließlich US-amerikanische Administratoren vor. Jedoch wurde die US-amerikanische Einflussnahme auf das wichtigste UNDP-Amt seit den 1980er Jahren zunehmend kritisiert. Erst 1999 wurde diese Tradition mit der Ernennung des Briten Marc Malloch Brown unterbrochen. Von 2000 bis 2005 folgte der türkischstämmige Administrator Kemal Dervis. Seit 2009 leitet die Neuseeländerin Helen Clark als erste Frau das Entwicklungsprogramm.

Organisatorisch zeichnet sich UNDP durch seine dezentrale Struktur aus. Neben dem Hauptquartier in New York, wo knapp 1000 Mitarbeiter tätig sind, gibt es fünf Regional- und 129 Länderbüros. Weltweit hat UNDP ungefähr 8000 nationale und internationale Mitarbeiter und beschäftigt eine weitaus größere Zahl als Experten und Berater.

3. Wandel, Reform und Bedeutung in der globalen Politik

UNDP ist – wie andere VN-Entwicklungsakteure – mit zunehmendem Veränderungsdruck konfrontiert. Dieser rührt einerseits von Problemen her, die dem System der Vereinten Nationen inhärent sind, wie etwa die Fragmentierung des historisch gewachsenen Systems auf Hauptquartier- Regional- und Länderebene. Anderseits muss UNDP auf veränderte Gegebenheiten und neues Wissen von außen reagieren.

Interne Reformen: Mehr Ergebnisorientierung

UNDP hatte in der Vergangenheit mit einem schlechten Ruf in Bezug auf die Effektivität und Effizienz seiner Entwicklungsanstrengungen zu kämpfen. Vor allem die großen Geberländer wie die USA oder Großbritannien hoben niedrige Leistungsstandards, unbefriedigende Ergebnisse und mangelhafte Rechenschaftsstrukturen hervor. Regierungen von Entwicklungsländern auf der anderen Seite schätzen die kaum konditionierte Mittelvergabe und die – im Vergleich etwa zur Weltbank – großen politischen Mitwirkungsmöglichkeiten. Sie kritisieren jedoch eine unzureichende finanzielle Ausstattung, die der Umsetzung des breiten UNDP-Mandats im Wege stehe. Seit den 1990er Jahren hat UNDP als eine der ersten VN-Organisationen interne Reformen umgesetzt (Klingebiel 1998). Es verfügt mittlerweile über eine gute interne Evaluierungsabteilung, erstattet transparent Bericht über die Verwendung der Gelder und die erzielten Erfolge und lässt sich darüber hinaus auch regelmäßig extern überprüfen – mit guten bis sehr guten Ergebnissen. Dennoch besteht sowohl in der Steigerung der Leistungsfähigkeit als auch der Ergebnisorientierung der durchgeführten Aktivitäten noch Verbesserungspotenzial, z.B. bei der Vermeidung von Doppelstrukturen, die durch wachsende Nothilfe im VN-System oder in der Demokratieförderung entstanden sind (Fues 2010).

UNDP als eigenständiger Akteur oder Durchführungsagentur

In der letzten Dekade haben sich die UNDP zur Verfügung gestellten Finanzmittel nahezu verdoppelt. Erhielt UNDP 1999 rund 2,5 Mrd. USD, so standen ihm 2009 insgesamt US$ 4,7 Mrd. zur Verfügung. Trotz des beeindruckenden Anstiegs ist UNDPs Finanzlage prekär. Dies liegt einerseits an dem Trend, Beiträge an bestimmte Zwecke zu binden, ander-erseits daran, dass der Mittelfluss schlecht vorhersagbar ist. Bis in die 1980er Jahre machten Kernbeiträge den Hauptteil des Budgets aus. Das Anwachsen des UNDP-Haushalts ist nahezu vollständig in Form von zweckgebundenen Beiträgen erfolgt. 2010 entsprachen diese rund vier Fünftel der UNDP-Beiträge. Das bedeutet, dass UNDP mittlerweile viel stärker gemäß der Logik bilateraler Entwicklungszusammenarbeit als Durchführungsagentur genutzt wird. Dies steht allerdings im Spannungsverhältnis zum multilateralen Prinzip der VN-Entwicklungszusammenarbeit, nach dem Entwicklungs- und Industrieländer gemeinsam über die Politikziele bestimmen. Auch beeinträchtigt die zunehmende Zweckbindung die Organisation in ihren strategischen Steuerungsmöglichkeiten und lenkt sie durch die Notwendigkeit von *fundraising*, Projektmanagement und kleinteiliger Berichterstattung von den eigentlichen entwicklungspolitischen Tätigkeiten ab. Zur finanziellen Planungsunsicherheit trägt auch bei, dass anders als bei EU oder Weltbank mehrjährige Finanzierungszusagen nur von einer

Handvoll Länder erfolgen. Das macht das Entwicklungsprogramm wie auch andere VN-Organisationen besonders anfällig für kurzfristige, krisenbedingte Kürzungen. Um Staaten zu verlässlicheren Beiträgen zu animieren, hat UNDP u.a. begonnen, mehrjährige Strategiepläne (z.B. Strategic Plan 2008-2011) zu formulieren, der auch die notwendigen Kernhaushaltsmittel benennt. Auch gibt es mittlerweile einige an den thematischen Schwerpunkten der Organisation ausgerichtete *trust funds*, in die Geber zweckgebunden einzahlen können, ohne die multilateral gesetzten Prioritäten zu unterlaufen.

Schärfung des entwicklungspolitischen Profils

Die Durchführung und Organisation der Entwicklungszusammenarbeit hat sich in Reaktion auf die international wachsende Anzahl und Vielfalt von Akteuren verändert. Es besteht ein Trend weg von kleinteiliger Programm- und Projektfinanzierung hin zur Vergabe von Budgethilfe und zu sektorbasierten Ansätzen, bei denen auch mit Korbfinanzierung gearbeitet wird (z.B. Gesundheit). Staaten, internationale Organisationen und zivilgesellschaftliche Akteure haben im OECD-geführten Prozess zur Wirksamkeit von Entwicklungshilfe in den Erklärungen von Paris (2005) und Accra (2008) festgestellt, dass die Komplexität des internationalen Systems der Entwicklungszusammenarbeit die Effektivität von Entwicklungspolitik beeinträchtigt. Sie haben sich unter anderem auf eine stärkere Arbeitsteilung geeinigt, die eine klarere Profilbildung einzelner Organisationen notwendig macht.

Dies stellt UNDP vor einige Herausforderungen. Geber- und Empfängerländer können zwischen einer großen Zahl möglicher Entwicklungspartner wählen. Das Entwicklungsprogramm konkurriert etwa mit privaten Akteuren, die möglicherweise flexiblere, kostengünstigere Leistungen in der Regierungsberatung anbieten können, mit der Weltbankgruppe, die mit deutlich mehr Finanzkraft in fragilen Staaten tätig ist, oder der EU, die sich weltweit in steigendem Umfang engagiert. Gleichzeitig besteht Unklarheit darüber, welche Rolle UNDP hinsichtlich der an Boden gewinnenden neuen Modalitäten der Entwicklungszusammenarbeit einnehmen kann. So verwehrten zahlreiche Länder UNDP eine Mitwirkung am Management der Budgethilfe, wenn es sich nicht auch finanziell – und sei es mit einem symbolischen Betrag – beteiligt. UNDP ist darum bemüht, das breite eigene entwicklungspolitische Profil zu schärfen, wie auch in seinen Strategieplänen ersichtlich wird. Erschwert wird dies aber nicht zuletzt durch die Zweckbindung eines Großteils der finanziellen Beiträge. Unter Helen Clark hat UNDP zudem seine Anstrengungen im Bereich Süd-Süd-Kooperation verstärkt und ist darum bemüht, sich als Vermittler von Entwicklungserfahrungen zwischen Schwellenländern wie China und Brasilien und Entwicklungsländern zu etablieren. Im Bereich neuer Finanzierungmodalitäten hat sich UNDP als Verwalter einer wachsenden Anzahl von Multi Donor Trust Funds für das VN-System positioniert.

UNDP im VN-System zur Entwicklungszusammenarbeit

Gemessen an den jährlichen entwicklungspolitisch relevanten Ausgaben ist UNDP (2008: 37% von US$ 13,6 Mrd.) noch vor UNICEF (18 %) und der WHO (11 %) die wichtigste Organisation der Entwicklungszusammenarbeit durch die Vereinten Nationen. Allerdings hat UNDP die bei seiner Gründung zugewiesenen übergreifenden Funktionen als zentrales Finanzierungs-, Koordinierungs- und Steuerungsgremium für die operativen entwicklungspolitischen Aufgaben der VN nie ausführen können. Das VN-System tritt mit rund 36 unterschiedlichen Akteuren auf und mindert so die eigene entwicklungspolitische Wirkung und Effizienz. Die Fragmentierung des VN-Systems ist ein altbekanntes Problem, das sich allerdings durch die zunehmende Zweckbindung der Finanzierung noch verschärft hat, da so die einzelnen Organisationen im Wettbewerb um knappe Ressourcen stehen. Immer wieder wurden Vorschläge zur Rationalisierung des Systems unterbreitet, die auch die Zusammenlegung von Organisationen beinhalteten. Zuletzt wurde dies 2005 in einer von Kofi Annan eingesetzten Hochrangigen Expertengruppe aufgegriffen, die die Schaffung einer einheitlichen Entwicklungssäule empfahl. Die unterschiedlichen Aufsichtsgremien sollten zu einem Rat für Nachhaltige Entwicklung zusammengefasst werden, dem der UNDP-Administrator als neuer Entwicklungskoordinator rechenschaftspflichtig wäre (Weinlich 2010). Derartig radikale institutionelle Veränderungen, die fundamentale Auswirkungen auf UNDP haben könnten, scheiterten bisher aber am Widerstand einiger Entwicklungsländer. Diese befürchteten hinter diesen Plänen eine Einflusssteigerung westlicher Geber und eine Verengung des breiten wirtschaftspolitischen VN-Mandats (Weinlich 2010).

Die Zersplitterung des VN-Systems wird zurzeit vor allem durch inkrementelle Reformmaßnahmen angegangen, die jedoch in ihrer Summe durchaus von Bedeutung sind und die Arbeitsweisen der VN-Organisationen stärker angleichen. Wichtige Schritte sind hier synchronisierte Aufsichtsratssitzungen, einheitliche Standards im Bereich Rechnungslegung, Planungen für ein Vereinheitlichung der Haushalte, oder gemeinsam durchgeführte Programme. In der engeren Zusammenführung des VN-Systems hat UNDP auch in Zukunft eine wichtige Rolle zu spielen. Dabei muss es aber auch eine Gradwanderung zwischen seinen Eigeninteressen als finanzstarkem Entwicklungsakteur und seiner Koordinierungsfunktion für das Gesamtsystem vornehmen.

4. Stand der Forschung

Das UNDP fand während seines über 60-jährigen Bestehens wenig Berücksichtigung in der sozial- und wirtschaftswissenschaftlichen Forschung. Entsprechend gering stellt sich auch die theoretische Fundierung vorliegender Studien über UNDP dar. Zum einen liegen monographische und lexikalische Überblicksarbeiten vor, in denen die Geschichte und Programmentwicklung von UNDP nachvollzogen wird (Klingebiel 2000; Craig 2006; Browne 2011). Auch im Rahmen des *UN Intellectual History Project* wurde UNDP sowohl im Kontext einer historischen Aufarbeitung der VN-Entwicklungszusammenarbeit Aufmerksamkeit geschenkt, als auch der Einfluss von UNDP auf den internationalen Entwicklungsdiskurs gewürdigt (Jolly et al. 2009; Stockke 2009). Zum anderen zielen *policy*-Analysen auf die Bewertung der Arbeit und Bedeutung des Entwicklungsprogramms in bestimmten Sektoren und Politikbereichen ab. Insbesondere die Frage, welchen Beitrag UNDP zur sozioökonomischen Entwicklung in der Dritten Welt leistet, steht hier im Vordergrund (Klingebiel 1998; Browne 2011). Sektoral überwiegen jüngst Untersuchungen zur Wirkung von UNDP auf den Zugang zu Bildung (exemplarisch vgl. Jones 2006) und in der Unterstützung von Demokratisierungsprozessen in Entwicklungsländern (exemplarisch vgl. Ponzio 2004). Ein weiterer Literaturstrang beinhaltet die Auseinandersetzung mit den von UNDP geeigneten Messmethoden zur Erfassung von Entwicklungsfortschritten, beispielsweise dem Gender-Index (Klasen 2006).

Literatur

Wichtige Primärquellen:

UNDP, Human Development Reports 1991-2009, New York.

UNDP, Annual Reports 2001-2010/2011, New York.

Basislektüre zu UNDP:

Klingebiel, Stephan 1998: Leistungsfähigkeit und Reform des Entwicklungsprogramms der Vereinten Nationen (UNDP). Köln: Deutsches Institut für Entwicklungspolitik.

Murphy, Craig 2006: The United Nations Development Programme. A Better Way?. Cambridge: Cambridge University Press.

Browne, Stephen 2011: United Nations Development Programme and System (UNDP). London: Routledge.

Aktuelle Beiträge:

Fues, Thomas 2010: Zur Wirksamkeit der Entwicklungszusammenarbeit der Vereinten Nationen, in: Jörg Faust/Susanne Neubert (Hg.): Wirksamere Entwicklungspolitik. Baden-Baden: Nomos Verlag, 403-430.

Jolly, Richard/Louis Emmerij/Thomas G. Weiss 2009: UN Ideas that Changed the World. Bloomington, Indianapolis: Indiana University Press.

Jones, Philipp 2006: UNDP and Educational Development: An Institutional Policy Analysis, in: International Journal of Educational Development 26 (2006), S. 605-612.

Klasen, Stephan 2006: UNDP's Gender-related Measures: Some Conceptual Problems and Possible Solutions, in: Journal of Human Development, 7:2, S. 243-274.

Müller, Joachim 2010: United Nations System Coordination. The Challenge of Working Together, in: Journal of International Organisation Studies, 1:1, S. 29-56.

Ponzio, Richard 2004. UNDP's Experience with Long-term Democracy Assistance, in: Newman, Edward/Roland Rich (Hg.): The UN Role in Promoting Democracy. Tokyo: United Nations University, S. 208-230.

Stokke, Olav 2009: The UN and Development. From Aid to Cooperation, Bloomington and Indianapolis: Indiana University Press.

Weinlich, Silke 2010: Die Reform der Entwicklungszusammenarbeit der Vereinten Nationen. Eine Analyse des Verhaltens und der Positionierung wichtiger Staaten gegenüber Reformoptionen. DIE Studies 55. Bonn: Deutsches Institut für Entwicklungspolitik.

UNEP

Steffen Bauer

Vollständige Bezeichnung:

Umweltprogramm der Vereinten Nationen (*United Nations Environment Programme, UNEP*)

1. Entstehung, Ziele und Aufgaben

Seit Ende der 1960er Jahre wurde der Weltöffentlichkeit zunehmend bewusst, dass viele Umweltprobleme nationalstaatliche Grenzen überschreiten und nicht unilateral zu bewältigen sind. Eingedenk dessen trat im Juni 1972 in Stockholm die Konferenz der Vereinten Nationen über die menschliche Umwelt (UNCHE) zusammen, deren nach außen hin sichtbarstes Ergebnis die Einrichtung des UNEP war.

Formal wurde UNEP im Dezember 1972 durch Resolution 2997 der VN-Generalversammlung gegründet, die somit der Empfehlung der UNCHE folgte. 1973 nahm das Programm in der kenianischen Hauptstadt Nairobi seine Arbeit auf, um die Belange zwischenstaatlicher Umweltpolitik dauerhaft im institutionellen Gefüge der Vereinten Nationen zu verankern. Zwei politisch bedeutsame Sachverhalte verdienen in diesem Kontext besondere Erwähnung. Zum einen befand die Staatenwelt es für ausreichend, ihre Umweltpolitik in einem dem Wirtschafts- und Sozialrat (ECOSOC) nachgeordneten Programm zu organisieren, mithin nicht in einer eigenständigen thematischen Sonderorganisation wie etwa der Weltgesundheitsorganisation. Zum anderen wurde mit der Entscheidung für den Standort Nairobi erstmals das Hauptquartier einer VN-Behörde an ein Entwicklungsland vergeben. Beide Entscheidungen prägen bis heute Diskussionen um die Funktionsfähigkeit und etwaige Reformen des UNEP.

Ungeachtet schwieriger institutioneller und finanzieller Rahmenbedingungen hat sich das UNEP in den vergangenen Jahrzehnten unstrittig als zentraler umweltpolitischer Pfeiler unter dem VN-Dach etabliert und bewährt. Eine Reihe hochrangiger internationaler Dokumente wie etwa die Nairobi-Deklaration des UNEP-Verwaltungsrats von 1997, der Reformbericht

„Delivering As One" von VN-Generalsekretär Kofi Annan 2006 oder zuletzt die Erklärung des Globalen Umweltministerforums von Nusa Dua 2010 haben dies jeweils explizit bestätigt. Der für die internationale Umweltpolitik zentralen Stellung des Programms entspricht auch die Vielzahl wegweisender multilateraler Umweltabkommen, die unter der Ägide des UNEP ausgehandelt wurden oder die heute von UNEP verwaltet werden (Tolba/Rummel-Bulska 1998). Dazu zählen u.a. das Washingtoner Artenschutzabkommen CITES (*Convention on International Trade in Endangered Species*) von 1973, der Mediterrane Aktionsplan zum Schutz des Mittelmeers (1975), die Wiener Konvention zum Schutz der Ozonschicht und ihr Montrealer Protokoll über ozonschädigende Substanzen (1985, 1987), die Biodiversitätskonvention CBD (1992) und das Stockholmer Abkommen über langlebige organische Schadstoffe (2001). Zudem war UNEP maßgeblich an der Einrichtung des Zwischenstaatlichen Panels über den Klimawandel (IPCC) beteiligt und darf schon deshalb als Wegbereiter der Klimarahmenkonvention (UNFCCC) von 1992 gelten.

Ziele und Aufgaben des UNEP

Die Ziele des UNEP ergeben sich aus der Herausforderung, als Anführer der internationalen Umweltpolitik zugleich die Umwelt zu schützen und nachhaltige Entwicklung zu fördern. So will UNEP „Nationen und Völkern ermöglichen, ihre Lebensqualität zu verbessern ohne die zukünftiger Generationen zu kompromittieren" (Übersetzung S.B.).

Gemäß seines in Resolution 2997 definierten Mandats soll dies vor allem durch drei Aufgaben erfüllt werden: Erstens den Zustand der Umwelt weltweit zu überwachen und dadurch das Bewusstsein für die Umweltdimension menschlicher Entwicklung zu erhöhen; zweitens zwischenstaatliche Kooperation in der Umweltpolitik anzutreiben; und drittens die internationale Umweltpolitik zu koordinieren, insbesondere im Rahmen der Vereinten Nationen. Mit dem 2005 vom UNEP-Verwaltungsrat verabschiedeten und sukzessive von der VN-Generalversammlung übernommenen Bali-Strategieplans für technologische Unterstützung und Kapazitätsaufbau wurde zudem das bis dahin allenfalls implizite Mandat zur Unterstützung der Entwicklungsländer beim Aufbau armutsrelevanter umweltpolitischer Kapazitäten auf Länderebene als vierte Aufgabe ergänzt (UNEP 2004).

Die Wahrnehmung dieser Aufgaben gelingt je nach Sichtweise und Maßstab unterschiedlich gut. In seiner Rolle als „Umweltgewissen" der Vereinten Nationen und als „Katalysator" umweltpolitischer Zusammenarbeit auf regionaler und globaler Ebene werden dem UNEP vielerorts beachtliche Erfolge bescheinigt. Der von UNEP bereits in den 1970er Jahren betriebene Aufbau eines wirksamen multilateralen Regimes zum Schutz der stratosphärischen Ozonschicht gilt gemeinhin als Paradebeispiel wirksamer globaler Umweltpolitik. Hinsichtlich der speziellen Aufgabe Wissen über Umweltveränderungen weltweit zu sammeln, auszuwerten und international zu kommunizieren verdient zudem der *Global Environment Outlook* besondere Erwähnung. In enger Zusammenarbeit mit nationalen und regionalen Partnerinstitutionen liefert UNEP damit seit 1997 regelmäßig umfassende Berichte über den Zustand der Umwelt aus regionaler und globaler Perspektive.

Bei der Koordination der internationalen Umweltpolitik steht das UNEP hingegen seit jeher vor strukturellen Herausforderungen, die sich mit dem Aufwuchs vielfältiger umweltpolitischer Institutionen und Akteure unter dem VN-Dach stetig erschwert haben (DeSombre 2006, Stephan/Zelli 2007). Die Einrichtung oder Umstrukturierung immer neuer Koordinationsgremien vermochte dies ebenso wenig zu ändern, wie die Absichtserklärungen der Mitgliedsstaaten und der um deren Zuwendung konkurrierenden VN-Behörden, etwa des VN-Entwicklungsprogramms → UNDP (Biermann/Bauer 2004).

Hinsichtlich der Rolle des UNEP im Aufbau nationaler Kapazitäten in Entwicklungsländern steht die Umsetzung des Bali-Strategieplans erst am Anfang. Bisher konzentrierten sich vergleichbare Tätigkeiten nahezu ausschließlich auf den Aufbau umweltrechtlicher Kapazitäten im Rahmen des 1981 gesondert aufgelegten Montevideo-Programms. Der Strategieplan wirft nun grundsätzliche Fragen bezüglich des Mandats des UNEP auf, das ursprünglich keine operativen Aufgaben auf nationaler Ebene vorsieht. Auch deshalb ist die Umsetzung des Bali-Strategieplans ein wichtiger Gradmesser für den Stand weiterreichender Reformdebatten.

2. Aufbau

Als Programm ist UNEP ein Nebenorgan der VN-Generalversammlung, d.h. es hat keine eigenständige Mitgliedschaft und auch keine Rechtspersönlichkeit wie etwa die Sonderorganisationen (→ Vereinte Nationen). Exekutivorgan des UNEP ist ein mit 58 Mitgliedsstaaten besetzter Verwaltungsrat (*Governing Council*), der alle zwei Jahre zusammentritt und der VN-Generalversammlung regelmäßig durch den Wirtschafts- und Sozialrat berichtet. Die im Verwaltungsrat vertretenen Mitgliedsstaaten werden einem Regionalschlüssel entsprechend für jeweils vier Jahre von der Generalversammlung gewählt (Afrika 16, Asien 13, Lateinamerika und Karibik 10, Osteuropa 6, Westeuropa und Andere 13). Zwischen den Sitzungen übt ein *Committee of Permanent Representatives* formal die Kontrolle über die Umsetzung der vom Verwaltungsrat beschlossenen Entscheidungen aus.

Die laufenden Aktivitäten des UNEP werden von einem Sekretariat mit Hauptsitz in Nairobi verwaltet, dem ein Exekutivdirektor vorsteht und das zudem mit Regionalbüros und Nebenstellen in Addis Abeba, Bangkok, Brasilia, Brüssel, Genf, Kairo, Manama, Moskau, New York, Panama City, Paris und Washington präsent ist. Die Exekutivdirektoren werden auf Vorschlag des VN-Generalsekretärs formal durch die VN-Generalversammlung für jeweils vier Jahre berufen und können von dieser für eine zweite Amtszeit bestätigt werden. Das Sekretariat selbst ist seit einer grundlegenden internen Management-Reform im Jahre 1998 nicht mehr nach sektoralen Umweltthemen sondern in sieben funktionalen Abteilungen organisiert. Sechs davon, namentlich die Abteilungen für *Early Warning and Assessment, Environmental Policy Implementation, Regional Cooperation, Environmental Law and Conventions, Communications and Public Information* sowie *Global Environment Facility Coordination* sind zentral in Nairobi angesiedelt; die Abteilung für *Technology, Industry and Economics* sitzt in Paris. Ein *Senior Management Team*, dem neben dem Exekutivdirektor, seinem Stellvertreter und seinem Büroleiter auch die sieben Abteilungsleiter angehören, dient als zentrales Steuerungsgremium des Sekretariats.

Neben der Verwaltung zahlreicher multilateraler Umweltabkommen und der damit zusammenhängenden Organisation und Durchführung der jeweiligen Vertragsstaatenkonferenzen obliegt dem Sekretariat u.a. auch die Aufrechterhaltung eines vielgliedrigen Wissensnetzwerks, auf dessen Basis es seinen Überwachungsauftrag bezüglich des weltweiten Zustands der Umwelt erfüllt. Dazu zählen die von UNEP aufgebauten Instrumente *Global Environmental Monitoring System* (GEMS) und *Global Resource Information Database* (GRID) ebenso wie eine enge Zusammenarbeit mit einschlägigen VN-Sonderorganisationen wie insbesondere der Weltmeteorologieorganisation (WMO), der Welternährungsorganisation (→ FAO) und der Weltgesundheitsorganisation (→ WHO).

Die allgemeinen Verwaltungskosten des UNEP werden aus dem ordentlichen Haushalt der Vereinten Nationen bestritten, Programmarbeit und Projektaktivitäten werden über den aus freiwilligen Mitgliedsbeiträgen gespeisten *Environment Fund* finanziert. Dessen Volumen schwankt im Zeitverlauf mitunter stark. Zwischen 1996 und 2005 standen UNEP im Durchschnitt US$ 48 Mill. jährlich aus dem *Environment Fund* zur Verfügung, bei zuletzt deutlich steigender Tendenz. Für 2009 wurde eine Rekordsumme von knapp US$ 86 Mill. zugesagt (UNEP 2010). Hinzu kommen zweckgebundene Gelder, die häufig im Rahmen bilateraler Zusagen einzelner Mitgliedsstaaten bereitgestellt werden, sowie zunehmend auch Mittel der Globalen Umweltfazilität (*Global Environment Facility*, GEF), für die UNEP seit 1994 neben → Weltbank und UNDP eine von drei hauptverantwortlichen Durchführungsorganisationen ist. Entsprechend wächst auch der Anteil der etwa 900 UNEP-Mitarbeiterinnen und Mitarbeiter, deren Stellen aus solchen extrabudgetären Mitteln finanziert werden. In den Jahren 2008 und 2009 galt dies bereits für mehr als die Hälfte (UNEP 2010).

Die breitere Basis wie der absolute Anstieg der UNEP zur Verfügung stehenden Mittel sind nicht zuletzt Ausdruck staatlicher Bemühungen, Profil und politisches Gewicht des UNEP zu stärken. In diesem Zusammenhang ist auch das Globale Umweltministerforum zu sehen, das auf Initiative des damaligen Exekutivdirektors Klaus Töpfer seit 2000 jährlich zusammentritt. Mit universeller Mitgliedschaft steht es seither dem Verwaltungsrat zur Seite, der nun wiederum in jedem zweiten Jahr am Rande des Ministerforums zu *Special Sessions* zusammentritt. Auch wenn das Globale Umweltministerforum (*Global Ministerial Environment Forum*) formal kein eigenes Organ des UNEP darstellt, kann sich der Verwaltungsrat dessen Empfehlungen schwerlich entziehen. Seine Etablierung belegt zugleich die Möglichkeiten des Sekretariats und insbesondere der Exekutivdirektoren, die internationale Umweltpolitik anzutreiben und ihre Ergebnisse zu beeinflussen (Bauer 2009).

3. Wandel, Reform und Bedeutung in der globalen Politik

In den bald vierzig Jahren seiner Existenz hat sich das UNEP zweifellos zum Dreh- und Angelpunkt der internationalen Umweltpolitik entwickelt. Gleichzeitig sieht sich die Weltöffentlichkeit immer offensichtlicheren, komplexeren und nicht zuletzt drängenderen Umweltproblemen gegenüber als dies bei der Gründung des UNEP 1972 der Fall war. Dies gilt nicht nur für den anthropogenen Klimawandel, der die Diskussionen der internationalen Umweltpolitik in den vergangenen Jahren stark dominierte, sondern auch für die ganze Bandbreite grenzüberschreitender Umweltprobleme, wie insbesondere den Verlust der Artenvielfalt, einschließlich der Überfischung der Meere, die Verknappung der weltweiten Boden- und Wasserressourcen oder die nachhaltige Entsorgung gefährlicher Chemikalien und Abfälle.

Die zwischenstaatliche Bearbeitung dieser Probleme stellen klassische Betätigungsfelder des UNEP dar, die zugleich von hoher entwicklungspolitischer Relevanz sind. Sie sollen auch angesichts der drängenden klimapolitischen Erfordernisse oder der globalen Finanzkrise nicht aus dem Blick geraten. Ziele und Mandat des UNEP haben insofern nichts von ihrer Aktualität verloren. Sein begrenzter Wirkungsbereich, wie auch die strukturellen und institutionellen Defizite der internationalen Umweltpolitik treten aber immer deutlicher zutage. Es ist daher kein Zufall, dass die Debatten über institutionelle Reformen der VN-Umweltpolitik und speziell die Rolle des UNEP praktisch so alt sind wie die internationale Umweltpolitik selbst (Biermann/Bauer 2005).

Mit Blick auf die 2012 anstehende VN-Konferenz über Nachhaltige Entwicklung (UNCSD) – in Anspielung auf die 1992 in Rio de Janeiro als „Erdgipfel" abgehaltene VN-Konferenz über Umwelt und Entwicklung (UNCED) kurz „Rio+20" tituliert – erfährt die Diskussion konkreter Reformoptionen gegenwärtig verstärkte Aufmerksamkeit. Tatsächlich gilt „Rio+20" vielerorts als absehbar letzte Gelegenheit für eine umfassende Organisationsreform der globalen Umweltarchitektur (Bauer et al. 2011). Dabei ist unstrittig, dass die Umweltpolitik der VN angesichts institutioneller Zersplitterung, des Bedeutungszuwachses großer Schwellenländer und der ökologisch gebotenen Dringlichkeit zu handeln umfassender Reformanstrengungen bedarf. Wie diese aussehen sollten bleibt unterdessen Gegenstand vielschichtiger politischer Diskussionen und zwischenstaatlicher Verhandlungsprozesse, die weit über das Themenfeld der Umweltpolitik hinausreichen.

Viele Befürworter einer starken VN-Umweltpolitik plädieren für eine auf dem UNEP aufbauende Umweltsonderorganisation. Allerdings sind ähnliche Initiativen in der Vergangenheit wiederholt an zwischenstaatlichen Interessengegensätzen gescheitert. Zugleich zeichnet sich ein breiter Konsens ab, grundsätzlich mehr Geld für die Umweltinstitutionen der Vereinten Nationen zu mobilisieren, die wissenschaftlichen Grundlagen ihrer Arbeit weiter zu verbessern und ihre Aktivitäten stärker als bisher zu bündeln und zu koordinieren. Wie dies am besten erreicht werden kann bleibt speziell zwischen Industrie- und Entwicklungsländern umstritten. Wesentlicher Knackpunkt jedweder Reformen wird die normative und institutionelle Ausgestaltung der notwendigen Verbindung von globalen Umweltschutzinteressen mit nationalen Entwicklungszielen und die Frage eines gerechten Lastenausgleichs zwischen den Hauptverursachern und den Hauptbetroffenen globalen Umweltwandels bleiben. Dies hat sich seit der Stockholmer Konferenz von 1972 und der das Paradigma „nachhaltiger Entwicklung" bestimmenden Rio-Konferenz von 1992 nicht grundlegend geändert.

Ein entscheidender Unterschied zu früheren Jahrzehnten besteht gleichwohl darin, dass die Entwicklungserfolge der aufstrebenden Schwellenländer wie Brasilien, China oder Indien inzwischen zu einem maßgeblichen Treiber regionalen und globalen Umweltwandels geworden sind. Während ihre Mitwirkung für die Lösung globaler Umweltprobleme also unabdingbar ist, verfügen sie in der Regel noch nicht über die umweltpolitischen Kapazitäten der reichen Industrieländer. Bei den armen Entwicklungsländern fehlt es zudem weiterhin an finanziellen Mitteln. Deshalb, wie auch durch ihre historische Verantwortung als Hauptverursacher praktisch aller globalen Umweltprobleme, sind weiterhin speziell die Industrieländer gefordert, bedürftigen Ländern im Rahmen der multilateralen Umweltpolitik angemessene finanzielle, technische und administrative Hilfestellung zu geben. Der Bali-Strategieplan des UNEP bietet den Entwicklungsländern hier zumindest eine Messlatte für die Glaubwürdigkeit der Industrieländer. Sie werden ihre Zustimmung zu weiter reichenden institutionellen Reformen nicht zuletzt von der Umsetzung bereits getroffener Vereinbarungen abhängig machen.

All dies zeigt, dass institutionelle Reformen des UNEP allein die zu Grunde liegenden politischen Probleme nicht auflösen können. Wie auch immer die Umweltpolitik der VN zukünftig organisiert sein wird: echte Fortschritte bei der Lösung der mannigfaltigen Umweltprobleme der Welt werden einen größeren politischen Willen seitens der Mitgliedsstaaten und eine entsprechende gesellschaftliche Unterstützung ebenso erfordern, wie eine Überwindung des vermeintlichen Gegensatzes von Umweltschutz und wirtschaftlicher Entwicklung.

4. Stand der Forschung

Das Umweltprogramm der Vereinten Nationen (*United Nations Environment Programme*, UNEP) ist nur selten unmittelbarer Gegenstand wissenschaftlicher Literatur. So bleibt die Zahl der Forschungsarbeiten überschaubar, die sich explizit mit UNEP als Institution oder als Akteur internationaler Politik befassen (Ivanova 2007; Bauer 2009). Zumeist handelt es sich dabei um Arbeiten aus dem Bereich der Internationalen Beziehungen und des Umweltvölkerrechts, z.T. auch aus der Umweltpolitikanalyse. Speziell die institutionalistische Forschung über Entstehung, Wandel und Wirksamkeit internationaler Umweltregime analysiert Politikprozesse und Akteurskonstellationen, in denen das UNEP häufig von hoher empirischer Relevanz ist. Viele regimeanalytische Fallstudien erklären z.B. die instrumentelle Rolle, die das UNEP in zwischenstaatlichen Aushandlungsprozessen häufig einnimmt. Andere beleuchten vor allem die Rolle des UNEP bei der Wissensvermittlung und als *agenda-setter* der globalen Umweltpolitik. Eine weitaus größere Zahl eher anwendungsorientierter und politikberatender Studien befasst sich unterdessen intensiv mit UNEP im Kontext wiederkehrender Reformdiskussionen über die institutionelle Architektur der globalen Umweltpolitik (Biermann/Bauer 2005).

Literatur

Wichtige Primärquellen

UNEP (2004): Bali Strategic Plan for Technology Support and Capacity-building. UN Doc. EP/GC.23/6/Add.1 of 23 December 2004. Nairobi: United Nations.

UNEP (2010): Annual Report 2009. Seizing the Green Opportunity. Nairobi: United Nations.

United Nations General Assembly (1972): Resolution 2997 (XXVII). UN Doc. A/RES/27/2997 of 15 December 1972. New York: United Nations.

United Nations General Assembly (1998): Report of the UN Task Force on Environment and Human Settlements. Annex to the Report of the Secretary-General on Environment and Human Settlements. UN Doc. A/53/463 of 6 October 1998. New York: United Nations.

Basislektüre zu UNEP

Bauer, Steffen 2009: The Secretariat of the United Nations Environment Programme: Tangled Up in Blue, in: Biermann, Frank/Bernd Siebenhüner (Hg.), Managers of Global Change. The Influence of International Environmental Bureaucracies. Cambridge, MA: MIT Press, S. 169-201.

Bauer, Steffen et al. 2011: Now is the Time! Why „Rio+20" Must Succeed. Bonn: Deutsches Institut für Entwicklungspolitik.

Biermann, Frank/Steffen Bauer 2004: United Nations Development Programme (UNDP) and United Nations Environment Programme (UNEP). Externe Expertise für das WBGU-Hauptgutachten „Welt im Wandel: Armutsbekämpfung durch Umweltpolitik", Berlin: Wissenschaftlicher Beirat der Bundesregierung Globale Umweltveränderungen (WBGU).

Biermann, Frank/Steffen Bauer (Hg.) 2005: A World Environment Organization: Solution or Threat for Effective International Environmental Governance?. Aldershot, UK: Ashgate.

DeSombre, Elizabeth R. 2006: Global Environmental Institutions. London: Routledge

Ivanova, Maria 2007: Designing the United Nations Environment Programme: a story of compromise and confrontation, in: International Environmental Agreements: Politics, Law and Economics, 7:3, S. 337-361.

Stephan, Hannes R./Fariborz Zelli 2007: International Organizations and the Global Environment, in: Okereke, Chukwumerije (Hg.): The Politics of the Environment: A Survey. London: Routledge, S. 52-70.

Tolba, Mostafa K./Iwona Rummel-Bulska 1998: Global Environmental Diplomacy: Negotiating International Environmental Agreements for the World, 1973-1992. Cambridge, MA: MIT Press.

VN

Johannes Varwick

Vollständige Bezeichnung:

Vereinte Nationen, VN/UNO (*United Nations*, UN)

1. Entstehung, Ziele und Aufgaben

Die Entstehung der Vereinten Nationen war auf das Engste mit den Erfahrungen des Zweiten Weltkriegs verknüpft. Die Vorläuferorganisation, der nach dem Ersten Weltkrieg gegründete Völkerbund, war nicht in der Lage gewesen, Krieg und Gewalt aus den internationalen Beziehungen zu verdrängen. Für diese Schwäche des Völkerbundes waren mehrere Gründe maßgeblich, von unzureichenden normativen Bestimmungen über mangelnde Befugnisse der Organisation bis hin zu dem Umstand, dass zentrale Mächte nicht Mitglied wurden (wie die USA), ausgeschlossen wurden (wie die Sowjetunion nach dem Überfall auf Finnland 1939) oder austraten (wie das Deutsche Reich oder Japan). Die Organisation der Vereinten Nationen (VN) hat 65 Jahre nach ihrer Gründung (am 24. Oktober 1945 trat die am 26. Juni 1945 in San Francisco unterzeichnete Charta der VN in Kraft) ihre Zusammensetzung und Tätigkeitsfelder erheblich ausgeweitet, ohne dass es bisher zu grundlegenden Änderungen in der Charta selbst gekommen wäre. Von damals 51 Gründerstaaten ist sie auf 192 Staaten angewachsen (Stand: Sommer 2010). Und von einer Organisation, die in erster Linie den Krieg als Mittel der Politik ächten sollte, ist sie zu einem globalen Forum geworden, in dem alle grundlegenden Weltprobleme diskutiert und zum Teil einer Lösung näher gebracht werden. In der internationalen Politik besteht gleichwohl weitgehender Konsens darüber, dass die VN reformiert werden müssen, weil Strukturen und Verfahren nicht mehr den weltpolitischen Realitäten des 21. Jahrhunderts entsprechen. Gleichzeitig wird in internationalen Debatten und von zahlreichen politischen Akteuren von den VN zunehmend das Füllen einer ordnungspolitischen Lücke in der globalisierten Welt verlangt. Dieser Widerspruch zwischen den realen Möglichkeiten und den hochgesteckten Erwartungen erzeugt ein Klima der Überforderung und bewirkt oft ungerechte Bewertungen der wichtigen Arbeit der VN.

Ziele, Grundsätze und Aufgaben der VN

Die multidimensionale Arbeit der VN lässt sich – abgesehen von Zuständigkeiten in weiteren Materien samt angrenzender Politikfelder – in insgesamt drei Hauptfelder einteilen: erstens Aufgaben im Bereich der Sicherung des Weltfriedens und der internationalen Sicherheit, zweitens Aufgaben im Bereich des Menschenrechtsschutzes und der Fortentwicklung des Völkerrechts und drittens Aufgaben in den Bereichen Wirtschaft, Entwicklung und Umwelt. Nach den Erfahrungen mit dem Völkerbund, vor dem Hintergrund zweier Weltkriege, massiver Verletzungen der Menschenrechte sowie der fatalen Folgen der Weltwirtschaftskrise in den 1930er Jahren wurde mit den VN ein neuer Versuch zur Regulierung des internationalen Systems und zur Schaffung von dauerhafter Sicherheit unternommen. „Fest entschlossen, künftige Geschlechter von der Geißel des Krieges zu befreien", sollten Bedingungen geschaffen werden, unter denen „Gerechtigkeit und die Achtung vor den Verpflichtungen aus Verträgen (…) gewahrt werden können, den sozialen Fortschritt und einen besseren Lebensstandard in größerer Freiheit zu fördern" (Präambel der VN-Charta). In Artikel 1 der Charta, die insgesamt 111 Artikel in 19 Kapiteln umfasst, setzt sich die Weltorganisation vier programmatische Hauptziele:

- den Weltfrieden und die Internationale Sicherheit zu wahren und zu diesem Zweck wirksame Kollektivmaßnahmen zu treffen, um Bedrohungen des Friedens zu verhüten und zu beseitigen, Angriffshandlungen und andere Friedensbrüche zu unterdrücken und internationale Streitigkeiten oder Situationen, die zu einem Friedensbruch führen könnten, durch friedliche Mittel nach den Grundsätzen der Gerechtigkeit und des Völkerrechts zu bereinigen oder beizulegen;
- freundschaftliche, auf der Achtung vor dem Grundsatz der Gleichberechtigung und Selbstbestimmung der Völker beruhende Beziehungen zwischen den Nationen zu entwickeln und andere geeignete Maßnahmen zur Festigung des Weltfriedens zu treffen;
- eine internationale Zusammenarbeit herbeizuführen, um internationale Probleme wirtschaftlicher, sozialer, kultureller und humanitärer Art zu lösen und die Achtung vor den Menschenrechten und Grundfreiheiten für alle ohne Unterschied der Rasse, des Geschlechts, der Sprache oder der Religion zu fördern und zu festigen;
- ein Mittelpunkt zu sein, in dem Bemühungen der Nationen zur Verwirklichung dieser gemeinsamen Ziele aufeinander abgestimmt werden.

Neben diesen allgemeinen Zielen schreibt die Charta eine Reihe von Grundsätzen vor, die eng mit den dargestellten Zielen verschränkt sind. So beruhen die VN auf dem Grundsatz der souveränen Gleichheit aller ihrer Mitglieder, dem Prinzip der friedlichen Beilegung von Streitigkeiten und dem Gewaltverbot (von dem lediglich die vom Sicherheitsrat autorisierten Zwangsmaßnahmen und die individuelle bzw. kollektive Selbstverteidigung ausgenommen sind), der grundsätzlichen Beistandspflicht gegenüber der Weltorganisation und dem – inzwischen umstrittenen – Verbot der Einmischung in „die Angelegenheiten, die ihrem Wesen nach zur inneren Zuständigkeit eines Staates gehören" (Art. 2 Abs. 7). Die rechtliche Einordnung der Ziele und Grundsätze ist aber in mehrfacher Hinsicht unklar. Erstens ist der Grad an Verbindlichkeit bzw. sind die Folgen bei Verstößen nicht präzise beschrieben, zweitens ist eine Prioritätensetzung hinsichtlich der Ziele aus der Charta nicht direkt ableitbar und drittens ist die Kompetenzzuweisung an einzelne Organe und damit die Zuständigkeitsregelung interpretationsfähig, d.h. es besteht ein breiter Spielraum, wie mit den Regelungen umgegangen wird. So ist die flexible Formulierung der Ziele und Grundsätze Chance und Gefahr zugleich.

2. Aufbau

Das System der VN besteht aus verschiedenen z.T. selbstständigen, dezentralen Organisationen und Programmen mit jeweils eigenen Satzungen, Mitgliedschaften, Strukturen und Haushalten. Die meisten Darstellungen über die VN enthalten ein Organigramm mit einer Art zentraler Blüte in der Mitte, deren Ausgangspunkt die Generalversammlung ist und deren Blütenblätter die fünf weiteren Hauptorgane darstellen. Von der Blüte gehen strahlenförmige Linien ab, die die Abhängigkeit einer Vielzahl kleiner Einheiten von diesem Ausgangspunkt anzeigen sollen. Eine solche Darstellung erweckt jedoch den falschen Eindruck, die VN lenkten eine Vielzahl kleinerer, untergeordneter Organisationen. Wenn in der Fachliteratur vom „VN-System" oder gar von der „VN-Familie" gesprochen wird, so ist dies richtig hinsichtlich der Beschreibung des umfangreichen Netzes von Institutionen, das die VN im Laufe ihrer Geschichte ausgebildet haben. Es verschleiert jedoch die mangelnde Abstimmung innerhalb und zwischen diesen Einheiten sowie die realen Machtstrukturen, bei denen die Mitgliedsstaaten eine entscheidende Rolle spielen.

Entscheidungsprozesse

Gemäß der Charta hat sich die Kernorganisation im System der VN, die eigentliche internationale Organisation „Vereinte Nationen", fünf Hauptorgane gegeben (ein weiteres Hauptorgan, der Treuhandrat, hat seine Arbeit inzwischen eingestellt), die für die Entscheidungsprozesse maßgeblich sind:

Die Generalversammlung (GV) ist das einzige Hauptorgan, das aus Regierungsvertreter/innen der inzwischen 192 Mitgliedsstaaten der Organisation besteht, die je eine Stimme haben (Prinzip des „one state – one vote"). Sie nimmt eine organisatorisch-institutionelle Zentralstellung im System der VN ein und entscheidet über die Zusammensetzung der anderen Hauptorgane, übt Kontrolle über Haushalt und Administration der VN aus und kann nach Art. 10 der Charta alle Fragen und Angelegenheiten erörtern, die – sofern sie nicht im Sicherheitsrat anhängig sind – in den Rahmen der Charta fallen oder die Befugnisse und Aufgaben der Sonderorganisationen betreffen. Sie kann entsprechende Empfehlungen an die Mitglieder der VN oder an den Sicherheitsrat oder an beide richten. Von besonderer Bedeutung sind die zahlreichen Nebenorgane der Generalversammlung, die von ihr zur Wahrnehmung spezieller Tätigkeiten eingesetzt werden. Größtenteils handelt es sich um Spezialorgane zur Finanzierung (die über freiwillige Beitragsleistungen erfolgt) und Durchführung von entwicklungspolitischen Hilfsprogrammen (→ UNDP), von humanitären und umweltpolitischen Programmen sowie von Ausbildungs- und Forschungsaktivitäten.

Der Sicherheitsrat (SR) besteht aus 15 Mitgliedern, davon fünf Ständige (China, Frankreich, Großbritannien, Russland, USA) und zehn Nichtständige, die nach einem regionalen Schlüssel für zwei Jahre von der Generalversammlung mit Zweidrittelmehrheit gewählt werden. Er hat die Hauptverantwortung für die Wahrung des Weltfriedens und der internationalen Sicherheit (Art. 24 Abs. 1 Charta). Die politische Bedeutung der fünf ständigen Mitglieder ist verstärkt durch das Vetorecht. Mit Ausnahme von Verfahrensfragen bedürfen Beschlüsse des Sicherheitsrats der Zustimmung von neun Mitgliedern einschließlich sämtlicher ständiger Mitglieder. Der Sicherheitsrat ist das einzige Organ, das Entscheidungen treffen kann, die formal für alle VN-Mitglieder bindend sind. Der Sicherheitsrat kann zudem Nebenorgane einsetzen.

Der Wirtschafts- und Sozialrat (ECOSOC) besteht aus 54 Mitgliedern, von denen alljährlich 18 von der Generalversammlung für eine dreijährige Amtszeit gewählt werden, wobei ausscheidende Mitglieder unmittelbar wiedergewählt werden können. Die Aufgaben des Rats (Art. 62-66 Charta) sind äußerst vielfältig und umfangreich: Er kann international vergleichende Untersuchungen u.a. zu wirtschaftlichen, sozialen, kulturellen, humanitären Fragen durchführen oder anregen sowie Empfehlungen an die Generalversammlung, die VN-Mitglieder oder an zuständige Sonderorganisationen der VN richten. Er stellt das Bindeglied zu Sonderorganisationen mit eigener Mitgliedschaft und eigenem Haushalt (u.a. → FAO, UNESCO, → IBRD [Weltbank], → ILO, → WHO, → IWF) dar. Diese Sonderorganisationen sind durch Abkommen mit der VN verbunden und bilden zusammen mit den fünf Hauptorganen und den Spezialorganen das VN-System. Um seine umfangreichen Aufgaben bewältigen zu können, besitzt der Rat eine Vielzahl von Nebenorganen, zu denen u.a. ständige Ausschüsse, fünf regionale Wirtschaftskommissionen, funktionale Kommissionen sowie Expertengremien gehören.

Der Internationale Gerichtshof mit Sitz in Den Haag ist zwar den anderen Hauptorganen gleichgestellt (Art. 7 Charta), besitzt faktisch aber innerhalb des VN-Systems eine unabhängige Stellung. Der IGH besteht aus 15 unabhängigen Richter/innen verschiedener Staatsangehörigkeit, die von der Generalversammlung und vom Sicherheitsrat in getrennten Wahlgängen auf neun Jahre gewählt werden, wobei die Vertretung der großen Kulturkreise und der hauptsächlichen Rechtssysteme der Welt zu gewährleisten ist. Der IGH ist ein Gericht (mit einer Instanz) zur Entscheidung von Rechtsstreitigkeiten zwischen Staaten; er kann nur dann tätig werden, wenn die Staaten seine Gerichtsbarkeit gegenseitig anerkannt haben. Sie können dies allgemein oder für bestimmte Fälle tun (Art. 36 IGH-Statut). Ferner kann er Rechtsgutachten auf Ersuchen des Sicherheitsrats, der Generalversammlung oder von Sonderorganisationen (mit Genehmigung durch die GV) erstellen.

Das Sekretariat ist das fünfte Hauptorgan der VN und steht damit auf der gleichen Stufe wie die anderen Hauptorgane. Der/die Generalsekretär/in ist der höchste Verwaltungsbeamte der Organisation (Art. 97 Charta). Vergangene Generalsekretäre waren Trygve Lie [Norwegen], 1946-1953; Dag Hammarskjöld [Schweden], 1953-1961; U Thant [Burma], 1961-1971; Kurt Waldheim [Österreich], 1972-1981; Javier Pérez de Cuéllar [Peru], 1982-1991; Boutros Boutros-Ghali [Ägypten], 1992-1996; Kofi Annan [Ghana], 1997-2006. Seit 2007 ist es Ban Ki-Moon [Südkorea]. Der/die Generalsekretär/in erstattet der Generalversammlung alljährlich einen Bericht über die Tätigkeit der VN, der ihm/ihr die Möglichkeit bietet, die aktuellen Weltprobleme im Rahmen der Organisation zu thematisieren. Ferner kann er/sie nach Art. 99 Charta die Aufmerksamkeit des Sicherheitsrats auf jede Angelegenheit lenken, die seiner

/ihrer Meinung nach die Wahrung des Weltfriedens und der internationalen Sicherheit gefährdet. Das in der Phase des Ost-West-Konflikts entwickelte Instrumentarium der friedenserhaltenden Aktionen („Blauhelme"), das in der Charta nicht enthalten ist, machte ihn/sie schließlich verantwortlich für die VN-Friedensoperationen.

Eine wichtige Rolle für die Entscheidungsfindung, insbesondere bei den Wahlen der VN-Organe mit begrenzter Mitgliedschaft (wie die nichtständigen Mitglieder im SR, oder die Mitgliedschaft im Menschenrechtsrat), spielen die fünf Regionalgruppen (Westeuropa und andere, Osteuropa, Lateinamerika und Karibik, Asien, Afrika). Dabei wird die Zahl der Sitze auf die Regionalgruppen verteilt und diese bestimmen dann deren Vertreter/in, der/die dann bestätigt werden muss. Darüber hinaus existieren eine unüberschaubare Vielzahl an funktionalen Ausschüssen, Untergruppen und Komitees, die entweder von der Generalversammlung, dem Sicherheitsrat oder dem ECOSOC eingesetzt werden können. Neben diesen Organen spielen informelle Staaten-, Freundes- und Kontaktgruppen im VN-System eine wichtige Rolle.

Finanzierung

Finanziert werden die Aufgaben der VN durch Pflichtbeiträge der Mitglieder zum ordentlichen Haushalt (für die Zweijahresperiode 2010/11 US$ 5,2 Milliarden; die USA sind mit 22% größter Beitragszahler vor Japan mit 12,5% und Deutschland mit 8%) und zu den gesonderten Haushalten für Friedensoperationen sowie durch freiwillige Leistungen an einzelne Programme, Sonderorganisationen und Spezialorgane. Die Beiträge müssen formal „on time, in full and without preconditions" von den Mitgliedsstaaten gezahlt werden. Auch wenn dem gesamten VN-System jährlich etwa zehn Milliarden US-Dollar zur Verfügung stehen, besteht ein Missverhältnis zwischen den der VN übertragenen Aufgaben und der Bereitschaft, dafür finanzielle Ressourcen zu mobilisieren. So leiden die VN unter ausstehenden Mitgliedsbeiträgen und Beiträgen zur Friedenssicherung in beträchtlicher Höhe. Art. 19 der Charta böte mit dem Entzug des Stimmrechts in der Generalversammlung de iure ausreichende Sanktionsmaßnahmen für zahlungsunwillige Mitglieder. Politisch durchsetzbar sind sie, realistisch betrachtet, nicht. Als Weg aus der permanenten Finanzkrise wird etwa die Einrichtung von Reservefonds diskutiert, auf die bei Bedarf schnell zurückgegriffen werden kann. Andere Vorstellungen gehen in Richtung einer Art „Weltsteuer" für die VN, die etwa von Abgaben auf Waffengeschäfte und Devisentransaktionen oder die Nutzung des Weltraumes bzw. der Ozeane bezahlt werden könnten. Wegen der Ablehnung wichtiger VN-Staaten ist diesen Plänen aber keine Realisierungschance einzuräumen. Der VN-Generalsekretär wird sich darauf beschränken müssen, an die Mitglieder zu appellieren, ihre Zahlungsverpflichtungen ernst zu nehmen.

3. Wandel, Reform und Bedeutung in der globalen Politik

Die Frage, ob und wie die VN reformierbar sind, richtet sich an erster Stelle an die Mitgliedsstaaten, weil nur sie die Macht haben, Veränderungen durchzusetzen. Die VN sind insofern eine klassische intergouvernementale Organisation, d.h. sie können nur so weit agieren, wie es die sie tragenden Staaten nach Abwägung der eigenen Interessen gestatten. Zu unterscheiden ist zwischen internen Organisationsrechtsreformen, die sich ohne Änderungen der Charta verwirklichen lassen und „Verfassungsänderungen", die eine Chartaänderung erfordern. Die Hürden für Letztere sind extrem hoch – neben einer Zweidrittelmehrheit in der Generalversammlung und der Ratifizierung durch eine entsprechende Mehrheit von Mitgliedsstaaten hat jedes der ständigen Mitglieder im Sicherheitsrat ein Vetorecht gegen Chartaänderungen. Viele der seit Jahren diskutierten Themen sind deshalb vertagt und damit auf die lange Bank geschoben worden. In verlässlicher Regelmäßigkeit steht deshalb immer wieder ein Teil der Reformvorschläge auf der Tagesordnung diverser Arbeitsgruppen der Generalversammlung und des Sicherheitsrats, ohne dass ein Konsens in Sicht wäre.

In verschiedenen Reformberichten forderte der damalige Generalsekretär Kofi Annan, die Mitgliedsstaaten müssten die VN besser auf die Herausforderungen der Globalisierung einstellen, und nannte dabei insbesondere drei strategische Prioritätsbereiche: Freiheit vor Not („Entwicklungsagenda"), Freiheit vor Furcht („Sicherheitsagenda") und Schaffung einer ökologisch bestandsfähigen Zukunft („Umweltagenda"). Im März 2005 hatte Annan – nach intensiver Beratung durch verschiedene Expert/innengremien, die jeweils im Auftrag des Generalsekretärs eine Bestandsaufnahme in wichtigen Tätigkeitsbereichen der VN vorlegen sollten – einen Reformplan mit dem Titel „In größerer Freiheit: Auf dem Weg zu Entwicklung, Sicherheit und Menschenrechten für alle" vorgelegt, der die umfassendste Reform der VN in ihrer Geschichte zum Ziel hatte. Doch von den Berichten blieb nach den Diskussionen in den Mitgliedsstaaten sowie den Entscheidungen anlässlich des 60-jährigen Jubiläums der VN im September 2005 in der Generalversammlung nicht viel übrig. Politische Bedeutung in dem Sinne, dass die zahlreichen Ideen in ganz unterschiedlichen Tätigkeitsfeldern aufgegriffen und umgesetzt worden wären, haben sie bis auf weiteres nicht. Die Reformdebatte konzentriert sich dabei mit unterschiedlichen Realisierungschancen auf drei Bereiche (Varwick/Zimmermann 2006).

Reform des Sicherheitsrates

Unabhängig von der Zielvorstellung formulieren sämtliche Reformvorschläge deutliche Kritik an der Zusammensetzung dieses zentralen Gremiums, das nach Art. 24 der Charta zuständig für die Wahrung des Weltfriedens und der internationalen Sicherheit ist. Die Mehrheit der VN-Staaten hält die Zusammensetzung und die Privilegien der fünf ständigen Mitglieder für undemokratisch und angesichts der weltpolitischen Realitäten des 21. Jahrhunderts auch für anachronistisch. Eine Erweiterung ist aber aus mindestens zwei Gründen schwierig: Zum einen gibt es zwischen „Nord" und „Süd" keinen Konsens über die Kriterien für einen ständigen Sitz. Insbesondere Deutschland und Japan argumentieren mit ihrer Wirtschaftskraft, während andere auf die Größe ihrer Bevölkerung hinweisen (so hat allein Indien dreimal mehr Einwohner als die gesamte → EU). Zum anderen bedarf eine veränderte Zusammensetzung nach Art. 108 und 109 einer Chartaänderung, die nur mit zwei Dritteln der Stimmen der Generalversammlung und der Zustimmung aller ständigen Mitglieder des Sicherheitsrats erreichbar ist. Trotz einer erheblichen Intensivierung der Reformdebatte seit

Beginn der 1990er Jahre ist bislang keine Formel gefunden worden, die eine konsensfähige Grundlage für eine Reform des Weltsicherheitsrats beinhaltet.

Die Suche nach einer gangbaren Sicherheitsratsreform wird neben hohen institutionellen Erfordernissen der Charta auch durch eine dreifache inhaltliche Anforderung erschwert: Erstens soll die Repräsentativität verbessert werden (Erhöhung der Mitgliederzahl, um einen repräsentativen Querschnitt aller Weltregionen zu erreichen), zweitens soll die Legitimität verbessert werden (Schaffung eines möglichst „demokratischen“ Entscheidungsfindungsmechanismus), und drittens soll die Effektivität erhöht werden (Verbesserung der Entscheidungsfindung und der Chance auf Befolgung der Beschlüsse). Im Vorfeld zu dem Gipfeltreffen im Herbst 2005 bekam die Reformdebatte eine bis dahin beispiellose Dynamik. Zahlreiche Staaten meldeten ihre Ansprüche an und wollten eine Entscheidung bis zum Gipfeltreffen im September 2005 erzwingen. Der Erfolg dieser Initiativen blieb allerdings aus und so sind die Bemühungen um eine Reform des Sicherheitsrats wohl auf absehbare Zeit gescheitert. In dem Abschlussdokument des Gipfeltreffens vom September 2005 wird lediglich bekräftigt, dass die Mitgliedsstaaten dem Sicherheitsrat die Hauptverantwortung für die Wahrung des Weltfriedens und der internationalen Sicherheit übertragen haben und eine baldige Reform unterstützt wird, um ihn repräsentativer, effizienter und transparenter zu gestalten und somit seine Wirksamkeit und die Legitimität und die Durchführung seiner Beschlüsse weiter zu verbessern. Zudem sollen die Arbeitsmethoden so angepasst werden, dass die Transparenz erhöht wird.

Kompetenzausweitung, Schaffung neuer Organe und Einbeziehung neuer Akteure

Für die Schaffung neuer Organe wird angeführt, dass in den bestehenden Strukturen kein wirkungsvolles Organ zur Koordinierung der Aktivitäten in Wirtschafts-, Finanz- und Sozialfragen vorhanden ist. Vor allem die Bretton-Woods-Organisationen → Weltbank und IWF sind bisher unzureichend in die VN-Politik der nachhaltigen Entwicklung (*sustainable development*) eingebunden. Das Konzept der nachhaltigen Entwicklung ist zentrales Leitbild der umwelt- und entwicklungspolitischen Arbeit der VN. Im Idealfall sollen dabei die Bedürfnisse der Gegenwart auf eine Art und Weise befriedigt werden, mit der die Möglichkeit künftiger Generationen, ihre eigenen Bedürfnisse zu befriedigen, nicht verbaut wird. In dieser Ausweitung der Zuständigkeit der VN spiegelt sich zum einen der bereits analysierte Wandel des Sicherheitsbegriffes wider, zum anderen zeigt sich darin auch die Flexibilität in der Konstruktion des VN-Systems, bei Interesse aller Mitgliedsstaaten auch ohne Chartaänderungen auf neue Herausforderungen zu reagieren. Gleichwohl hat der ECOSOC nur geringe Kompetenzen entfalten dürfen und die ihm in der Charta zugewiesene Funktion einer zentralen Koordinierungsinstanz im Bereich der Weltwirtschaft, der Umwelt und der Entwicklung nicht erfüllt. Weder er noch die ihm zugeordneten Sonderorganisationen haben effektive Beiträge zur Bekämpfung des Nord-Süd-Gefälles und der globalen Umweltzerstörung leisten können. Mehrere Reformvorschläge zielen darauf ab, anstelle des ECOSOC – analog zum SR – einen Wirtschaftsrat zu gründen, der die Probleme zwischen Nord und Süd mit hoher Kompetenzzuweisung und Legitimation entschärfen soll (Schröder/Stetten 2010). Ziel einer grundlegenden Reform in diesem Bereich müsste es sein, dass Staaten aus allen Erdteilen an den Beratungen und Entscheidungen teilnehmen können, die heute in der G8 bzw. der G20 stattfinden.

Ähnliche institutionelle Zusammenlegungen werden für einen Sozialrat gefordert, der konzentriert Gesundheits-, Bildungs- und Bevölkerungsfragen behandeln könnte. Zudem könnte dieser die Verantwortung für den Wiederaufbau von zerfallenden Gemeinwesen wie etwa in Somalia übernehmen und so den inzwischen vollkommen bedeutungslosen Treuhandrat ablösen. Schließlich wird Analoges für den Umweltbereich vorgeschlagen. So hatte bereits Generalsekretär Annan angeregt, den Treuhandrat in ein Forum zum kollektiven Schutz der weltweiten Umwelt umzugestalten. Zu fragen ist allerdings, ob es nicht eine Überdehnung und Überforderung des VN-Systems bedeutet, es mit allen gravierenden Menschheitsproblemen zu befrachten. Außerdem wäre die rein deklaratorische Einrichtung von Umwelt-, Wirtschafts-, und Sozialräten nicht hinreichend: Es käme einzig und allein auf die Kompetenzen, die Finanzausstattung und die Art der Legitimation an, die man ihnen zuweisen würde. Mittel- bis langfristig eröffnet eine solche „institutionalisierte Interaktion" allerdings durchaus die Perspektive, die VN als eine Art globales Steuerungsinstrument für Weltprobleme zu etablieren. Diesem Ziel dient auch die Absicht, den Einfluss von Nichtregierungsorganisationen (NRO) im VN-System zu stärken.

Ein erfolgreich vollzogener Reformschritt ist die Gründung des „internationalen Strafgerichtshofes der VN zur Ahndung von Menschheitsverbrechen" (ICC) im Sommer 1998. Mehr als 120 Staaten hatten sich in Rom auf die Etablierung dieses „Weltgerichtes" geeinigt, das Menschheitsverbrechen wie Völkermord, Angriffskrieg, Kriegsverbrechen und schwere Menschenrechtsverletzungen ahnden soll. Zwar gehören wichtige Staaten wie etwa die USA bisher nicht zu den Signatarstaaten, allerdings erhofft man sich von der Gründung dieser ständigen Einrichtung ausreichenden politischen Druck auf alle Staaten, den Strafgerichtshof aktiv zu unterstützen. Zum 1. Juli 2002 ist das ICC-Statut in Kraft getreten (Schiff 2008). Auch im Bereich des Menschenrechtsschutzes hat es eine wichtige Veränderung gegebenen. Mit Gründung des Menschenrechtsrates im Jahr 2006 (als Nachfolger der Menschenrechtskommission) soll diesem Bereich mehr Aufmerksamkeit geschenkt und eine bessere Durchsetzung der Menschenrechte versucht werden. Es bleibt allerdings abzuwarten, ob sich mit dem Menschenrechtsrat substanzielle Fortschritte hinsichtlich seiner Legitimität (Wahl der Mitglieder durch die GV) und seiner Effektivität (ständiges arbeitendes Gremium statt kurzer Sitzungsperioden; kleinere Mitgliederzahl) einstellen.

Reform der Friedenssicherung und Friedenserzwingung

Die ursprüngliche und durchaus erfolgreiche Ausrichtung der VN auf die Verhinderung zwischenstaatlicher Kriege hat sich mit dem Wandel des Kriegsbildes in Richtung innerstaatlicher Auseinandersetzungen radikal verändert. Spektakuläre Fehlschläge wie Ruanda, Srebrenica oder Sierra Leone haben den Reformdruck in diesem Bereich erhöht. Gemäß Kapitel VII der Charta stünde den VN ein hinreichendes Instrumentarium an Maßnahmen bei Bedrohung oder Bruch des Friedens zur Verfügung. In der Praxis wurde aber von diesen Bestimmungen bisher kaum Gebrauch gemacht. Nach den Vorschlägen einer Expertengruppe unter dem Vorsitz des ehemaligen algerischen Außenministers Lakhdar Brahimi vom August 2000 sollen die VN-Truppen in Zukunft grundsätzlich ein robustes Mandat erhalten und nur in Einsätze geschickt werden, wenn die Regeln dafür eindeutig sind, sie hinreichend geführt werden können und gut ausgerüstet sind. Zudem soll gemäß dem Konzept des *Standby-Arrangement-Systems* eine schlagkräftige multinationale Streitkraft bereitgestellt werden, auf die bei Bedarf schnell zugegriffen werden kann. Insgesamt soll damit das System der Friedenssicherung effektiver werden und auch der vorbeugenden Diplomatie sowie der Friedenskonsolidierung mehr Aufmerksamkeit geschenkt werden. In diesem Zusammenhang wird auch über die Frage nach der Schutzverantwortung bei innerstaatlichen Bedrohungen diskutiert, die spätestens seit Vorlage der Berichte „Responsibility to Protect und Human Security Now" in der sicherheitspolitischen Debatte eine Rolle spielt. Eine offene Frage bleibt, ob der Sicherheitsrat tatsächlich das Monopol im Bereich der Friedenssicherung hat oder ob es akzeptabel ist, wenn in Sonderfällen – wie etwa beim Einsatz der NATO in Jugoslawien im Jahr 1999 – auch ohne eindeutiges Mandat des SR eingegriffen wird (Gareis/Varwick 2006: 280-295).

Ein erreichter Reformschritt ist die im September 2005 beschlossene „Kommission für Friedenskonsolidierung". Ausgangsüberlegung ist der Befund, dass es im gesamten VN-System keine Stelle gebe, die den Zusammenbruch von Staaten und ein Abgleiten in den Krieg verhindern oder Staaten beim Übergang vom Krieg zum Frieden behilflich sein könne. In dieser „institutionellen Lücke" stecken Staaten und Gemeinwesen, die zwar die Gewalt überwunden, dauerhaften Frieden aber noch nicht erreicht haben. Diese neue Kommission ist als ein intergouvernementales Beratungs- und Konsultationsgremium konzipiert, dessen primäre Aufgaben darin bestehen, alle wichtigen Akteure zusammenzubringen, um Vorschläge für Ressourceneinsätze und Wiederaufbaustrategien im Rahmen von *post-conflict peacebuilding* zu erarbeiten, die Aufmerksamkeit auf die Bemühungen um Wiederaufbau und Institutionenbildung in der Konfliktnachsorge zu lenken sowie die Entwicklung integrierter Ansätze für eine nachhaltige Entwicklung zu unterstützen, Informationen und Empfehlungen für eine verbesserte Koordination aller wichtigen Akteure innerhalb und außerhalb des VN-Systems zu erarbeiten, *best practices* zu entwickeln, zur verlässlichen Finanzierung früherer Wiederaufbaumaßnahmen beizutragen und schließlich die Aufmerksamkeit der internationalen Gemeinschaft für die Bemühungen in der Konfliktfolgezeit aufrechtzuerhalten.

Neben den genannten Reformen bedürfen die VN auch einer grundlegenden Verwaltungsreform. So ist die Stelle eines Untergeneralsekretärs für effizienteres Management geschaffen worden, was im Ergebnis das VN-System straffen wird. Allerdings sind Probleme wie Korruption und Überbürokratisierung nie ganz zu vermeiden. Außerdem darf man die VN nicht mit einer nationalen Bürokratie gleichsetzen. Die Akzeptanz der Entscheidungen hängt auch davon ab, dass an der Entscheidungsfindung Menschen aus derzeit 192 Staaten aus allen Erdteilen mit unterschiedlichen Erfahrungshorizonten mitwirken. Effizienz darf also nicht allein im Sinne betriebswirtschaftlicher Rationalität verstanden werden. Dennoch sind insbesondere unter der Leitung des Generalsekretärs Annan im Managementbereich umfassende Verbesserungen eingeleitet worden. Auch in den Bereichen Rechnungsprüfung, Beschaffung, Evaluierung und Überwachung ist der anerkannte Reformbedarf bereits umgesetzt worden. Wer zudem den VN bürokratischen Wildwuchs vorwirft, sollte bedenken, dass beispielsweise das Land Berlin etwa viermal so viele Bedienstete wie die Weltorganisation einschließlich aller Sonder- und Unterorganisationen beschäftigt. Seit 1992 sind die Spitzenposten bei den VN um 30% gesenkt und insgesamt mehr als 1.000 Stellen abgebaut worden. Das VN-System spiegelt heute in seiner Vielfalt, in der großen Zahl seiner Sonder- und Spezialorganisationen, seiner Fonds und Programme und seiner hochkomplexen Struktur die häufig an Trends und Gruppeninteressen orientierte Willensbildung seiner Mitgliedsstaaten wider. Anstöße für eine grundsätzliche Verwaltungsreform sind sicherlich durch die Absicht motiviert, überlappende Zuständigkeiten, Doppelarbeit und damit Ressourcenverschwendung zu verringern. So sind unzählige Untergliederungen mit Umweltfragen befasst, für humanitäre Aktivitäten in Krisengebieten sind gleich mehrere Hilfswerke zuständig (Gillmann 2010).

Szenarien zur Rolle der VN in der globalen Politik

Welche Rolle werden die Vereinten Nationen in der Welt des 21. Jahrhunderts spielen? Es lassen sich in idealtypischer Weise drei Szenarien für die Entwicklung „der" VN in den verschiedenen Politikfeldern und damit ihrer Rolle in der internationalen Politik ableiten.

Das erste Szenario geht von einer substantiellen Gefährdung bis hin zu einem mittel- bis längerfristigen Untergang der VN aus. Wichtige Staaten würden sich nicht mehr im VN-Rahmen engagieren, sondern andere Problemlösungsforen bevorzugen, sei es auf Ad-hoc-Basis, wechselnden „coalitions of the willing" oder im Rahmen anderer Organisationen bzw. internationaler Regime oder Gruppen (wie die G-20). Andere Staaten würden diesem Beispiel folgen, und es würde ein schleichender Zerfall der VN eingeleitet, ohne dass es zwangsläufig zu einem formalen Auflösungsbeschluss kommen müsste. Ausgangspunkt für eine solche Entwicklung könnten spektakuläre Fehlschläge im Bereich der Friedenssicherung oder ein systematisches Übergehen des Sicherheitsrats seitens wichtiger Staaten sein. Diese Fehlschläge würden sich auf die Bereitschaft auswirken, den VN in anderen Bereichen Regelungskompetenz zu übertragen. Im Bereich des Menschenrechtsschutzes blieben zwar die verschiedenen Pakte und Konventionen bestehen, es stünde aber kein globales Forum mehr zur Verfügung, in dem debattiert und kontrolliert werden kann. In den Bereichen Wirtschaft, Entwicklung und Umwelt entstünden jenseits der VN problemspezifische Gremien und Organisationen, einige der Sonderorganisationen, Spezialorgane und Programme würden möglicherweise bestehen bleiben (wie z.B. das Kinderhilfswerk UNICEF), sie wären aber völlig vom VN-System abgekoppelt. Die Vereinten Nationen würden in der internationalen Politik keine Rolle mehr spielen. Folge einer solchen Entwicklung wäre aller Wahrscheinlichkeit nach, dass die Kriegshäufigkeit zunimmt und sich das Sicherheitsdilemma in der internationalen Politik verschärfen würde. Auch die Probleme in den Bereichen Menschenrechtsschutz, Wirtschaft, Entwicklung und Umwelt ließen sich ohne die VN kaum effektiver in Angriff nehmen.

Das zweite Szenario nimmt an, dass sich die VN längerfristig als eine Art Weltregierung etablieren könnten. Als zentraler Akteur einer subsidiären und föderalen Weltrepublik müssten die VN Koordinations- und Sanktionsbefugnisse erhalten, die je nach Falltyp durch zivile, polizeiliche oder militärische Maßnahmen auszuüben wären. Die Organisation wäre zunächst zentrale Koordinierungsstelle im *global governance*-Prozess und würde dann sukzessive ihre Kompetenzen zu Lasten der Mitgliedsstaaten ausweiten. Vorstellbar sind u.a. das Recht zur Erhebung von Steuern und die Entwicklung und Durchsetzung einer weltweiten Rechts- und Friedensordnung sowie die Entwicklung eines „Weltbürgerrechts". Im Bereich des Menschenrechtsschutzes würden die zahlreichen Abkommen und Konventionen nicht nur kodifiziert, sondern auch mit einem wirksamen Durchsetzungsmechanismus versehen. Im Bereich der Friedenssicherung würde dies die Ausübung des Gewaltmonopols sowie die Entstehung eines funktionsfähigen kollektiven Sicherheitssystems implizieren. In den Bereichen Wirtschaft, Entwicklung und Umwelt wären die VN das institutionelle Zentrum einer globalen Strukturpolitik. Folge einer solchen Entwicklung wäre allerdings aller Wahrscheinlichkeit nach eine für demokratische Kontrollmöglichkeiten problematische Machtkonzentration.

Das dritte Szenario geht davon aus, dass die VN im Großen und Ganzen das bleiben, was sie bisher sind: eine unvollkommene, reformbedürftige aber doch in vielen Bereichen eminent wichtige internationale Organisation. Innerhalb dieses Szenarios bleibt offen, ob sie sich vorwiegend in Richtung eines Instruments der mitgliedsstaatlichen Diplomatie mit geringer Akteursqualität, als Arena zur Behandlung unterschiedlicher Politikfelder auf unterschiedlichen Kooperationsniveaus oder aber fallweise als eigenständiger Akteur entwickeln werden. Im Bereich der Friedenssicherung werden die VN in manchen Fällen übergangen, in anderen aber einbezogen. Wenn sie ihre Handlungsfähigkeit beweisen und es die Interessen der Mitgliedsstaaten zulassen, können sie eine wichtige Rolle spielen. Ist dies nicht der Fall, werden sie vollständig an den Rand gedrängt. Von einem Gewaltmonopol kann in der politischen Praxis nicht die Rede sein, allenfalls könnte sich der moderate und von Rückschlägen betroffene Trend zum „Gewaltlegitimierungsmonopol“ verstärken. Im Bereich des Menschenrechtsschutzes müsste weiter hingenommen werden, dass eine Lücke zwischen Kodifizierung und Durchsetzung der Normen besteht und dass sich die Mitgliedsstaten nur in Einzelfällen zwingen lassen, Normen gegen ihren Willen zu beachten. In den Bereichen Wirtschaft, Entwicklung und Umwelt wären die VN ein Akteur unter vielen anderen und nur sehr unzureichend in der Lage, die ambitionierten Ziele zu erreichen. Die Mitgliedsstaaten könnten nur sehr bedingt davon überzeugt werden, mehr finanzielle Mittel in das System zu stecken, sondern würden verstärkt auf bilaterale Maßnahmen setzen.

Schließlich ist heute offen, in welche Richtung sich die VN entwickeln werden. Einerseits lässt sich argumentieren, dass in den vergangenen Jahren in der internationalen Politik ein Milieu entstanden ist, in dem zentrale Bestimmungen und Normen der Charta Referenzpunkte geworden sind. Sie werden zwar nicht immer eingehalten, der Rechtfertigungsdruck im Falle der Regelverletzung hat aber enorm zugenommen. Selbst große Mächte können sich diesem durch die internationale Öffentlichkeit verstärkten Druck kaum entziehen. Andererseits gilt es, sich von unrealistischen Erwartungen an die VN zu verabschieden. Der anhaltende Reformbedarf der Weltorganisation sollte aber nicht den Blick dafür verstellen, dass die VN für die Stabilität des internationalen Systems unverzichtbar sind. Tragfähige Antworten auf die zentralen Menschheitsprobleme sind im 21. Jahrhundert allenfalls multilateral zu geben, und in dem Geflecht multilateraler Regime und Organisationen spielen die VN eine herausragende Rolle. Gleichwohl ist zu erwarten, dass der institutionalisierte und formalisierte Multilateralismus à la VN künftig weiter unter Druck geraten und durch unterschiedliche Formen des selektiven Multilateralismus ergänzt wird.

4. Stand der Forschung

In der politikwissenschaftlichen Forschung zu den Vereinten Nationen (VN) werden der Organisation verschiedene Rollenbilder zugeschrieben. Für eine Bewertung der Arbeit der

VN ist es entlang der gebräuchlichen Rollenmodelle „Instrument“, „Arena“ und „Akteur“ zum einen unerlässlich, auf Konstruktionsprinzipien hinzuweisen, die die Organisation als intergouvernementale Organisation ausweist, in der die Mitgliedsstaaten nicht nur „Herren der Verträge“ sind, sondern eben auch in fast allen Einzelentscheidungen das letzte Wort haben (und auch gefragt werden wollen). Zum zweiten ist es unerlässlich, nach Politikfeldern zu differenzieren, da „die“ VN kein einheitlicher Akteur sind, sondern vielmehr ein weit verzweigtes und komplexes Netzwerk von Haupt-, Neben- und Spezialorganen darstellen, die sowohl unterschiedliche Kompetenzen und Zuständigkeitsbereiche als auch differierende organisatorische Strukturen aufweisen. Dazu ist es auch hilfreich, zwischen der „Organisation der Vereinten Nationen“ (also die Kernorganisation) und dem „System der Vereinten Nationen“ (also die VN plus die zahlreichen Sonderorganisationen und Programme), zu unterscheiden. Somit variieren auch die Rollen der VN (oder besser gesagt, des Systems der VN) in der internationalen Politik: je nach Politikfeld ist sie mal vornehmlich Instrument, mal Arena und mal eigenständiger Akteur. Der eher instrumentellen Sichtweise, die zahlreiche Mitgliedsstaaten den VN zuweisen, steht allerdings eine internationale Debatte gegenüber, in der die VN in vielen Bereichen weltweit nachgefragt wird und auf einer normativen Ebene im VN-Rahmen weit reichende Veränderungen an den Basisprinzipien internationaler Politik vorgenommen worden sind. Als Beispiele seien nur die beständige Ausweitung der Zahl der VN-Friedensmissionen und eine damit einhergehende Überforderung im Bereich der Friedenssicherung oder die Debatte um eine Schutzverantwortung der internationalen Staatengemeinschaft bei innerstaatlichen Bedrohungen (*responsibility to protect*) genannt (Varwick 2009). In der deutschen Politikwissenschaft haben sich aktuell Bemühungen konkretisiert, ein eigenes Forschungsfeld „UN Studies“ zu erschleißen (Fröhlich 2008). Dieses bezeichnet die Auseinandersetzung mit den Grundlagen, Institutionen und Handlungsfeldern eines breit verstandenen Begriffs und Problems der Weltorganisation mit einem interdisziplinären Zugriff. Intensiv hat sich die Politikwissenschaft zudem jüngst mit der Frage nach der Rolle der Bediensteten der VN und insbesondere des (vermeintlichen) Eigenlebens des VN-Sekretariats und dessen Konsequenzen für die Arbeit der VN beschäftigt (statt vieler Benner/Mergenthaler/Rotmann 2009).

Literatur

Wichtige Primärquellen:

Centre On International Cooperation (Hg.): Annual Review of Global Peace Operations, Boulder (erscheint jährlich).

Charta der Vereinten Nationen (http://www.unric.org/de/charta, Zugriff am 31.10.2010).

New Zealand Ministry of Foreign Affairs and Trade: United Nations Handbook, Wellington (erscheint jährlich).

United Nations Department of Public Information: Yearbook of the United Nations. New York (erscheint jährlich).

Basislektüre zur VN:

Fröhlich, Manuel 2008: UN Studies. Umrisse eines Lehr- und Forschungsfeldes. Baden-Baden: Nomos.

Gareis, Sven Bernhard/Johannes Varwick 2006: Die Vereinten Nationen. Aufgaben, Instrumente und Reformen. Opladen: Westdeutscher Verlag.

Mingst, Karen A./Margaret P. Karns 2007: The United Nations in the Twenty-First Century, Boulder: Lynne Rienner.

Varwick, Johannes/Andreas Zimmermann (Hg.) 2006: Die Reform der Vereinten Nationen. Bilanz und Perspektiven. Berlin: Duncker & Humblot.

Volger, Helmut (Hg.) 2010: A concise Encyclopaedia of the United Nations. Den Haag: Martinus Nijhoff.

Volger, Helmut (Hg.) 2007: Grundlagen und Strukturen der Vereinten Nationen. München/Wien: R. Oldenbourg Verlag.

Volger, Helmut 2008: Geschichte der Vereinten Nationen, München/Wien: R. Oldenbourg Verlag.

Aktuelle Beiträge:

Benner, Thorsten et al. 2009: Internationale Bürokratien und Organisationslernen: Konturen einer Forschungsagenda, in: Zeitschrift für internationale Beziehungen, 16, 2, S. 203-236.

Gillmann, Nina 2010: Interagency Coordination During Disaster. Strategic Choices for the UN, NGOs, and other Humanitarian Actors in the Field, Baden-Baden: Nomos.

Jolly, Richard et al. 2009: UN Ideas that Changed the World. Bloomington: Indiana University Press.

Kaplan, Lawrence S. 2010: NATO and the UN. A Peculiar Relationship. Columbia: Columbia University Press.

Schiff, Benjamin N. 2008: Building the International Criminal Court. Cambridge: Cambridge University Press.

Schröder, Frank/Jürgen Stetten 2010: Mythos Weltwirtschaftsrat. Die Rolle der VN in Wirtschaftsfragen bleibt unklar, in: Vereinte Nationen, 58:3, S. 104-109.

Stokke, Olav 2009: The UN and Development: From Aid to Cooperation. Bloomington: Indiana University Press.

Varwick, Johannes 2009: Humanitäre Intervention und die Schutzverantwortung: Kämpfen für die Menschenrechte? Kiel: Kieler Analysen zur Sicherheitspolitik.

Weltbank

Rainer Tetzlaff

Vollständige Bezeichnung:

Weltbank, auch Weltbankgruppe (*World Bank*)

1. Entstehung, Ziele und Aufgaben

Die Weltbank – ihr förmlicher Name lautet *International Bank for Reconstruction and Development* (IBRD) – mit ihren 187 Mitgliedsstaaten, denen die Bank offiziell gehört, ist noch immer die einflussreichste internationale Organisation für Entwicklungspolitik. Sie bringt ca. 30% aller weltweit zur Verfügung gestellten Entwicklungshilfemittel (ODA für *official development aid*) auf. Im Geschäftsjahr 2009 unterstützte die Weltbankgruppe 767 Entwicklungsprojekte in allen Kontinenten mit einer Verpflichtung in Höhe von US$ 58,8 Mrd., aufgeteilt in Kredite, Darlehen, Geschenke (*grants*) und Garantien. Das war ein Zuwachs um 54% gegenüber dem Vorjahr. Gleichwohl ist die Kontroverse um den entwicklungspolitischen Beitrag der Weltbank zur Lösung der großen Herausforderungen der Entwicklungsländer – endemische Armut und Ernährungsunsicherheit, Land- und Wasserknappheit, stagnierende Diversifizierung der Volkswirtschaften, geringe Beschäftigungsperspektiven für die Jugend, Überschuldung und nicht zuletzt der Klimawandel – nach wie vor in vollem Gange.

Die Weltbank wurde im Juli 1944 auf der *UN Monetary and Finance Conference in Bretton Woods*/USA gegründet, zusammen mit dem → Internationalen Währungsfonds (IWF). Sie trat nach der Ratifizierung der Satzung durch die Mitgliedsländer 1945 in Kraft und vergab im Mai ihren ersten Kredit: US$ 250 Mio. an Frankreich für den Wiederaufbau des vom Krieg zerstörten Landes. Seitdem hat die Weltbank durch Kredite an Entwicklungsländer vor allem einer Aufgabe gedient: der Förderung von marktwirtschaftlicher „Entwicklung" durch zinsgünstige Kredite; den Wiederaufbau der kriegszerstörten Länder Europas übernahmen die Marshallplan-Behörde und die Montan-Union (→ EU).

Mit den „Bretton-Woods-Zwillingen" IWF und Weltbank wurden erstmals funktional eigenständige, internationale Steuerungsorganisationen für das Währungssystem und den Kapitalhilfebereich auf der Basis eines internationalen Vertrages geschaffen. Aus heutiger Sicht waren damit erstmals „internationale Regime“ etabliert worden, die Aufgaben von *global governance* wahrnahmen: Das möglichst reibungslose Funktionieren der kapitalistischen Weltwirtschaft gemäß funktionaler Rationalität und jenseits nationaler Einzelinteressen. Denn sie schufen so etwas, was heute globale öffentliche Güter (*global public goods*) genannt wird: finanzielle Stabilität (feste Wechselkurse), Vertrauen in private Auslandsinvestitionen durch Staatsgarantien und Mechanismen der internationalen Streitschlichtung (Tetzlaff 2006). Das oberste allgemeine Ziel, das die US-Amerikaner mit der Gründung der Bretton-Woods-Institutionen 1944-1945 verfolgten hatten, lässt sich als politisch inszenierte und gegen Risiken abgesicherte Integration der ärmeren Peripherien, einschließlich aller europäischen Afrika- und Asien-Kolonien, in die sich neu entfaltende kapitalistische Marktwirtschaft begreifen. Was dazu fehlte, so meinte man, waren einheimisches Investitionskapital und modern geschulte Fachkräfte (*human capital*). Beide „Lücken“ sollte die Entwicklungshilfe aus den reichen Ländern schließen helfen. Doch diese Aufgabe konnte man nicht allein den Kräften des Marktes, den privaten Großunternehmen, überlassen. Die Weltwirtschaftskrise von 1929, in deren Gefolge US-amerikanische Firmen in Lateinamerika und anderswo häufig enteignet worden waren, saß den Leuten noch in den Knochen. Deshalb wollte man eine politisch gesicherte Brücke für Privatinvestoren in Übersee-Länder schaffen. Dieses Ziel wurde dadurch erreicht, dass das Risiko der Rückzahlung der Weltbankkredite in Devisenform auf die Regierung des Nehmerlandes vertraglich übertragen wurde.

Heute ist die Weltbankgruppe eine multifunktionale Organisation, die ihre Aufgaben als Finanzierungs- und Beratungsbank flexibel den jeweiligen Bedürfnissen in der globalen Nord-Süd-Politik angepasst hat. Wie es die Gründungsväter vor 65 Jahren wollten, vergibt die Weltbank staatlich garantierte Kredite an Mitgliedsregierungen nur für „produktive“ (Wachstum fördernde) Projekte und als „lender of last resort“ (als Kreditgeber in letzter Instanz) nur für solche, für die sich keine privaten Investoren finden ließen (ein Widerspruch in sich!). Gleichzeitig berät sie Regierungen, Industrie- und Handelskammern sowie Genossenschaften auf allen Gebieten zwecks Förderung von wirtschaftlichem Wachstum, Abbau von Auslandsschulden und zur Beseitigung von internen Entwicklungshindernissen. Schließlich hat sie aufgrund der Beschäftigung von renommierten Wissenschaftler/innen aus aller Welt die Funktion als Paradigmen bestimmende Leitorganisation für Entwicklungszusammenarbeit (EZ) mit globaler Ausstrahlung: Je nachdem, wie sie die politische und volkswirtschaftliche Situation eines Landes einschätzt, wird die amtierende Regierung als „kreditwürdig“ eingeschätzt (oder anders gesagt: als weiterhin verschuldungsfähig). Oder aber ihr wird das begehrte Siegel verweigert, bis die von der Weltbank geforderten Konditionen (Haushaltsdisziplin, Abwertung der Währung, Deregulierung der Wirtschaft etc.) erfüllt werden.

Aus zwei wesentlichen Gründen ist die Weltbankgruppe einflussreich: Als relativ größter Finanzier von entwicklungspolitischen Projekten verkörpert sie zum einen Macht, zunächst einmal Kapitalmacht (*hard power*). Gleichzeitig aber bestimmt sie zum anderen auch die politischen und technischen Bedingungen, unter denen kapitalbedürftige Länder die begehrten Entwicklungskredite geliehen bekommen; d.h. sie verfügt auch über eine einzigartige Definitionsmacht (*soft power*). Diese Machtposition wird legitimiert durch die Inanspruchnahme, auf Grund ihres Expertentums und ihrer Forschungsabteilungen, auch eine „Wissensbank“ (d.h. eine einzigartige „resource for knowledge and information“) zu sein. Politische Macht und Expertenwissen legitimieren sich hier wechselseitig, was angesichts der allgemeinen Ungewissheiten, was eigentlich „Entwicklung“ ist und wie Unterentwicklung überwunden werden könnte, von außergewöhnlicher politischer Bedeutung war und ist. In den Forschungsabteilungen der Bank arbeiteten einige der renommiertesten Ökonomen der Welt, z.B. Hollis B. Chenery (1972-1982); Anne O. Krueger (1982-1986); Joseph E. Stiglitz (1997-2000); Nicholas Stern (2000-2003), und seit Juni 2008 der Chinese Justin Yifu Lin. Als entwicklungsförderlich und finanzierbar wird das definiert, was die Experten und Mächtigen in der Weltbank und den von ihr abhängigen Einrichtungen jeweils für politisch opportun und potenziell effektiv halten. Alternative lokale und regionale Wissensalternativen sind von minderem Rang, wenn sie überhaupt beachtet werden (Stiglitz 2002). Dieser politisch-institutionelle Sachverhalt erklärt die Tatsache, dass die Weltbank sowohl als funktional unverzichtbarer *global player* der Nord-Süd-Politik angesehen wird als auch als verblüffend erfolglos in ihrer konkreten Projektarbeit qualifiziert wird, gemessen an den selbst gesteckten hohen Zielen (Go/Page 2008).

2. Aufbau

Im Laufe ihrer Geschichte haben sich die Aufgaben der Weltbank und damit auch ihre Finanzierungsinstrumente erweitert und funktional ausdifferenziert. Die Weltbankgruppe besteht heute aus fünf Institutionen:

Die *International Bank for Reconstruction and Development* (IBRD), gegründet 1944, vergibt Kredite zu Zinssätzen, die knapp unter den handelsüblichen liegen, an Regierungen von „Ländern mit mittlerem Einkommen“. Dabei müssen letztere die pünktliche Rückzahlung garantieren. Die Rückzahlungspflicht des Empfängerlandes besteht, unabhängig davon, ob das geförderte Projekt ein gewinnbringender Erfolg wurde oder ein Schulden verursachender Fehlschlag. Berüchtigt wurden und sind die Projekte der Weltbank, verschiedenen Entwicklungsländern gleichzeitig die Förderung ein und desselben Exportprodukts zu empfehlen: Nachdem z.B. in den vergangenen Jahren auch noch Vietnam als Kaffeeanbieter auf dem Weltmarkt für Kaffee erschien, sanken die Exporterlöse der bisherigen Kaffeeländer Ruanda, Elfenbeinküste und Kamerun. Im Geschäftsjahr 2009/10 vergab die IBRD US$ 32,9 Mrd. an Darlehen für 126 neue Operationen in 42 Ländern. Insgesamt belief sich damit das Ausleihvolumen auf US$ 479 Mrd., was gleichzeitig auf das Problem der gigantischen Schuldenberge in (rückzahlungsschwachen) Empfängerländern hinweist. Ihr Geld bekommt die IBRD nicht von den Regierungen, sondern durch Kapitalaufnahme auf internationalen Finanzmärkten. Da ihre Schuldscheine von den internationalen *Rating*-Agenturen immer das begehrte *triple A* bekommen (d.h. die höchste Bonitätswertung weil sie keine Geschäftsrisiken zu tragen hat), hat die Weltbank niemals Probleme, genügend private Anleger zu finden. Neuerdings – vor allem seit der Asienkrise 1997-2000 – hat sie allerdings Probleme, genügend Kunden zu finden. Denn Länder wie Brasilien, Indien und die asiatischen Schwellenländer ziehen es zuweilen vor, sich auf den privaten Kapitalmärkten Investitionskapital zu besorgen, was den Vorteil mit sich bringt, den lästigen Konditionalitäten (Auflagen) der Weltbank entgehen zu können.

Im Jahr 1956 wurde die *International Finance Corporation* (IFC), gegründet, um die Privatwirtschaft in Entwicklungsländern anzukurbeln. Die IFC ist bestrebt, in Regionen und Ländern mit begrenztem Zugang zu Märkten und Banken (z.B. in den Transitionsländern in Ost- und Mitteleuropa) neue Geschäfte zu eröffnen. Ihr gehören heute 182 Staaten an. Als erste „Tochter“ der IBRD vergeben die Mitarbeiter Kredite für gewinnträchtige Projekte, ohne dass staatliche Rückzahlungsgarantien gebraucht werden. Im Geschäftsjahr 2009/10 wurden Darlehen in Höhe von ca. US$ 15 Mrd. für 447 Projekte in 103 Ländern zur Verfügung gestellt – ein Zeichen für die starke Nachfrage nach privaten Direktinvestitionen.

1960 wurde die *International Development Association* (IDA) gegründet. Ihr gehören heute 170 Staaten an. Sie teilen sich in die Gruppe der reicheren Länder (zur Zeit 30, darunter neben allen OECD-Ländern auch Kuwait, Russland, Südafrika, Vereinigte Arabische Emirate), die freiwillig Steuermittel in einen IDA-Fonds geben, der alle vier bis fünf Jahre wieder aufgefüllt werden muss (*replenishment*), und in eine Gruppe der 82 ärmsten Länder der Welt, die keinen freien Zugang zu Kapitalmärkten haben. Insgesamt belaufen sich die ausgeliehenen IDA-Kredite auf US$ 207 Mrd., was wiederum auf das kaum lösbare Problem der Schuldentilgung bzw. Kreditbedienung (Rückzahlung fällig werdender Kredite) hinweist.

Die IDA vergibt zu relativ günstigen Bedingungen Darlehen an ärmere Entwicklungsländer (mit einem durchschnittlichen Pro-Kopf-Einkommen von nicht mehr als US$ 1135 im Jahr 2010) für dieselben Zwecke und Aufgaben wie die IBRD: die IDA-Darlehen müssen zwar von den Regierungen zurückgezahlt werden (Laufzeit 50 Jahre, bei zehn Freijahren), aber sie sind zinsfrei (abgesehen von einer Bearbeitungsgebühr in Höhe von 0,75%). Das macht diese Darlehen sehr beliebt in der Dritten Welt. Im Geschäftsjahr 2009/10 wurden 14 Mrd. neue IDA-Kredite zugesagt für 176 Einzelaktivitäten in 63 Länder.

Nachdem vermehrt Konflikte zwischen ausländischen Investoren und Regierungen von Entwicklungsländern aufgetreten waren, wurde 1966 das *International Centre for Settlement of Investment Disputes* (ICSID), ins Leben gerufen: Es dient dazu, von vorneherein durch Vermittlung zwischen beiden Seiten Investitionsrisiken und Enteignungsgefahren zu minimieren. Ihm sind bislang 144 Staaten beigetreten, und in 326 Fällen nach seiner Gründung ist es als Schiedsrichter tätig geworden (Stand 2010). 1988 wurde die *Multilateral Investment Guarantee Agency* (MIGA) eingerichtet. Sie hat ebenfalls die Funktion, Risiken für private Investoren zu begrenzen, vor allem solche politischer Art (z.B. Regierungssturz).

Die Weltbank (IBRD) hat 187 Staaten als Mitglieder (d.h. nur sechs Staaten gehören ihr nicht an). Zwei Mitgliedsstaaten sind im Jahr 2007 ausgetreten, Venezuela und Ecuador; ihren aufgelaufenen Schulden können sie aber dadurch nicht entgehen. Um Mitgliedsstaat der Weltbank werden zu können, ist die Mitgliedschaft im Internationalen Währungsfonds (IWF) Voraussetzung. Dies vergrößert die Verhandlungsmacht der beiden Institutionen einzeln und gemeinsam. Wenn sie ein Veto gegen die Finanz-, Wirtschafts- oder Haushaltspolitik eines Kredit suchenden Landes einlegen, d.h. ihre Vetomacht ausspielen, dürfte es deren Regierung so gut wie unmöglich sein, von dritter Seite einen Kredit zu erhalten.

Allen fünf Institutionen der Weltbankgruppe steht der *Präsident* der Weltbank vor; er wird vom Exekutivrat der Bankgruppe für eine Amtszeit von fünf Jahren gewählt, Wiederwahl ist möglich. Sein Jahreseinkommen beträgt US$ 700.986. Zurzeit ist der ehemalige Banker (beschäftigt bei Goldman-Sachs) und Unterstaatssekretär im US-amerikanischen Außenministerium Robert Zoellick der elfte Weltbankpräsident. Noch immer gilt der anachronistische Brauch, dass der/die Präsident/in des IWF stets ein/e Europäer/in zu sein hat, während das politisch wichtigere Amt bei der Weltbank stets einem/einer US-Amerikaner/in anzuvertrauen ist. Denn der/die Weltbankpräsident/in hat unter anderem die heikle Aufgabe zu meistern, die meist widerstrebenden Mitglieder des US-Kongresses von der Notwendigkeit neuer IDA-Darlehen zu überzeugen. Seit dem bedeutendsten Weltbank-Präsidenten Robert McNamara, der vom April 1968 bis Juni 1981 amtierte, haben das Amt inne gehabt: Alden W. Clausen (Juli 1981-Juni 1986), Barber Conable (Juli 1986-August 1991), Lewis T. Preston (September 1991-May 1995), James Wolfensohn (Mai 1995-Juni 2005) und Paul Wolfowitz (Juni 2005-Juni 2007). Aktuell wird angeregt, dass der/die Präsident/in der Weltbank von der → VN-Generalversammlung gewählt werden soll, je abwechselnd ein/e Vertreter/in aus dem Norden und aus dem Süden. Diese Reform ist mehr als überfällig, um verloren gegangenes Vertrauen in der Dritten Welt zurückzugewinnen (Marshall 2008; Weaver 2010).

Neben dem/der Präsidenten/Präsidentin gibt es als das formal höchste Entscheidungsorgan den Gouverneursrat (*Board of Governors*), in den jedes Mitgliedsland eine/n Vertreter/in schickt (in der Regel den Finanzminister). Er tagt nur einmal im Jahr und fällt Grundsatzentscheidungen bezüglich der Mitgliedschaft von Staaten und über die Erhöhung des Grundkapitals und der Stimmrechte der Staaten.

Das tägliche Geschäft besorgt der/die Präsident/in in Zusammenarbeit mit dem Exekutivrat, dem *Board of 24 Executive Directors*, dem der Gouverneursrat zentrale Funktionen übertragen hat. Jede/r Direktor/in repräsentiert entweder ein Land oder eine Ländergruppe. Die Regierungen der ehemals fünf wirtschaftsstärksten Staaten (USA, Japan, Deutschland, Frankreich und Großbritannien) ernennen ihre/n jeweiligen Direktor/in, und diese fünf vereinen auf sich die Mehrheit der Stimmen. Da seit Gründung der Bank die westlichen Industriestaaten den Löwenanteil des Stammkapitals aufbrachten, haben die „big five" sich auch die größten Anteile bei den Abstimmungen im Exekutivrat gesichert. Seit Anbeginn haben die USA die Führerschaft inne, und sie verfügen über eine Vetomacht-Position.

Inzwischen dürfen auch China, Russland und Saudi-Arabien ihre/n eigene/n Direktor/in bestimmen. Ein weiterer Sitz für den afrikanischen Kontinent wurde im Frühjahr 2009 vom Gouverneursrat zugebilligt. Die „restlichen" 177 Mitgliedsstaaten müssen sich die verbleibenden 15 Direktorenposten im Rotationsverfahren teilen. Diese politisch-institutionelle Asymmetrie ist Kritikern der Weltbank und auch vielen schwächeren Ländern der Dritten Welt stets ein Anlass zur Qualifizierung der Weltbank als ein Instrument im Dienst „imperialistischer" Kapitalinteressen gewesen. Denn der besondere Abstimmungsmodus erklärt einerseits die außergewöhnliche Durchsetzungsfähigkeit und institutionelle Effektivität der Weltbank; andererseits verursacht er immer wieder Proteste von Regierungsvertreter/innen aus Entwicklungsländern sowie von Nichtregierungsorganisationen (NRO), die die neokoloniale Asymmetrie zwischen den wenigen reichen und den vielen ärmeren Ländern beklagen.

3. Wandel, Reform und Bedeutung in der globalen Politik

Ihren historischen Integrationsauftrag, der die begonnene Modernisierung unter kolonialherrschaftlichen Bedingungen fortsetzen und vertieften sollte, hat die Weltbank im Laufe von fünf entwicklungspolitischen Phasen in Angriff genommen:

In der ersten Phase (1947-1969) hat die Weltbank primär große Infrastrukturprojekte in Lateinamerika und Asien, ab 1960 auch in Afrika südlich der Sahara, mitfinanziert: hohe Staudämme und große Stauseen, moderne Kraftwerke mit importierter Technologie, Überlandstrassen und Renovierung von Eisenbahnen, Häfen und Flughäfen. Man setzte fort, was Briten und Franzosen an entwicklungspolitischen Modernisierungen begonnen hatten, und hoffte auf *trickle-down*-Effekte: Die Infrastrukturförderung in den reichen modernen Sektoren würde bald auch auf die ärmeren Bevölkerungsschichten „durchsickern".

Die zweite Phase ist hauptsächlich mit dem Namen Robert McNamara (ehemaliger US-Verteidigungsminister) verbunden, der Weltbankpräsident von 1969 bis 1981 war. Jetzt lag ein zusätzlicher Schwerpunkt der Aktivitäten im Bereich ländlicher Entwicklung, Familienplanung und Armutsüberwindung. Gemäß der Parole „investment in the poor" wurden kleinbäuerliche Förderungsprogramme massenhaft ins Leben gerufen. Sie bestanden im wesentlichen aus drei Elementen: Durch subventionierte Düngemittel und verbessertes Saatgut sollte wirtschaftliches Wachstum ausgelöst werden, das auf der nun besseren Nutzung der im Überfluss vorhandenen Arbeitskraft beruhen sollte, in Kombination mit den vorhandenen preisgünstigen Produktionsfaktoren Land und natürliche Sonnenenergie.

Bei den größeren Farmern in guter geo-wirtschaftlicher Lage hat McNamaras Mobilisierungsstrategie durch Zielgruppen orientierte Kreditpakete durchaus Wirkung erzielt: die Produktion von „cash crops" (Kaffee, Kakao, Bananen, Ananas, Tee, Tabak, Kokosnussöl, Holz) hat in einigen Ländern zugenommen. Allerdings erschien als Kehrseite der Medaille eine rasche Zunahme der ausländischen Verschuldung. Diese sollte sich in den 1980er Jahren zu einer anhaltenden Überschuldungskrise zahlreicher Weltbankkunden auswachsen. Insgesamt gilt heute die auf Exportssteigerung von „cash crops" fixierte Modernisierungspolitik der Weltbank als gescheitert, weil die Förderung des einheimischen Nahrungsmittelanbaus vernachlässigt wurde.

Positiv aus dieser Ära ist zu berichten, dass erstmals die Überwindung von absoluter und relativer Armut in Asien, Afrika und Lateinamerika zu einem primären Ziel der internationalen EZ erhoben wurde. Die Rede von Weltbankpräsident McNamara im Jahr 1969 in Nairobi/Kenia auf einer Jahresversammlung des Gouverneursrats war hier zentral: Er warb nicht nur für mehr Geld, sondern auch um mehr moderne Regierungs- und Wirtschaftsstrukturreformen. Die Überwindung von ländlicher Armut bis Ende des Jahrhunderts sollte so realisiert werden können.

Die 1980er Jahre – oftmals als „verlorene Entwicklungsdekade" bezeichnet – bilden die dritte Phase entwicklungspolitischer Versuche: Es war die Phase, in der die gestiegenen Energiepreise als Folge der OPEC-Preispolitik verdaut werden mussten. Gleichzeitig lähmte das Dauerproblem der Überschuldung zahlreicher Entwicklungsländer im Ausland die internationale EZ. Die Verschuldungskrisen waren nicht zuletzt eine Folge der leichtfertigen Kreditvergabe der Weltbankgruppe und anderer Geberorganisationen, so dass vielfältige Anstrengungen, aus „dem Teufelskreis der Verschuldung“ wieder herauszukommen, (Körner et al. 1984), im Mittelpunkt standen. Erst mit dem Ende des Kalten Krieges und dem Beginn der „dritten Welle der Demokratisierung“ am Ende der 1980er Jahre taten sich neue politische Handlungsspielräume für die Weltbank auf.

Als Antwort auf die Überschuldung von Entwicklungsländern propagierte die Weltbank das Konzept der Strukturanpassung – *Structural Adjustment Policies* (SAP). Im Kern basiert es auf dem ebenso simplen wie richtigen Gedanken, dass die Ausgabenstruktur eines Landes an das Niveau der zu erwartenden Einnahmen angepasst werden muss. Dies soll hauptsächlich durch Einsparungen des Staatskonsums und Förderung der produktiven Erwerbszweige erreicht werden. Ein Großteil der empfohlenen Maßnahmen (wie die Abschaffung oder Einschränkung von Subventionen für Nahrungsmittel, Gesundheits- und Bildungseinrichtungen, eine restriktive Geldpolitik und den Abbau von öffentlich Beschäftigten), stand im Widerspruch zum weit verbreiteten neo-patrimonialen Herrschaftsprinzip. Daher waren die SAPs der Weltbank höchst unbeliebt und verfehlten wegen ihrer technokratischen Ausrichtung in aller Regel ihr Ziel.

Ab 1993 hat die Weltbank deshalb die SAPs der zweiten Generation aufgelegt, die dieselben makro-ökonomischen Ziele mit sozial sanfteren Methoden (z.B. Schaffung alternativer Beschäftigungsmöglichkeiten für entlassene Staatsdiener) zu erreichen versuchten (Easterly 2006: 128f.). Aber die (von VN-Kreisen favorisierte) Idee der „SAPs with a human face“ konnte nicht realisiert werden. Gegen einige rigide Sparprogramme, die Weltbank und IWF in Schuldnerstaaten wie Ägypten, Sudan, Tansania durchzusetzen versuchten, kam es in den Armutsvierteln der Städte zu so genannten „IMF-Riots“ oder „Brot-Aufständen“ (wegen der Erhöhung der Brotpreise als Folge der Reduktion staatlicher Brotpreissubventionen).

Kritiker haben der Weltbank vorgeworfen, dass ihre SAPs „ausnahmslos ein am freien Markt, an Konkurrenz und Individualismus orientiertes Ethos“ fördern würden, „das in Großbritannien als Thatcherismus und in den USA als Reaganomics bekannt“ sei (George/Sabelli 1995). Diese Kritik ist – bei aller Rücksicht auf Globalisierungszwänge – im Kern nicht unberechtigt und legt die Schlussfolgerung nahe, dass eine gerechtere Repräsentation aller Schwellen- und Entwicklungsländer in den Entscheidungsgremien der Bank eine weniger neo-liberale Kreditpolitik befürworten würde, zum Beispiel eine solche mit längeren Anpassungs- und Übergangsfristen (siehe hierzu Buira 2005).

Das Jahr 1989 markiert auch einen entwicklungspolitischen Wendepunkt in der Nachkriegsgeschichte und den Eintritt in die vierte Entwicklungsphase: Die Weltbank prägte nun das neue qualitative Leitbild von *good governance* – gute Regierungsführung – als Voraussetzung für die Umwandlung von Auslandshilfe in einheimische Entwicklungsfortschritte. *Good governance* hat viele Facetten, je nach lokalem Kontext und Standpunkt des Kritikers (Rauch 2009: 257f.). Die Weltbank stellte vor allem zwei Aspekte in den Mittelpunkt, nämlich Fehlallokation knapper öffentlicher Ressourcen und Korruption in der Verwaltung, was sich lähmend auf das wirtschaftliche Wachstum auswirken würde. Kritiker der Entwicklungspolitik haben jedoch das an sich unscharfe Konzept mit folgenden normativen Zielen umschrieben: (1) Verantwortliches Regierungshandeln; (2) Bekämpfung der Korruption in der Verwaltung, sorgfältiger Umgang mit Steuergeldern und Ressourcen zur Förderung von Wachstum und Beschäftigung; (3) Respekt vor Demokratie, Gewaltenteilung und Menschenrechten (Nuscheler 2004: 625). Damit war ein Tabu-Bruch eingeleitet worden: Denn laut Satzung ist die Weltbank eine neutrale Institution, die sich politischer Bewertungen zu enthalten hat; sie darf Kredite nur nach streng sachlichen Kriterien der Nützlichkeit zur Erreichung entwicklungspolitischer Ziele an Regime in Mitgliedsländern vergeben. Nun öffentlich zu bekennen, dass die Fehlentwicklungen in den meisten Regionen der Dritten Welt politische Ursachen hätten, war ein Novum.

Beim *good governance*-Konzept der Weltbank liegt eine Betonung auf der aktiven Verbesserung des *public sector* Managements, um die bisherigen internen Störfaktoren für Entwicklung ausmerzen zu können: fehlende Haushaltsdisziplin, mangelnde Kontrolle der Staatsausgaben, eine übergroße, korruptionsanfällige Beamtenschaft und ein wirtschaftlich ineffizienter para-staatlicher Sektor. Jetzt konnte offen kritisiert werden: Weiterhin afrikanische Regierungen in ihrer Erwartungshaltung als Empfänger auswärtiger Wohltaten zu bestärken, unterminiere das, was man in Sonntagsreden propagiert: nämlich *ownership* und Hilfe zur Selbsthilfe (Messner/Wolff 2005).

In der Theorie haben Weltbank-Publikationen viel dazu beigetragen, den *ownership*-Gedanken im Nord-Süd-Dialog zu verankern. *Ownership* bedeutet, dass die Regierungen von Entwicklungsländern bereit sind, die Verantwortung für die Formulierung und Implementierung der als richtig erkannten Entwicklungsziele zu übernehmen. Doch im Verständnis der Weltbank-Strategen, das nach wie vor von neoliberalem Marktverständnis geprägt ist, muss sich nationales *ownership* in den vorgezeichneten Rahmen des *Washington Consensus* einfügen. Damit beruht die seit Jahren praktizierte Konditionalität der Weltbank auf folgenden Prinzipien: Deregulierung der Wirtschaft, Liberalisierung der Außenwirtschaft und Privatisierung der bislang staatlich kontrollierten Industrie- und Dienstleistungsunternehmen. Die wirtschaftspolitische Prinzipiendebatte, ideologisch beidseitig aufgeladen, an den Polen Markt versus Staat lag vielen „Missverständnissen“ zugrunde, die zwischen Weltbank und ihren Kredit abhängigen Kunden an der Tagesordnung waren. Erst das „Asiatische Wunder“ – der überraschend schnelle und nachhaltige Aufstieg der asiatischen Schwellenländer – nötigte die Experten der Weltbank zu dem Eingeständnis, dass nicht primär der Markt das wirtschaftliche Wachstum plus sozialer Entwicklung bewirkt hätte, sondern eine kluge, politisch inszenierte Entwicklungsförderung von oben. Auch in der Entwicklungstheorie bahnte sich ein Paradigmenwechsel an, jenseits des Washingtoner Konsens. Die Neue Institutionen-Ökonomik setze dem *mainstream* des Neo-Liberalismus die Erkenntnis entgegen, dass kulturelle Einstellungen, politische Rahmenbedingungen und vor allem innovationsförderliche Institutionen über das Wohl einer Gesellschaft entscheiden.

Durch öffentliche Kritik dazu genötigt, hat die Weltbankleitung eine Selbstüberprüfung ihrer Arbeit veranlasst und Reformen versucht. Dabei stellte sich die erhebliche Diskrepanz zwischen den Ankündigungen und Versprechungen der Bank einerseits und den real messbaren Wirkungen ihrer Tätigkeit andererseits heraus. Der so genannte Wapenhans Report von 1992, vom Reform orientierten Weltbankpräsidenten James D. Wolfensohn in Auftrag gegeben (genannt nach dem deutschen Vizepräsidenten Wapenhans), „offenbarte schockierend hohe Raten von Projektfehlschlägen“ (Weaver 2010: 119 und 129): Nur 37,5% aller Projekte hatten zum Zeitpunkt ihrer Fertigstellung ein zufriedenstellendes Ergebnis vorzuweisen, gemessen an der Bank eigenen Bewertungsmaßstäben; weitere 20% der Projekte wiesen größere Defizite auf, und 50% der Projekte wurden ganz oder teilweise aufgegeben. Bei 22% der Projekte beschwerten sich die Schuldner über Kreditbedingungen, die oftmals mehrere Dutzend von einzelnen Konditionen (Auflagen) beinhalten, die erfüllt werden müssen. So verwundert es nicht, dass anlässlich des 50-jährigen Bestehens der Weltbank (im Jahr 1994) in mehreren Ländern die Kampagne „50 Years is Enough" viele Unterstützer hatte.

Die Weltbank unter Wolfensohn reagierte auf den schockierenden Untersuchungsbericht mit der „Strategic Compact Initiative", einem institutionellen Reformprogramm für US$ 250 Mio., das unter anderem das Ziel verfolgte, sich stärker auf die Wünsche und Bedürfnisse der Kunden einzustellen und mit der unheilvollen „Kultur der raschen Kreditbewilligung unter Zeitdruck" (als Leistungsmaßstab für Mitarbeiter) zu brechen. Zwischen 1997 und 2000 wurde so ein Drittel der Bankmitarbeiter entlassen oder in den Ruhestand geschickt, oder sie kündigten von selbst. Auch wurden nun mehr Sozialwissenschaftler/innen eingestellt, um die intellektuelle Hegemonie der Wirtschaftsfachleute unter den Bankangestellten aufzuweichen, und der Anteil von Experten aus Entwicklungsländern wurde auf Zweidrittel erhöht. Eine wissenschaftliche Untersuchung von Catherine Weaver ergab später, dass die eingefahrenen Normen und Arbeitsprozeduren in der Belegschaft (vor allem die berüchtigten Zwänge der Mittelverteilung" – „disbursement imperatives") sich kaum geändert hatten (Weaver 2010: 120-121).

Die Weltbank befindet sich aktuell in der fünften Phase ihrer Entwicklung. Die Jahrtausendwende mit der feierlichen VN-Erklärung der acht Millenniumsziele im Jahr 2000 ist als „ein Meilenstein einer neuen EZ" (Eberlei 2009, S. 34) bezeichnet worden. Vier Ziele haben dabei Priorität:

- die Armut in der Welt bis 2015 zu halbieren;
- die Grundschulbildung für alle Kinder zu ermöglichen;
- die Gleichstellung der Geschlechter und das empowerment von Frauen zu fördern;
- Kinder- und Müttersterblichkeit sowie Tropenkrankheiten zu reduzieren.

Flankierend zu dieser sozialen Ausrichtung der VN-Entwicklungsziele hat die Weltbank das Konzept der Armutsreduzierung wieder in den Mittelpunkt ihrer Aktivitäten gerückt. Aber diesmal handelt es sich um eine intelligente Erweiterung der *Poverty Reduction Strategy* (PRS) der Weltbank für hoch verschuldete Länder, die mit dem Prinzip der Hilfe zur Selbsthilfe ernst macht: Hoch verschuldete arme Länder (*Highly Indebted Poor Countries* – die Gruppe der HIPC-Länder bildend) erhalten erst dann einen Schuldenerlass von der internationalen Gebergemeinschaft, wenn ihre Regierungen glaubhaft nachgewiesen haben (durch Abfassung von *PRS Papers*), in welcher Weise sie die Armutsreduktion in ihren Ländern in Angriff nehmen wollen. Dazu gehört der Nachweis, dass die Regierung zivilgesellschaftliche Gruppen an Planung und Implementierung von Entwicklungsprojekten mit Armutskomponenten beteiligt hat. Erst wenn dieser interne Konsultationsprozess abgeschlossen und somit nationale *ownership* praktiziert worden ist, kommt es zu Schuldenerlass und Auszahlung neuer Kreditlinien. Positiv dabei ist zu bewerten, dass die Gebergemeinschaft neuerdings auch stärker auf die Notwendigkeit hinweist, dass gezahlte Transferleistungen von den Parlamenten kontrolliert werden müssen. Dies ist in der Praxis – selbst in Musterländern wie Ghana – ein schwieriges Unterfangen, weil demokratische *checks and balances* der Rationalität des insbesondere in Teilen Afrika und Asiens vorherrschenden neo-patrimonialen Herrschaftskonzepts zuwiderlaufen.

Es ist noch zu früh, die Erfolge der jüngsten Armutsminderungs-Politik der Weltbank zu bewerten. Immerhin haben bereits zwanzig Länder mit aktivem PRS-Prozess – darunter Benin, Burkina-Faso, Ghana, Malawi, Tansania und Uganda – begonnen, und Teilerfolge konnten bereits festgestellt worden (so Eberlei 2009: 61). Aber fast überall ist das Versprechen, zivilgesellschaftliche Gruppen stärker an den Entscheidungs- und Implementationsprozessen zu beteiligen, nicht eingehalten worden (Hoerig 2007: 84f.). Der Weltbank geförderte PRS-Ansatz ist nur eine Strategie unter anderen, und ob die vernünftigen Prinzipien in die Praxis umgesetzt werden können, hängt letztlich von der entwicklungspolitischen Entschlossenheit der Regierungen und der sie unterstützenden Wähler/innen ab. Um solche *good governance*-Orientierung in vergleichender Sicht zu beurteilen, hat die Weltbank mit dem *Worldwide Governance Indicators* (WGI) ein nützliches Analyseinstrument geschaffen. Denn die WGI bestehen aus mehreren Indizes, die sich mit folgenden sechs Dimensionen von *governance* befassen: Partizipation und Rechenschaftspflicht (*voice and accountability*), politische Stabilität, effektives Regierungshandeln, Regulierungsqualität, Rechtsstaatlichkeit (*rule of law*) und Korruptionskontrolle (World Bank 2008).

Auch der 2007 ins Amt berufene amtierende Weltbank-Präsident Robert Zoellick hat die Kontinuität der Weltbank bei Unterstützung von *pro-poor-growth*-Strategien zugesagt. Der jüngste Entwicklungsbericht 2009/10 beteuert, dass er die Armutsorientierung als oberstes Ziel der Weltbank-Prioritäten beibehalten würde, verbunden mit folgender „shopping list“, die den sektoral weit umfassenden Anspruch der Weltbank enthüllt, für alle Probleme dieser Weltgesellschaft verantwortlich zu sein:

- eine verstärkte Unterstützung für die bislang vernachlässigten arabischen Länder sowie für solche Länder, die sich von Bürgerkriegen zu erholen im Begriff seien;
- die Inangriffnahme von Armutsminderung in Schwellenländern wie Indien und China;
- die zunehmende Beachtung von Umweltproblemen (im Besonderen die globale Erwärmung);
- die Erleichterung der Behandlung von HIV/Aids-Patienten.

Dieser Katalog gibt Anlass zur Sorge, dass eine solche Agenda zu einer Zersplitterung der Kompetenzen und Fachleute führen kann, und dass dadurch die Bank ihren Makel der Ineffizienz nicht loswerden kann. Beispielsweise ist bei einem Einsatz von 60, zum Teil hoch spezialisierten internationalen Gesundheitsorganisationen, die jährlich Milliarden für die Erforschung und Bekämpfung von Malaria, Tuberkulose und HIV/Aids ausgeben, das Mitmischen der Weltbank auf allen Gebieten wenig sinnvoll.

Insgesamt hat die Weltbank im Laufe ihrer wechselhaften Geschichte Fehler begangen und später korrigiert, sie hat sich immer wieder neue Aufgaben und dazu passende Instrumente der Wachstumsförderung erschlossen (Marshall 2008). So hat sie ihre historische Mission der Entwicklungsförderung – mit anderen Worten die Schaffung infrastruktureller Voraussetzungen für die Markterschließung von Entwicklungsländern und deren Integration in die Weltwirtschaft – partiell erfüllt. In Asien und einigen Ländern Lateinamerikas hat es Fortschritte gegeben (wobei der genaue Anteil der Weltbank schwer zu bemessen ist), aber vor allem in Afrika südlich der Sahara haben sich, trotz immer wieder erneuerter optimistischer Prognosen der Weltbank, überwiegend Misserfolge eingestellt (Easterly 2006). Die afrikanischen Eliten waren nicht für das Modernisierungskonzept der Bank zu gewinnen – teilweise aus Mangel an politischem Reformwillen und Einsicht, teilweise weil ihnen die damit verbundenen sozialen und politischen Opfer zu hoch erschienen. Weder wirtschaftliches Wachstum auf Dauer, noch soziale Entwicklung und Armutsüberwindung konnten im Endeffekt bis heute erreicht werden. Dafür stiegen Auslandsverschuldung und Zementierung der kolonialwirtschaftlich geprägten Exportökonomien („cash crops" statt „food crops"). In Teilen der Dritten Welt hat sie daher an Glaubwürdigkeit als Hilfsorganisation eingebüßt (Stiglitz 2002). Institutionelle Reformen in Richtung auf Rückgewinnung von Handlungskompetenz durch neue Glaubwürdigkeit erscheinen notwendig. Insbesondere die entwicklungspolitischen Praxis sollte lokale Erfahrungen und einheimisches Expertenwissen bei der Planung, Durchführung und dem *monitoring* von Entwicklungsprojekten gebührend berücksichtigen und aufwerten. Gemäß dem vernünftigen *ownership*-Prinzip brauchen globale Herausforderungen nicht zuletzt lokale Antworten von selbstverantwortlichen Gemeinden.

4. Stand der Forschung

Die Forschung zur Weltbank bezieht sich vor allem auf die entwicklungs- und wirtschaftspolitische Wirksamkeit der Weltbank-Politik. Während z.B. Katharine Marshall von der Georgetown University nach 35 Jahren in verschiedenen Funktionen bei der Weltbank einen eher positiven Eindruck von den Aktivitäten der Weltbank vermittelt (ohne die Stimmen der Kritiker zu unterschlagen), kommen Franz Nuscheler, Uwe Hoering, Theo Rauch, Fred Scholz und Harald Schumann/Christiane Grefe – um einige kritische Stimmen aus dem deutschen Sprachraum zu nennen – zu einem eher skeptischen Urteil: Ein berechtigter Hauptvorwurf bezieht sich darauf, dass die Weltbankexperten einem neoliberalen Weltbild verpflichtet seien, dass sie relativ einförmig auf Regierungen von Armutsländern einwirken würden, die nationalen Märkte den im internationalen Wettbewerb überlegenen Auslandsfirmen (einschließlich den „global players" des Agro-Business, der Banken und Versicherungen) zu öffnen (Calderesi 2006; Easterly 2006; Rauch 2009). Ob allerdings die Weltbank „mit Hybris in die Bedeutungslosigkeit" absinken wird, muss hinterfragt werden (Schumann/Grefe 2008: 379). In den letzten dreißig Jahren ist eine permanente Reformbereitschaft der Bank zu erkennen (Weaver 2010), nicht zuletzt um dem dreifachen Vorwurf von kritischen NRO und Wissenschaftler/innen entgegnen zu können: die Weltbankgruppe sei irrelevant, illegitim und ineffizient geworden. Tatsächlich ist inzwischen vielfach belegt, dass Entwicklungspolitik westlicher Bauart trotz einiger Erfolge – nicht allein der Weltbank – ohne die erwartete umfassende und nachhaltige Wirkung geblieben ist (Rauch 2009; Faust/Neubert 2010; Weaver 2010).

Literatur

Wichtige Primärquellen:

Go, Delfin S./John Page (Hg.)2008: Africa at a Turning Point? Growth, Aid, and External Shocks. Africa Development Essays. The World Bank. Washington.

World Bank: Jahresberichte. Washington. Fortlaufend.

World Bank: Management Task Force, Washington 1992 („Wapenhans Report")

World Bank 2008: Governance Matters 2008 (Online Datenbank). Worldwide Governance Indicators 1996-2007. Washington D.C.

Basislektüre zur Weltbank:

Buira, Ariel (Hg.) 2005: Reforming the Governance of the IMF and the World Bank. Edited for the G24 Research Program. London: Anthem Press.

Easterly, William 2006: Wir retten die Welt zu Tode. Für ein professionelleres Management im Kampf gegen die Armut. Frankfurt a. M.: Campus.

Faust, Jörg/Susanne Neubert 2010: Wirksamere Entwicklungspolitik. Frankfurt am Main: Nomos.

Eberlei, Walter 2009: Afrikas Wege aus der Armutsfalle. Frankfurt am Main

George, Susan/Fabricio Sabelli 1995: Kredit und Dogma. Ideologie und Macht der Weltbank. Hamburg.

Hanf, Theodor et al. (Hg.) 2009: Entwicklung als Beruf. Festschrift für Peter Molt. Baden-Baden: Nomos.

Hoering, Uwe 2007: Vorsicht: Weltbank. Armut, Klimawandel, Menschenrechtsverletzungen, hrsg. vom Forum Umwelt und Entwicklung, VSA-Verlag Hamburg.

Körner, Peter et al. 1986: The IMF and the Debt Crisis. A Guide to the Third World's Dilemmas. London: Zed Press.

Marshall, Katherine 2008: Global Institutions. The World Bank. From reconstruction to development to equity, New York.

Messner, Dirk/Imme Scholz (Hg.) 2005: Zukunftsfragen der Entwicklungspolitik. Baden-Baden: Nomos.

Nuscheler, Franz 2004: Entwicklungspolitik. Lern- und Arbeitsbuch. 5. Auflage. Bonn: Dietz.

Rauch, Theo, 2009: Entwicklungspolitik. Braunschweig: Westermann Verlag.

Sachs, Jeffrey D. 2005: Das Ende der Armut. Ein ökonomisches Programm für eine gerechte Welt. München: Siedler Verlag.

Scholz, Fred 2010: Globalisierung. Genese, Strukturen, Effekte. Braunschweig: Westermann Verlag.

Stiglitz, Joseph 2002: Die Schatten der Globalisierung. Berlin: Siedler Verlag.

Tetzlaff, Rainer 2008: Afrika in der Globalisierungsfalle. Wiesbaden: VS Verlag.

Tetzlaff, Rainer/Cord Jakobeit 2005: Das nachkoloniale Afrika. Politik- Wirtschaft, Gesellschaft. München: VS Verlag.

Aktuelle Beiträge:

Calderesi, Robert 2006: The Trouble with Africa. Why Foreign Aid Is' not Working. New Haven: Yale University Press.

Collier, Paul 2007: The Bottom Billion. Why the Poorest Country are Failing and What Can Be Done About It? Oxford: Oxford University Press.

Deegan, Heather 2009: Africa Today. Culture, Economics, Religion, Security. London and New York: Routledge.

Messner, Dirk/Peter Wolff 2005: Die Milleniums-Entwicklungsziele – Über den Sachs-Bericht hinaus denken. DIE Analysen und Stellungnahmen 5/2005.

Nuscheler, Franz 2009: Good Governance. Ein universelles Leitbild von Staatlichkeit und Entwicklung? INEF-Report 96/2009, Duisburg.

Schumann, Harald/Christiane Grefe 2008: Der globale Countdown. Gerechtigkeit oder Selbstzerstörung – Die Zukunft der Globalisierung. Köln: Kiepenheuer und Witsch.

Weaver, Catherine 2010: Reforming the World Bank, in: Clapp, Jennifer/Rorden Wilkinson (Hg.): Global Governance, Poverty and Inequality. Abingdon, New York: Routledge, S. 112-131.

WHO

Tine Hanrieder

Vollständige Bezeichnung:

Weltgesundheitsorganisation (*World Health Organization*, WHO)

1. Entstehung, Ziele und Aufgaben

Die Weltgesundheitsorganisation leitet und koordiniert im Auftrag der → Vereinten Nationen die internationale Gesundheitspolitik. Sie fungiert als zentrale Standardsetzerin und als Beraterin bei der Entwicklung nationaler Gesundheitssysteme. Im Bereich der Gesundheitssicherheit hat sich die WHO zum globalen Krisenzentrum für die Eindämmung von Epidemien entwickelt.

Gründung und Mandat der WHO

Die Gründung der WHO wird auf den 7. April 1948 datiert, den Tag des Eingangs der 26. Ratifikationsurkunde der WHO-Verfassung (*WHO Constitution*). Die Initiative für eine weltumspannende Gesundheitsorganisation war von den brasilianischen und chinesischen Delegationen auf der Gründungskonferenz der VN 1945 ausgegangen. Sie begründeten ihren Aufruf damit, dass Gesundheit ein „Grundpfeiler des Friedens" sei, und verliehen damit einem fortschrittsoptimistischen Zeitgeist Ausdruck, der seit Ende des 19. Jahrhunderts durch bahnbrechende medizinische Entdeckungen beflügelt wurde. Auf der Internationalen Gesundheitskonferenz in New York im Juni 1946, an der alle (damals 51) VN-Mitglieder und zehn weitere Staaten teilnahmen, wurde die WHO als neue zentrale Gesundheitsinstanz mit einem breiten Mandat etabliert. Die WHO trat die Nachfolge der *League of Nations Health Organization* (Gesundheitsorganisation des Völkerbundes, 1921-1946), des in Paris ansässigen *Office International d'Hygiène Publique* (OIHP, 1907-1946) und der Gesundheitssparte der Nachkriegshilfsorganisation *United Nations Relief and Rehabilitation Administration* (UNRRA, 1943-1946) an. Bestehende regionale Gesundheitsorganisationen wie vor allem das seit 1902 für die westliche Hemisphäre zuständige *Pan American Sanitary Bureau* (PASB, seit 1958 *Pan American Sanitary Organization*, PAHO) wurden in die WHO integriert, die infolge dessen eine ungewöhnlich starke Regionalstruktur entwickelte.

Wie bereits ihr Name zum Ausdruck bringt, strebt die WHO eine möglichst universelle Mitgliedschaft jenseits politischer Konflikte an, und steht auch Nichtmitgliedern der Vereinten Nationen offen. Im Jahr 2010 zählt sie 193 Mitglieder, eines mehr als die VN. Jedoch blieb die WHO keineswegs stets unberührt von politischen Konflikten. Der zeitweilige Rückzug sowjetischer Staaten in der frühen Zeit des Kalten Krieges, der Konflikt um den chinesischen Sitz, und die beharrliche Weigerung arabischer Staaten, innerhalb der *Eastern Mediterranean Region* mit Israel zu kooperieren (Israel wechselte schließlich in die europäische Region), sind hier die bedeutendsten Beispiele für politische Konflikte, die auch gesundheitspolitische Kooperation beeinträchtigten. Die regionale Zugehörigkeit einzelner Länder wurde in vielen Fällen nicht so sehr anhand geographischer oder epidemiologischer Kriterien, sondern nach politischen Affinitäten bzw. Aversionen festgelegt (Siddiqi 1995: Kap. 11 & 12).

Der Aufgabenkatalog der WHO ist umfassend und übertrifft den ihrer Vorgängerorganisationen bei weitem. Im Bereich der Gesundheitssicherheit übernahm die WHO die epidemiologischen Aufgaben des OIHP als Informationsknotenpunkt und Hüterin der *International Sanitary Regulations* (ISR, seit 1969 *International Health Regulations*, IHR). Darüber hinaus führt die WHO-Verfassung eine Vielzahl weiterer Aufgaben an, die die WHO als technische Standardsetzerin (ihre „normative" Rolle), als Entwicklungshelferin für nationale Gesundheitspolitiken (ihre „technische" Rolle), und gar als Urheberin völkerrechtlicher Verträge im Gesundheitsbereich autorisiert. Die Kapazitäten der Organisation waren jedoch von Beginn an stärker auf – rechtlich nicht bindende – normative Tätigkeiten und auf Koordination denn auf technische Zusammenarbeit ausgelegt. Vor Ort Entwicklungshilfe leistet die WHO daher überwiegend in Zusammenarbeit mit stärker operativen Organisationen wie UNICEF und → UNDP oder Nichtregierungsorganisationen (NRO). Als Erstellerin professioneller Leitlinien, als Forschungskoordinatorin sowie durch ihre Informationstätigkeiten nahm die WHO lange eine zentrale Stellung in der Weltgesundheitspolitik ein. Angesichts der zunehmenden Akteursvielfalt in diesem Politiksektor gerade seit den 1990er Jahren wird diese Koordination freilich immer schwieriger.

Politikprogramm der WHO

Die gesundheitspolitische Agenda der WHO bewegt sich traditionell zwischen den Polen Biomedizin und Sozialmedizin. Während der biomedizinische Ansatz die Bekämpfung von Krankheiten und die Vermittlung wissenschaftlichen Fortschritts in den Vordergrund stellt, setzt Sozialmedizin bei den gesellschaftlichen (ökonomischen, hygienischen, politischen) Bedingungen von Gesundheit an. Die sozialmedizinische Position schlug sich deutlich in der Präambel WHO-Verfassung nieder, die Gesundheit als einen „Zustand des vollständigen körperlichen, geistigen und sozialen Wohlergehens und nicht nur das Fehlen von Krankheit oder Gebrechen" und als menschliches „Grundrecht" festschreibt. Sozialmedizin weist also über den Gesundheitssektor hinaus und bezieht die sozioökonomischen und politischen Bedingungen einer Gesellschaft mit ein. Auch die Arbeitsweise innerhalb des Gesundheitssektors ist kontrovers. „Vertikale" Interventionen, die vor allem mit dem Argument knapper Ressourcen auf einzelne Krankheiten und punktuelle Ziele ausgerichtet sind, stehen hier „horizontalen" Ansätzen gegenüber, die eine größere Bandbreite an Gesundheitsproblemen angehen, indem Gesundheitsdienste umfassend und längerfristig gestärkt werden.

Sozialmedizin fasste in der ersten Hälfte des 20. Jahrhunderts in vielen europäischen und amerikanischen Ländern Fuß, fiel jedoch zu Beginn des Kalten Krieges dem polarisierenden Systemkonflikt zum Opfer. Das gewaltige US-amerikanische Misstrauen gegenüber sogenannter *socialized medicine* – bis heute ein wiederkehrender Kampfbegriff im gesundheitspolitischen Diskurs – sowie die verbreitete Hoffnung, Gesundheit durch wissenschaftliche Durchbrüche zu schaffen, setzten sozialmedizinischen Bestrebungen schnell Grenzen. So dominierten bereits in den Anfangsjahren der WHO vertikale Massenkampagnen zur Bekämpfung spezifischer Krankheiten wie Malaria, Tuberkulose und Geschlechtskrankheiten. Für die beiden größten vertikalen Kampagnen in der WHO-Geschichte, das Programm zur Ausrottung von Malaria und das Programm zur Ausrottung von Pocken, wurden über Jahre hinweg beträchtliche Ressourcen mobilisiert. Im Fall von Malaria ohne Erfolg. Die 1955 ausgerufene Kampagne machte über 15 Jahre mehr als ein Drittel der WHO-Ausgaben aus, wurde 1969 jedoch erfolglos eingestellt (Lee 2009: 49). Die Gründe des Scheiterns lagen sowohl an technischen Problemen wie den unerwarteten Umweltschäden durch das verwendete Pestizid DDT und die Entwicklung von Resistenzen, doch auch die mangelnde Gesundheitsinfrastruktur in vielen Entwicklungsländern vereitelte nachhaltige Ausrottungsanstrengungen (Siddiqi 1995). In der Folge nahmen Malariafälle wieder massiv zu, und ihre „Kontrolle" (wenn auch nicht Ausrottung) zählt weiterhin zu den Prioritäten der WHO und anderer globaler Gesundheitsagenturen. Die zweite große Ausrottungskampagne der WHO richtete sich seit 1967 gegen Pocken. Dank einer neuen Impftechnik, die vor allem effizienter war als frühere Methoden, und einer quasi-militärischen Durchführung der Kampagne, gelang die vollständige Ausrottung des Pockenerregers bis Ende der 1970er. Seither leben Pockenerreger lediglich in Forschungslaboren fort, ihrer endgültigen Vernichtung steht seit Jahren die Furcht entgegen, etwaige Überbleibsel könnten als biologische Waffe eingesetzt werden. Die Impfstoffentwicklung gegen Pocken wird daher weiterhin betrieben.

Stärker horizontale Ansätze zu einer bedürfnisorientierten Entwicklung von Gesundheitssystemen wurden besonders von Entwicklungsländern früh eingefordert. Ihnen war mit der gezielten (vertikalen) Bekämpfung einzelner Krankheiten wenig gedient, mussten doch zunächst solide Gesundheitssysteme mit ausreichend Personal und materieller Ausrüstung, ein gesundes sanitäres Umfeld und eine ausreichende Ernährung sichergestellt werden. In den 1970er Jahren schließlich, im Gefolge der globalen Rezession und entwicklungspolitischer Reformbestrebungen für eine Neue Weltwirtschaftsordnung, war die Agenda der WHO von der *Primary Health Care* (PHC)-Bewegung bestimmt. PHC richtete sich gegen die professionalisierte, krankenhausbasierte und kostspielige Organisation des Gesundheitssektors auch und gerade in armen Ländern. Propagiert wurde eine *bottom-up*-Orientierung, in der Gesundheitsarbeit durch eine Vielzahl kommunaler Akteure auch jenseits des Ärztestandes geleistet wird. Die PHC-Bewegung kulminierte 1978 in der „Erklärung von Alma Ata", die zwar nicht die erhoffte Revolution in der Gesundheitspolitik bewirkte, jedoch bis heute als Berufungsgrundlage für sozialmedizinisch (und basisdemokratisch) ausgerichtete Gesundheitsaktivisten dient. So widmete jüngst auch die WHO ihren Weltgesundheitsbericht 2008 dem Thema PHC und setzte eine Expertenkommission zu den sozialen Bedingungen von Gesundheit ein, die in enger Kooperation mit zivilgesellschaftlichen Akteuren Leitlinien erarbeitete. Notorische Ressourcenknappheit und eine zunehmend projektbasierte globale Gesundheitspolitik haben jedoch die Vertikalisierung der Gesundheitsarbeit noch befördert.

Die Vielzahl hochspezialisierter Interventionen erzielen freilich oft keine bleibende Wirkung, etwa wenn Wurminfektionen bekämpft, aber keine sanitären Voraussetzungen geschaffen werden, um der Neuinfektion vorzubeugen. Rufe nach stärker koordinierten und an den lokalen Gegebenheiten orientierten Gesundheitspolitiken sind in der zunehmend fragmentierten Weltgesundheitspolitik an der Tagesordnung (Lee 2010).

„Aufrüstung" im Bereich Gesundheitssicherheit

Die zunehmende weltweite Mobilität von Waren und Personen erhöht das Risiko sich schnell ausbreitender Infektionskrankheiten. Die Angst vor neuen Erregern und bioterroristischen Anschlägen, aber auch vor Staatszerfall im Zuge von Gesundheitskatastrophen, trägt dazu bei, dass Gesundheit heute vermehrt als Sicherheitsproblem angegangen wird. Nicht von ungefähr lautet der Untertitel von *Global Health Governance*, einer 2007 gegründeten Zeitschrift für globale Gesundheitspolitik: „The Scholarly Journal for the New Health Security Paradigm" (Hervorhebung T.H). Das gestiegene Sicherheitsbedürfnis führte jüngst auch zu einer beträchtlichen Ausweitung der Überwachungskapazitäten und Befugnisse der WHO zur Eindämmung von Epidemien, d.h. räumlich begrenzten Krankheitsausbrüchen, bzw. länderübergreifenden Pandemien (Zacher/Keefe 2008: Kap. 3). Gestützt auf neue Informationstechnologien gründete die WHO im Jahr 2000 das *Global Outbreak Alert and Response Network* (GOARN). GOARN arbeitet als Netzwerk von Institutionen zur epidemiologischen Überwachung und Kontrolle, das – vom Genfer Hauptsitz der WHO aus gesteuert wird.

Auch regulatorisch hat die WHO im neuen Jahrtausend erheblich nachgelegt. Bis dahin bezogen sich die *International Sanitary Regulations* bzw. seit 1969 *International Health Regulations* nur auf einige wenige Krankheiten: ab 1903 zunächst für Cholera und Pest, ab 1912 auch für Gelbfieber, nur vorübergehend kamen auch Typhus, Rückfallfieber und Pocken hinzu. Unter den ISR/IHR waren Staaten verpflichtet, Ausbrüche dieser Krankheiten an die WHO zu melden. Diese Verpflichtung wurde jedoch meist nicht eingehalten, teils aus Prestigegründen, vor allem aber aus Sorge der betroffenen Staaten vor den wirtschaftlichen Schäden, die ihnen durch Handels- oder Reiseembargos drohten. Auf die offizielle Meldung staatlicherseits war die WHO unter den alten IHR jedoch angewiesen.

Für die langjährigen Bemühungen um eine Reform der IHR öffnete sich mit der SARS-Epidemie 2002/2003 ein entscheidendes Gelegenheitsfenster. Die erfolgreiche Eindämmung der bis dahin unbekannten Lungenkrankheit SARS wird auf eine beispiellose Vernetzung von Forschungszentren durch die WHO zurückgeführt. So konnte die WHO schnell informierte Empfehlungen für Kontrollmaßnahmen aussprechen. Darüber hinaus setzte sich die Organisation erstmalig über das staatliche Veto in der Berichterstattung hinweg und übte öffentlichen Druck besonders auf die chinesische Regierung aus. Das Ausmaß der Epidemie, das durch nichtstaatliche Kanäle längst durchgesickert war, wurde von chinesischer Seite schließlich eingestanden. Ein weiteres vielbeachtetes Novum während der SARS-Krise waren die Reisewarnungen der WHO gegen Gebiete in China, Hong Kong, aber auch Kanada (Fidler 2004). Dass die Organisation hier den politischen Konflikt mit der chinesischen und kanadischen Regierung nicht scheute, lag sicher auch daran, dass die Amtszeit ihrer damaligen Generaldirektorin, Gro Harlem Brundtland, im Mai 2003 endete, und Brundtland keine Wiederwahl anstrebte.

In Folge der SARS-Krise wurden die IHR grundlegend reformiert. In der seit 2007 gültigen Fassung umfassen die Regulierungen nicht nur bestimmte Krankheiten, sondern ein breites Spektrum möglicher Gesundheitsbedrohungen. Die WHO ist nun befugt, auch nichtstaatliche Informationsquellen über Krankheitsausbrüche zu nutzen, und ihre Generaldirektorin kann den Krisenfall für die internationale Gesundheit nun eigenständig ausrufen. Der Bewährungstest in der Praxis ist bislang allenfalls gemischt ausgefallen. Hinweise auf einen Cholera-Ausbruch nach der Flutkatastrophe in Pakistan wurden beispielsweise im August 2010 durch VN-OCHA gemeldet, die WHO berichtet darüber aber nicht (Stand: Oktober 2010).

2. Aufbau

Die interne Organisation der WHO wurde im Wesentlichen seit 1948 nicht verändert, hat jedoch über die Jahre an Komplexität und Politisierung zugenommen. Oberstes Entscheidungsorgan ist die *World Health Assembly* (WHA), die jährliche Versammlung aller Mitgliedsstaaten der WHO. Die WHA tagt üblicherweise im Mai in Genf und beschließt das Programm und Budget der WHO. Ferner begutachtet und verabschiedet sie offizielle Berichte und ernennt den/die Generaldirektor/in. Die Beschlüsse der WHA haben lediglich empfehlenden Charakter gegenüber den Mitgliedsstaaten, mit Ausnahme der IHR und der Tabakrahmenkonvention. Jedes WHO-Mitglied hat eine Stimme, und außer in bestimmten wichtigen Fragen, in denen die 2/3-Mehrheit erforderlich ist, wird mit einfacher Mehrheit abgestimmt. Anders als in anderen VN-Organisationen genügt in der WHO auch eine einfache Mehrheit für die Zulassung neuer Mitglieder. Dadurch wurde die WHO oft die erste Anlaufstelle für Staaten, deren Aufnahme in die Vereinten Nationen umkämpft war.

Ihre Beschlussvorlagen und Berichte werden der WHA vom Exekutivrat (*Executive Board*, EB) der WHO vorgelegt, der zweimal jährlich tagt: einmal im Januar und dann noch einmal nach der WHA im Mai. Auch die Nominierung der/des Generaldirektor/in geschieht im EB, und wird in der WHA *de facto* nur bestätigt. Der EB setzte sich 1948 aus 18, mittlerweile aus 34 „technisch qualifizierten Personen“ zusammen, die ursprünglich als weisungsunabhängige Expert/innen eingesetzt wurden. Sie wurden zwar stets nach regionalem Proporz von den Mitgliedsländern gestellt, sollten aber nicht als Vertreter/innen ihrer Länder agieren. Die Realität sah freilich anders aus, und ungelenke Wendungen wie „ein Land, das ich besonders gut kenne, hat dazu folgende Position“, waren gängige Praxis. Ende der 1990er Jahre wurde das Unabhängigkeitsgebot schließlich aufgehoben und damit und der (zunehmenden) Politisierung der WHO Rechnung getragen (Kickbusch/Hein/Silberschmidt 2010).

Eine Besonderheit der WHO sind ihre sechs Regionalorganisationen, die mittlerweile einen solchen Grad an Autonomie erlangt haben, dass oft von „sieben WHOs“ statt einer WHO gesprochen wird. Die Regionalorganisationen (für die Amerikas, Afrika, den östlichen Mittelmeerraum, Südostasien, den Westlichen Pazifik und Europa) haben eigene Mitgliederversammlungen (Regionalkomitees) und Sekretariate. Sie befassen sich vorrangig mit regionalen Fragen, ermöglichen aber auch regionale Absprachen gegenüber den globalen Organen.

Das Sekretariat der WHO hat seinen Hauptsitz in Genf und untersteht der/dem Generaldirektor/in (*Director-General*, DG), der bzw. die für die Erarbeitung der Programm- und Budgetvorlagen zuständig ist. Alle bisherigen sieben DGs hatten bzw. haben einen medizinischen Abschluss. Das Personal, bestehend aus rund 8.500 Mitarbeiter/innen, verteilt sich zwischen dem Hauptsitz, den Regionalbüros und der Länderebene, die in den letzten Jahren erheblich gestärkt wurde. In den 147 Länderbüros arbeitete Ende 2009 fast die Hälfte des WHO-Personals, im Hauptsitz und den Regionalbüros je etwa ein Viertel. Die meisten Angestellten in der professionellen Kategorie kommen aus dem medizinischen Bereich oder der öffentlichen Gesundheit, sozialwissenschaftliche Berufe oder Jurist/innen sind weitaus seltener.

Das Arbeitsprogramm der WHO, das formal von der WHA kollektiv beschlossen wird, ist in der Realität zunehmend fragmentiert und zerklüftet. Durch die jahrzehntelange Sparpolitik der wichtigsten Beitragszahler, die sich weder zu einem Inflationsausgleich noch gar zu Beitragserhöhungen durchringen können, schrumpft das reguläre Budget der WHO kontinuierlich, und macht aktuell nur noch ein gutes Fünftel des Gesamthaushalts aus. Die restlichen Mittel werden separat eingeworben und erreichen die WHO-Programme meist mit sehr restriktiven Spendenzwecken. Der Einfluss großer Geber, darunter reiche Mitgliedsländer, aber auch Wirtschaftsverbände und private Stiftungen wie die Bill und Melinda Gates Stiftung, ist daher beträchtlich.

Entsprechend setzt die WHO seit Ende der 1990er Jahre vermehrt auf institutionalisierte Partnerschaften mit Privatwirtschaft und Zivilgesellschaft und beherbergt eine Vielzahl von Programmen mit von den WHO-Verfahren und Hierarchien unabhängigen Geschäftsregeln. So ist auf operativer Ebene die Beteiligung der Pharmaindustrie für viele WHO-Programme unabdingbar, aber auch zivilgesellschaftliche Akteure werden häufig einbezogen. Auf höchster politischer Ebene kann die Öffnung gegenüber zivilgesellschaftlichen Akteuren jedoch allenfalls als zögerlich bezeichnet werden. Beobachterstatus bei der WHO ist für NRO nach wie vor schwer zu erlangen, und die Partizipationsmöglichkeiten bei der WHA durch Redebeiträge oder Parallelveranstaltungen werden sehr restriktiv gehandhabt. Die vehemente zivilgesellschaftliche Kritik am Einfluss der Pharmaindustrie auf die Arbeit der WHO macht eine schnelle Öffnung derzeit nicht wahrscheinlicher (Lee 2010).

3. Wandel, Reform und Bedeutung in der globalen Politik

Zu den strukturellen Herausforderungen der WHO zählt seit jeher die Koordination zwischen globaler, regionaler und Länderebene. Regionaldirektor/innen werden in den Regionen gewählt und sind damit von den Weisungen der DGs faktisch unabhängig. Die Vereinbarung und Umsetzung von Programmen ist daher besonders konfliktgeladen und zäh. Das „one state, one vote"-Prinzip in der WHA führt überdies dazu, dass die formalen Entscheider und die Geldgeber der WHO nicht identisch sind. In der WHA getroffene Programmentscheidungen können oft nicht umgesetzt werden, weil die Mittel fehlen. Um die zähen Entscheidungsstrukturen der WHO zu umgehen, weichen Geber zunehmend auf neue Arrangements, etwa die zahlreichen „public private partnerships for health", aus. Die resultierende Programm- und Akteursvielfalt wird jedoch seit langem als dysfunktional kritisiert, da es allenthalben an Koordination mangelt. Parallelstrukturen mit großem Verwaltungsaufwand, aber auch eine wenig nachhaltige Programmausrichtung sind die Folge. Viele Einzelprojekte, die auf schnell messbare Erfolge ausgerichtet sind, arbeiten vorwiegend vertikal und vernachlässigen die Förderung lokaler Strukturen (Lee 2010). Reformversuche und Vorschläge für neue Koordinationsmechanismen häufen sich, bislang aber ohne vorzeigbare Wirkung (Kickbusch/Hein/Silberschmidt 2010).

Intern bemüht sich die WHO derweil um eine besser abgestimmte Haushaltsplanung. Ihre Abhängigkeit von Drittmitteln, mit denen kaum geplant werden kann, und die schlechte Zahlungsmoral der Beitragszahler gehen häufig zu Lasten der Programmumsetzung, auch bei den Kernaufgaben der Organisation. Eine allgemeine Anhebung der regulären Beitragssätze, die auch mit einer Neuberechnung der Beiträge aufstrebender Staaten einherginge, ist nicht zuletzt in Folge der Weltfinanzkrise nicht wahrscheinlicher geworden. Stattdessen wird mit dem *Medium Term Strategic Plan 2008-2013* nun versucht, mehr Drittmittelgeber zu bewegen, ihre freiwilligen Zahlungen nicht mit einem restriktiven Spendenzweck zu versehen. Dies würde eine flexiblere Verwendung der Zusatzbeiträge im Rahmen grober strategischer Zielformulierungen erlauben.

Wachsende Konkurrenz für die WHO

Gesundheit ist zu einem wichtigen und vielbeachteten Feld der internationalen Entwicklungspolitik geworden, in dem die WHO längst keine Monopolstellung mehr hat. Die ressourcenstarke Weltbank, UNICEF, aber auch die G20, und viele weitere öffentliche und private Organisationen sind heute in der Weltgesundheitspolitik engagiert. Die WHO selbst setzte sich dafür ein, dass Gesundheit in den Millennium Entwicklungszielen (*Millennium Development Goals*, MDGs) der Vereinten Nationen prominent verankert ist. Drei der acht MDGs sind gesundheitsbezogen. Auch an der Etablierung großer *public private partnerships* für Gesundheit wie dem *Global Fund to Fight AIDS, Tuberculosis and Malaria* war die WHO federführend beteiligt – mit der Folge freilich, dass ihre eigene Stellung in diesem Politikfeld marginaler wurde.

Der Anpassungsprozess an diese neuen Gegebenheiten ist spannungsreich. Einerseits versuchen die Programme der WHO, im Wettbewerb um knappe Ressourcen verschiedenste Projekte anzubieten. Andererseits wird seit Jahren diskutiert, ob die WHO sich nicht auf ihre normativen Kernaufgaben konzentrieren solle, da sie für andere, vor allem stärker operative Tätigkeiten, gar nicht ausgelegt sei. Der besondere Wert der WHO, ihr „komparativer Vorteil“, bestehe in ihrer normativen Autorität als Urheberin unabhängiger, fachlich gesicherter Richtlinien, die auf einer breiten Konsultationsbasis beruhen. Ein weiteres Alleinstellungsmerkmal der WHO besteht in ihrer Befugnis, völkerrechtliche Verträge für den Gesundheitssektor zu beschließen. Davon wurde jedoch erst im neuen Jahrtausend mit der Tabakrahmenkonvention erstmalig Gebrauch gemacht, die 2003 trotz massiver Gegenmobilisierung durch die Tabakindustrie verabschiedet wurde. Die umfangreiche Konvention bezieht sich beispielsweise auf Tabakwerbung, Aufklärungsangebote, die Angabe von Inhaltsstoffen bei Tabakprodukten, oder den Schutz Minderjähriger. Sie zählt im Oktober 2010 171 Vertragsparteien.

Das Ringen um Autorität

Die besondere Expertenautorität der WHO leidet freilich unter ihrer zunehmenden Vermarktlichung und Drittmittelabhängigkeit. Besonders offensichtlich wurde dies während der „Schweinegrippe"-Pandemie 2009-2010, dem ersten Ernstfall für die reformierten IHR. Aufgrund der Pandemiewarnung durch das WHO-Sekretariat wurden in den Ländern große Mengen Impfstoff bestellt, obwohl die Grippe relativ harmlos verlief. Vorwürfe aus Presse und Politik, auch durch die Parlamentarische Versammlung des → Europarats, die WHO habe sich hier unlauter von Pharmainteressen beeinflussen lassen, sorgten 2010 für großes Aufsehen. Die WHO-interne Evaluation der neuen IHR wurde in der Folge zu einem Untersuchungsverfahren zur Aufklärung dieser Vorwürfe umgewidmet, wasserdichte Regeln für den Umgang mit Interessenkonflikten wieder einmal lautstark gefordert.

Normenkonflikte zwischen öffentlichem Eigentum und dem Zugang zu lebenswichtigen Medikamenten sind eine weitere Zerreißprobe für die WHO. Industrieländer und Pharmalobbyisten pochen auf einen effektiven Patentschutz, während Drittweltländer und NROs Medikamente zu erschwinglichen Preisen fordern. Die WHO setzt ihre normative Rolle seit den 1970er Jahren für eine Grundversorgung mit Medikamenten ein, durch die *Model List of Essential Medicines*. Die Liste definiert, welche Medikamente in einem Gesundheitssystem unabdingbar sind und daher zugänglich sein sollen, damit aber auch, welche (teils offensiv vermarkteten) Medikamente nutzlos oder gar kontraproduktiv sind. Die Liste betrifft unmittelbar industrielle Interessen und war von Beginn an heftig umstritten, bis hin zur Entscheidung der USA 1985, aus Protest die Beitragszahlungen zur WHO auszusetzen (Lee 2009: 89-93).

Im Fall vieler Tropenkrankheiten, die nur arme Länder betreffen, ist der Medikamentenmangel allerdings nur schwer zu beheben. Für Pharmakonzerne ist Forschung und Entwicklung für vernachlässigte Krankheiten nicht rentabel, Entwicklungsländer und Aktivisten wie Ärzte ohne Grenzen fordern daher Entkoppelung der Medikamentenherstellung vom Marktmechanismus. Der Bericht, den ein Expertengremium der WHO hierzu 2010 vorlegte, sorgte für einen Eklat, da er „südliche" Forderungen gänzlich ignorierte, und vorab Pharmavertreter/innen zugespielt worden war. Ein weitaus inklusiveres intergouvernementales Beratungsverfahren wurde auf der WHA 2010 angestoßen, um das Tauziehen fortzusetzen.

Dieses Umstellen vom Expertenverfahren auf ein intergouvernementales Gremium ist bezeichnend für den eminent politischen Charakter von Gesundheit, und für die Schwierigkeiten einer „technischen" VN-Organisation, ihre Autorität im politischen Kräftefeld zu behaupten.

4. Stand der Forschung

Die sozialwissenschaftliche Auseinandersetzung mit der Weltgesundheitsorganisation fand lange Zeit überwiegend in der Fachliteratur zu öffentlicher Gesundheit und in der Medizingeschichte statt, jedoch kaum in der Politikwissenschaft. Politologische Arbeiten setzten sich besonders mit internen Entscheidungsprozeduren und dem Status der WHO als unabhängige Expertenorganisation auseinander (Jacobson 1973). Später wurde diese „funktionalistische

Hoffnung“ auf rein technische Kooperation mit den macht- und interessenpolitischen Realitäten in der WHO konfrontiert (Siddiqi 1995). Der massive Zustrom neuer Akteure in den Bereich der Weltgesundheitspolitik seit den 1980er und vermehrt 1990er Jahren und das wachsende Interesse am Zusammenhang zwischen Globalisierung und Gesundheit bewirkten auch ein verstärktes Interesse an der WHO als staatlich legitimierte Koordinierungsinstanz (Kickbusch et al. 2010; Lee 2010). Jüngere Forschungsarbeiten sind daher zumeist im *global governance*-Paradigma angesiedelt (Zacher/Keefe 2008). Besonders die zunehmenden Kompetenzen der Organisation im Bereich Gesundheitssicherheit werden hier als Schritt hin zu einer „postwestfälischen“ Gesundheitsordnung mit einer relativ autonomen WHO analysiert (Fidler 2004).

Literatur

Wichtige Primärquellen:

WHO Constitution (1946, Fassung von 2006) (www.who.int/governance/eb/who_constitution_en.pdf., Zugriff am 15.10.2010).
Declaration of Alma Ata (1978, www.who.int/hpr/NPH/docs/declaration_almaata.pdf., Zugriff am 15.10.2010).

Basislektüre zur WHO:

Burci, Gian Luca/Claude-Henri Vignes 2004: World Health Organization. The Hague: Kluwer Law International.
Jacobson, Harold K. 1973: WHO: Medicine, Regionalism, and Managed Politics, in: Cox, Robert W./Harold K. Jacobson (Hg.): The Anatomy of Influence. Decision Making in International Organizations. New Haven: Yale University Press, S. 175-215.
Lee, Kelley 2009: The World Health Organization (WHO). London: Routledge.

Aktuelle Beiträge:

Fidler, David P. 2004: SARS, Governance, and the Globalization of Disease. New York: Palgrave Macmillan.
Kickbusch, Ilona/Wolfgang Hein/Gaudenz Silberschmidt 2010: Addressing Global Health Governance Challenges through a New Mechanism: The Proposal for a Committee C of the World Health Assembly, in: Journal of Law, Ethics & Medicine 38:3, S. 550-563.
Lee, Kelley 2010: Civil Society Organizations and the Functions of Global Health Governance: What Role within Intergovernmental Organizations?, in: Global Health Governance 3:2 (http://ghgj.org/Lee3.2CSOs.htm, Zugriff am 18.08.2010).
Siddiqi, Javed 1995: World Health and World Politics: The World Health Organization and the UN System. London: Hurst & Company.
Zacher, Mark W./Tanja J. Keefe 2008: The Politics of Global Health Governance. United by Contagion. New York: Palgrave Macmillan.

WTO

Achim Helmedach

Vollständige Bezeichnung:

Welthandelsorganisation (*World Trade Organization*, WTO)

1. Entstehung, Ziele und Aufgaben

Die Welthandelsorganisation (*World Trade Organization*, WTO) wurde am 1.1.1995 gegründet. Sie entstand als direkte Nachfolgerin des vorangegangenen internationalen Abkommens zur Regulierung des Welthandels, des Allgemeinen Zoll- und Handelsabkommens (*General Agreement on Tariffs and Trade* – GATT). Dieses wurde bereits 1947 eingerichtet, nachdem die im Zuge der Bretton Woods-Nachkriegsordnung (→ IWF; → Weltbank) angestrebte Internationale Handelsorganisation gescheitert war. Rechtlich war das GATT zwar nur ein völkerrechtlicher Vertrag und verfügte über keine detaillierte Organisationsstruktur. Dennoch hatte auch dieses WTO-Vorgängerregime bereits eine ambitionierte Agenda. Von Beginn an hatte es einen globalen Anspruch. Zu den 23 Gründungsmitgliedern gehörten neben den USA, Frankreich und Großbritannien beispielsweise Brasilien, Ceylon, Indien und Pakistan. In den folgenden Jahrzehnten stieg die Bedeutung des GATT-Regimes einerseits aufgrund des kontinuierlichen Zuwachses an Mitgliedern: Ende der 1980er Jahre hatte es bereits über 90 Mitglieder, darunter alle westlichen Demokratien, viele süd- und mittelamerikanische Staaten sowie weitere Mitglieder aus Asien und Afrika. Andererseits kam es zu einem massiven Bedeutungszuwachs von GATT/WTO durch eine stetig steigende Regulierungsdichte, welche im Rahmen von insgesamt acht Verhandlungsrunden der Mitglieder zustande kam. Während in den ersten Verhandlungsrunden vor allem tarifäre Handelshemmnisse beseitigt wurden (man verständigte sich also auf weitere Zollsenkungen), wurden in den späteren Runden auch Einigungen über die Reduzierung von nicht-tarifären Maßnahmen erreicht und Anti-Dumping-Regeln ausgebaut.

Die achte Verhandlungsrunde, die von 1986-1994 andauernde Uruguay-Runde, endete dann mit der Gründung der Welthandelsorganisation. Seit den 1970er Jahren hatte sich immer deutlicher abgezeichnet, dass neu auftretende Probleme, die durch den stetigen Bedeutungszuwachs und Wandel des grenzüberschreitenden Handels sowie die deutlich gestiegene Mitgliederzahl entstanden, durch die Regimestruktur des GATT nicht mehr hinreichend adressiert werden konnten: Erstens traten neben den Handel mit verarbeiteten Gütern zunehmend der Dienstleistungshandel sowie Direktinvestitionen im Ausland. Zweitens entstanden neben dem GATT vermehrt regionale Freihandelsabkommen, in denen die jeweiligen Mitglieder sich stärkere Vergünstigungen einräumen konnten als den übrigen Mitgliedern des GATT. Und drittens wurden Konflikte zunehmend nicht mehr im Konsens beseitigt, sondern entweder im schwach institutionalisierten Streitverfahren des GATT ausgetragen oder sie blieben komplett ungelöst und führten so zu zunehmenden Spannungen der Handelspartner. Insbesondere die USA schlugen, unter anderem in Anbetracht hoher Außenhandelsdefizite und sinkender Absatzzahlen auf Drittmärkten, ab dem Ende der 1970er Jahre einen deutlich konfrontativeren handelspolitischen Kurs ein. Infolge dessen litten die Handelsbeziehungen zwischen der Europäischen Gemeinschaft (→ EU), den USA und Japan stark (Barton et al. 2006: 2f; 42f). Diese Probleme wurden in der Uruguay-Runde behandelt und führten schließlich zum sogenannten Marrakesch-Abkommen vom 15. April 1994 über die Gründung der WTO. Das Abkommen trat zum 1. Januar 1995 in Kraft und begründete die Welthandelsorganisation als Dachorganisation der separaten Verträge GATT, GATS und TRIPS. Der Regelungsbereich der WTO wurde damit – über den Handel mit Gütern hinaus – auf den Dienstleistungsbereich (Allgemeine Abkommen über den Handel mit Dienstleistungen, engl. *General Agreement on Trade in Services*, GATS) und Aspekte des geistigen Eigentums (Übereinkommen über handelsbezogene Aspekte der Rechte am geistigen Eigentum, engl. *Agreement on Trade-Related Aspects of Intellectual Property Rights,* TRIPS) erweitert. Und während zuvor seit den 1960er Jahren im GATT zunehmend Abkommen vereinbart wurden, in denen sich nur ein Teil der Mitglieder auf Verpflichtungen gegeneinander verständigten, verpflichteten sich die Mitglieder mit dem WTO-Vertrag auf ein „single undertaking", also auf vereinheitlichte Verpflichtungen für die gesamte Mitgliedschaft.

Ziele und Aufgaben der WTO

Die Aufgaben der Organe ergeben sich direkt aus den in der Präambel des Gründungsvertrags festgelegten übergeordneten Zielen der WTO: Es soll ein funktionsfähiges und dauerhaftes multilaterales Handelssystem aufgebaut werden, welches der Erhöhung der Lebensstandards, der Sicherung von Realeinkommen, effektiver Nachfrage, und der Sicherung der Vollbeschäftigung dient sowie den Handel mit Gütern und Dienstleistungen befördert. Dies soll in Übereinstimmung mit den Zielen einer nachhaltigen Entwicklung von Umwelt und Ökonomie erreicht werden. Der grenzüberschreitende Handel soll also problemlos, frei, gerecht und verlässlich erfolgen.

In ihrem eigenen Verständnis fördert die WTO Wohlstand und Wirtschaftswachstum aller Mitglieder durch das Aufstellen allgemeinverbindlicher Regeln. Diese sollen drei Prinzipien folgen, denen der Nichtdiskriminierung, des fortlaufenden Abbaus von Zöllen und Handelsbarrieren sowie der Reziprozität. Nichtdiskriminierung wird durch die Kernprinzipien Meistbegünstigung (Art. 1 WTO) und Inländergleichbehandlung (Art. 3 WTO) erreicht. So soll gewährleistet werden, dass sämtliche Mitglieder die gleichen Zugangsbedingungen zu den jeweiligen Märkten erhalten. Denn gemäß der Meistbegünstigungsklausel müssen Mitglieder sämtliche Vorteile, die sie einem anderen Mitglied gewähren, auch allen weiteren Vertragsparteien zugestehen. Das Inländergleichbehandlungsprinzip soll gewährleisten, dass Importe, sobald sie die Zollgrenze überschritten haben, keinen willkürlichen Behinderungen ausgesetzt sondern einheimischen Konkurrenzprodukten gleichgestellt werden und somit in einem fairen Wettbewerb zu diesen stehen.

Weiterhin sind die Mitglieder angehalten, Zölle und Handelsbarrieren abzubauen. Im Gründungsvertrag der WTO wurden detaillierte Verpflichtungen für die einzelnen Mitglieder festgelegt, mit denen die entwickelten Länder ihre Zölle auf industrielle Güter innerhalb von fünf Jahren im Schnitt um 40% gesenkt haben. Außerdem wurden fast sämtliche nicht-tarifären Handelshemmnisse im Agrarhandel beseitigt. Dieser Prozess der „Tarifizierung" beinhaltete die Umwandlung von Handelsbarrieren wie Importquoten und -verboten in tarifäre Hemmnisse. Während also zuvor der Zugang zu einem bestimmten Markt durch Regeln eingeschränkt oder verhindert wurde, sollte ab 1995 derselbe regulierende Effekt durch die Festsetzung von Produktzöllen in angemessener Höhe erreicht werden. Außerdem sollten diese Zölle zwischen 1995 und 2000 (bzw. 2005 für Entwicklungsländer) reduziert werden. Zusätzlich verpflichteten die Mitglieder sich, Exportförderungen und Agrarsubventionen abzubauen.

Das Prinzip der Reziprozität war bereits im GATT von 1947 verankert und wurde auch in der Präambel der WTO-Vereinbarung aufgenommen. Diesem zufolge sollen die Mitglieder wechselseitig und zum beiderseitigen Vorteil Handelshemmnisse beseitigen. Gewährt ein Land einem anderen Land einen erleichterten Marktzugang, so wird von diesem erwartet, Vergünstigungen in gleichem Ausmaß zu gewähren. Das Reziprozitätsprinzip ist jedoch in zweierlei Hinsicht eingeschränkt. Erstens müssen aufgrund der Meistbegünstigungsklausel Zugeständnisse auf sämtliche Mitglieder ausgeweitet werden. Jedoch wird eine vollständige Balance an Zugeständnissen zwischen sämtlichen Mitgliedern in der Praxis kaum zu erzielen sein. Zweitens wird durch die Ermächtigungsklausel (*Enabling Clause*), die erstmals 1979 im GATT-Recht angewendet wurde, das Reziprozitätsprinzip für den Handel mit Entwicklungsländern teilweise außer Kraft gesetzt. Dieser zufolge können entwickelte Länder Entwicklungsländern nicht-reziproke Handelsvergünstigungen gewähren. Sie können dabei unilateral entscheiden, welche Länder für welche Produkte einen zollfreien oder zollvergünstigten Zugang auf ihren Markt erhalten. So gewähren etwa die USA Staaten aus Subsahara-Afrika, die bestimmte politische Rahmenbedingungen erfüllen, im Rahmen des *African Growth and Opportunity Act* einen zollfreien Marktzugang für verschiedene Produkte, vor allem aus dem Textilbereich.

Die WTO soll die drei Prinzipien durch drei Funktionen gewährleisten: als Kontrollorgan, als Streitschlichtungsinstanz und als Verhandlungsforum (WTO 2007: 12). In ihrer Kontrollfunktion erstellt die WTO im Rahmen des Organs zur Überprüfung der Handelspolitik (*Trade Policy Review Body*) regelmäßig Berichte zu den Handelspolitiken und Implementationsmaßnahmen der einzelnen Mitglieder. Zusätzlich wird in verschiedenen Ausschüssen Transparenz hinsichtlich der geplanten Handelsmaßnahmen der Mitglieder geschaffen. So können Mitglieder Anti-Dumping-Maßnahmen ergreifen, wenn Exporteure ihre Produkte auf ausländischen Märkten zu niedrigeren Preisen anbieten als auf dem heimischen Markt. Subventionen der heimischen Wirtschaft sind dann erlaubt, wenn sie die Interessen der übrigen Mitglieder nicht beeinträchtigen. Und schließlich können aufgrund einer speziellen Schutzklausel (*safeguard measures*) temporär Sonderzölle erhoben werden, wenn die heimischen Produzenten aufgrund eines plötzlichen Anstiegs von Konkurrenzimporten in ernsthafte Schwierigkeiten geraten. Handelsmaßnahmen in diesen drei Bereichen müssen in den zuständigen Ausschüssen der WTO vorab angekündigt werden, so dass betroffene Mitglieder gegebenenfalls ihre Rechte geltend machen können.

Als Streitschlichtungsinstanz verfügt die WTO mit dem Streitbeilegungsorgan (*Dispute Settlement Body*, DSB) über eine unabhängige Instanz, die im Fall eines Regelstreits zwischen Mitgliedern ein verbindliches Quasi-Urteil fällt (vgl. 3. Aufbau). Ebenfalls können Konflikte vor einer Anrufung des DSB auch in den Ausschüssen adressiert und diskutiert werden. Schließlich stellt die WTO das Verhandlungsforum für eine Weiterentwicklung der Welthandelsordnung dar. Bereits im Marrakesch-Abkommen wurde festgelegt, dass in der WTO weitere Verhandlungen über die Agrar- und Dienstleistungsbereiche stattfinden sollten. Diese „eingebaute Verhandlungsagenda" der WTO wurde seit 1996 bearbeitet und schrittweise um weitere Verhandlungsgegenstände wie die Fortführung des TRIPS-Abkommens, Regeln über die Zollwertbestimmung oder die öffentliche Auftragsvergabe erweitert (World Trade Organization 2007: 20f.). Schließlich wurden sämtliche Verhandlungsgegenstände in der Doha-Runde (bzw. Doha-Entwicklungsagenda) zusammengefasst, um, so die Hoffnung, mehr Verhandlungsmasse zu schaffen, die zu einem weiterführenden Kompromiss führen kann. Diese Verhandlungsrunde ist bis 2010 zu keinem Ergebnis gekommen und wurde zwischenzeitlich mehrfach unterbrochen.

In ihrem Selbstverständnis sieht die WTO die fortschreitende Liberalisierung der Märkte als einen Grundpfeiler ihrer eigenen Entwicklungsagenda. Nur wenn die Entwicklungsländer sich den internationalen Märkten öffneten, sei eine effiziente und konkurrenzfähige Wirtschaftsentwicklung möglich (WTO 2007: 12). Jedoch wird eingeräumt, dass diese Öffnung flexibel erfolgen müsse, so dass die beschränkten Kapazitäten der schwächsten Mitglieder nicht kurzfristig überansprucht werden. Die WTO hat deshalb Programme zur technischen Unterstützung der Entwicklungsländer eingerichtet, deren Erweiterung auch einen der Kernpunkte der Doha-Entwicklungsagenda darstellt. Bisher erstrecken sich diese Programme aber in erster Linie nur darauf, Expertise in den Mitgliedsländern aufzubauen, so dass diese effektiver ihre Pflichten identifizieren und Rechte, beispielsweise im Rahmen der Streitschlichtung, wahrnehmen können. Materielle Formen des *capacity buildings* wie Infrastrukturmaßnahmen werden explizit anderen Internationalen Organisationen zugewiesen, etwa den → Vereinten Nationen oder der Weltbank. Weiterhin wird aber den ärmsten Entwicklungsländern eine „Sonder- und Vorzugsbehandlung" (*Special and Differential Treatment*, S&D) eingeräumt. So steht diesen Ländern ein längerer Zeitraum zur Umsetzung von Regeln zur Verfügung und die übrigen Mitglieder sind aufgefordert, mit ihren Handelsmaßnahmen die Belange der Entwicklungsländer zu berücksichtigen. Schließlich wurden die Mitglieder aufgefordert, der Gruppe der am wenigsten entwickelten Länder (*Least Developed Countries*, LDCs) einen zoll- und quotenfreien Marktzugang für mindestens 97% ihrer Exporte anzubieten. Diese Forderung wurde bereits von den meisten Industrieländern und einigen weiteren Mitgliedern umgesetzt.

Während die WTO entwicklungspolitische Zielsetzungen zumindest in Teilen aktiv unterstützt, haben die Mitglieder in der Vergangenheit keinerlei ernsthafte Bestrebungen entwickelt, weitere Agenden, etwa zum Umweltschutz, zum Arbeitsrecht oder zu Gesundheitsstandards, in die Organisation zu integrieren. Zwar räumt die WTO an verschiedenen Vertragsstellen Umwelt- und Gesundheitsbelangen den Vorrang vor dem Freihandel ein, beispielsweise bei den Bestimmungen zu technischen Handelsbarrieren und zu den Hygienestandards. Ebenso sind etwa staatliche Subventionen erlaubt, wenn Firmen Kosten durch eine neue Umweltgesetzgebung auferlegt werden. Jedoch müssen im Zweifel stichhaltige wissenschaftliche Risikoabschätzungen vorgelegt werden, die die Notwendigkeit der jeweiligen umwelt- oder gesundheitspolitischen Maßnahme belegen können. An Streitfällen wie denen um Hormonfleisch, Seeschildkröten oder genetisch veränderte Organismen zeigt sich aber, dass diese Beweislast ein ernstzunehmendes Legitimitätsproblem mit sich bringt, insbesondere dann, wenn den Risikoabschätzungen subjektive Befürchtungen der Bürger/innen entgegenstehen.

2. Aufbau

Die WTO ist im Wesentlichen eine intergouvernemental organisierte Institution mit einer Ausnahme, dem faktisch supranationalen Streitschlichtungsorgan. Mitglied der WTO können sämtliche Länder und nicht-souveräne geschlossene Zollgebiete wie Hongkong oder Taiwan werden. Bereits im GATT nahm die Mitgliederzahl stark zu, so dass Ende der 1980er Jahre bereits über 90 Länder Mitglied waren. Das WTO-Abkommen unterzeichneten 123 Mitglieder und seitdem hat sich die Mitgliederzahl bis 2010 auf 153 Mitglieder vergrößert, die für 97% des Welthandels verantwortlich sind. Die WTO ist somit ein fast globales Handelsregime. Und fast sämtliche bedeutenderen Nichtmitglieder wie Russland, Iran, Irak oder Serbien haben bereits Aufnahmeverhandlungen mit der WTO begonnen. Diese Verhandlungen ziehen sich jedoch häufig lange hin, da sich der jeweilige Interessent mit allen WTO-Mitgliedern darüber verständigen muss, welche Handelszugeständnisse er im Gegenzug für den verbesserten Marktzugang tätigen wird. Außerdem müssen bei einem Beitritt institutionelle Voraussetzungen auf nationaler Ebene geschaffen werden, die eine Umsetzung der WTO-Regeln ermöglichen. Schließlich müssen Zweidrittel aller Mitglieder einem Beitrittsgesuch zustimmen.

Die wichtigsten rechtlichen Grundlagen der WTO sind das bereits erwähnte Abkommen zur Errichtung der WTO sowie seine Anhänge zu GATT, GATS und TRIPS, dem Streitschlichtungsabkommen, dem Abkommen zur Überprüfung der Handelspolitiken und zu den plurilateralen Abkommen, also zusätzlichen weitergehenden Vereinbarungen, denen nur Teile der Mitglieder zugestimmt haben.

Die inhaltliche Erweiterung des Handelsabkommens ging mit einer institutionellen Reform einher. Dabei wurden im Abkommen zur Errichtung der Welthandelsorganisation drei Hauptorgane begründet: die Ministerkonferenz, der Generalrat und das Sekretariat der WTO. Die Ministerkonferenz besteht aus Vertreter/innen aller Mitglieder, in der Regel die Wirtschafts- und Handelsminister, und tagt mindestens einmal alle zwei Jahre. Allein die Ministerkonferenz ist befugt, multilaterale Beschlüsse zu fassen. Laut Abkommen soll die Ministerkonferenz im Konsens entscheiden. Sollte dies nicht möglich sein, so kann sie theoretisch auch Mehrheitsbeschlüsse fassen, worauf jedoch bisher verzichtet wurde.

Der Generalrat aus Vertreter/innen aller Mitglieder übernimmt zwischen den Ministerkonferenzen deren Aufgaben. Er tritt bei Bedarf zusammen, um die notwendigen Implementierungsmaßnahmen für Beschlüsse der Ministerkonferenzen auszuarbeiten. Der Unterschied zur Ministerkonferenz besteht vor allem im Rang der Mitgliedsvertretungen, einerseits Minister/innen und andererseits Botschafter/innen, die in den Generalrat und die einzelnen Unterorgane entsendet werden. Dem Generalrat unterstellt sind ein Rat für Warenverkehr, ein Rat für Dienstleistungshandel und ein Rat für handelsbezogene Aspekte der Rechte an geistigem Eigentum, die die drei dazugehörigen Abkommen der WTO, unter anderem in spezialisierten Ausschüssen, überwachen sollen. Daneben steht der Generalrat noch abkommenübergreifenden Ausschüssen vor, beispielsweise den Umwelt- und Entwicklungsausschüssen. Schließlich tritt der Generalrat auch als Streitbeilegungsausschuss zusammen und als Organ zur Überprüfung der Handelspolitik, welches die Länderberichte verfasst und veröffentlicht.

Ein WTO-Sekretariat wurde neben diesen intergouvernementalen Gremien eingerichtet (WTO Art. VI). Es untersteht einem Generaldirektor der vor allem die etwa 700 Angestellten des Sekretariats in Genf organisiert, die unter anderem für die Erstellung der Länderberichte zuständig sind und allgemeine Analysen der Weltwirtschaft vornehmen. Daneben kann der Generaldirektor die beschlussfassenden Organe beraten und übernimmt repräsentative Aufgaben. Er verfügt zwar über keine direkten Kompetenzen, jedoch kann er, wie der seit 2005 aktuelle Amtsinhaber Pascal Lamy, versuchen, über Stellungnahmen, öffentliche Aufmerksamkeit auf bestimmte Themen zu lenken.

Der Streitbeilegungsausschuss DSB stellt die einzige substantielle Ausnahme vom intergouvernementalen Prinzip der WTO dar. Er ist zwar ein Organ des Generalrats, arbeitet jedoch größtenteils unabhängig von diesem und fällt verbindliche Quasi-Urteile zu Streitfällen zwischen WTO-Mitgliedern. Bereits das alte GATT verfügte über ein Verfahren mit unabhängigen Streitschlichtern, die darüber entschieden, ob eine Handelsmaßnahme eines Mitglieds den Regeln des GATT entsprach. Die Reichweite dieses Verfahrens war aber durch eine ausgeprägte Konsensregel stark limitiert. Sämtliche Mitglieder inklusive der beiden Streitparteien mussten der Einrichtung des Verfahrens, der Auswahl der Schlichter und dem Abschlussbericht zustimmen. Mit der Gründung der WTO wurde dieses Verfahren grundlegend reformiert. Die Einrichtung eines Streitschlichtungspanels zur Untersuchung strittiger Maßnahmen sowie dessen Abschlussbericht mit Empfehlungen können nun nur noch im Konsens im DSB abgelehnt werden, also durch sämtliche Mitglieder, inklusive der Partei, der Recht gegeben wurde. Mit diesem Verfahren sowie einer detaillierten Verfahrensordnung und einer Berufungsinstanz (der *Appellate Body*) verfügt die WTO seit 1995 über ein Äquivalent einer unabhängigen Gerichtsbarkeit, wie sie aus modernen Rechtsstaaten bekannt ist. Zwar werden nicht Urteile im juristischen Sinn gefällt. Es wird jedoch von der unterlegenen Partei erwartet, dass sie die abschließenden Empfehlungen des Panels, bzw. des *Appellate Body* zur Herstellung eines regelkonformen Verhaltens umsetzt. Sollte die unterlegene Partei die Empfehlungen des Panels bzw. des *Appellate Body* nicht umsetzen, kann hierüber eine erneute Überprüfung beantragt werden. Gegebenenfalls kann der DSB die geschädigte Partei ermächtigen, Gegenmaßnahmen zu ergreifen, die der Höhe des entstandenen Schadens entsprechen. Faktisch ist somit die Regelüberprüfung in der WTO den Mitgliedern entzogen und einem supranationalen Gremium übertragen worden.

Nur eine geringe Rolle spielen zivilgesellschaftliche Elemente in der WTO. Zwar sind insbesondere seit den Protesten am Rande der WTO-Ministerkonferenz in Seattle 1999 verstärkte Transparenzbemühungen von Seiten der WTO ausgegangen. So werden etwa öffentliche Foren ausgerichtet, und auf der Internetseite der WTO werden sämtliche Sitzungsprotokolle der Ausschüsse veröffentlicht. Eine Möglichkeit zur Einbringung von Positionen im Rahmen der Verhandlungsrunden und von Streitverfahren oder gar ein individuelles Beschwerderecht besteht aber für Einzelpersonen, NROs oder transnationale Akteure nicht.

3. Wandel, Reform und Bedeutung in der globalen Politik

Die Mitglieder des GATT haben mit der Gründung der WTO auf die veränderten Rahmenbedingungen im internationalen Handel reagiert. So wurde das alte GATT-Modell der Streitschlichtung gelegentlich als Klub gleichgesinnter Handelsexpert/innen charakterisiert, der es den Mitgliedern ermöglichte, einerseits relativ weitgehende Freihandelsregeln für den gemeinsamen Handel aufzustellen. Andererseits konnte aber aufgrund des wenig verbindlich formulierten Vertrags flexibel und einvernehmlich auf Situationen reagiert werden, in denen die internationalen Regeln und nationale Politikziele im Widerspruch zueinander standen. Die Öffnung der Märkte ging genau so weit, dass die Mitglieder weiterhin autonome Wirtschafts- und Sozialpolitiken betreiben konnten, und auf unterschiedliche Belange wurde durch plurilaterale Abkommen reagiert, denen nur ein Teil der GATT-Mitglieder beitrat (Hudec 1993: 11ff.; Barton et al. 2006: 38ff.).

Seit den 1970er Jahren war dieser Kompromiss jedoch zunehmend hinfällig. Erstens war das GATT kein geschlossener (westlicher) Klub mehr, denn inzwischen stellten die Entwicklungsländer einen großen Anteil der Mitglieder. Und diese waren unzufrieden darüber, dass die Industriestaaten vor allem die Bereiche besonders schützten, in denen sie am konkurrenzfähigsten waren. So war der gesamte Textilbereich aus dem GATT ausgeklammert und Agrarprodukte unterlagen am häufigsten nicht-tarifären Handelshemmnissen. Zweitens waren mit den aufstrebenden Ökonomien in Asien Konkurrenten aufgetaucht, die aus der Sicht der etablierten Mitglieder die Regeln zu ihrem Vorteil dehnten. So beklagten sich etwa die USA, dass Japan einerseits Exporte verdeckt subventionieren und andererseits den eigenen Markt durch restriktive Importquoten und -verbote abschotten würde (Hudec 1993: 114-115). Drittens konnte das GATT als Abkommen über Güter nicht dem stetig bedeutsameren Handelsvolumen im Dienstleistungsbereich begegnen. Und viertens lässt sich die Reform in den 1990er Jahren auch auf die so genannte neoliberale Wende der 1980er Jahre zurückführen, in deren Folge ein großer Teil der westlichen Welt begann, die eigenen Wirtschaftspolitiken nach neoliberalen Grundsätzen zu gestalten.

In der Konsequenz kam es zu einem starken Anstieg an Konflikten. Diese wurden verstärkt im Streitschlichtungsverfahren des GATT ausgetragen, wo sich jedoch in mehreren Fällen die Grenzen des eher diplomatisch geprägten Verfahrens zeigten. Beispielsweise wurde der Zitrusstreit zwischen der EG und den USA über die Rechtmäßigkeit von Präferenzabkommen zwischen der EG und zahlreichen Staaten am Mittelmeer zwar von einem Panel untersucht. Beigelegt wurde der langwierige Konflikt jedoch erst nach einem Austausch gegenseitiger Sanktionsdrohungen und in bilateralen Verhandlungen (Hudec 1993: 161).

In den 1980er Jahren hatten sich die Ansprüche an das Regime also grundlegend verändert, so dass eine umfassende Reform notwendig schien. Diese war jedoch nur durch Neuverhandlungen und Paketlösungen zu erreichen. Aufgrund des Konsensprinzips waren dabei aber ebenso Einigungen mit den Entwicklungsländern zu erreichen, die neuen Regelungsbereichen nur zustimmen wollten, wenn ihre Interessen berücksichtigt würden, vor allem auch die gleichberechtigte Einbindung des Multifaserabkommens (Textilprodukte) und der Landwirtschaft in das GATT.

Stärkung der Entwicklungsagenda

Das letztlich verabschiedete Paket stellte einen Kompromiss dar, der aber aus Sicht vieler Beobachter eher die Positionen der Industrieländer bevorzugte. Zwar wurden die Hauptforderungen der Entwicklungsländer vordergründig aufgenommen. Der Handel mit Textilprodukten wurde in das GATT-Recht integriert und die Quotierung im Agrarbereich beseitigt. Doch in Folge dieses scheinbaren Verhandlungserfolgs setzte sich bei vielen Entwicklungsländern rasch die Ansicht durch, man habe einem Vertragswerk zugestimmt, welches einerseits nur begrenzte Vorteile in den reformierten Bereichen verschafft und andererseits in anderen Bereichen, wie etwa TRIPS, schwerwiegende Nachteile verursacht. Dass sich die Entwicklungsländer trotz Einstimmigkeitsprinzips auf ein aus ihrer Sicht so unvorteilhaftes Ergebnis einließen lässt sich dadurch erklären, dass sie ihre Belange in den Verhandlungen nicht gleichwertig einbringen konnten. Viele dieser Länder nahmen zum ersten Mal an einem so umfangreichen multilateralen Verfahren teil und besaßen weder die Kapazitäten, um sich substanziell an den Verhandlungen zu beteiligen noch verfügten sie über genug Expertise, um die gesamten Auswirkungen des umfangreichen Abkommens (und seiner 22.500 Seiten Anhang mit detaillierten Verpflichtungen der einzelnen Mitglieder) zu analysieren (Fergusson 2008).

Zweifellos befördert die WTO den Welthandel als Ganzes. Jedoch konnten die Entwicklungsländer als Gruppe ihre schwache Position im Weltmarkt seit 1995 nicht verbessern. Einerseits kann dies daran liegen, dass die Märkte vieler Entwicklungsländer immer noch wenig liberalisiert sind. Insbesondere Mitglieder, die bereits dem alten GATT angehörten, hatten deutlich niedrigere Marktöffnungsverpflichtungen zu erfüllen als Neumitglieder. Andererseits wird aber kritisiert, dass das WTO-Abkommen weiterhin starke protektionistische Maßnahmen vor allem in den Bereichen zulasse, in denen die Entwicklungsländer besonders profitieren könnten. So seien in den Industrieländern die Märkte für Agrar- und Textilprodukte durch hohe Zollsätze und Subventionen geprägt. Und die Praxis der Zolleskalation führe dazu, dass Entwicklungsländer auf ihre Rolle als Rohstofflieferant beschränkt bleiben (World Trade Organization 2007: 81). Zolleskalation bedeutet, dass Rohstoffimporte häufig am niedrigsten, teilweise verarbeitete Produkte höher und verarbeitete Güter am höchsten verzollt werden. Dadurch haben Entwicklungsländer zwar beispielsweise einen leichten Marktzugang für Eisenerz, jedoch nicht für hochlegierten Stahl, wodurch die Anreize sinken, Rohstoffe im eigenen Land weiterzuverarbeiten.

Ebenfalls wurden die Subventionen im Agrarbereich nur geringfügig abgebaut. Die unterstützenden Maßnahmen der OECD-Mitglieder für ihre landwirtschaftliche Produktion sanken zwar seit Mitte der 1980er Jahre relativ gesehen zu den gesamten Agrareinkommen von 38% (1986-88) auf 29% (2004-06). In absoluten Zahlen stiegen sie aber sogar an. Darunter leidet einerseits die Konkurrenzfähigkeit der Produkte aus Entwicklungsländern auf den OECD-Märkten und andererseits müssen sie zusätzlich auf den übrigen, inklusive den heimischen Märkten, mit den subventionierten Agrargütern aus den Industrieländern konkurrieren.

Die 2001 aufgenommene und als Entwicklungsrunde deklarierte Doha-Verhandlungsrunde adressiert diese und weitere Belange der Entwicklungsländer. Doch während in der Uruguay-Runde ein Kompromiss mit den Industrieländern möglich war, da man sich auf GATS und TRIPS einließ, sind die Doha-Verhandlungen auch nach neun Jahren noch nicht abgeschlossen. Die Entwicklungsländer lehnen die vor allem von den USA angestrebte Stärkung von GATS und TRIPS ab. Im Gegenteil fordern sie sogar, die Regelungen des TRIPS teilweise zurückzunehmen. In diesem Punkt konnte 2003 immerhin ein Teilerfolg erzielt werden, nachdem sowohl NROs als auch internationale Gesundheitsorganisationen mit breiten Kampagnen vor allem die USA unter Druck setzten, einer Reform der Regeln zu medizinischen Generika zuzustimmen.

In der Summe argumentieren die Entwicklungsländer, dass die Reziprozitätserwartung in den laufenden Verhandlungen auf Seiten der Industrieländer sinken müsse, da diese deutlich stärker von der letzten Verhandlungsrunde profitiert hätten. Dass vor allem die EU und die USA weiterhin nur geringe Verhandlungsbereitschaft hinsichtlich ihrer Subventionspolitiken zeigen, deutet aber darauf hin, dass einseitige Zugeständnisse, welche faktisch immer eine Umverteilung von Einkommen bedeuten, unwahrscheinlich bleiben (Shaffer 2006).

Demokratische Legitimität

Ein weiteres Spannungsfeld, in dem die WTO sich befindet, ist die Frage ihrer demokratischen Legitimierung. Man kann hier auf das Einstimmigkeitsprinzip verweisen, welches sicherstellt, dass in der WTO keine Entscheidungen getroffen werden können, die nicht von Exekutiven und Legislativen aller Länder bestätigt werden müssen. Kein Mitglied unterliegt also irgendeiner Regelung, der es nicht selber zugestimmt hat. Diese Erklärung greift jedoch zu kurz, genauso wie die extreme Gegenposition, die WTO zerstöre die Demokratie, wie wir sie kennen (Howse 2003: 79). Während die erste Position die Implikationen des bestehenden Regelwerks verkennt, berücksichtig die zweite nicht hinreichend, dass gerade die Doha-Runde zeigt, wie die Staaten sehr wohl auf die Belange ihrer Bürger/innen eingehen und nicht jedem Kompromiss zustimmen. Auch werden hier die Bemühungen der WTO nicht hinreichend anerkannt, nichtdemokratische Elemente zurückzudrängen und die Transparenz zu erhöhen. Trotzdem ist das Einstimmigkeitsprinzip der WTO aus demokratietheoretischer Sicht sehr wohl problematisch.

Denn erstens sind die Möglichkeiten des *agenda-settings* und der Informationsbeschaffung ungleich verteilt. Die großen Industriestaaten verfügen in der Regel über gut ausgebaute Verwaltungen, deren Expertise frühzeitig hilft, Positionen zu definieren und so den Verhandlungsspielraum einzuengen. Zugleich können die Industrieländer auf die Ressourcen von Lobbygruppen zurückgreifen. Viele Entwicklungsländer und gerade auch die LDCs verfügen hingegen kaum oder nur punktuell über Expertise und Verhandlungserfahrung in ihren Verwaltungen. Diese ungleiche Verteilung von Ressourcen beeinflusst nicht nur das *agenda-setting*, sondern schafft auch Informationsasymmetrien zwischen den Verhandlungsteilnehmer/innen. So lässt sich beispielsweise erklären, warum viele Entwicklungsländer bereits kurz nach Inkrafttreten des WTO-Abkommens mit den Regeln unzufrieden waren, denen sie zuvor zugestimmt hatten. Die Industrieländer wussten mit hoher Präzision, was für Auswirkungen sie zu erwarten hatten, während dies vielen Entwicklungsländern nicht umfassend klar war.

Ein zweites Problem stellen die unterschiedlichen Einflussmöglichkeiten in den Verhandlungen dar. Diese finden zumeist in kleinen Gruppen statt, beispielsweise im Rahmen der Quad-Gruppe (EG, Japan, Kanada, USA), der G7, der G4 (China, EG, Indien, USA) oder in den geschlossenen *Green Room Meetings* der WTO. In keiner dieser Gruppen sind die LDCs repräsentiert. China und Indien besitzen in der WTO zwar auch den Status eines Entwicklungslandes, ihre Handelsinteressen sind jedoch nicht deckungsgleich mit denen von LDCs wie in Subsahara-Afrika. Während erstere eine verarbeitende Industrie bis hin zu Hochtechnologiekonzernen besitzen, sind letztere im überwiegenden Ausmaß vom Export un- oder geringverarbeiteter Güter abhängig. Unter dem Gesichtspunkt der prozeduralen Fairness sollten daher die Bemühungen verstärkt werden, mehr Interessengruppen in die kleinen Verhandlungsrunden einzubinden.

Drittens weist das Streitschlichtungssystem der WTO trotz seiner beschriebenen Vorzüge problematische Aspekte auf. In der WTO hat sich zwar gegenüber dem GATT die Anzahl der durch kleine Länder eingereichten Beschwerden in absoluten Zahlen erhöht. Relativ gesehen hat jedoch die Wahrscheinlichkeit, dass große Länder eine Beschwerde einreichen, deutlich zugenommen. Dies ist einerseits auf die besseren Überwachungskapazitäten der großen Länder mit voll funktionsfähigen Verwaltungen zurückzuführen. Andererseits ist aber auch die Anrufung des DSB selbst mit hohen Kosten und deshalb mit Risiken verbunden. Größere Mitglieder sind deutlich besser in der Lage, vorab die rechtliche Stärke einer potentiellen Beschwerde abzuschätzen. So beschäftigte beispielsweise der US-Handelsbeauftragte 2002 mehr als 20 Handelsrechtsexpert/innen und konnte Ad-hoc Spezialist/innen aus anderen Behörden hinzuziehen. Hinzu kommt, dass große Konzerne in den Industrieländern zusätzlich eigene Rechtsgutachten erstellen können, die sie für Streitfälle zur Verfügung stellen. Wollen kleinere Länder eine ähnliche Expertise in Streitfälle einbringen, so sind sie häufig darauf angewiesen, externe Anwaltsfirmen einzuschalten (Busch/Reinhardt 2003; Shaffer 2006). Ein weiterer Nachteil entsteht für kleinere Mitglieder dadurch, dass Sanktionen nicht zentralisiert erlassen werden, sondern durch das betroffene Land in Form von Kompensationsmaßnahmen zu erheben sind. Dies führt jedoch in der Praxis zu einer asymmetrischen Verteilung von Drohpotentialen zwischen großen und kleinen Mitgliedern. Während ein kleines, auf ein bestimmtes Produkt spezialisiertes Land unter Umständen überproportional durch eine Handelsmaßnahme eines großen Landes geschädigt wird, entscheidet letzteres eventuell, diese Maßnahme aufrechtzuerhalten, da die Auswirkungen einer Gegenmaßnahme im Rahmen der gesamten Handelsbilanz vernachlässigt werden können.

Viertens stellt sich beim WTO-Abkommen, genau wie im Rahmen vieler anderer internationaler Vereinbarungen, die Frage der Umkehrbarkeit von Entscheidungen bei Konsensregeln.

Die nationalen Legislativen stimmen einer international erzielten Abmachung einmal zu und sind danach verpflichtet, daraus resultierende Verpflichtungen national zu implementieren. Später gewählte Legislativen sind dann jedoch so lange nicht in der Lage, den Status Quo zu verändern, bis ein neuer Konsens auf der internationalen Ebene gefunden wird. Dies hat vor allem dann normative Implikationen, wenn sich auf nationaler Ebene der Konsens darüber verändert, wie bei Zielkonflikten die Prioritäten zu setzen sind. Sind etwa die Ausnahmeregelungen der WTO zur Sicherung von sozialen und umweltpolitischen Belangen zu eng definiert? In dem Moment, wo sich eine solche Frage stellt und auf der internationalen Ebene kein Konsens darüber hergestellt werden kann, ist entweder die Willensbildung eines demokratischen Staates in Frage gestellt oder es muss internationales Recht gebrochen werden. Dieses Einrasten von einmal getroffenen Entscheidungen hat in der Vergangenheit vor allem in den so genannten „Handel und“-Bereichen für Kritik gesorgt, also bei Streitfällen, wo Einschränkungen des Freihandels oder des Urheberrechts zugunsten von anderen Zielen wie Umwelt- und Gesundheitsschutz oder Entwicklung vorgenommen wurden. So kritisierten beispielsweise Umweltgruppen in den USA, dass in Folge eines Streitfalls über den Schrimpsimport aus einigen asiatischen Ländern ein US-amerikanisches Gesetz zum Schutz von Seeschildkröten geschwächt wurde. Ebenso fühlen sich Teile der Bevölkerung der EU in ihrer Souveränität eingeschränkt, wenn sie aufgrund von WTO-Recht ihre Möglichkeit verlieren, Fleisch von Nutztieren, die mit bestimmten Hormonen behandelt wurden, aus ihren Märkten zu verbannen.

Zunehmende Regionalisierung

Seit der Gründung der WTO hat die Anzahl von Präferenzabkommen, also von vertraglich geregelten bi- oder multilateralen Vorzugsbehandlungen, stark zugenommen. So listete die WTO im Februar 2010 462 ihr gemeldete regionale Präferenzabkommen auf. Diese reichen von weitgehenden Handelszusammenschlüssen wie der Europäischen Union bis zu bilateralen Abkommen, wie dem zwischen Panama und Taiwan. Präferenzabkommen verletzen zwar das Meistbegünstigungsprinzip, sind aber erlaubt, wenn sich durch ihren Abschluss nicht die Zugangsbedingungen weiterer WTO-Mitglieder verschlechtern. Ob diese schleichende Aushebelung eines der Grundprinzipien der WTO eine Bedrohung der multilateralen Handelsordnung oder einen Anreiz zu verstärkter Integration darstellt, ist umstritten. Einerseits können integrationswillige Länder Marktöffnungen vorantreiben, gegen die sich die Mehrheit der WTO-Mitglieder noch sträubt. So können beispielsweise auch Handelsabkommen mit Regelungsgegenständen verknüpft werden, die außerhalb der Kompetenzen der WTO liegen, wie beispielsweise Investitionsabkommen. Positive Erfahrungen mit solchen Abkommen haben dann unter Umständen einen Vorbildcharakter für spätere Abkommen in der WTO. Andererseits werden Präferenzabkommen aber auch als Bedrohung wahrgenommen. So wandelt sich der Meistbegünstigungszoll zu einem Höchstzollsatz, der Produkte aus Ländern ohne Abkommen benachteiligt. Dies stellt das Grundprinzip des chancengleichen Marktzugangs aller Mitglieder dann in Frage. Ebenso wird das Prinzip der fortlaufenden Integration unter Umständen gefährdet, wenn die Mitglieder zu dem Schluss kommen, dass es vorteilhafter ist, ihre Verhandlungsressourcen auf die Aushandlung neuer Präferenzabkommen zu verwenden und nicht mehr in den Dienst der mühsamen und langwierigen Doha-Verhandlungen zu stellen.

Neben diesen organisationsintern und in der Öffentlichkeit stattfindenden Diskussionen könnten in Zukunft verstärkt umweltpolitisch relevante Fragen treten. Unter anderem weist die internationale Klimapolitik Konfliktpotential auf, da im Rahmen der WTO bisher gefordert wird, zukünftige Handelsbeschränkungen zur Erhaltung des Klimas auf der Grundlage internationaler Abkommen zu ergreifen. Sollte sich jedoch der schwierige Verlauf der Verhandlungen zum internationalen Klimaregime fortsetzen, könnte dies dazu führen, dass sich einzelne Mitglieder gegen den Willen der Übrigen auf handelsbeschränkende Maßnahmen verständigen (Hufbauer/Kim 2009).

Die vergangenen und aktuellen Herausforderungen für das Welthandelsregime weisen somit einerseits Kontinuität auf. Noch immer steht die Frage des gerechten Umgangs mit den Entwicklungsländern im Zentrum und es wird weiterhin diskutiert, wie weit der internationale Freihandel ausgebaut werden soll. Ebenso sind aber neue Herausforderungen hinzugekommen. So hat die Frage der regionalen Integration die frühere Diskussion um die plurilateralen Abkommen abgelöst. Vor allem stellt sich aber seit den späten 1990er Jahren die Frage, ob und wenn ja wie das internationale Regieren im Rahmen der WTO mit demokratischen Prinzipien vereinbar ist.

4. Stand der Forschung

Die Welthandelsorganisation wird in der Politikwissenschaft vor allem durch die Teildisziplin Internationale Beziehungen erforscht. Während sich dem Vorgängerabkommen GATT zunächst vor allem im Rahmen der Regimetheorie und in der entwicklungspolitischen Debatte um Modernisierungstheorien gewidmet wurde, hat sich der Fokus seit Gründung der Welthandelsorganisation deutlich erweitert. Seitdem wird das Regime in der *global governance*-Forschung als ein zentraler Bestandteil internationalen Regierens wahrgenommen (Wilkinson 2000; Barton et al. 2006) und neben die klassischen Fragen der Regimetheorie nach Macht und Interessen treten zunehmend demokratietheoretische Arbeiten, auch aus dem Bereich der politischen Theorie, die die Legitimität der Welthandelsorganisation diskutieren. In der Regimeforschung stehen Fragen des institutionellen Designs von Streitschlichtungs- und Entscheidungsfindungsprozessen im Zentrum.

Die Politikwissenschaft arbeitet dabei häufig mit Erkenntnissen aus dem Völkerrecht und der Internationalen Ökonomie. In der Rechtswissenschaft wurde zunächst die rechtliche Qualität des Handelsabkommens diskutiert. Inzwischen wird diesem aber weitestgehend Rechtsqualität zugesprochen, so dass sich die Forschung vor allem auf das Streitschlichtungsverfahren sowie das Verhältnis zwischen der WTO und den nationalen sowie den weiteren internationalen Rechtsordnungen konzentriert (Hudec 1993; Jackson 1997; Howse 2003; Petersmann 2005). Die Ökonomie beschäftigt sich mit der WTO in der Handelstheorie, in der vor allem theoretische Modellbildung stattfindet, in empirischen Handelsstudien, die häufig die Theorien überprüfen und in handelspolitischen Arbeiten, die akteursspezifische Kosten-Nutzen-Modelle erstellen (Bagwell/Staiger 2002).

Literatur

Wichtige Primärquellen:

Agreement Establishing the World Trade Organization (1994) (http://www.wto.org/english/docs_e/legal_e/legal_e.htm, Zugriff am 30.03.2010).

Basislektüre zu GATT und WTO:

Bagwell, Kyle T./Robert W. Staiger 2002: The Economics of the World Trading System. Cambridge: MIT Press.

Barton, John H. et al. 2006: The Evolution of the Trade Regime. Politics, Law, and Economics of the GATT and the WTO. Princeton/Oxford: Princeton University Press.

Busch, Mark L./Eric Reinhardt 2003: Developing Countries and General Agreement on Tariffs and Trade/World Trade Organization Dispute Settlement, in: Journal of World Trade, 37:4, S. 719-735.

Howse, Robert E. 2003: How to Begin to Think About the „Democratic Deficit“ at the WTO, in: Stefan Griller (Hg.): International Economic Governance and Non-economic Concerns: New Challenges fort the International Legal Order. Wien/New York: Springer, S. 79-101.

Hudec, Robert 1993: Enforcing International Trade Law. The Evolution of the Modern GATT Legal System. Salem: Butterworth.

Hilf, Meinhilf/Stefan Oeter (Hg.) 2010: WTO-Recht – Rechtsordnung des Welthandels. 2. Auflage. Baden-Baden: Nomos.

Jackson, John H. 1997: The World Trading System. Law and Policy of International relations. Zweite Ausgabe. Cambridge: MIT Press.

Kennedy, Daniel L./James D. Southwick, (Hg.) (2002): The Political Economy of International Trade Law. Essays in Honour of Robert E. Hudec. Cambridge: Cambridge University Press.

Petersmann, Ernst-Ulrich (Hg.) 2005: Reforming the World Trading System: Legitimacy, Efficiency, and Democratic Governance. Oxford, London: Oxford University Press.

Wilkinson, Rorden 2000: Multilateralism and the World Trade Organisation: The Architecture and Extension of International Trade Regulation. London: Routledge.

World Trade Organization 2007: Understanding the WTO. 4. Auflage. Genf: World Trade Organization (http://www.wto.org/english/thewto_e/whatis_e/tif_e/understanding_e.pdf, Zugriff am 30.03.2010).

Aktuelle Beiträge:

Shaffer, Gregory 2006: The Challenges of WTO Law: Strategies For Developing Country Adaptation, in: World Trade Review, 5:1, S. 177-198.

Fergusson, Ian F. 2008: World Trade Organization Negotiations: The Doha Development Agenda. Washington: Congressional Research Service (http://www.nationalaglawcenter.org/assets/crs/RL32060.pdf, Zugriff am 30.03.2010).

Hufbauer, Gary Clyde/Jisun Kim 2009: Climate Policy Options and the World Trade Organization, in: Economics. The Open.-Access, Open Assessment E-Journal 3:2009-29 (http://www.economics-ejournal.org/economics/journalarticles/2009-29/version_1/count, Zugriff am 30.03.2010).

III. ANHANG

Abkürzungsverzeichnis

AEMR	Allgemeine Erklärung der Menschenrechte
ADF	*African Development Fund*
AEC	*African Economic Community*
ALBA	Bolivarianische Allianz für die Völker unseres Amerika
Art.	Artikel
BSP	Bruttosozialprodukt
CARICOM	Karibische Gemeinschaft
CEAO	*Communauté Economique de l'Afrique de l'Ouest*
ECOBRIG	ECOWAS-Brigade
ECOSOC	*Economic and Social Council* (Wirtschafts- und Sozialrat der VN)
EPAs	*Economic Partnership Agreements*
EVG	Europäische Verteidigungsgemeinschaft
GATS	*General Agreement on Trade in Services*
G8	Gruppe der Acht
G20	Gruppe der 20
GUS	Gemeinschaft Unabhängiger Staaten
IBRD	*International Bank for Reconstruction and Development*
ICC	Internationaler Strafgerichtshof der VN zur Ahndung von Verbrechen an der Menschheit
MDG	*Millennium Development Goals*
NAFTA	Nordamerikanisches Freihandelsabkommen
NEPAD	*New Partnership for Africa's Development*
NRO	Nichtregierungsorganisation
OEEC	Organisation für europäische wirtschaftliche Zusammenarbeit
OAU	*Organisation of African Unity*
PISA	*Programme for International Student Assessment*
SADCC	*Southern African Development Coordination Conference*
TRIPS	*Agreement on Trade-Related Aspects of Intellectual Property Rights*
UEMOA	*Union Economique et Monétaire Ouest Africaine*
UNASUR	Union Südamerikanischer Nationen
UNECA	Wirtschaftskommission für Afrika
WEU	Westeuropäische Union

Überblick: Internationale Organisationen und ihre Mitgliedsstaaten[1]

	ADB	AfDB	Andengemeinschaft	Arabische Liga	ASEAN	AU	EDRB	ECOWAS	Europarat	EU	FAO	IAEA	IDB	ILO	IMF	Mercosur	NATO	OAS [2]	OECD	OSZE	SAARC [3]	SADC [4]	SCO	VN	WHO	WTO	Weltbank
Afghanistan	1966										1949	1957		1934	1955						2007			1946			1955
Ägypten		k.A.		1945		2001	1990				1945	1957		1936	1945									1945		1995	1945
Albanien							1991		1995		1973	1957		1920[5]	1991		2009			1991				1955		2000	1991
Algerien		k.A.		1962		2001					1963	1963		1962	1963									1962			1963
Andorra									1994		2007									1996				1993			
Angola		k.A.				2001					1977	1999		1976	1989							1992		1976		1996	1989
Antigua und Barbuda											1983			1982	1982			1981						1981		1995	1983
Äquatorialguinea		k.A.				2001					1981			1981	1969									1968			1970
Argentinien		1985									1951	1957	1959	1919	1956	1991		1889						1945		1995	1956
Armenien	2005						1992		2001		1993	1993		1992	1992					1992				1992		2003	1992
Aserbaidschan	1999						1992		2001		1995	2001		1992	1992					1992				1992			1992
Äthiopien		k.A.				2001					1948	1957		1923	1945									1945			1945
Australien	1966						1990				1945	1957		1919	1947				1971					1945		1995	1947
Bahamas											1975		1977	1976	1973			1982						1973			1973
Bahrain				1971							1971	2009		1977	1972									1971		1995	1972
Bangladesch	1973										1973	1972		1972	1972						1985			1974		1995	1972
Barbados											1967		1969	1967	1970			1967						1966		1995	1974
Belgien	1966	1983					1990		1949	1951	1945	1958	k.A.	1919	1945		1949		1960	1973				1945		1995	1945
Belize											1983	2006	1992	1981	1982			1991						1981		1995	1982
Benin		k.A.				2001		1975			1961	1999		1960	1963									1960		1996	1963

	ADB	AfDB	Andengemeinschaft	Arabische Liga	ASEAN	AU	EDRB	ECOWAS	Europarat	EU	FAO	IAEA	IDB	ILO	IMF	Mercosur	NATO	OAS[2]	OECD	OSZE	SAARC[3]	SADC[4]	SCO	UNO	WHO	WTO	Weltbank
Bhutan	1982										1981				1981						1985			1971			1981
Bolivien			1969								1945	1963	1959	1919	1945			1889						1945		1995	1945
Bosnien & Herzegowina							1996		2002		1993	1995		1993	1992					1992				1992			1993
Botswana		k.A.				2001					1966	2002			1968							1992		1966		1995	1968
Brasilien		k.A.									1945	1957	1959	1919	1946	1991		1889						1945		1995	1946
Brunei	2006				1984									2007	1995									1984		1995	1995
Bulgarien							1990		1992	2007	1967	1957		1920	1990		2004			1973				1955		1996	1990
Burkina Faso		k.A.				2001		1975			1961	1998		1960	1963									1960		1995	1963
Burundi		k.A.				2001					1963	2009		1963	1963									1962		1995	1963
Chile											1946	1960	1959	1919	1945			1889	2010					1945		1995	1945
China	1986	1985									1945	1984	2009	1919	1945								2001	1945		2001	1945
Costa Rica											1948	1965	1959	1920[6]	1946			1889						1945		1995	1946
Dänemark	1966	1982					1990		1949	1973	1945	1957	k.A.	1919	1946		1949		1960	1973				1945		1995	1946
Deutschland	1966	1983					1990		1950	1951	1950	1957	1976	1919[7]	1952		1955		1960	1973				1973		1995	1952
Dominica											1979			1982	1978			1979						1978		1995	1980
Dominikanische Republik											1945	1957	1959	1924	1945			1889						1945		1995	1961
Dschibuti		k.A.		1977		2001					1977			1978	1978									1977		1995	1980
Ekuador			1969								1945	1958	1959	1934	1945			1889						1945		1996	1945
El Salvador											1947	1957	1959	1919[8]	1946			1889						1945		1995	1946
Elfenbeinküste		k.A.				2001		1975			1961	1963		1960	1963									1960		1995	1963
Eritrea		k.A.				2001					1993	2002		1993	1994									1993			1994
Estland							1992		1993	2004	1991	1992		1921[9]	1992		2004			1991				1991		1999	1992
Fidschi	1970										1971			1974	1971									1970		1996	1971

	ADB	AfDB	Andengemeinschaft	Arabische Liga	ASEAN	AU	EDRB	ECOWAS	Europarat	EU	FAO	IAEA	IDB	ILO	IMF	Mercosur	NATO	OAS [2]	OECD	OSZE	SAARC [3]	SADC [4]	SCO	UNO	WHO	WTO	Weltbank
Finnland		k.A.					1990		1989	1995	1947	1958	k.A.	1920	1948				1969	1973				1955		1995	1948
Frankreich	1970	k.A.					1990		1949	1951	1945	1957	k.A.	1919	1945		1949		1960	1973				1945		1995	1945
Gabun		k.A.				2001					1961	1964		1960	1963									1960		1995	1963
Gambia		k.A.				2001		1975			1965			1995	1967									1965		1996	1967
Georgien	2007						1992		1999		1995	1996		1993	1992					1992				1992		2000	1992
Ghana		k.A.				2001		1975			1957	1960		1957	1957			1975						1957		1995	1957
Grenada											1975			1979	1975									1974		1996	1975
Griechen-land							1990		1949	1981	1945	1957		1919	1945		1952		1960	1973				1945		1995	1945
Großbri-tannien	1966	k.A.					1990		1949	1973	1945	1957	k.A.	1919	1945		1949		1960	1973				1945		1995	1945
Guatemala											1945	1957	1959	1919 [10]	1945			1889						1945		1995	1945
Guinea		k.A.				2001		1975			1959			1959	1963									1958		1995	1963
Guinea-Bissau		k.A.				2001		1975			1973			1977	1977									1974		1995	1977
Guyana											1966		1976	1966	1966			1991						1966		1995	1966
Haiti											1945	1957	1959	1919	1953			1889						1945		1996	1953
Honduras											1945	2003	1959	1919 [11]	1945			1889						1945		1995	1945

	ADB	AfDB	Andengemeinschaft	Arabische Liga	ASEAN	AU	EDRB	ECOWAS	Europarat	EU	FAO	IAEA	IDB	ILO	IMF	Mercosur	NATO	OAS [2]	OECD	OSZE	SAARC [3]	SADC [4]	SCO	UNO	WHO	WTO	Weltbank
Indien	1966	1983									1945	1957		1919	1945						1985			1945		1995	1945
Indonesien	1966				1967						1949	1957		1950	1967									1950		1995	1967
Irak				1945							1945	1959		1932	1945									1945			1945
Iran											1953	1958		1919	1945									1945			1945
Irland	2006						1990		1949	1973	1946	1970		1923	1957				1960	1973				1955		1995	1957
Island							1990		1950		1945	1957		1945	1945		1949		1960	1973				1946		1995	1945
Israel							1990				1949	1957	k.A.	1949	1954				2010					1949		1995	1954
Italien	1966	k.A.					1990		1949	1951	1946	1957	k.A.	1919 [12]	1947		1949		1960	1973				1955		1995	1947
Jamaika											1963	1965	1969	1962	1963			1969						1962		1995	1963
Japan	1966	1982					1990				1951	1957	k.A.	1919 [13]	1952				1964					1956		1995	1952
Jemen				1945							1990	1994		1965	1990									1947			1969
Jordanien				1945							1951	1966		1956	1952									1955		2000	1952
Kambod-scha	1966				1999						1950	2009		1969	1969									1955		2004	1970
Kamerun		k.A.				2001					1960	1964		1960	1963									1960		1995	1963
Kanada	1966	1982					1990				1945	1957	1972	1919	1945		1949	1990	1960	1973				1945		1995	1945
Kap Verde		k.A.				2001		1976			1975	2007 [14]		1979	1978									1975		2008	1978
Kasachstan	1994						1992				1997	1994		1993	1992					1992			2001	1992			1992
Katar				1971							1971	1976		1972	1972									1971		1996	1972
Kenia		k.A.				2001					1964	1965		1964	1964									1963		1995	1964

	ADB	AfDB	Andengemeinschaft	Arabische Liga	ASEAN	AU	EDRB	ECOWAS	Europarat	EU	FAO	IAEA	IDB	ILO	IMF	Mercosur	NATO	OAS [2]	OECD	OSZE	SAARC [3]	SADC [4]	SCO	UNO	WHO	WTO	Weltbank
Kirgisistan	1994						1992				1993	2003		1992	1992					1992			2001	1992		1998	1962
Kiribati	1974										1999			2000	1986									1999			1986
Kolumbien			1969								1945	1960	1959	1919	1945			1889						1945		1995	1946
Komoren		k.A.		1993		2001					1977			1978	1976									1975			1976
Kongo, Demokratische Republik		k.A.				2001					1961	1961		1960	1963							1997		1960		1997	1963
Kongo, Republik		k.A.				2001					1961	2009		1960	1963									1960		1997	1963
Korea, Norden											1977													1991			
Korea, Süden	1966	1982					1990				1949	1957	2005	1991	1955				1996					1991		1995	1955
Kosovo															2009												2009
Kroatien							1993		1996		1993	1993	1993	1992	1992		2009			1992				1992		2000	1993
Kuba											1945	1957		1919				1889 [15]						1945		1995	
Kuwait		k.A.		1961							1961	1964		1961	1962									1963		1995	1962
Laos	1966				1997						1951			1964	1961									1955			1961
Lesotho		k.A.				2001					1966	2009		1966 [16]	1968							1992		1966		1995	1968
Lettland							1992		1995	2004	1991	1997		1991	1992		2004			1991				1991		1999	1992
Libanon				1945							1945	1961		1948	1947									1945			1947
Liberia		k.A.				2001		1975			1945	1962		1919	1962									1945			1962
Libyen		k.A.		1953		2001					1953	1963		1952	1958									1955			1958
Liechtenstein							1990		1978			1968								1973				1990		1995	
Litauen							1992		1993	2004	1991	1993		1921 [17]	1992		2004			1991				1991		2001	1992
Luxemburg	2003						1990		1949	1951	1945	1958		1920	1945		1949		1960	1973				1945		1995	1945

	ADB	AfDB	Andengemeinschaft	Arabische Liga	ASEAN	AU	EDRB	ECOWAS	Europarat	EU	FAO	IAEA	IDB	ILO	IMF	Mercosur	NATO	OAS [2]	OECD	OSZE	SAARC [3]	SADC [4]	SCO	UNO	WHO	WTO	Weltbank
Madagaskar		k.A.				2001					1961	1965		1960	1963							2005		1960		1995	1963
Malawi		k.A.				2001					1965	2006		1965	1965							1992		1964		1995	1965
Malaysia	1966				1967						1957	1969		1957	1958									1957		1995	1958
Malediven	1978										1971			2009	1978						1985			1965		1995	1978
Mali		k.A.				2001		1975			1961	1961		1960	1963									1960		1995	1963
Malta							1990		1965	2004	1964	1997		1965	1968					1973				1964		1995	1983
Marokko		k.A.		1958			1990				1956	1957		1956	1958									1956		1995	1958
Marshallinseln	1990										1999	1994		2007	1992									1991			1992
Mauretanien		k.A.		1973		2001					1961	2004		1961	1963									1961		1995	1963
Mauritius		k.A.				2001					1968	1974		1969	1968							1995		1968		1995	1968
Mazedonien							1993		1995		1993	1994		1993	1992					1995				1993		2003	1993
Mexiko							1990				1945	1958	1959	1931	1945			1889	1994					1945		1995	1945
Mikronesien	1990										2003				1993									1991			1993
Moldawien							1992		1995		1995	1997		1992	1992					1992				1992		2001	1992
Monaco									2004		2001	1957								1973				1993			
Mongolei	1991						2000				1973	1973		1968	1991									1961		1997	1991
Montenegro							2006		2007		2007	2006		2006	2007					2006				2006			2007
Mosambik		k.A.				2001					1977	2006		1976	1984							1992		1975		1995	1984
Myanmar	1973				1997						1947	1957		1948	1952									1948		1995	1952
Namibia		k.A.				2001					1977	1983		1978	1990							1992		1990		1995	1990
Nauru	1991										2001													1999			
Nepal	1966										1951	2008		1966	1961						1985			1955		2004	1961
Neuseeland	1966						1990				1945	1957		1919	1961				1973					1945		1995	1961
Nicaragua											1945	1977	1959	1919 [18]	1946			1889						1945		1995	1946
Niederlande	1966	1983					1990		1949	1951	1945	1957	k.A.	1919	1945		1949		1960	1973				1945		1995	1945
Niger		k.A.				2001		1975			1961	1969		1961	1963									1960		1996	1963
Nigeria		k.A.				2001		1975			1960	1964		1960	1961									1960		1995	1961

	ADB	AfDB	Andengemeinschaft	Arabische Liga	ASEAN	AU	EDRB	ECOWAS	Europarat	EU	FAO	IAEA	IDB	ILO	IMF	Mercosur	NATO	OAS [2]	OECD	OSZE	SAARC [3]	SADC [4]	SCO	UNO	WHO	WTO	Weltbank
Norwegen	1966	1982					1990		1949		1945	1957	k.A.	1919	1945		1949		1960	1973				1945		1995	1945
Oman				1971							1971	2009		1994	1971									1971		2000	1971
Österreich	1966	1983					1990		1956	1995	1947	1957	k.A.	1919 [19]	1948				1960	1973				1955		1995	1948
Osttimor	2002										2003			2003	2002									2002			2002
Pakistan	1966										1947	1957		1947	1950						1985			1947		1995	1950
Palästina				1976																							
Palau	2003										1999	2008			1997									1994			1997
Panama											1945	1966	1959	1919	1946			1905						1945		1997	1946
Papua-Neuguinea	1971										1975	2007 [14]		1976	1975									1975		1996	1975
Paraguay											1945	1957	1959	1919 [20]	1945	1991		1889						1945		1995	1945
Peru			1969								1952	1957	1959	1919	1945			1889						1945		1995	1945
Phillippinen	1966				1967						1945	1958		1948	1945									1945		1995	1945
Polen							1990		1991	2004	1957	1957		1919	1986		1999		1996	1973				1945		1995	1986
Portugal	2002	1983					1990		1976	1986	1946	1957	k.A.	1919	1961		1949		1960	1973				1955		1995	1961
Ruanda		k.A.				2001					1963			1962	1963									1962		1996	1963
Rumänien							1990		1993	2007	1961	1957		1919 [21]	1972		2004			1973				1955		1995	1972
Russland							1992		1996		2006	1957		1934 [22]	1992					1973			2001	1945			1992
Salomonen														1984	1978									1978		1996	
Sambia		k.A.				2001					1965	1969		1964	1965							1992		1964		1995	1965
Samoa	1966										1979			2005	1971									1976			1974
San Marino									1988		1999			1982	1992					1973				1992			2000
São Tomé und Principe		k.A.				2001					1977			1982	1977									1975			1977
Saudi Arabien		k.A.		1945							1948	1962		1976	1957									1945		2005	1957
Schweden	1966	1982					1990		1949	1995	1950	1957	k.A.	1919	1951				1960	1973				1946		1995	1951

	ADB	AfDB	Andengemeinschaft	Arabische Liga	ASEAN	AU	EDRB	ECOWAS	Europarat	EU	FAO	IAEA	IDB	ILO	IMF	Mercosur	NATO	OAS [2]	OECD	OSZE	SAARC [3]	SADC [4]	SCO	UNO	WHO	WTO	Weltbank
Schweiz	1967	k.A.					1990		1963		1946	1957	k.A.	1919	1992				1960	1973				2002		1995	1992
Senegal		k.A.				2001		1975			1961	1960		1960	1962									1960		1995	1962
Serbien							2001		2003		2001	1957		2000	1992					2000				2000			1993
Seychellen		k.A.				2001					1977	2003		1977	1977							1997		1976			1980
Sierra Leone		k.A.				2001		1975			1961	1967		1961	1962									1961		1995	1962
Simbabwe		k.A.				2001					1981	1986		1980	1980							1992		1980		1995	1980
Singapur	1966				1967							1967		1965	1966									1965		1995	1966
Slowakische Rep.							1993		1993	2004	1993	1993		1993	1993		2004		2000	1993				1993		1995	1993
Slowenien							1992		1993	2004	1993	1992	1993	1992	1992		2004		2010	1992				1992		1995	1993
Somalia		k.A.		1974		2001					1960			1960	1962									1960			1962
Spanien	1986	1984					1990		1977	1986	1951	1957	k.A.	1919 [23]	1958		1982		1960	1973				1955		1995	1958
Sri Lanka	1966										1948	1957		1948	1950						1985			1955		1995	1950
St. Kitts und Nevis											1983			1996	1984			1984						1983		1996	1984
St. Lucia											1979			1980	1979			1979						1979		1995	1980
St. Vincent und die Grenadinen											1981			1995	1979			1981						1980		1995	1982
Südafrika		k.A.				2001					1993	1957		1919 [24]	1945							1994		1945		1995	1945
Sudan		k.A.		1956		2001					1956	1958		1956	1957									1956			1957
Surinam											1975		1980	1976	1978			1977						1975		1995	1978
Swasiland		k.A.				2001					1971			1975	1969							1992		1968		1995	1969
Syrien				1945							1945	1963		1947 [25]	1947									1945			1947
Tadschikistan	1998						1992				1995	2000		1993	1993					1992			2001	1992			1993
Tansania		k.A.				2001					1962	1976		1962	1962							1992		1961		1995	1962
Thailand	1966				1967						1947	1957		1919	1949									1946		1995	1949
Togo		k.A.				2001		1975			1960	2004 [14]		1960	1962									1960		1995	1962

	ADB	AfDB	Andengemeinschaft	Arabische Liga	ASEAN	AU	EDRB	ECOWAS	Europarat	EU	FAO	IAEA	IDB	ILO	IMF	Mercosur	NATO	OAS [2]	OECD	OSZE	SAARC [3]	SADC [4]	SCO	UNO	WHO	WTO	Weltbank
Tonga	1972										1981				1985									1999		2007	1985
Trinidad und Tobago											1963		1967	1963	1963			1967						1962		1995	1963
Tschad		k.A.				2001					1961	2005		1960	1963									1960		1996	1963
Tschechische Republik							1993		1993	2004	1993	1993		1993	1993		1999		1995	1993				1993		1995	1993
Tunesien		k.A.		1958		2001					1955	1957		1956	1958									1956		1995	1958
Türkei	1991						1990		1949		1948	1957		1932	1947		1952		1960	1973				1945		1995	1947
Turkmenistan	2000						1992				1995			1993	1992					1992				1992			1992
Tuvalu	1993										2003			2008	2010									2000			2010
Uganda		k.A.				2001					1963	1967		1963	1963									1962		1995	1963
Ukraine							1992		1995		2003	1957		1954	1962					1992				1945		2008	1992
Ungarn							1990		1990	2004	1967	1957		1922	1982		1999		1996	1973				1955		1995	1982
Uruguay											1945	1963	1959	1919	1946	1991		1889						1945		1995	1946
Usbekistan	1995						1992				2001	1994		1992	1992					1992			2001	1992			1992
Vanuatu	1981										1983			2003	1981									1981			1981
Vatikanstadt												1957								1973							
Venezuela											1945	1957	1959	1919 [26]	1946	2006				1889				1945		1995	1946
Vereinigte Arabische Emirate				1971							1973	1976		1972	1972									1971		1996	1972
Vereinigte Staaten	1966	k.A.					1990				1945	1957	1959	1934 [27]	1945		1949	1889	1960	1973				1945		1995	1945
Vietnam	1966				1995						1950	1957		1950 [28]	1956									1977		2007	1956
Weißrussland							1992				2005			1954	1992					1992				1945			1992
Zentralafrikanische Republik		k.A.				2001					1961	2001		1960	1963									1960		1995	1963
Zypern							1990		1961	2004	1960	1965		1960	1961					1973				1960		1995	1961

[1] UNDP, UNEP und OHCR werden hier nicht aufgeführt. Die Mitglieder ihrer Exekutivorgane werden aus dem Kreise der VN-Mitglieder nach einem Regionalschlüssel besetzt.
[2] Die von der OAS offiziell genannten Beitrittsjahre ihrer Mitgliedsstaaten beziehen sich teilweise auf einen Zeitraum vor der Gründung der OAS (1948). Staaten, die dies betrifft, waren bereits Teilnehmer der regelmäßigen Inter-Amerikanischen Konferenzen, die ab 1889 stattfanden.
[3] Staaten mit Beobachterstatus in der SAARC (seit 2006): Australien, China, EU, Iran, Japan, Myanmar, Südkorea, USA.
[4] Angola, Botswana, Lesotho, Malawi, Mosambik, Namibia, Sambia, Simbabwe, Swasiland und Tansania gehörten der SADC-Vorgängerorganisation SADCC an, die im April 1980 gegründet worden war.
[5] Ausgetreten von 1967 - 1991.
[6] Ausgetreten von 1920 - 1944.
[7] Ausgetreten von 1935 - 1951.
[8] Ausgetreten von 1939 - 1948.
[9] Ausgetreten von 1940 - 1992.
[10] Ausgetreten von 1938 - 1945.
[11] Ausgetreten von 1938 - 1955.
[12] Ausgetreten von 1939 - 1945.
[13] Ausgetreten von 1940 - 1951.
[14] Der Exekutivrat hat der Mitgliedschaft zugestimmt. Diese wird rechtsgültig, wenn national verbindliche Atomregulierungen vorgelegt werden.
[15] Die Mitgliedschaft Kubas wurde von 1962 bis 2009 suspendiert.
[16] Ausgetreten von 1971 - 1980.
[17] Ausgetreten von 1940 - 1991.
[18] Ausgetreten von 1938 - 1957.
[19] Ausgetreten von 1938 - 1947.
[20] Ausgetreten von 1937 - 1956.
[21] Ausgetreten von 1942 - 1956.
[22] Ausgetreten von 1940 - 1954.
[23] Ausgetreten von 1941 - 1956.
[24] Ausgetreten von 1966 - 1994.
[25] Ausgetreten von 1958 - 1961.
[26] Ausgetreten von 1957 - 1958.
[27] Ausgetreten von 1977 - 1980.
[28] Ausgetreten von 1976 - 1980 und 1985 - 1992.

Verzeichnis der Autoren und Autorinnen

Steffen Bauer, Dr., Wissenschaftlicher Mitarbeiter am Deutschen Institut für Entwicklungspolitik (DIE), Bonn.

Kathrin Berensmann, Dr., Wissenschaftliche Mitarbeiterin am Deutschen Institut für Entwicklungspolitik (DIE), Bonn.

Milena Breisinger, Klimawandelexpertin bei der Inter-Amerikanischen Entwicklungsbank, Washington, D.C.

Matthias Dembinski, Dr., Wissenschaftlicher Mitarbeiter der Hessischen Stiftung Friedens- und Konfliktforschung (HSFK), Frankfurt am Main.

Sandra Eckert, Dr., Wissenschaftliche Mitarbeiterin am Fachbereich Sozialwissenschaften, Universität Osnabrück.

Giorgio Franceschini, Wissenschaftlicher Mitarbeiter der Hessischen Stiftung Friedens- und Konfliktforschung (HSFK), Frankfurt am Main, und der TU Darmstadt.

Katja Freistein, Wissenschaftliche Mitarbeiterin im Sonderforschungsbereich „Von Heterogenitäten zu Ungleichheiten", Universität Bielefeld.

Hans J. Gießmann, Dr., Professor und Direktor des Berghof Conflict Research, Berlin.

Jakob Haardt, Projektmitarbeiter, Berghof Conflict Research, Berlin.

Tine Hanrieder, Wissenschaftliche Mitarbeiterin am Geschwister-Scholl-Institut für Politikwissenschaft, Ludwig-Maximilians-Universität München.

Christof Hartmann, Dr., Universitätsprofessor für Politikwissenschaft, insbesondere Internationale Politik und Entwicklungspolitik, Universität Duisburg-Essen.

Achim Helmedach, ehemaliger Wissenschaftlicher Mitarbeiter im Sonderforschungsbereich „Staatlichkeit im Wandel", Universität Bremen.

Pamela Jawad, ehemalige wissenschaftliche Mitarbeiterin der Hessischen Stiftung Friedens- und Konfliktforschung (HSFK), Frankfurt am Main.

Jens Kutscher, Dr., Wissenschaftlicher Mitarbeiter am Erlanger Zentrum für Islam und Recht in Europa (EZIRE), Friedrich-Alexander-Universität Erlangen-Nürnberg.

Julia Leininger, Dr., Wissenschaftliche Mitarbeiterin am Deutschen Institut für Entwicklungspolitik (DIE), Bonn.

Andrea Liese, Dr., Professorin für Internationale Organisationen und Politikfelder, Universität Potsdam.

Kerstin Martens, Dr., Universitätsprofessorin und Leiterin des Projektes C4 „Internationalisierung von Bildungspolitik“ am Sonderforschungsbereich „Staatlichkeit im Wandel“, Universität Bremen.

Henning Melber, Direktor der Dag Hammarskjöld Stiftung, Uppsala, Schweden und Research Fellow am Department of Political Sciences, Universität Pretoria.

Olaf Melzer, Projektleiter Nachhaltigkeit Swiss Post International Management AG, SPIMAG, und Doktorand an der Universität Rostock.

Dirk Peters, Dr., Wissenschaftlicher Mitarbeiter der Hessischen Stiftung Friedens- und Konfliktforschung (HSFK), Frankfurt am Main.

Philip Schleifer, PhD Kandidat am Department of International Relations, London School of Economics

Gesa Schulze, ehemalige Studentin der Politikwissenschaft an der Universität Bremen.

Benjamin Stachursky, Projektmanager, Lehrstuhl für Internationale Politik, Wirtschafts- und Sozialwissenschaftliche Fakultät, Universität Potsdam.

Rainer Tetzlaff, Dr., Wisdom Professor of African and Development Studies, Jacobs University Bremen.

Johannes Varwick, Dr., Universitätsprofessor, Institut für Politische Wissenschaft, Friedrich-Alexander-Universität Erlangen-Nürnberg.

Ulrich Volz, Dr., Wissenschaftlicher Mitarbeiter am Deutschen Institut für Entwicklungspolitik (DIE), Bonn.

Christian Wagner, Dr., Leiter Forschungsgruppe Asien, Stiftung Wissenschaft und Politik (SWP), Berlin.

Brigitte Weiffen, Dr., Wissenschaftliche Mitarbeiterin am Fachbereich Politik- und Verwaltungswissenschaft, Universität Konstanz.

Silke Weinlich, Wissenschaftliche Mitarbeiterin am Deutschen Institut für Entwicklungspolitik (DIE), Bonn.

Peter Wolff, Dr., Leiter der Abteilung „Weltwirtschaft und Entwicklungsfinanzierung“ im Deutschen Institut für Entwicklungspolitik (DIE), Bonn.

Claudia Zilla, Dr., Wissenschaftliche Mitarbeiterin der Stiftung Wissenschaft und Politik (SWP), Berlin.